Zukunft der Bildung
Schule der Zukunft

Bildungskommission NRW

Zukunft der Bildung
Schule der Zukunft

Denkschrift der Kommission
»Zukunft der Bildung – Schule der Zukunft«
beim Ministerpräsidenten
des Landes Nordrhein-Westfalen

Luchterhand

Die Deutsche Bibliothek – CIP-Einheitsaufnahme

Zukunft der Bildung – Schule der Zukunft : Denkschrift der Kommission »Zukunft der Bildung – Schule der Zukunft« beim Ministerpräsidenten des Landes Nordrhein-Westfalen / Bildungskommission NRW. – Neuwied ; Kriftel ; Berlin : Luchterhand, 1995
ISBN 3-472-02498-4
NE: Nordrhein-Westfalen / Kommission Zukunft der Bildung – Schule der Zukunft

Satz: Letterteam GmbH, Köln
Druck: Graphischer Betrieb Bercker, Kevelaer
Umschlaggestaltung, Grafiken: Ulrich Granderath
Printed in Germany, September 1995

Geleitwort des Ministerpräsidenten des Landes Nordrhein-Westfalen

Als ich im Sommer 1992 die Kommission »Zukunft der Bildung – Schule der Zukunft« berief, ging es mir um den Versuch, eine Diskussion in Gang zu bringen, die über die Tagesaktualitäten hinaus weit in die Zukunft weist. Wir haben heute mit gesellschaftspolitischen Umbruchsituationen zu tun, die allen viel abverlangen. Bildungspolitik muß wieder zu einem wichtigen Thema werden in einer Welt, die sich mit großer Dynamik verändert.

Vor diesem Hintergrund müssen wir uns neu bewußt machen, daß wir mit bildungspolitischen Weichenstellungen, die wir heute vornehmen, über die Lebensgestaltung künftiger Generationen entscheiden.

Wir müssen uns zum Beispiel fragen, von welchen gesellschaftlichen Wandlungen, kulturellen Entwicklungen und Wertorientierungen wir für die Zukunft der Bildung auszugehen haben. Es geht um Anforderungen, die Beruf, Arbeit und Wirtschaft stellen; es geht um Konsequenzen, die sich daraus für die Schule, die berufliche Bildung, den Übergang zur Hochschule und die Weiterbildung ergeben.

Wir müssen mehr als bisher bedenken, welche Folgerungen wir aus Entwicklungen in anderen Ländern, aber auch aus interkulturellen Begegnungen im täglichen Leben bei uns, aus ökologischen Erfordernissen, der Notwendigkeit eines veränderten sozialen Miteinanders und neuen ökonomischen Zwängen ziehen.
Wir müssen uns immer wieder neu fragen, was wir dazu beitragen können, damit junge Menschen als mündige Staatsbürger verantwortungsbewußt unsere soziale Demokratie mitgestalten – tolerant und weltoffen in einer Welt, die immer mehr zusammenwächst. Es geht um die ständige Vergewisserung, wie wir alle lern- und zukunftsfähig bleiben.

Ich meine, daß Antworten auf solche grundlegenden Fragen nicht »von oben« verordnet werden können. Dazu bedarf es vielmehr eines offenen Diskurses mit und zwischen allen, die an Schule, Bildung, Aus- und Weiterbildung beteiligt und auf sie angewiesen sind. Bildungsreformen sind nur erfolgreich, wenn sie von möglichst vielen Beteiligten und Betroffenen mitgestaltet und mitgetragen werden.

Die Kommission »Zukunft der Bildung – Schule der Zukunft« legt mit dieser Denkschrift Analysen, Leitvorstellungen und Empfehlungen für eine entwicklungsoffene Gestaltung unseres Bildungswesens vor. Sie enthält zahlreiche Diskussionsanstöße für eine breite öffentliche Debatte. Für diese sehr verdienstvolle Arbeit danke ich allen Mitgliedern der Kommission, ihrem Vorsitzenden Prof. Grotemeyer und den Mitgliedern des Sekretariats herzlich.

Ich möchte alle Leserinnen und Leser der Denkschrift ermuntern, sich intensiv mit dieser spannenden Lektüre auseinanderzusetzen. Mit liegt sehr daran, daß wir dazu einen offenen Dialog mit allen am Schulleben Beteiligten und möglichst vielen gesellschaftlichen Gruppen führen.

Ich bin sicher, daß die mit dieser Denkschrift vorgelegten Analysen, Leitvorstellungen und Empfehlungen weit über Nordrhein-Westfalen hinaus wertvolle Anregungen für eine neue Debatte über die »Zukunft der Bildung – Schule der Zukunft« liefern werden.

Johannes Rau

Johannes Rau

Ministerpräsident des Landes Nordrhein-Westfalen

Inhalt

Geleitwort V

Zusammenfassung XI

I. Einführung 1

II. Stand und Tendenzen der Schulentwicklung 9

III. Gesellschaft, Bildung, Schule 21

III.1 Zeitsignaturen – Elemente eines zeitgemäßen Bildungsbegriffs 23

III.2 Aufwachsen in einer offenen Gesellschaft 34

III.3 Arbeit und Wirtschaft 42

III.4 Lebenslanges Lernen 56

III.5 Selbstgestaltung und Verantwortung 61

III.6 Überlegungen zu einer Fortführung der Schulreform 69

IV. Entwicklungsschwerpunkte und Empfehlungen 75

IV.1 Das Haus des Lernens 77

IV.1.1 Schule als Lern- und Lebensraum 77

IV.1.2 Schule als »Haus des Lernens« 86

IV.1.3 Fachliches und überfachliches Lernen 101

IV.1.4 Internationalisierung der Bildung 117

IV.1.5 Koedukation als Gestaltungsprinzip von Bildung 126

IV.1.6 Lernen in der Informationsgesellschaft 134

IV.1.7 Gestaltungsfreiraum der Schulen 139

IV.2 Verantwortung und Steuerung im öffentlichen Schulwesen 151

IV.2.1 Verantwortung, Steuerung und Qualitätssicherung 151

IV.2.2 Selbstgestaltung und Verantwortung der Einzelschule 157

IV.2.3 Kommunale Verantwortung 170

IV.2.4 Staatliche Verantwortung und Gewährleistung 183

IV.2.5 Evaluation, Berichterstattung, neugestaltete Schulaufsicht 191

IV.2.6 Finanzierung und Bewirtschaftung 203

IV.3 Schulzeit, Bildungsgänge, Abschlüsse 216

IV.3.1 Schulzeit und Bildungszeit 216

IV.3.2 Bildungsgänge, Übergänge, Abschlüsse 224

IV.4 Sonderpädagogische Förderung 249

IV.5 Berufliche Bildung und Weiterbildung 256

IV.6 Strukturen und Koordination des Bildungsangebotes 275

IV.6.1 Strukturen und Organisationsformen im Schulwesen 275

IV.6.2 Regional gestaltete Bildungslandschaften 284

IV.7 Personal im Schulwesen 300

IV.7.1 Berufssituation und berufliches Leitbild 300

IV.7.2 Lehrerbildung 306

IV.7.3 Personalentwicklung und Personalführung 320

IV.7.4 Einstellung, Beschäftigung, Personalvertretung 327

V. Schulreform als Entwicklungsprozeß: Grundsätze und Empfehlungen 337

Stichwortverzeichnis 345

Abbildungsverzeichnis

Ordnung des Lernens 114

Schulprogramm und Schulprofil 148

Öffentliches Schulwesen (Überblick) 156

Ständige Mitglieder des Schulbeirates 168

Kommunale Schulkommission 178

Regionale Bildungskommission 180

Struktureller Ausbau, Übergänge 244

Bildungsregionen – Regionales Gesamtprogramm der Bildungs- und Weiterbildungsangebote 290

Struktur der Lehrerbildung 314

Forbildungsplanung 318

Zuständigkeit für das lehrende Personal an Schulen 332

Zusammenfassung

Die Zusammenfassung soll die Leserinnen und Leser mit einigen Grundvorstellungen vertraut machen, auf diese Weise anregen, sich dem Text zuzuwenden, Argumente und Vorschläge im Zusammenhang zu bedenken und kritisch zu prüfen. Sie ist keine Abbildung der Denkzusammenhänge, Leitvorstellungen und Empfehlungen für politisches und fachliches Handeln, die der Text entfaltet.

Die Denkschrift der Kommission soll nicht als ein Text verstanden werden, der auf alle Fragen der Schulentwicklung verbindliche Antworten gibt. Die Leitvorstellungen und Empfehlungen der Kommission versuchen, auf einen offensichtlichen Entwicklungsbedarf mit plausiblen Vorschlägen und gangbaren Lösungswegen zu reagieren.

Die Kommission hat ihre Beratungen auf den Schulbereich konzentriert, aber die »angrenzenden« Bereiche in die Betrachtung einbezogen.

Die Reformvorhaben, die in Nordrhein-Westfalen wie in anderen Ländern in den 70er Jahren eingeleitet worden sind, haben die Schulen auf den Weg der Erneuerung ihrer Struktur, ihrer Ziele und Methoden, ihrer Verbindung mit dem Umfeld gebracht. Die Reformen konnten aber nicht eine so starke Wirkung entfalten, daß eine grundlegende Veränderung der Arbeit in den Einzelschulen erreicht worden wäre. Dies hängt auch damit zusammen, daß der tiefgreifende Wandel in fast allen gesellschaftlichen Bereichen erst in den letzten Jahren in seiner Bedeutung für das Schulwesen wahrgenommen wurde.

Langfristig angelegte und gründliche Reformen sind aber unabweisbar geworden. Reparaturmaßnahmen auf der Grundlage traditioneller Gestaltungsmuster und Verantwortungsstrukturen reichen generell in keinem gesellschaftlichen Gestaltungsbereich mehr aus, um die Entwicklungsprobleme zu lösen. Dies gilt auch für das Bildungswesen und die Schule.

Die Spannung zwischen der Schulpraxis und den traditionellen Ordnungsvorstellungen im Schulwesen wird immer größer.

Die Schulorganisationsdiskussion der 70er und 80er Jahre ist abgelöst worden durch die Frage nach der richtigen Ordnung des Lernens, nach den Möglichkeiten einer differenzierten Förderung, nach dem, was Schule leisten kann und womit sie sich nicht überlasten darf.

Die *Bildungsdiskussion* hat zu tun mit Veränderungen, die am Ende des Jahrhunderts in allen vergleichbaren Industrieländern zu beobachten sind. Es geht aber nicht um die übliche Anpassung des Bildungssystems an eine sich kontinuierlich weiterentwickelnde Gesellschaft. Vielmehr sind Veränderungen zu erwarten, die grundlegende Neuorientierungen erfordern.

Die Kommission macht nicht den Versuch, aus einem bestimmten Szenario zukünftiger gesellschaftlicher Entwicklungen detaillierte Anforderungen an Ziele, Inhalte oder Organisationsformen schulischer und außerschulischer Bildung unmittelbar abzuleiten.

Um zu Klärungen und Orientierungen zu gelangen, werden aber *Zeitsignaturen* beschrieben, in denen nach Auffassung der Kommission langfristige gesellschaftliche Entwicklungsprozesse deutlich werden.

Dazu zählen

- die Pluralisierung der Lebensformen und der sozialen Beziehungen,
- die Veränderung der Welt durch neue Technologien und Medien,
- die ökologische Frage,
- die Bevölkerungsentwicklung und die Auswirkungen der Migration,
- die Internationalisierung der Lebensverhältnisse,
- der Wandel der Wertvorstellungen und Orientierungen.

Bildung soll *als Lern- und Entwicklungsprozeß* verstanden werden, in dessen Verlauf die Befähigung erworben wird,

- den Anspruch auf Selbstbestimmung und die Entwicklung eigener Lebens-Sinnbestimmungen zu verwirklichen,
- diesen Anspruch auch für alle Mitmenschen anzuerkennen,
- Mitverantwortung für das Gestalten der ökonomischen, gesellschaftlichen, politischen und kulturellen Verhältnisse zu übernehmen und
- die eigenen Ansprüche, die Ansprüche der Mitmenschen und die Anforderungen der Gesellschaft in eine vertretbare Relation zu bringen.

Die *Empfehlungen der Kommission* zu den Schwerpunkten der Weiterentwicklung legen besonderes Gewicht auf

- Selbstverständnis, Zielvorstellungen und Gegenstände schulischen Lernens und Lebens,

- notwendige Veränderungen in Verantwortung und Steuerung des öffentlichen Schulwesens,
  die veränderte Professionalität von Lehrerinnen und Lehrern.

Die Leitvorstellungen formulieren Ziele und Prinzipien der künftigen Gestaltung. Die Empfehlungen sind der Versuch, daraus Konsequenzen für politisches und staatliches Handeln zu bestimmen.

Zu den schwierigsten Problemen gehören in diesem Zusammenhang die *Erziehungsaufgaben* der Schule.
Schule kann und soll Erziehungsaufgaben parallel und komplementär zur sie umgebenden Gesellschaft bewältigen, kompensatorisch kann sie jedoch nur begrenzt wirken. Werte, die in der Gesellschaft nicht gelebt werden, die nicht wenigstens in Teilen der Gesellschaft glaubwürdig vertreten werden, kann die Schule nur begrenzt und schwer, vielleicht gar nicht vermitteln.

Das Konzept einer öffentlich verantworteten Bildung wird immer wichtiger, je weiter sich die Schere zwischen technologischer Perfektion und den Schwächen des Menschen als eines sozialen Wesens auftut, je komplexer und unüberschaubarer die Verhältnisse und Zusammenhänge in modernen Gesellschaften sind, die nach demokratischen Verfahren bewältigt werden müssen.

Schulische Bildung wird ihre Aufgabe darüberhinaus stärker als in der Vergangenheit darin sehen müssen, die Bereitschaft und die Kompetenzen für ein *lebenslanges Lernen* zu vermitteln.

Die Kommission hat sich für das Konzept der *Schule als Lern- und Lebensraum* entschieden und entfaltet ihre Vorstellungen von der Schule der Zukunft unter dem Bild »Haus des Lernens«.

Schulen werden nicht als statisch gesehen, sie müssen lernfähig und veränderungswillig sein, um sich als lernende Organisationen zu entwickeln.

Die Leitvorstellungen und Empfehlungen der Kommission sind schulformübergreifend angelegt. Stärker als die Differenzierung nach Schulformen sollen künftig angesichts der übergreifenden Bildungsprobleme die einzelnen Schulen mit ihren pädagogischen Zielvorstellungen das »Bild« der Schule im Bewußtsein der Schülerinnen und Schüler, der Lehrerinnen und Lehrer, der Eltern und der Öffentlichkeit bestimmen.

Schulen werden ihre Teilaufgaben neu gewichten müssen:

- Wissensvermittlung und Persönlichkeitsbildung sollen zusammengesehen und wieder stärker zueinander in Beziehung gesetzt werden,

- fachliches und überfachliches Lernen müssen ins Gleichgewicht gebracht werden,
- soziales Lernen von Kindern und Jugendlichen untereinander und mit Erwachsenen unterschiedlicher Herkunft muß möglich werden,
- anwendungsorientiertes Lernen mit Bezug zu biographischen, historischen und umfeldbezogenen Erfahrungen wird unverzichtbar,
- das Finden der eigenen Identität und die Achtung der Integrität anderer, der Respekt vor dem Andersartigen müssen in der Schule gelebt werden können.

Die neuen *Medien* erweisen sich in diesem Zusammenhang als Instrumente, die nicht nur im beruflichen und privaten Bereich, sondern auch in der Schule vielfältige Möglichkeiten differenzierten, motivierenden, kreativen und neuen Lernens schaffen können. Andererseits greifen die Informationen und Botschaften, die über die Medien an Kinder und Jugendliche herangetragen werden, immer nachhaltiger in deren Wahrnehmung, Urteilsbildung und Verhalten ein. Dies erfordert Entwicklung von Urteilsfähigkeit und Nutzungskompetenz.

Die veränderten Bedingungen des *Aufwachsens von Kindern und Jugendlichen* machen außerdem eine Erweiterung der Aufgaben der Schule in Bereiche hinein notwendig, die bisher als »außerschulisch« galten. Deutschland hat in dieser Hinsicht gegenüber der Entwicklung in vergleichbaren Ländern einen deutlichen strukturellen Rückstand. Kennzeichen des Ausbaus sollte ein Angebot von Betreuungs- und Aktivitätsmöglichkeiten mit einer Angebotsvielfalt sein, die von der »klassischen« Ganztagsschule bis zu außerunterrichtlichen Ergänzungsangeboten der Halbtagsschule reicht.

Schule soll sich auf das Lernen konzentrieren, jedoch nicht im Sinne einer historisch überwundenen Lernschule. Schule bedarf vielmehr der Ausgestaltung und Ausformung einer *Lernkultur*, die Mittelpunkt für die damit verbundenen erzieherischen und sozialen Aufgaben sein kann.

Der traditionelle Lernbegriff geht von einem festen, geschlossenen Wissenskanon und einem auf seine Vermittlung hin organisierten Unterrichtsplan aus. Er ist auf Lernergebnisse im Sinne von Reproduktion überprüfbaren Wissens orientiert.

Das von der Kommission vertretene Verständnis von Lernen und Lernkultur setzt andere Schwerpunkte. Es zielt darauf, in den Lernzusammenhängen Identitätsfindung und soziale Erfahrung zu ermöglichen. Dies erfordert anders gestaltete Lernsituationen. Sie müssen Fachlichkeit und überfachliches Lernen, individuelle und soziale Erfahrungen, Praxisbezug und die Einbeziehung des gesellschaftlichen Umfeldes miteinander verknüpfen.

Fachliches Lernen und fachliche Kompetenz werden auch in der Schule der Zukunft ihren herausragenden Platz haben. Die Kompetenz, Lernprozesse selbst zu steuern, entwickelt sich nur im Aufbau von Wissen und Können. Zugleich werden aber Sinnhaftigkeit und Anwendungsbezug erfahrbar sein müssen, wenn Lernen dauerhafte Bildungswirksamkeit haben soll. Alltagsfragen, Alltagserfahrungen und Lebensprobleme, die Schülerinnen und Schüler mitbringen, sollen die Lernsituationen mitbestimmen, sie realitätsnäher werden lassen.

In diesen Zusammenhang gehört ein weiterentwickeltes Verständnis von *Koedukation*, das der Tatsache Rechnung trägt, daß sich Geschlechtsstereotype nach wie vor durchsetzen und zur Beschränkung der Entfaltungsmöglichkeiten sowohl von Mädchen als auch von Jungen führen.

Zur Gestaltung von Unterricht, der optimale Entwicklungs- und Entfaltungsmöglichkeiten für Mädchen und Jungen will, empfiehlt die Kommission eine »reflexive Koedukation«. Ihr Ziel ist die wechselseitige reflektierte Wahrnehmung des Geschlechterverhältnisses und dessen Veränderung zugunsten eines gleichberechtigten Zusammenlebens.

Lernkompetenz aufzubauen, wird das zentrale Ziel im »Haus des Lernens« sein. Der Aufbau von Lernkompetenz ist nur möglich im Erarbeiten konkreter Lerninhalte und in der Bewältigung anspruchsvoller Aufgaben. Wissensinhalte, die in diesem Sinne angeeignet werden, stellen das eigentliche Ziel des Lernens dar, nämlich »intelligentes Wissen«.

Die Kommission geht davon aus, daß die von ihr für notwendig erachtete *neue Ordnung des Lernens* bestimmt wird durch

- fachliches und überfachliches Lernen in Dimensionen,
- Offenheit für aktuelle Schlüsselprobleme,
- Erwerb von Schlüsselqualifikationen,
- Erwerb von Kulturtechniken.

Dimensionen des Lernens bezeichnen Grundsituationen individueller und gesellschaftlicher Existenz. Sie sollen für die Unterrichtsgestaltung einen festen Bezugsrahmen bilden.

Schulisches Lernen muß gegenüber den Fragen, die sich aus der Lebensaktualität von Schülerinnen und Schülern ergeben, offen sein. Aktuelle Problemlagen und Konflikte, die mit großen Problemen gegenwärtiger und zukünftiger Gesellschaft zusammenhängen, können als *Schlüsselprobleme* thematischer Bezugsrahmen für das Lernen in bestimmten Zeitabschnitten sein.

Schlüsselqualifikationen sind erwerbbare allgemeine Fähigkeiten, Einstellungen und Strategien, die bei der Lösung von Problemen und beim Erwerb neuer Kompetenzen in möglichst vielen Inhaltsbereichen von Nutzen sind. Sie sind nicht auf direktem Wege zu erwerben, z.B. in Form eines eigenen fachlichen Lernangebotes; sie müssen vielmehr in Verbindung mit fachlichem und überfachlichem Lernen aufgebaut werden.

Über alle Fächer hinweg stellt sich der Lernauftrag, *Sicherheit in den Kulturtechniken* zu vermitteln. Über elementare Techniken hinaus, die Voraussetzung von Lernprozessen sind, wie das Lesen und Schreiben, geht es um Instrumente der Wissensaneignung, angefangen von der Beherrschung von Arbeitsformen zur Informationserschließung über Darstellungs- und Schreibformen bis zum kompetenten Umgang mit Bibliotheken und neuen Verfahren der Exploration, zum Beispiel unter Verwendung der neuen Möglichkeiten der Informationstechniken.

Die *Internationalisierung* der Bildung vollzieht sich in einer schwierigen Situation, in der die Entwicklungsprobleme unserer Welt nur noch international gelöst werden können, in der das Miteinanderleben von Menschen unterschiedlicher kultureller Herkunft zur Normalität wird, in der auf der anderen Seite die Akzeptanz dieser Multikulturalität in Teilen der Gesellschaft, auch unter Jugendlichen, nicht selbstverständlich ist.

Die deutsche Schule wird in der Regel auf Dauer multikulturell zusammengesetzt sein und bleiben. In ihr wird es neben einer Mehrheit einheimischer Schülerinnen und Schüler solche aus einheimischen und zugewanderten ethnischen und lebensweltlichen Minderheiten geben.

Das Zusammenleben in einer multikulturellen Schule und einer dauerhaft multikulturellen Gesellschaft erfordert eine durchgängige interkulturelle Erziehung in allen Schulstufen und Bildungsgängen und die besondere Förderung der Chancengleichheit von Schülerinnen und Schülern aus den ethnischen Minderheiten.
Die Schule soll sich mit ihrem Angebot des Fremdsprachenlernens auf die aus der Internationalisierung der Lebensverhältnisse erwachsenden Anforderungen einstellen.

An die *Schule in einer demokratischen Gesellschaft* richtet sich die Erwartung, Tendenzen zur Ausgrenzung von Menschen und Fremdenfeindlichkeit im eigenen Einflußbereich nicht zu dulden und durch entsprechende Bildungsprozesse ihrer gesellschaftlichen Verbreitung Widerstand zu leisten.

Schulen müssen sich – nicht nur als Reaktion auf Akte der Gewalt gegen Mitglieder von Minderheiten – damit auseinandersetzen, wie das friedliche und demokratische Miteinander im Alltag – auch in einem geordneten Schulalltag – erreicht werden und welchen Beitrag Schule dazu leisten kann.

Schulen müssen daher positive Selbstwerterfahrungen als notwendige Voraussetzung eines guten Zusammenlebens ermöglichen.

Schulzeit und Bildungszeit gehören zu den knappen, nicht erneuerbaren Ressourcen. Bildungszeit wird individuell unterschiedlich gebraucht, um Bildung aufzubauen. Dies erzwingt den verantwortlichen Umgang mit ihr.
Lehr- und Lernvorgänge in der Schule sind nach wie vor durch Vereinheitlichung und das Prinzip des Zerlegens charakterisiert, das sich in seinen Auswirkungen gegen die Qualität des Lernens richtet.

Die Entscheidung über die zeitliche Ausgestaltung des Schultages, der Schulwoche und umfangreicherer Perioden des Schullebens soll im Rahmen globaler Vorgaben der Schule selbst überlassen sein.

Die *Abschlüsse* sollen auch weiterhin Zugangsrechte begründen und Voraussetzung für die Aufnahme in eine Bildungseinrichtung mit einem weiterführenden Bildungsangebot bleiben.

Schulische Abschlüsse sollen grundsätzlich zeitlich flexibel erworben werden können. Bestimmte Bausteine sollen nachgeholt, ergänzt bzw. im voraus erworben werden können.

Bildungsgänge sollen so angelegt und differenziert werden, daß möglichst alle Jugendlichen einen förmlichen Abschluß der Sekundarstufe I erreichen können. Schülerinnen und Schülern, die dieses Ziel nicht erreichen, werden die erbrachten Leistungen bescheinigt, so daß eine spätere Anrechnung möglich ist.

Die Bildungsgänge der *Sekundarstufe II* sollen in ihrer Struktur modularisiert werden, damit die mit ihnen verbundenen Berechtigungen flexibel erworben werden können.

Allgemeine und berufliche Bildung sollen prinzipiell gleichwertig sein. Sie sollen als eigenständige, aber aufeinander bezogene Elemente eines einheitlichen Bildungsverständnisses verwirklicht werden.

Die gegenwärtige Diskrepanz zwischen den Berechtigungen, die mit den Abschlüssen beruflicher Bildung vergeben werden, und den Berechtigungen, die mit den Abschlüssen studienvorbereitender Bildungsgänge verbunden sind, soll beseitigt werden. Dabei soll vom Grundsatz der Gleichwertigkeit und nicht vom Grundsatz der Gleichartigkeit der Bildungsgänge ausgegangen werden.

Ausgehend von einer weiter zunehmenden inhaltlichen und methodischen Annäherung zwischen Bildungsgängen in der *Sekundarstufe II* und ihrer strukturellen Gleichwertigkeit soll die berufliche Bildung im Rahmen eines systematischen Entwicklungsprozesses bei Vergleichbarkeit der Bildungsstandards die Möglichkeit erhalten, studienbezogene Abschlüsse und Berechtigungen zu vergeben.

Die Kommission geht davon aus, daß die Umsetzung dieser Empfehlungen an einen Entwicklungsprozeß gebunden ist, in dessen Verlauf sich die beruflichen Bildungswege neuen Qualifikationsanforderungen und Leistungsstandards angleichen, die bereits jetzt in den neugeordneten Ausbildungsberufen Gültigkeit haben. *Die Hochschulreife* soll in der Regel erworben werden können über das Abitur in der gymnasialen Oberstufe oder über einen mit überdurchschnittlichem Erfolg abgeschlossenen Vollzeitbildungsgang von mindestens dreijähriger Dauer in der beruflichen Oberstufe oder über eine überdurchschnittlich gute Abschlußprüfung in einem Ausbildungsberuf von mindestens dreijähriger Dauer.

Es sollen außerdem Möglichkeiten eines differenzierten »Ausstiegs«, geschaffen werden, die mit einem Leistungszeugnis den Übergang in andere Bildungsgänge oder in das Beschäftigungssystem erlauben.

Außerschulisch oder in anderen Bildungsgängen erworbene Kenntnisse und aufgewandte Bildungszeiten sollen anerkannt werden.

Die Bildungsgänge der Sekundarstufe II sollen sowohl allgemeine Bildung als auch Voraussetzungen für den Übergang in Berufsausbildung und Berufstätigkeit sichern. Deshalb sollen die unmittelbar auf die Erwerbs- und Berufsarbeit gerichteten Ausbildungsgänge so ausgebaut werden, daß sie auch Kompetenzen zur Entwicklung von Studierfähigkeit vermitteln. Die studienbezogenen Bildungsgänge der gymnasialen Oberstufe sollen ihrerseits auch auf die Vermittlung berufsbezogener bzw. berufsqualifizierender Fähigkeiten hin gestaltet werden.

Die Sekundarstufe II soll in zwei eigenständige und gleichwertige Oberstufensysteme – das gymnasiale und das berufliche – gegliedert sein, die strukturell und organisatorisch mit dem System der Weiterbildung, dem Studiensystem und dem Beschäftigungssystem in enger Verbindung stehen.

Die *gymnasiale Oberstufe* soll weiterentwickelt werden. Sie soll neben einem festen obligatorischen Lernfeld in Lehrgangsform für etwa die Hälfte der gesamten Pflichtlernzeit eine obligatorische individuelle Profilbildung mit individuellen Leistungs- und Arbeitsschwerpunkten vorsehen. Damit werden auch die Differenzierungsmöglichkeiten an kleineren Oberstufen erheblich erweitert. Die Einbeziehung neuer Fächer und Inhaltsbereiche wird möglich.
Schrittweise sollen in die gymnasiale Oberstufe berufsbezogene Lernelemente, Lernfelder und Praktika aufgenommen werden.

Die *berufliche Oberstufe* soll mittelfristig als Zusammenfassung der beruflichen Bildungswege entwickelt werden. Die Einbeziehung der Berufsschulen soll eine enge Verbindung zur betrieblichen und überbetrieblichen Ausbildung im dualen System sichern. Die beruflichen Oberstufen sollen auf der Grundlage berufsbezogener Kompetenzen, Qualifikationen und Lernbereiche auch einen eigens profilierten studienbezogenen Bildungsgang entwickeln, der ein Charakteristikum dieser Institution sein soll.

Die beruflichen Oberstufen sollen sich darüber hinaus in Kooperation mit den Kammern und Trägern der Weiterbildung in einer weiteren Entwicklungsstufe längerfristig zu »*Berufsbildungszentren*« entwickeln, in denen Erstausbildung und berufliche Weiterbildung ihren Platz haben.

Die Entwicklung in Wirtschafts- und Arbeitswelt wird auch weiterhin zu einer Umstrukturierung von Ausbildungszielen und Qualifikationsprofilen der *beruflichen Bildung* führen müssen.

In der Erstausbildung wird die Nachfrage nach einer in der Regel höheren Qualifikation anhalten. Sie konzentriert sich zunehmend auf Grundbefähigungen, während spezielle und allgemeinbildende Akzentuierungen in die Phase der *Weiterbildung* hineinrücken.

Die Schule der Zukunft setzt Weiterbildung voraus, und Weiterbildung als Phase lebensbegleitenden Lernens setzt eine Schule der Zukunft voraus, in der die Entfaltung der Lernkompetenz als zentrale Aufgabe angesehen wird.

Der Bildungsauftrag der beruflichen Bildung geht aber über eine berufs- und tätigkeitsbezogene Qualifizierung hinaus. Berufliche Bildung ist zugleich auch allgemeine Bildung. Berufliche Bildung muß daher auch nach dem Beitrag beurteilt werden, den sie zur personalen Entwicklung der einzelnen leistet.

Veränderungen in der Berufsbildung und in der Arbeitswelt müssen auf das allgemeinbildende Schulwesen zurückwirken. Den Schülerinnen und Schülern soll eine Hinführung zur Arbeits-, Wirtschafts- und Berufswelt auf allen Schulstufen ermöglicht werden.

Die Verantwortung und Verpflichtung der Wirtschaft im Bereich der Erstausbildung sowie in der beruflichen Weiterbildung muß auch weiterhin eingefordert und eingelöst werden. Dazu gehört auch die Bereitstellung und Finanzierung eines hinreichenden und auswahlfähigen Ausbildungsangebotes für alle Jugendlichen. Die Finanzierung der beruflichen Bildung soll von dem Grundsatz ausgehen, daß alle Betriebe und Unternehmen gehalten sind, sich an der Ausbildung zu beteiligen.

Die Neuordnung der Berufe in Richtung breit angelegter Ausbildungsberufe mit Bezug zur Weiterbildung und die Orientierung der beruflichen Bildung an berufsübergreifenden Schlüsselqualifikationen sollen im Vordergrund der Modernisierung stehen.

Das Spektrum der Ausbildungsberufe und die Möglichkeiten zur differenzierten Förderung individueller Begabungen und Fähigkeiten im dualen System sollen genutzt werden, um den Anteil der Jugendlichen weiter zu verringern, die keine Berufsausbildung beginnen oder eine Berufsausbildung ohne Abschluß beenden.

Die Entscheidung über Formen und Orte *sonderpädagogischer Förderung* soll sich primär an den individuellen Möglichkeiten des behinderten Kindes orientieren. Die Stellung der Eltern im Verfahren zur Feststellung sonderpädagogischen Förderbedarfs soll deshalb gestärkt werden.

Sonderschulen werden auf lange Sicht notwendige Formen sonderpädagogischer Förderung bleiben, weil viele Kinder und Jugendliche mit schweren Behinderungen auf Dauer oder auf Zeit nur in speziellen Einrichtungen angemessen gefördert werden können. Die strukturelle Alternative zur Sonderschule, der gemeinsame Unterricht, hat aber an Akzeptanz gewonnen.

Die pädagogischen und organisatorischen Konzepte für den gemeinsamen Unterricht sollen mit dem Ziel weiterentwickelt werden, eine behinderungsspezifische Förderung in den allgemeinen Schulen zu gewährleisten und für behinderte Kinder der Primarstufe eine sonderpädagogische Förderung in der Grundschule ihres Wohngebietes zu ermöglichen.

Die Kommission empfiehlt die grundsätzliche Entscheidung für ein System sonderpädagogischer Förderung, das zwei miteinander verbundene Grundstrukturen aufweist: ein nach Förderschwerpunkten gegliedertes Sonderschulwesen und ein in den Organisationsformen vielfältiges, gegenüber heute erweitertes Angebot an gemeinsamem Unterricht in allgemeinen Schulen der Primarstufe und der Sekundarstufe I.

Die *Organisation des Schulwesens* hat erheblichen Einfluß auf die Bildungschancen und Bildungsmöglichkeiten von Kindern und Jugendlichen. Organisationsformen des Schulwesens sind historisch gewachsen und ändern sich als Folge des gesellschaftlichen Wandels. Deshalb muß die Frage nach der Weiterentwicklung der Schulorganisation auch heute neu gestellt werden.

Alle Schulformen haben in den letzten Jahren ihre Zielsetzungen und Arbeitsweisen verändert. Sie sehen sich zudem aufgrund ihrer von Ort zu Ort sehr unterschiedlichen Schülerschaft und unterschiedlicher kommunaler Rahmenbedingungen vor je andere pädagogische und schulorganisatorische Aufgaben gestellt.

Die politische Debatte der letzten Jahre über die »richtige« Schulstruktur hat gezeigt, daß keiner der Vorschläge für eine neue und einheitlich verbindliche Schulstruktur hinreichend konsensfähig ist. Es kommt hinzu, daß landesweit gültige Modelle den unterschiedlichen Situationen in Gemeinden und Regionen in der Regel nicht gerecht werden.

Die Kommission schlägt deshalb ein Konzept vor, das die schulischen Angebote in Gemeinden und Kreisen konsolidieren und die Entwicklungsoffenheit, Gestaltbarkeit und Bürgernähe von Schulstruktur und Schulplanung sicherstellen will.

Nicht die generellen Systemfragen, sondern die Entwicklung der Einzelschulen und der Gesamtheit der Angebote in den Gemeinden und Kreisen sollen in den Mittelpunkt gestellt werden.

Die Begrenzung der staatlichen Regulierung auf Rahmenvorgaben, die Ermöglichung unterschiedlicher Entwicklungsprozesse vor Ort, die Sicherung von Standards und die qualitative Weiterentwicklung durch Evaluation und Berichterstattung sollen auch für Schulstruktur und Schulplanung Geltung erhalten.

Staatliche Regulierung soll auf Rahmenvorgaben beschränkt werden. Diese sollen Basisstrukturen sichern, den kommunalen Schulträgern aber zugleich erhebliche Spielräume bei ihren Entwicklungsplanungen und Organisationsentscheidungen geben.

Schulträger sollen in die Lage versetzt werden, ihre spezifische Bildungslandschaft zu entwickeln, indem sie schulische Bildungsgänge im allgemein- und berufsbildenden Schulwesen und in der sonderpädagogischen Förderung in jeweils unterschiedlichen, ihrer Situation angemessenen Organisationsformen anbieten.

In diesem Zusammenhang stehen auch Empfehlungen, die eine *Weiterentwicklung der Schulorganisation* möglich machen wie die Einführung der sechsjährigen Grundschule, flexible Organisationsformen für die Bildungsgänge in der Sekundarstufe I, die Gliederung in eine berufliche und eine gymnasiale Oberstufe in der Sekundarstufe II, ein flexibles System sonderpädagogischer Förderung.

Die Kommission möchte mit ihrem Vorschlag *»Regional gestaltete Bildungslandschaften«* dazu anregen, in den Regionen eine Infrastruktur vernetzter Bildungsangebote zu entwickeln. Dabei geht es darum, die verschiedenen Bereiche von Bildung, die sich nach Aufgaben, Trägerschaften, Strukturen und Organisationsformen unterscheiden, zusammenzusehen und aufeinander zu beziehen,

Eine Voraussetzung dafür ist vor allem im ländlichen Raum eine regionale Kooperation. Deshalb empfiehlt die Kommission die Schaffung von *Bildungsregionen.* Als Bildungsregionen sollen in der Regel die Kreise und kreisfreien Städte gelten.

Die Entwicklung gleichwertiger, aber differenzierter Bildungslandschaften in den Bildungsregionen soll dazu beitragen, die Bildungschancen der Bürgerinnen und Bürger zu verbessern, die Gleichwertigkeit der Lebensverhältnisse herbeizuführen sowie lokale und regionale Eigengestaltung zu fördern.

Gemeinden, Zweckverbände und Kreise als Träger der öffentlichen Schulen sollen ihre *schulischen Bildungsangebote* im allgemeinbildenden Schulwesen und im Bereich der sonderpädagogischen Förderung eigenverantwortlich planen und, sofern erforderlich, untereinander koordinieren.

Angesichts der Bedeutung beruflicher Qualifizierung für die ökonomische Modernisierung, den Strukturwandel und die individuelle berufliche Förderung hält die Kommission eine Regionalisierung der *Berufsbildungsplanung* für erforderlich.

Weiterbildung soll in enger Zusammenarbeit zwischen ihren öffentlichen und privaten Trägern so ausgebaut werden, daß ihre Angebote überschaubar und für alle gut erreichbar sind und ihre inhaltlichen Profile wechselnden Anforderungen und Nachfragen gerecht werden.

Bei den kreisangehörigen Gemeinden und Zweckverbänden als den Trägern von allgemeinbildenden Schulen und Sonderschulen sollen *Schulkommissionen*, bei den Kreisen und kreisfreien Städten als den Trägern von allgemein- und berufsbildenden Schulen, von Sonderschulen und von öffentlichen Einrichtungen der Weiterbildung sollen *Bildungskommissionen* eingerichtet werden. Diese sollen Instrumente der Kooperation und Koordination für die lokale und regionale Schul- und Bildungspolitik sein. Sie sollen als Ausschüsse besonderen Rechts an die Stelle der bei den kommunalen Selbstverwaltungsorganen bestehenden Schulausschüsse treten.

Die erweiterten Gestaltungsrechte der Schulträger sollen verbunden werden mit der gesetzlichen Verpflichtung zur Evaluation ihrer lokalen bzw. regionalen Schulstrukturen und Bildungsangebote.

Die veränderten Anforderungen an die Schule legen es nahe, die *Lehrerbildung* an einem *Berufsleitbild* auszurichten, sie inhaltlich und organisatorisch umzugestalten.

Ein Lehrerbildungskonzept, das von einem veränderten Berufsbild der in der Schule Tätigen ausgeht, soll von der Erstausbildung das fordern, was an Mindeststandards gesichert werden muß. Auf der Grundlage von Rahmenvorgaben sollen die beteiligten Institutionen verpflichtet sein, eigenverantwortlich Studiengänge und Ausbildungsangebote mit klar definierten Elementen auszuweisen. Über ein modularisiertes Angebot sollen individuelle und auch zeitlich differenzierte Ausbildungswege eröffnet werden. Universität, Zentren für Lehrerbildung und Schulen sollen die zentralen Institutionen der Lehrerbildung sein.
Ein halbjähriges Praktikum oder eine adäquate berufliche Tätigkeit in Wirtschaft, Verwaltung, sozialen und außerschulischen pädagogischen Einrichtungen ist in der Regel vor Aufnahme des Studiums zu absolvieren.

Den ersten Abschnitt der Ausbildung und dessen Abschlußprüfung gestalten in eigener Zuständigkeit und Verantwortung die Hochschulen.

Die Zulassung zum zweiten Ausbildungsabschnitt auf der Grundlage eines Auswahlverfahrens für alle Bewerber ist mit einer Öffnung des Zugangs zum Lehrerberuf über äquivalente Qualifikationen verbunden.

Die Regelungen für Abschlußprüfungen sollen flexibel gestaltet sein.

Eine Berufseingangsphase von einem Jahr ist vorgesehen.

Der *Fortbildung* der Lehrerinnen und Lehrer soll größeres Gewicht eingeräumt werden als bisher. Fortbildung soll selbstverständlicher Bestandteil der Berufsausübung werden. Die Schulen sollen verpflichtet werden, ein schulbezogenes Fortbildungskonzept zu entwickeln, das den Forbildungsbedarf der Schule insgesamt ebenso berücksichtigt wie die Fortbildungsabsichten der einzelnen Lehrkräfte.

Im Mittelpunkt eines an Selbstgestaltung und Selbstverantwortung orientierten *Steuerungskonzeptes für den Schulbereich soll die Einzelschule* stehen. Sie muß als relativ eigenständige Handlungseinheit gestärkt und rechtlich anerkannt werden. Bei Schaffung der rechtlichen Voraussetzungen müssen die Rechte der Einzelschule weit, die Rechte der Ebenen oberhalb der Einzelschule jedoch möglichst eng definiert werden.

Den Kommissionsempfehlungen liegt ein Verständnis von Schule zugrunde, das Schulbildung nicht nur als Weg zu vordefinierten Zielen versteht, sondern Schule als Lern- und Lebensraum auffaßt, in dem Bildung sich auch in eigenverantwortlicher Mitgestaltung ereignet. Hierzu brauchen die Schulen einen nicht nur tatsächlich erweiterten, sondern auch rechtlich gesicherten Freiraum zur Eigengestaltung.

Mündigkeit als Zielvorstellung pädagogischen Handelns und verstanden als Verbindung von Selbstbestimmung und Verantwortung verlangt nach Gestaltungsfreiheit, nach einer mündigen Schule.
Größere Selbständigkeit der Einzelschulen und erweiterte Gestaltungsmöglichkeiten der Träger und regionalen Gremien müssen aber in einem definierten Rahmen zum Tragen kommen, durch den eine Balance zwischen eigenverantworteten Entscheidungen vor Ort und weiterhin bestehender staatlicher Gesamtverantwortung hergestellt wird. Das Schulsystem soll als in der Regel öffentliches ebenso erhalten bleiben wie die staatliche Gesamtverantwortung, die auch Interventionsmöglichkeiten gegenüber Einzelschulen und Schulträgern einschließt. Allerdings wird die Regulierung durch den Staat in vielen Bereichen durch das Handeln der Beteiligten in den Einzelschulen oder lokaler/regionaler demokratisch legitimierter Gremien ersetzt. Das neue Steuerungskonzept will die derzeitige Übersteuerung in vielen Bereichen, die Eigeninitiative, Flexibilität und sinnvolle Lösungen vor Ort behindert, überwinden. Es zielt darauf ab, Steuerung dadurch pädagogisch wirksamer und zugleich effizienter zu gestalten, daß sie dort

ausgeübt wird, wo wirksame Handlungsmöglichkeiten bestehen und Effekte unmittelbar erzielt werden können.

Gewährleistet werden soll für die Einzelschule vor allem ein großes Maß an Gestaltungsfreiheit im pädagogischen Bereich. Sie kann wahrgenommen werden, wenn den Schulen auch zusätzliche Entscheidungskompetenzen in den Bereichen Organisation, Personal und Finanzen übertragen werden.

Dem Zuwachs an Gestaltungsrechten muß eine Verpflichtung der Schulen zur Planung, Evaluation und Weiterentwicklung ihrer Arbeit und zur Rechenschaftslegung gegenüber Dritten entsprechen.

Die teilautonome Schule soll eine *Schulleitung* mit erweiterten Kompetenzen, insbesondere in den Bereichen Personal und Mittelbewirtschaftung, erhalten.

Die derzeitigen *Mitwirkungsmöglichkeiten* von Lehrerinnen und Lehrern, Schülerinnen und Schülern und Eltern sollen erweitert werden.

Die Schulen sollen das Recht erhalten, die staatlichen Rahmenvorgaben zur Mitwirkung und zu den Leitungsstrukturen der Schule in einem eigenen *Organisationsstatut* zu konkretisieren und auszugestalten. Die Strukturen der Schulleitung und der Gremien, die Abgrenzung ihrer jeweiligen Rechte und die Beteiligungsnotwendigkeiten und -verfahren sollen so gestaltet werden, daß Entscheidungsfähigkeit gesichert und zugleich Partizipation gefördert und interne Rechenschaft und Kontrolle gewährleistet werden. Es soll möglich sein, daß sich Schulen zu Verbünden mit gemeinsamer Leitung und gemeinsamen Organen zusammenschließen.

Ein *Schulbeirat* soll eine mit dem gesellschaftlichen Umfeld eng verbundene Entwicklung der Schule unterstützen, die Zusammenarbeit mit dem Schulträger verbessern und ein Instrument der Rechenschaftslegung sein.

Die bisherige Begrenzung der *Schulträgerkompetenzen* auf die »äußeren Angelegenheiten« hat nachteilige Folgen für die Schulentwicklungsplanung.
Die Leitvorstellungen der Kommission zielen darauf ab, die Identifikation der örtlichen Gemeinschaft mit ihren Schulen zu stärken und zu fördern. Es geht dabei um ein neues Verhältnis in den Beziehungen zwischen Schulträger und Schule, das unmittelbare Partizipation der Beteiligten und Betroffenen ermöglicht.

Kommunale Verantwortung soll ganzheitlich wahrgenommen werden, indem sie aus beiden Perspektiven, der Förderung der pädagogischen Entwicklung der Einzelschule und der Aufgabe der Sicherung und Entwicklung des schulischen Angebotes erwächst. Sie soll sich nicht nur auf die sächlichen, sondern auch auf die personellen Ressourcen beziehen.

Staatliche Gesamtverantwortung soll künftig anders wahrgenommen werden als bisher: vor allem durch Bestimmung der grundlegenden Ziele und Strukturen des Schulwesens, durch Vorgabe der materiellen und rechtlichen Rahmenbedingungen, die einerseits so offen sein müssen, daß sie Selbstgestaltung ermöglichen, und die andererseits Grenzen setzen, sowie durch die Gewährleistung der Qualität der Ergebnisse schulischer Arbeit.

Leitvorstellung ist ein orientierendes und fördernd-unterstützendes staatliches Handeln, das stärker als bisher auf Qualitätsverbesserung und Innovation als auf Sicherstellung und Vereinheitlichung ausgerichtet ist. Dies bedeutet u.a. die Aufgabe der Planung und Organisation des Schulwesens insgesamt, die Festlegung von Qualitätsstandards in den verschiedenen Gestaltungsbereichen, die Bestimmung von Orientierungen für bildungspolitische Prioritäten und planerisch-fachliche Schwerpunkte sowie die Bereitstellung von Anreiz- und Unterstützungsmaßnahmen für innovative Entwicklungsprozesse.

Eine fundamentale *Neugestaltung der staatlichen Aufsicht* ist wichtiger Bestandteil der Stärkung von Selbstgestaltung und Selbstverantwortung in der einzelnen Schule vor Ort.

Selbstevaluation, externe Evaluation durch einen neugeschaffenen staatlichen Pädagogischen Dienst und Berichterstattung sollen die Hauptelemente des neuen Systems der Qualitätssicherung sein.

Selbstevaluation ist ein Kernelement des neuen Steuerungskonzeptes. Sie soll für die Beteiligten auf allen Ebenen verpflichtend sein, sich in unterschiedlichen Formen vollziehen und sich auf alle Aspekte der pädagogischen Arbeit, der Schulkultur und der Organisations- und Ressourcenentscheidungen beziehen. In ihrem Mittelpunkt wird die Evaluation der Wirkungen des Lernens stehen müssen.

Selbstevaluation bedarf der Ergänzung durch externe Bewertung, Beratung und Unterstützung. *Externe Evaluation* ist eine staatliche, das heißt eine Landesaufgabe, die durch einen neu einzurichtenden Pädagogischen Dienst wahrgenommen werden soll.

Empfohlen wird die Einrichtung eines *staatlichen Pädagogischen Dienstes,* der landesweit organisiert ist, aber schulnah bzw. ortsnah tätig wird. Der Pädagogische Dienst soll nicht in die derzeitige Behördenstruktur der allgemeinen Verwaltung eingegliedert sein.

Als grundlegende Organisationsempfehlung ist die *Trennung der dienst- und rechtsaufsichtlichen Funktionen und Zuständigkeiten von den fachaufsichtlichen Aufgaben* vorgesehen. Nur durch eine solche Trennung kann sich Fachaufsicht zu einem wirkungsvollen Instrument kontinuierlicher Qualitätsverbesserung wandeln.

Rechenschaftslegung in Gestalt regelmäßiger Berichterstattung ist fundamental für Qualitätssicherung und -entwicklung sein. Berichterstattung ist grundsätzlich Aufgabe aller beteiligten Institutionen.

Die Schulen sollen in geeigneter Form auch in der Öffentlichkeit über ihr Schulprofil und Schulprogramm, über dessen Umsetzung, die erzielten Ergebnisse und über ihren Beitrag zur Verbesserung der örtlichen bzw. regionalen Schullandschaft informieren.

Der Pädagogische Dienst seinerseits soll regelmäßig den Schulträgern und dem Ministerium die auf der Auswertung der Selbstevaluation und der externen Evaluation basierenden Erkenntnisse übermitteln und auch die Öffentlichkeit über die Entwicklung des Schulwesens im Lande informieren.

Die Kommission hält fest an der *staatlich-kommunalen Finanzierung*.
Die Aufgaben des Staates, eine finanzielle Grundversorgung sicherzustellen, einheitliche Finanzierungsvoraussetzungen für öffentliche und private Schulen und Schulträger zu schaffen und Mindeststandards zu garantieren, sollen als ökonomische Basis des Schulwesens genauso erhalten bleiben wie eine primär öffentliche Finanzierung durch den Landeshaushalt und die kommunalen Haushalte.

Andererseits hält sie die jetzt geltenden Bewirtschaftungsformen für reformbedürftig in Richtung auf ein Pauschalfinanzierungskonzept. Die Empfehlungen der Kommission hierzu sind nicht vorrangig vor dem Hintergrund der gegenwärtigen und zukünftigen Finanzierungsprobleme der öffentlichen Haushalte zu sehen, sondern sie ergeben sich auch aus den Leitvorstellungen zur Neugestaltung der Verantwortlichkeiten im Schulsystem. Eine Schule, in der Selbstgestaltung und Selbstverantwortung im Vordergrund stehen, sollte auch im Bereich der Mittelverwendung verantwortlich handeln können und müssen.

Die Entscheidung für eine primär öffentliche Finanzierung des Schulwesens, die auf eine langfristige Sicherung seiner Funktionsfähigkeit ausgerichtet ist, bedeutet auch Absage an eine Marktsteuerung der Ressourcen.

Mit einem *regionalen Fonds* soll den Regionen und Schulträgern ein Instrument zur Verfügung gestellt werden, das dem Ausgleich besonderer Belastungen (zum Beispiel hoher Anteil von Kindern und Jugendlichen aus ausländischen Familien, Arbeit in sozialen Brennpunkten) sowie der Förderung von bildungspolitisch gewünschten Entwicklungen dient und auch materielle Anreize zur Verbesserung der Qualität des schulischen Angebots ermöglicht.

Gefördert werden soll ein Wettbewerb der Schulen um zusätzliche öffentliche Ressourcen. Sie sollen sich mit Schulentwicklungsprojekten um Mittel aus dem regionalen Entwicklungsfonds bewerben können und auch die Möglichkeit nutzen, private Mittel zu erschließen.

Die Landesplanungen sollen sich im *Bereich des Personals* von dem Grundmuster des »stop and go« lösen, das auf mittelfristige Schülerzahlschwankungen mit Stellenauf- und -abbau reagiert. Sie sollen vielmehr darauf ausgerichtet sein, die Funktionsfähigkeit der Schulen langfristig durch Sockelfinanzierungen so zu sichern, daß innerhalb von Bandbreiten kurzfristige Schwankungen von den Schulen/Schulträgern selbst ausgeglichen werden können.

Die in der Schule der Zukunft tätigen Mitarbeiterinnen und Mitarbeiter müssen Arbeitsbedingungen vorfinden, die pädagogisches Engagement, professionelles Handeln und eine verantwortungsbewußte Unterrichts- und Erziehungsarbeit fördern. Diese Rahmenbedingungen müssen eine initiativreiche Tätigkeit honorieren und eine Weiterentwicklung der eigenen Professionalität ermöglichen.

Die Mitarbeiterinnen und Mitarbeiter in der Schule der Zukunft sollen das pädagogische Programm ihrer Schule aktiv und selbstverantwortlich gestalten. Dies setzt voraus, daß die Beschäftigten auch ihre Arbeitsbedingungen in größerem Umfang als bisher mitgestalten können: durch Tarifverträge und Vereinbarungen und deren Ausfüllung in den Schulen selbst.

Da Lehrerinnen und Lehrern in der Regel keine hoheitliche Aufgaben obliegen, sollen ihre Beschäftigungsbedingungen und ihr Arbeitsentgelt tarifvertraglich geregelt werden.

Das Laufbahnsystem ist für die Personalentwicklung in der Schule nicht geeignet. Die Anforderungen der Aufgabe, die erbrachte Leistung – auch im außerunterrichtlichen Bereich – sowie die im Laufe des Berufslebens erworbenen zusätzlichen Qualifikationen sollen wesentliche Grundlagen beruflicher Karrieren sein. Besondere Funktionen sollen in der Regel nur befristet übertragen werden.

Eine entwicklungsorientierte Personalführung soll von Teamarbeit, nicht von Hierarchie und Weisung gekennzeichnet sein. Persönlichkeitsentwicklung, Identifikation mit Aufgabe und Rolle, Motivation, Eigeninitiative und Zusammenarbeit der Mitarbeiterinnen und Mitarbeiter sollen gefördert werden.

Die Denkschrift soll nach den Vorstellungen der Kommission der *Auftakt eines offenen gesellschaftlichen Dialoges über die Zukunft der Bildung und die Schule der Zukunft* sein. Am Ende dieses Dialogs sollen politische Entscheidungen stehen.

Ziel ist es, Selbstentwicklung zu ermöglichen und zu stimulieren und durch Angebote der Beratung zu stützen.

Die Kommission geht davon aus, daß nur durch eine vertrauensvolle und offene Haltung in Schulen, bei Schülern, Lehrern und Eltern, im Kreis der politisch Verantwortlichen in Kommunen, Regionen und Land die erforderlichen Entwicklungen zu bewirken sind.

Notwendig dafür ist auf staatlicher Seite eine *Politik der Ermöglichung,* auf der Seite der Schulen eine grundsätzliche Sensibilität und Offenheit gegenüber notwendigen Entwicklungen.

Den Vorschlägen und Empfehlungen liegt der Gedanke einer *stufenweisen Entwicklung* zugrunde. Veränderungen in Bildung und Schule sollen Resultat einer langjährigen Entwicklung sein, in der auch unterschiedliche Entwicklungsziele und Entwicklungsphasen in Schulen und Gemeinden möglich sind.

Dies bedeutet in der Praxis u.a. eine Diskussion der in der Denkschrift dargelegten Reformziele auf breiter Ebene, Entscheidungen der Landespolitik über Ziele und Schwerpunkte der künftigen Entwicklung, die Vorbereitung eines Entwicklungsgesetzes, die Entwicklung eines Konzepts der Realisierung, das für die Beteiligten Klarheit schafft, die Schaffung eines Projektmanagements durch Bildung einer unabhängigen Projektgruppe.

Tiefgreifende Veränderungen können nicht als Umsetzung eines vorgegebenen Modells realisiert werden. Die Frage nach den jeweils richtigen Gestaltungsformen muß in örtlichen und regionalen Entscheidungsprozessen beantwortet werden.

Träger des Veränderungsprozesses sollen in erster Linie die *einzelnen Schulen* und Schulträger sein. Notwendig ist darüber hinaus die *modellhafte Erprobung* besonders anspruchsvoller und fundamentaler »Bausteine« der Reform. Darüber hinaus sollen lokale und *regionale Entwicklungsmodelle* aufgebaut werden, in denen möglichst viele der Reformaspekte unter Einbeziehung interessierter Schulen am Ort oder in einer Region verwirklicht werden.

Die Kommission geht davon aus, daß ihre Leitvorstellungen und Empfehlungen im Zusammenhang gewürdigt werden. Die Herausnahme von Einzelvorschlägen und ihre isolierte Verwirklichung würden nur geringe Wirkungen haben.

Von zentraler Bedeutung für einen solchen Entwicklungsprozeß ist es, daß die politisch Verantwortlichen in längeren Entwicklungszeiträumen denken und für diese Entwicklungszeiträume gegenüber den Schulen Freiräume und Stabilität garantieren.

Das empfohlene *Entwicklungsgesetz* soll eine Experimentierklausel enthalten, die es Schulen und Schulträgern erlaubt, innerhalb eines näher zu bestimmenden Rahmens von bestehenden Gesetzen und Verordnungen abzuweichen.

Das Gelingen der Reform hängt davon ab, daß für die Dauer des Prozesses keine Verschlechterungen in der Finanzierung des Bildungswesens stattfinden.

Es sind bei grundlegenden Reformen mit hohem Beratungsbedarf international gute Erfahrungen mit der Installierung eines Projektmanagements gemacht worden. Die Kommission empfiehlt die Schaffung einer unabhängigen Projektgruppe, die als Koordinationsstelle zumindest während einer Teilperiode des Entwicklungsprozesses dient.

I. Einführung

Mit ihrer Denkschrift stellt die Kommission »Zukunft der Bildung – Schule der Zukunft« beim Ministerpräsidenten des Landes Nordrhein-Westfalen ihre Analysen, Leitvorstellungen und Empfehlungen zur Weiterentwicklung von Bildung und Schule zur Diskussion.

Auftrag

Der Ministerpräsident des Landes Nordrhein-Westfalen, Dr. h.c. Johannes Rau, hat im Sommer 1992 unabhängige Persönlichkeiten des öffentlichen Lebens aus Nordrhein-Westfalen, aus anderen Ländern der Bundesrepublik Deutschland und dem europäischen Ausland gebeten, ihren Sachverstand und ihre Lebenserfahrung zur Verfügung zu stellen, um Antworten auf einige grundlegende Fragen zu finden, die die schnellen und tiefgreifenden Veränderungen in allen Bereichen der Gesellschaft an Bildung und Schule stellen.

Die Kommission war in der Auswahl der thematischen Schwerpunkte ihrer Beratungen und in der Organisation ihrer Arbeit frei. Dieses Recht auf Selbstgestaltung war die wichtigste Voraussetzung dafür, daß die Kommission ihre Aufgabe, als unabhängiges Gremium die Landespolitik zu beraten, ohne jeden Einfluß von außen wahrnehmen konnte.

Arbeitsweise

Die Kommission hat mit der konstituierenden Sitzung am 30.09. 1992 die Beratungen aufgenommen und diese auf ihrer letzten Sitzung am 14.07.1995 zum Abschluß gebracht. In den knapp drei Jahren ihrer Tätigkeit hat sie die komplexen Fragestellungen ihres Auftrags im Plenum und in drei Arbeitsgruppen beraten, Gespräche mit externen Sachverständigen geführt, Zwischenergebnisse und wissenschaftliche Expertisen erörtert. Es ging dabei nicht darum, in allen Einzelaussagen, Vorschlägen und Empfehlungen volles Einvernehmen zu erzielen, sondern in den Grundvorstellungen zu einer gemeinsam getragenen Auffassung über die notwendige Entwicklung des Schulwesens zu kommen. Dieses Einvernehmen ist erreicht worden und hat zur Verabschiedung der vorliegenden Denkschrift geführt.

Aufbau und Schwerpunkte der Denkschrift

Aufbau, Schwerpunkte und Darstellungsform der Denkschrift spiegeln Grundentscheidungen der Kommission, die zum besseren Verständnis der Beratungsergebnisse hervorgehoben werden sollen:

1. Die Kommission hat sich darauf verständigt, ihre Beratungen auf die Schule und das öffentliche Schulwesen zu konzentrieren und die mit ihnen verbundenen anderen Bereiche des Bildungswesens dort in die Betrachtung einzubeziehen, wo dies aus der inneren Logik der Dinge notwendig war. Dies gilt für die außerschulischen Lernorte der beruflichen Bildung, die Weiterbildung und den Eingangsbereich der Hochschule.

2. Stand und Tendenzen der Schulentwicklung werden mit Blick auf die spezifische Situation in Nordrhein-Westfalen, aber in ihren Bezügen zu den anderen Ländern in der Bundesrepublik Deutschland und zur internationalen Diskussion dargestellt (Kapitel II).

3. Überlegungen zu grundlegenden Aufgaben von Bildung und Schule angesichts der Veränderungen in Kindheit und Jugend und von stabilen Entwicklungstrends in Gesellschaft, Arbeit und Wirtschaft sind Ausgangspunkte für den Versuch, Orientierungen, Grundsätze und Rahmenbedingungen einer neuen Schulreform (Kapitel III) zu bestimmen.

4. Die Vorschläge der Kommission zu den Schwerpunkten der Weiterentwicklung (Kapitel IV) legen besonderes Gewicht auf

   - Selbstverständnis, Zielvorstellungen und Bereiche schulischen Lernens und Lebens,
   - notwendige Veränderungen in Verantwortung und Steuerung des öffentlichen Schulwesens, damit Schule als System und als soziale Organisation in die Lage versetzt wird, auf sich verändernde Rahmenbedingungen und Anforderungen flexibel zu reagieren und aus Erfahrungen zu lernen,
   - die Gestaltung von Bildungsgängen und Abschlüssen mit dem Ziel, Durchlässigkeit und Transparenz im Schulwesen zu verbessern und das Postulat der Gleichwertigkeit von allgemeiner und beruflicher Bildung besser als bisher einzulösen,
   - Vorschläge zur Überwindung der Polarisierungen in der Strukturdiskussion der letzten Jahrzehnte und zur Koordination des Bildungsangebotes auf der Ebene von Gemeinden und Regionen,
   - die veränderte Professionalität von Lehrerinnen und Lehrern und damit zusammenhängende Fragen von Personalentwicklung und Beschäftigungsverhältnissen im Schulwesen.

   Die Vorschläge entwickeln jeweils aus einer knappen Skizze der Ausgangslage Leitvorstellungen und Empfehlungen. Die Leitvorstellungen formulieren Ziele und Prinzipien der künftigen Gestaltung. Die Empfehlungen sind der Versuch, daraus Konsequenzen für politisches und staatliches Handeln zu bestimmen.

5. Die historischen Erfahrungen mit der Reform von Bildung und Schule zeigen, daß vor allem die Art und Weise ihrer Vorbereitung und Verwirklichung über Erfolg oder Mißerfolg entscheidet. Die Kommission orientiert sich mit ihren Vorschlägen an dem Leitgedanken, daß Reformen im Schulwesen als langfristige und von den Beteiligten getragene Entwicklungsprozesse ver-

standen werden müssen. Sie gibt daher abschließend Empfehlungen dazu, wie und unter welchen Rahmenbedingungen eine solche Entwicklung in Gang gesetzt werden sollte (Kapitel V).

Die Kommission ist sich sicher, daß ihre Überlegungen und Vorschläge Zustimmung, Nachfragen und Widerspruch provozieren werden.
Sie hofft, daß die öffentliche Diskussion der Denkschrift der Auftakt sein wird für den neuen und offenen gesellschaftlichen Dialog über die Zukunft von Bildung und Schule, den sie wünscht.

Sie erwartet von der Politik, daß sie günstige Voraussetzungen für diesen Dialog schafft und durch entschiedenes Handeln Schulen, Gemeinden und Schulverwaltungen in die Lage versetzt, sich auf den Weg einer neuen Schulreform begeben zu können.

Die Kommission dankt allen, die ihre Arbeit insbesondere durch fachlichen Rat unterstützt haben.

Mitglieder der Kommission:

Prof. Dr. Karl-Peter Grotemeyer (Vorsitz)
Universität Bielefeld

Prof. Dr. Friedrich Buttler
Ministerium für Wissenschaft, Forschung und Kultur des Landes Brandenburg, vormals Institut für Arbeitsmarkt- und Berufsforschung, Nürnberg

Prof. Dr. Per Dalin
International Movement towards Educational Change, Oslo

Prof. Dr. Hannelore Faulstich-Wieland
Universität Münster

Erich Frister
vormals Präsident der Internationalen Vereinigung Freier Lehrergewerkschaften, Wiesbaden

Prof. Dr. Klaus Hurrelmann
Universität Bielefeld

Prof. Dr. Juliane Jacobi
Universität Potsdam

Prof. Dr. Wolfgang Klafki
Universität Marburg

Hilmar Kopper
Deutsche Bank AG, Frankfurt am Main

Dr. Gerhard Langemeyer
Stadt Dortmund

Drs. Theo Liket
vormals Generalinspektion für das Schulwesen in den Niederlanden, Heemstede/NL

Prof. Dr. Sigrid Metz-Göckel
Universität Dortmund

Prof. Dr. Dr. h.c. Peter Meyer-Dohm
International Partnership Initiative, Wolfsburg
vormals Volkswagenwerk AG, Wolfsburg

Prof. Dr. Jürgen Mittelstraß
Universität Konstanz

Reinhard Mohn
Bertelsmann Stiftung, Gütersloh

Prof. Dr. Hans-Günter Rolff
Universität Dortmund

Eva Rühmkorf
Ministerin a. D., Hamburg

Gisa Schultze-Wolters
IBM Deutschland GmbH, Stuttgart

Dr. Uri Peter Trier
Universität Bern

Elisabeth Vogelheim
Industriegewerkschaft Metall, Frankfurt am Main

Prof. Dr. Maria Wasna
Universität Münster

Prof. Dr. Ernst Ulrich von Weizsäcker
Wuppertal Institut für Klima, Umwelt und Energie GmbH, Wuppertal

Persönlicher Beauftragter des Ministerpräsidenten für die Bildungskommission NRW:
Dr. Wolfgang Meyer-Hesemann, Staatskanzlei

Sekretariat:

Prof. Dr. Rainer Brockmeyer (Geschäftsführung)

Sabine Broch
Dr. Horst Klaus Hillermann
Klaus-Hermann Kosiek
Georg Lantin
Herbert Strazny

Büro:

Rita Gäbel
Kerstin Kornblum
Edith Pierling
Sybille Wyremba

Sachbearbeitung im Kultusministerium NRW:
Ulrich Neumeyer

II. Stand und Tendenzen der Schulentwicklung

Die Überlegungen und Vorschläge der Kommission zur Weiterentwicklung des Schulwesens in Nordrhein-Westfalen berücksichtigen die Reformschwerpunkte und Reformerfahrungen der letzten Jahrzehnte. Als Hintergrund und Voraussetzung zugleich hat die Reformphase der 70er und 80er Jahre große Bedeutung für die Ziele der künftigen Entwicklung und die Möglichkeiten ihrer Verwirklichung. Die Reformerfahrungen bestimmen auch das gesellschaftliche Klima mit, in welchem die Diskussion über die Weiterentwicklung des Schulwesens in Deutschland heute geführt wird.

Ziele und Schwerpunkte der bisherigen Entwicklung

Bildungsreform und gesellschaftlicher Wandel

Die Reformen des Bildungswesens in den vergangenen Jahrzehnten standen in engem Zusammenhang mit gesellschaftlichen Veränderungen. Dabei spielten wirtschaftliche Veränderungen ebenso eine Rolle wie der Wandel von Verhaltensweisen, Wertorientierungen und Lebenskonzeptionen.

Die Reaktion des Bildungswesens auf gesellschaftliche Neuordnungen zeigt sich in der Regel in einem neuen Qualifikations- und Bildungsverständnis, in den damit zusammenhängenden Reformen der Organisation und der inhaltlichen Gestaltung der Bildungswege und in den veränderten Arbeitsformen in den Bildungseinrichtungen selbst. Schulen und Schulsysteme haben sich gegenüber den 70er Jahren verändert. Ob zu ihrem Vorteil, bleibt umstritten.

Gesellschaftlicher Wandel und Weiterentwicklung des Bildungswesens sind nicht derart miteinander verknüpft, daß gesellschaftliche Veränderungen unmittelbar zu Reformkonsequenzen im Bildungswesen führen müssen oder überall in gleicher Weise aufgegriffen werden. Dies hat unterschiedliche Gründe: Das Bildungssystem kann für sich Eigenständigkeit und Eigengesetzlichkeit beanspruchen; regionale Voraussetzungen, nicht zuletzt unterschiedliche bildungspolitische Optionen und Entscheidungen, spielen eine Rolle.

Bedingungen der föderativen Struktur

Die föderative Struktur der Bundesrepublik Deutschland hat sich in der länderspezifischen Gestaltung des Schulwesens ausgeprägt, das heißt in dessen jeweils genereller politischer und fachlicher Entwicklungsrichtung, in speziellen Reformschwerpunkten und auch in den Verfahren, mit denen in den Ländern Reformen ermöglicht oder vorangetrieben wurden.

Der Anspruch auf Eigengestaltung, der in jedem der sechzehn Länder der Bundesrepublik nicht nur zu eigenen Schulgesetzen, sondern zu einer eigenen Systematik von inhaltlicher Gestaltung und organisatorischer Steuerung geführt hat, darf allerdings nicht darüber hinwegtäuschen, daß der nationale Zusammenhang und im großen und ganzen die nationale Gesamtentwicklung gewahrt worden sind. Dies hat sich nicht zuletzt in der gemeinsamen Bildungs- und Innovationsplanung von Bund und Ländern erwiesen. Abstimmung und Kooperation zwischen den Ländern sind in manchen Phasen allerdings zu wenig aus einer zukunftsbezogenen, auf gemeinsame Entwicklung hin ausgerichteten Haltung heraus erfolgt. Auf diese Weise ist angesichts der grundsätzlichen bildungspolitischen Kontroversen zwischen Ländern und Ländergruppen oft eine einvernehmliche Meinungsbildung über Entwicklungsfragen behindert worden.

Das Recht der einzelnen Länder auf Anerkennung bzw. Nichtanerkennung von Schulabschlüssen anderer Länder hat vor dem Hintergrund der bildungspolitischen Auseinandersetzungen dazu geführt, daß sich in der Regel nur solche Entwicklungen durchgesetzt haben, die den Konsensrahmen der Abstimmung zwischen den Ländern und zwischen Ländern und Bund nicht sprengten.

Bedeutung der Reform für Nordrhein-Westfalen

Die Schulentwicklung in Nordrhein-Westfalen spiegelt die vielfältigen, aber unterschiedlich tragfähigen Entwicklungsimpulse, die seit Mitte der 60er Jahre in der Bundesrepublik Deutschland und anderen europäischen Staaten auf eine Umgestaltung des traditionellen Schulwesens hingedrängt haben.

Diese Initiativen und Impulse der Reform waren beeinflußt von Erkenntnissen aus Erziehungs- und Sozialwissenschaften, aus Lernpsychologie und Bildungsökonomie, von der Schulpraxis selbst. Sie waren getragen von einem in der Gesellschaft sich neu und stark entwickelnden Bewußtsein für den Wert der Bildung in einer demokratisch verfaßten Industriegesellschaft.

Alle Länder der Bundesrepublik haben auf diese Reformimpulse reagiert. Sie taten dies jedoch von unterschiedlichen fachlichen und bildungspolitischen Positionen her mit unterschiedlicher Akzentsetzung.

Nordrhein-Westfalen gehörte zur Gruppe der Länder, die eine umfassende Erneuerung des Schulwesens dezidiert anstrebten. Diese Haltung stand in Nordrhein-Westfalen auch im Zusammenhang mit dem Zwang des Landes zur strukturellen Umgestaltung und zur sozialen Weiterentwicklung. Es gehört dabei zu den Kennzeichen der Schulreform in Nordrhein-Westfalen, daß extreme bildungspolitische Zielsetzungen nicht zum Tragen kamen, vielmehr auf Weiterentwicklung und Ergänzung gesetzt wurde. Der Nachfrage der Eltern nach Bildungswegen und Schulformen sollte entsprochen werden. Kommunaler Gestaltungskompetenz und Gestaltungsentscheidung wurde eine wichtige Rolle zuerkannt.

Es hat dabei zu den hervorragenden Merkmalen der Entwicklung in Nordrhein-Westfalen gehört, daß im Rahmen einer systematischen Erprobungs- und Modellversuchspolitik in strukturellen und inhaltlichen Fragen in der Regel vor der generellen Einführung von Innovationen kritische Überprüfungen der beabsichtigten Entwicklungsschritte stattfanden. Das Landesinstitut für Schule und Weiterbildung hat mit der Verknüpfung von Lehrplanentwicklung und einer systematischen Lehrerfortbildung wichtige Reformschritte vorbereiten können und absichern helfen. Grundlegende Erkenntnisse über Zielsetzungen, Rahmenbedingungen und Wirkungen von neuen und selbstgestalteten Lernmöglichkeiten sind auch durch die Bielefelder Projekte »Laborschule« und »Oberstufenkolleg« gewonnen worden.

Entwicklungsziele

Die Reform des Bildungswesens, wie sie in den Ländern der Bundesrepublik seit etwa Mitte der 60er Jahre in Gang gekommen ist, ist von einigen zentralen bildungspolitischen und fachlichen Orientierungen bestimmt worden:

- von der Idee des Abbaus von Ungleichheiten der Bildungschancen,
- vom Ziel der Demokratisierung und verstärkten Mitwirkung der am Bildungswesen Beteiligten,
- vom Grundsatz einer Unterrichtsreform unter dem Aspekt der Wissenschaftsorientierung, der Individualisierung und Differenzierung des Lernens,
- von der Leitvorstellung einer stärkeren Humanisierung des pädagogischen Umgangs.

Der Konsens über diese Ziele konnte in der Diskussion über ihre Realisierung nicht durchgehalten werden. Vielmehr hat sich bereits zu Anfang der 70er Jahre die heute noch andauernde Polarisierung der Meinungen über den richtigen Weg zur Verwirklichung der allgemeinen Ziele verfestigt.

Seit Anfang der 80er Jahre sind die Zielsetzungen der 70er Jahre vor dem Hintergrund der Entwicklung neu akzentuiert bzw. erweitert worden in Richtung auf

- eine Modernisierung der Lehrerbildung und die Intensivierung der erzieherischen Elemente schulischer Arbeit,
- eine Öffnung gegenüber neuen Elementen allgemeiner Bildung, zum Beispiel im Zusammenhang mit der Bewältigung der ökologischen, wirtschaftlich-technischen, gesundheitsbezogenen Probleme unserer Gesellschaft,

– die Einbeziehung der Bildungsmöglichkeiten und der Bildungswirkung der Neuen Medien.

Entwicklungsphasen

Überblickt man die Entwicklungsphasen in ihren Hauptakzenten und Arbeitsansätzen bis in die 90er Jahre, so ergibt sich gegen Ende der 60er Jahre zunächst eine starke, aber von Anfang an auch sehr umstrittene Reformbewegung in Richtung auf strukturelle Veränderungen. Diese sollten die Voraussetzungen für eine gründliche innere Reform der Lernprozesse schaffen.

Die Überlegungen und Entscheidungen zur Strukturreform erfolgten in der Auseinandersetzung mit dem Prinzip der Integration von Bildungswegen und den entsprechenden Schulformen: der integrierten Gesamtschule und einer integrierten Oberstufe. Die höchst kontroverse Einstellung gegenüber einem solchen Entwicklungsansatz, die sich daraus ergebenden Schlußfolgerungen, Mißverständnisse und Polarisierungen in der fachlichen und bildungspolitischen Bewertung sind lange wirksam gewesen. Sie haben nicht nur eine durchgreifende Strukturreform unmöglich gemacht, sondern auch Konsensbildungen über andere Entwicklungsvorhaben bis heute behindert.

70er Jahre

Ab Mitte der 70er Jahre sind die strukturellen Schwerpunktsetzungen der Reform in den Hintergrund getreten, während Fragen der inneren Gestaltung, der Lehrplanreform, der Befähigung der Schulen, auf neue pädagogische Anforderungen zu reagieren, Vorrang bekamen.

80er Jahre

Diese Entwicklung hat sich in den 80er Jahren fortgesetzt: Strukturelle Veränderungen bezogen sich auf Ausbau-, Ergänzungs- und Erprobungsvorhaben an verschiedenen Stellen des Schulsystems in den Ländern, die das politisch möglich machten. Die integrierte Gesamtschule weitete sich dort, wo sie von den Ländern zugelassen wurde, nachfrageorientiert in unterschiedlicher Dichte aus. Die Kollegschule Nordrhein-Westfalen als integrierte Schule der Sekundarstufe II verblieb im Schulversuchsstatus. Die innere Reform setzte sich auf der Ebene der inhaltlich-methodischen Gestaltung des Unterrichts und über eine umfassende Lehrplanrevision fort. Ab der zweiten Hälfte der 80er Jahre traten außerdem Fragen der Sicherung der örtlichen und regionalen Angebotsstruktur, bildungsökonomische Probleme und Überlegungen zur Steigerung der Effizienz im Schulwesen in den Vordergrund der Diskussion.

90er Jahre

Seit Beginn der 90er Jahre haben sich einerseits die Fragen nach einer angemessenen Ausstattung und nach der Leistungsfähigkeit des Schulwesens verstärkt, andererseits sind in der bildungspolitischen und der fachlichen Diskussion stärker grundsätzliche Fragen nach vorne gebracht worden, zum Beispiel die Frage nach den Merkmalen einer guten und pädagogisch wirksamen Schule, das Problem der Ziele und Zwecke schulischen Lernens, die Struktur einer tragfähigen allgemeinen Bildung, die Frage der Ausrichtung und Wertigkeit beruflicher Bildung. Solche Fragestellungen haben zu einer neuen Intensivierung der fachlichen und der bildungspolitischen Diskussion geführt.

Erreichter Entwicklungsstand

Eine Einschätzung der Wirkung der Reformvorhaben der Phase zwischen 1970 und 1995 ist schwierig. Der erreichte Entwicklungsstand stellt sich wie folgt dar:

Schulorganisatorische Gesamtentwicklung

Die traditionelle Schulstruktur, die sich in der Regel ab der Jahrgangsstufe 5 in nebeneinander bestehenden Schulformen ausprägt, die nach der Jahrgangsstufe 10 von einer Trennung beruflicher und studienbezogener Bildung bestimmt ist, ist in den Ländern der alten Bundesrepublik als Grundmuster der Schulorganisation weitgehend erhalten geblieben, aber nach Ländern unterschiedlich erweitert, ausgebaut bzw. umgebaut worden. Die neuen Länder haben sich bei der Neuorganisation ihres Schulwesens nach 1990 an dieser Struktur orientiert.

Es gehört zu den entscheidenden Erfahrungen der letzten Jahrzehnte, daß schulorganisatorische Gesamtveränderungen in Richtung auf gänzlich neue Systemstrukturen nicht akzeptiert werden. Bei grundsätzlicher Anerkennung des Prinzips organisatorischer Pluralität sind jedoch schulorganisatorische Erweiterungen oder strukturelle Änderungen des Angebots, u.a. durch Gesamtschulen oder durch die Zweigliedrigkeit des Schulangebots in einigen neuen Ländern, zum Beispiel Sachsen und Thüringen, erreicht worden.

Im einzelnen handelt es sich bei den schulstrukturellen Weiterentwicklungen um

Sekundarstufe I

- Ausbaumaßnahmen im allgemeinbildenden Schulwesen der Sekundarstufe I in Richtung auf eine längere allgemeine Pflichtbildungszeit, auf eine Differenzierung nach obligatorischem Lernbereich und individuellem Wahlbereich sowie um eine Ausweitung der Möglichkeiten, mittlere Bildungsabschlüsse zu erreichen,

Berufliche Bildung

- den Ausbau und die Differenzierung der beruflichen Bildung durch eine größere Systematisierung und eine Neuordnung beruflicher Bildungsgänge, eine bessere Abstimmung zwischen beruflicher Schule und betrieblicher Ausbildung sowie – in Anfängen – die Möglichkeit zum Erwerb des Hochschulzugangs auch über berufliche Bildungswege,

Sonderschule

- den differenzierten Ausbau des Sonderschulwesens,

Integrierte Schulformen

- die Einführung bzw. Erprobung von neuen Schulformen wie Gesamtschulen, Kollegschulen und Verbundschulen, in denen die traditionelle Trennung der Bildungswege und Abschlüsse überwunden werden soll.

Der strukturelle Ausbau hat zu einer erheblichen Verbreiterung der Bildungsmöglichkeiten und des Zugangs zu höherwertigen Abschlüssen geführt. Diese Entwicklung und die mit ihr verbundene veränderte Nachfrage nach Bildungswegen und Abschlüssen durch Eltern, Kinder und Jugendliche hat andererseits das traditionelle dreigliedrige System der Schulformen aus dem Gleichgewicht gebracht. Die Hauptschule erwies sich dort, wo keine Nachfragesteuerung vorlag, trotz aller Reformbemühungen als struktureller Verlierer. Auch die übrigen Schulformen der Sekundarstufe sind in erhebliche Probleme mit der Zielbestimmung, den Inhalten und Methoden ihrer Arbeit hineingeraten. Gesamtschulen haben sich dort, wo sie zugelassen wurden, auch aufgrund der strukturellen Konkurrenz oft nicht ihrer Konzeption entsprechend entwickeln können.

Außerunterrichtlicher Bereich

Der außerunterrichtliche Bereich hat durch das größere, aber weiterhin völlig unzureichende Angebot von Ganztagsschulen, durch soziale Betreuung und freie Aktivitäten in einer ganzen Reihe von Schulen an Bedeutung gewonnen. Insgesamt hat sich dadurch das System der Halbtagsschule aber nicht geändert.

Verdichtung der Angebotsstruktur

Die Ziele einer lokalen bzw. regionalen Ausdifferenzierung des Angebots nach Schulformen und Bildungswegen und der Ausgleich regionaler Angebotsunterschiede sind im wesentlichen erreicht worden, so daß seit Anfang der 80er Jahre eine relativ dichte Präsenz unterschiedlicher Bildungswege und Schulformen gegeben ist.

Gleichwertigkeit statt Gleichartigkeit

Das Schulangebot insgesamt ist bunter und lebendiger geworden, auf der Ebene der Systemstrukturen und der Gestaltungsakzente vielfältiger, aber auch unterschiedlicher in seinem Erscheinungsbild und in seiner Wirkungsweise.

Dies entspricht dem Prinzip der Gleichwertigkeit anstelle der früher geforderten Gleichartigkeit. Es setzt Vertrauen in die Qualitätssicherung durch die Schulen und durch die Länder und größere Toleranzen in der überregionalen Abstimmung und Anerkennung voraus.

Binnenreform

Im Bereich der inhaltlich-methodischen Gestaltung sind seit Beginn der 70er Jahre grundlegende Reformen begonnen, zum Teil auch zu Ende geführt worden. Diese haben sich erstreckt auf

Fachliche Modernisierung

- die Modernisierung der Lerninhalte, der Methoden und der Formen der Leistungsbewertung in den traditionellen Schulfächern,

Neue Fächer

- die Einbeziehung neuer Fächer und Lernbereiche, zum Beispiel im gesellschaftskundlichen Bereich, im wirtschaftlich-technischen Sektor, in bezug auf die Informationstechniken, wenn auch nicht in allen Bildungsgängen und Schulformen,

- die Sicherung größerer Eigenständigkeit der einzelnen Schule bei der Planung und Gestaltung des Unterrichts sowie die Einbeziehung von Schülern und Eltern in die Ausgestaltung des Schullebens und auch des Unterrichts,

Eigenständigkeit der Schulen

- die Auseinandersetzung mit den ungleichen Bildungs- und Berufschancen von Mädchen,

Bildungschancen von Mädchen

- die »Öffnung der Schule« für situationsbezogenes Lernen, aktuelle Probleme und die Lernmöglichkeiten des schulischen Umfeldes,

Öffnung der Schule

- die Förderung von Schülerinnen und Schülern, die aufgrund ihrer Lebensumstände und Schulbiographien zeitweise besonderer Unterstützung bedürfen, zum Beispiel im Fall der Kinder von Aussiedlern und Ausländern.

Besondere Förderung

Die zahlreichen und vielfältigen Maßnahmen, die im Rahmen dieser Entwicklung vorangetrieben worden sind, haben dazu geführt, daß in den Schulen aller Schulformen die Sensibilität gegenüber den veränderten und unterschiedlichen Rahmenbedingungen von Unterricht und Erziehung gewachsen ist und zugleich die Fähigkeit gestärkt worden ist, auf diese Situation differenziert zu antworten. Die Schulen als Einzelsysteme und das Schulsystem insgesamt sind durch die intensive innere Reform in ihren Arbeitsansätzen und Handlungsformen eigenständiger und verantwortungsbewußter geworden. Sie sind allerdings mit ihren Initiativen häufig an die Grenzen gestoßen, die durch die meist wenig flexiblen Systemvorgaben gesetzt sind. Insbesondere ist es bei allen Einzelerneuerungen nicht gelungen, dem schulischen Lernen eine überzeugende neue Zentrierung und eine neue Ordnung zu geben, die den Stellenwert der Schule im Prozeß der Bildung hätten festigen können.

Geringe Veränderungen im Steuerungsbereich

Steuerung und Finanzierungssystem des Schulwesens sind von den Reformmaßnahmen seit Beginn der 70er Jahre nur in geringem Maße erfaßt worden.
Es bestehen weiterhin die traditionellen Verwaltungszuständigkeiten, Verantwortungsebenen und Verfahrensweisen. Größere Freiräume für einzelne Schulen bei der inneren Gestaltung haben nicht zu einer grundsätzlichen Veränderung der Verantwortlichkeiten und Kontrollverfahren geführt. Eine organisatorische Festigung von Mitbestimmungsstrukturen ist zwar erreicht; die tatsächliche Partizipation ist nach Intensität und Umfang jedoch sehr unterschiedlich ausgeprägt. Finanzierungssystem und Bewirtschaftungs-

formen sind nicht verändert worden; insbesondere sind der einzelnen Schule keine umfassenderen Entscheidungs- und Gestaltungsrechte zugewachsen.

Europäische Entwicklungen

Entwicklungen im europäischen Rahmen

Die eigene Reform sollte vor dem Hintergrund der europäischen Entwicklungen gesehen werden. In den kommenden Jahrzehnten wird sich zwischen den europäischen Regionen und Staaten der Prozeß wechselseitiger Annäherung, Kooperation und Durchlässigkeit verstärken.

Annäherungen eigenständiger Schulsysteme

Wenngleich nicht zu erwarten ist, daß die nationalen Schulsysteme in einem europäischen Schulsystem aufgehen werden, so werden sich doch aus der europäischen Entwicklung Folgen ergeben, die auch das Lernen in den Schulen verändern werden.

- Die Notwendigkeit der wechselseitigen Anerkennung von Abschlüssen und Berechtigungen wird auf die Dauer zu gemeinsamen Kriterien für den Erwerb dieser Abschlüsse führen.
- Die zunehmende ökonomische und kommerzielle Verflechtung zwischen den Regionen und Staaten und die damit verbundene Stärkung von Kommunikation und Kooperation wird – zuerst wohl in der beruflichen Bildung – die Abstimmung von Standards und Qualifikationen nach sich ziehen.
- Das Bewußtsein gemeinsamer Entwicklungs- und Gestaltungsprobleme in Wirtschaft und Gesellschaft wird es erforderlich machen, Elemente einer Allgemeinbildung in Europa für Europa zu entwickeln und stufenweise in die Praxis der Schulen einbeziehen.

Gemeinsame Probleme und Leitvorstellungen

Trotz der unterschiedlichen Ausgangssituationen in den europäischen Staaten zeigt sich schon heute eine einheitliche Meinungsbildung in den folgenden Punkten:

Bedeutung der Bildung

- Die Bedeutung einer qualifizierten schulischen Ausbildung für die wirtschaftliche und gesamtgesellschaftliche Entwicklung ist unbestritten.
  Dabei werden staatsbürgerliche und ökonomische Begrün-dungen gleichermaßen als bedeutsam angesehen: Die qualifizierten Beschäftigten müssen zugleich mündige und kompetente Bürgerinnen und Bürger sein. Ein Wettbewerb zwischen den nationalen Bildungsanstrengungen wird zur europäischen Realität gehören. Diesem muß sich auch das deutsche Bildungssystem stellen. Dabei wird neben der Vermittlung einer offenen und soli-

den Grundbildung die Befähigung zur Innovation eine herausragende Rolle spielen.

Programmatik und Mitteleinsatz

- Die generell hohe Wertschätzung von Bildung geht einher mit der Suche nach Kriterien für einen effektiven Mitteleinsatz. Auseinandersetzungen über das angemessene, Innovationen ermöglichende Bildungsbudget, Forderungen nach einer Überprüfung der Finanzierungs- und Bewirtschaftungssysteme, Erprobungen von neuen, ökonomisch und pädagogisch wirksamen Lernformen beeinflussen die bildungspolitische Diskussion in fast allen europäischen Ländern.

Regionale Eigengestaltung

Die Notwendigkeit regionaler Eigengestaltung wird weitgehend anerkannt und zunehmend realisiert.
Das Bemühen um einen Ausgleich zwischen örtlichen und regionalen Gestaltungsrechten einerseits und einer überregionalen Gesamtorientierung andererseits bestimmt die Reformmaßnahmen im Bereich von Steuerung und Kontrolle. Die europäischen Staaten kommen dabei zu unterschiedlichen Lösungen. Eine Orientierung in Richtung auf Dezentralität und Deregulierung ist aber unverkennbar.

Ausweitung der Aufgaben

- In der Mehrzahl der europäischen Länder hat sich eine umfassendere Betrachtung der Aufgaben der Schule durchgesetzt: Veränderungen in den traditionellen Sozialstrukturen führen dazu, daß über die unterrichtlichen Aufgaben der Schule hinaus erzieherische Aspekte in den Vordergrund rücken. Eine allen zugängliche vorschulische Bildung, außerunterrichtliche Aktivitäts- und Betreuungsmöglichkeiten, eine systematische Zusammenarbeit mit Jugend- und Sozialarbeit werden betont. An die Stelle einer isolierten Betrachtung der Funktionen und Strukturen von Bildungseinrichtungen tritt eine Sicht, die das Aufwachsen von Kindern und Jugendlichen im Zusammenhang sieht und ein erweitertes Zusammenwirken der Einrichtungen anstrebt.

Revision der Bildungsziele

- Eine zukunftsbezogene Bestimmung von Unterrichtszielen, -inhalten und -methoden, mit großen Freiräumen für die einzelnen Schulen, mit einer Betonung »sinnhaften«, lebensbezogenen Lernens, mit einem Bezug zur Arbeits- und Berufswelt ist in allen Ländern ebenso feststellbar wie das Bemühen um eine grundsätzliche Klärung, welche Qualifikationen und Kompetenzen, welche Inhalte und Methoden das Lernen künftig bestimmen sollen und müssen.

Qualitätssicherung

- Qualitätssicherung und Qualitätssorge gegenüber einer größer werdenden Streubreite in den Leistungen treten überall in den Vordergrund der Diskussion und auch der Weiterentwicklung.

Die Bestimmung der Merkmale einer guten Schule, die Möglichkeiten einer entsprechenden Professionalisierung von Lehrerinnen und Lehrern werden in diesem Zusammenhang als zentrale und vorrangige Aufgaben gesehen.

Widersprüchlichkeit der Entwicklung

Die skizzierten Entwicklungsverläufe und Entwicklungsperspektiven lassen nur unzureichend erkennen, welche zum Teil sehr widersprüchliche Entwicklungsbewegung den Bildungsbereich insgesamt und vor allem die Schule erfaßt hat. Es drängt sich der Eindruck auf, daß einerseits die auf heute noch plausiblen Zielen aufbauenden Reformen der 70er Jahre steckengeblieben sind, daß sich die Überlegungen zur Entwicklung des Schulwesens verlagert haben zu Fragen des Funktionierens und der Ökonomie, daß andererseits die Schulen in eigener Regie Entwicklungsprozesse in sehr unterschiedlicher Weise vorangetrieben haben, daß schließlich die Schulwirklichkeit noch sehr weit entfernt ist von den zukunftsbezogenen Entwicklungsperspektiven.

Eine solche Interpretation der Situation verkennt, daß in den Schulen selbst die Probleme schon heute hart aufeinanderstoßen und bearbeitet werden, daß es vor allem darauf ankommt, der dynamischen und unterschiedlichen Entwicklung vor Ort politisch verantwortete, fachlich gut begründete und tragfähige Leitvorstellungen zu geben. Nur so können die Rahmenbedingungen für das »Schulehalten« so entschieden verändert werden, daß angesichts der weiterhin bestehenden Offenheit der Kinder für Lernen und Zusammenleben in der Schule, aber auch angesichts der manchmal schwierigen persönlichen Probleme, die sie mitbringen, ein pädagogisch aktives und verantwortliches Handeln gesichert wird.

III. Gesellschaft, Bildung, Schule

III.1 Zeitsignaturen – Elemente eines zeitgemäßen Bildungsbegriffs

Notwendige Klärungen

Aussagen über die Zukunft der Bildung und die Schule der Zukunft bedürfen der Klärung

- von Entwicklungstendenzen in Gesellschaft, Politik, Ökonomie und Kultur, die Arbeit und Leben in der Schule der Zukunft bestimmen werden, sowie
- eines zeitgemäßen Verständnisses von Bildung, das es erlaubt, auch in Zukunft am Begriff der Bildung als orientierender pädagogischer Kategorie festzuhalten.

Die Kommission macht nicht den Versuch, aus einem bestimmten Szenario zukünftiger gesellschaftlicher Entwicklungen detaillierte Anforderungen an Ziele, Inhalte oder Organisationsformen schulischer und außerschulischer Bildung abzuleiten. Sie hält einen solchen Versuch für nicht seriös, weil die Analyse von Zeitsignaturen deren Ambivalenz und Offenheit erweist. Die Gesellschaft der Zukunft wird nicht das Resultat der Eigendynamik von Entwicklungen sein, sondern vor allem von politischen Entscheidungen, die zwischen verschiedenen Möglichkeiten eine Wahl getroffen haben. Die im folgenden skizzierten Zeitsignaturen geben einige zentrale Entwicklungen an, die für die Überlegungen und Vorschläge der Kommission zur Schule der Zukunft wichtig sind. Die Kommission knüpft dabei an einen Begriff von Bildung an, der seit der europäischen Aufklärung die Mündigkeit in allen Orientierungszusammenhängen in den Mittelpunkt stellt.

Zeitsignaturen

Unterschiedliche Analysen und Prognosen

Die Gegenwart hat kein klares Bild von ihrem Wandel und von der Gesellschaft der Zukunft. Dies machen bereits so unterschiedliche Bezeichnungen wie postmoderne Gesellschaft, Informationsgesellschaft und Risikogesellschaft sowie die unterschiedlichen Zukunftsprognosen und Entwicklungsszenarien deutlich. In diesem Sinne und bezogen auf die Selbstwahrnehmung der einzelnen ist die moderne Gesellschaft eine offene Gesellschaft.

Um zu einigen Klärungen und Orientierungen zu gelangen, werden Zeitsignaturen beschrieben, in denen nach Auffassung der Kommission langfristige gesellschaftliche Entwicklungsprozesse zum Vorschein kommen. Diese sind im Begriff, bestehende Strukturen, gewohnte Denk- und Verhaltensweisen, überkommene Orientierungsmuster nachhaltig zu verändern.

Dynamik des gesellschaftlichen Wandels

Anforderungen an Bildung und Schule

Für das ausgehende 20. Jahrhundert ist der Umstand charakteristisch, daß mehrere solcher tiefgreifenden Veränderungen zur gleichen Zeit, auf verschiedenen Ebenen und miteinander wechselseitig verbunden geschehen. Das Tempo dieser Veränderungen nimmt zu. Es verlangt vom einzelnen und von den Institutionen, sich kreativ anzupassen, sich weiterzuentwickeln und an der Gestaltung der Zukunft aktiv teilzunehmen. Bildung und Ausbildung werden für die Entwicklung dieser Fähigkeit von entscheidender Bedeutung sein. Bildung kann sich nicht der schwierigen Aufgabe entziehen, in der Gegenwart die Vermittlung zwischen Vergangenheit und Zukunft leisten zu müssen. Ihre Institutionen werden lernen müssen, auf sich verändernde Rahmenbedingungen und auf neue, häufig noch ungewisse Herausforderungen flexibel und rechtzeitig zu reagieren.

Pluralisierung der Lebensformen und der sozialen Beziehungen

Pluralisierung als dominantes Merkmal der Gegenwart

Soziale Ungleichheiten

Sozialwissenschaftliche Analysen heben die Pluralisierung von Lebensformen und sozialen Beziehungen als dominante Signatur der Gegenwart hervor. Während in Teilbereichen, etwa in den Medien und der Unterhaltungsindustrie, ein Verlust an Vielfalt und eine Tendenz zur Nivellierung von Unterschieden Platz greift, scheint die moderne Gesellschaft insgesamt in eine zunehmende Individualisierung zu führen. Einheitliche Lebensformen nehmen ab, Pluralisierung nimmt zu. Das gilt sowohl für den privaten Bereich als auch in Form sich individualisierender Arbeitsformen für große Teile des beruflichen Bereichs. Zur gleichen Zeit bestehen soziale Ungleichheiten weiter. Manche Indikatoren, zum Beispiel die steigende Zahl von Langzeitarbeitslosen, deuten darauf hin, daß die Zwei-Drittel-Gesellschaft mehr und mehr zur Realität wird.

Veränderungen gesellschaftlicher Lebensformen:

Familie

Jugend

Eine der Folgen der Pluralisierung ist eine zunehmende Partikularisierung der Wirklichkeitsbereiche, in denen der einzelne lebt, zum Beispiel Familie, Beruf, Freizeit, Politik. Die Bereiche entwickeln sich auseinander, der Mensch lebt in Welten, die immer weniger miteinander zu tun haben. Die Pluralisierung der Wirklichkeitsbereiche setzt sich in die Teilbereiche hinein fort. Ein Beispiel dafür ist die Familie, deren klassische Form sich in sehr unterschiedliche Familienformen auflöst. Das bedeutet keine einfachen Voraussetzungen für eine stabile Entwicklung von Kindern und Jugendlichen. Kinder und Jugendliche werden auf eine existentielle Weise von der Entwicklung der pluralistischen Gesellschaft erfaßt: sie tragen mit ihren eigenen, zunehmend selbst pluralistischer werdenden Lebensformen zu dieser Entwicklung bei. Deshalb sind auch pauschale Vorwürfe, die heute vor dem Hintergrund sich auflösender älterer Ordnungen an die Adresse der Jugendlichen gerichtet werden, unangemessen. Maßgebend und ursächlich ist nicht die Veränderung der jugendlichen Lebensformen, sondern die unter pluralistischen Orientierungen stehende Veränderung der gesellschaftlichen Lebensformen insgesamt.

Lebensstile und soziale Beziehungen

Die traditionellen Muster der persönlichen Lebensstile und der sozialen Beziehungen, die – historisch gesehen – gegen einen Wandel ziemlich resistent sind, weil sie vielfach auf grundlegenden Wertentscheidungen und etablierten Gewohnheiten beruhen, verlieren an Verbindlichkeit. Sie differenzieren sich oder scheinen sich als Folge von Veränderungen in anderen Bereichen der Gesellschaft mehr und mehr aufzulösen. In Partnerschaft und Familie, in den Beziehungen zwischen den Geschlechtern und den Generationen, in Bildungswegen und Berufskarrieren wird für immer mehr Menschen die Wahl zwischen verschiedenen, auch alternativen Optionen möglich.

Mehr Chancen für ein selbstbestimmtes Leben

Neue Anforderungen und Risiken

Pluralisierung erweitert die individuellen Handlungs- und Entscheidungsmöglichkeiten und verbessert die Chancen für ein selbstbestimmtes Leben. Zugleich konfrontiert sie die einzelnen mit den Anforderungen und Risiken der Freiheit: Sie müssen Verantwortung für sich selbst übernehmen; sie können sich in einer Gesellschaft, die den Erfolg zum Maßstab für Anerkennung macht und die Ursachen für Mißerfolg in Defiziten und Fehlern des einzelnen sieht, der Solidarität anderer immer weniger sicher sein; sie müssen Urteilsfähigkeit erwerben und lernen, Enttäuschungen auszuhalten, wenn Ambitionen und Ansprüche an den eigenen Grenzen oder an immer noch bestehenden ungleichen Bildungs- und Berufschancen scheitern.

Die Veränderung der Welt durch neue Technologien und Medien

Schnelle Veränderungen in allen Lebensbereichen

Wissenschaft und Technik verändern die Welt in einem Tempo, das in der Geschichte ohne Beispiel ist. Das stürmische Wachstum des Wissens und die Geschwindigkeit, in der es in anwendungsreife Technologien überführt wird, deren Lebenszyklen selbst immer kürzer werden, sind die Motoren tiefgreifender Veränderungen in allen Lebensbereichen. Das Tempo dieser Prozesse läßt dabei wenig Zeit für die Reflexion von Zwecken und Zielen und für die verantwortliche Gestaltung des von Technik und Wissenschaft induzierten Wandels.

Informations- und Kommunikationstechnologien

Die Leitdisziplinen des wissenschaftlich-technischen Fortschritts sind gegenwärtig neben der Gentechnologie die Informations- und Kommunikationstechnologien. Diese haben in den letzten Jahren die Voraussetzungen dafür geschaffen, immer größere Datenmengen immer schneller zu übertragen und zu speichern, Computer und Telekommunikationsnetze zusammenzuschließen und durch einen gemeinsamen Code für Ton, Bild und Schrift die klassischen Medien zu verbinden.

Weltweite Informationsnetze, die für Institutionen, Unternehmen und individuelle Nutzer Zugriffe ermöglichen, bestehen bereits und expandieren schnell. Multimedia scheint kurz vor der Marktreife zu stehen; es wird neue Formen der Kommunikation hervorbringen, die Bewegung in virtuellen Welten und einen interaktiven Umgang mit Bildern und Informationen ermöglichen.

Getragen und beschleunigt durch eine globale technische Infrastruktur, vollzieht sich die informations- und kommunikationstechnologische Revolution in allen Lebensbereichen mit großer Intensität (→ Kapitel IV.1.6). Ihre Auswirkungen auf Arbeit und Wirtschaft sind bereits sichtbar, ihre Auswirkungen auf Gesellschaft, Kultur und Politik sind offen und mehrdeutig.

Strukturwandel von Arbeit und Wirtschaft

Die Informations- und Kommunikationstechnologien sind Grundlage für die »dritte industrielle Revolution« und beschleunigen den Strukturwandel von Arbeit und Wirtschaft. Dessen Kennzeichen sind ein Verlust von Arbeitsplätzen in den traditionellen Bereichen industrieller Produktion, eine zunehmende Bedeutung von Dienstleistungen in allen Sektoren, dezentrale Formen der Arbeitsorganisation mit ganzheitlichen Produktionskonzepten und neue Tätigkeitsmerkmale in allen Berufen mit hohen Anforderungen an die fachlichen, methodischen und sozialen Kompetenzen der Beschäftigten (→ Kapitel III.3).

Auswirkungen auf Gesellschaft und Kultur

Die Auswirkungen der neuen Technologien und Medien auf Gesellschaft und Kultur sind weniger eindeutig vorherzusagen. In Prognosen und Zukunftsszenarien halten sich die Aussagen zu Chancen und Gefahren die Waage. Es ist nicht entschieden,

- ob neue Technologien und Medien den Zugang zu den Informationen für alle öffnen und Herrschaft, die auf einem Vorsprung an Wissen beruht, die Legitimation entziehen oder ob sie vorhandene Gegensätze in der Gesellschaft und in der Welt verschärfen, zum Beispiel zwischen denen, die über die notwendige Hard- und Software und die erforderlichen Kulturtechniken verfügen, und den anderen,
- ob sie bestehende Strukturen der Kommunikation dezentralisieren, durch Pluralisierung der Angebote und Individualisierung

der Nutzung mehr Selbstbestimmung ermöglichen oder ob sie eine Monopolisierung von Information und Wissen durch multinationale Medienkonzerne und den politischen Mißbrauch von Marktpositionen begünstigen,
ob sie neue Kompetenzen, Sensibilität und Phantasie im Umgang mit neuen Medien fördern oder ob diese das Bewußtsein der Menschen besetzen, seine Wahrnehmungen und seine Erfahrungen lenken, das Bild der Welt durch ihre Bilder bestimmen.

Die ökologische Frage

Krise der Umwelt und Umweltbewußtsein

Das 21. Jahrhundert wird von Beginn an unter dem Eindruck stehen, daß die natürlichen Grundlagen des Lebens auf der Erde gefährdet sind. Der alarmierende Zustand der Natur ist offenkundig. Er hat viele Menschen dazu bewegt, aktiv für den Schutz der Umwelt einzutreten und sich in ihrem Alltag möglichst umweltgerecht zu verhalten. Wissenschaft und Technik sind dabei, das Wissen über Zusammenhänge und Ursachen der Umweltkrise zu vertiefen und Technologien zu entwickeln, die einen schonenden Umgang mit den natürlichen Ressourcen ermöglichen. Die nationale und internationale Politik versucht mit mehr Konsequenz als in den letzten Jahrzehnten, die Rahmenbedingungen für eine ökologische Modernisierung von Wirtschaft und Gesellschaft zu schaffen.

Diese positiven Entwicklungen zeigen, daß die Einsicht in die Notwendigkeit einer ökologischen Wende gewachsen ist und Chancen bestehen, die notwendigen Kursänderungen vorzunehmen. Sie dürfen jedoch nicht darüber hinwegtäuschen, daß ein grundsätzlicher Wandel in unseren Auffassungen von Fortschritt, Wohlstand und ökonomischer Rationalität erforderlich ist.

Grenzen des europäischen Entwicklungsweges

Voraussetzungen einer ökologischen Wende

Denn die wichtigste Ursache für die Gefährdung der natürlichen Grundlagen des Lebens ist jene Wirtschaftsweise, die seit mehr als hundert Jahren den Entwicklungsweg der europäischen Zivilisation bestimmt. Das Ökosystem der Erde müßte zusammenbrechen, wenn die gesamte Weltbevölkerung ebenso viel an Energie, Wasser, Luft und anderen Naturgütern verbrauchte, wie heute die reichsten 10 Prozent in den Wohlstandsregionen Europas, Amerikas und Asiens. Der Kollaps wird nur zu vermeiden sein, wenn die westlichen Gesellschaften rechtzeitig einen neuen Weg beschreiten. Dieser Weg erfordert radikale Änderungen von Haltungen und Verhaltensweisen, eine technologische Revolution, die den Schwerpunkt der Innovationen auf den schonenden Umgang mit natürlichen Ressourcen legt, und eine globale Perspektive der Politik.

Tiefgreifende Veränderungen unserer Kultur, zu der Bildung und Schule gehören, sind unausweichlich, wenn die Welt auf ein Jahrhundert der Umwelt zugehen und die westliche Zivilisation ein neues Wohlstandsmodell entwickeln will.

Bevölkerungsentwicklung und Migration

Das Wachstum der Erdbevölkerung ist eines der großen Probleme, mit denen sich kommende Generationen auseinandersetzen werden müssen. Die Zahl der Menschen wird auch dann noch einige Jahrzehnte lang steigen, wenn Maßnahmen zur Geburtenbeschränkung weltweit zu wirken beginnen.

Wachstum der Erdbevölkerung

Es gibt begründete Annahmen, daß sich bis zum Jahre 2020 die Erdbevölkerung gegenüber heute verdoppelt haben und sich um das Jahr 2100 bei einer Zahl von ca. 14,5 Milliarden stabilisieren wird. Der bei weitem größte Teil des Bevölkerungswachstums (ca. 95%) wird auf die Entwicklungsländer entfallen, die dafür am wenigsten vorbereitet sind.

Internationale Migration als Folge des globalen Wohlstandsgefälles

Maßnahmen zur Geburtenbeschränkung im Süden der Erde werden auf Dauer nur wirksam sein können, wenn es gelingt, die ökonomische und soziale Situation der Menschen in diesen Regionen zu verbessern und das globale Wohlstandsgefälle zu verringern. Krieg, Armut und mangelnde Zuversicht in eine bessere Zukunft im eigenen Land sind die wichtigsten Ursachen für die internationalen Wanderungsbewegungen der Gegenwart. Zu Beginn der 90er Jahre haben etwa 20 Millionen Menschen ihre Heimat auf der Suche nach Arbeit, Schutz und einem menschenwürdigen Leben verlassen. Migrationen sind überwiegend ein Phänomen innerhalb des Südens, nur ein geringer Teil richtet sich auf europäische Zielländer.

Die internationalen Wanderungsbewegungen und die innereuropäische Migration seit Öffnung der Grenzen im Jahre 1989 sind gleichwohl für viele Staaten der Europäischen Union zu einem brisanten innenpolitischen Problem geworden. Die Auseinandersetzungen um die Asyl- und Einwanderungspolitik, um Chancen und Risiken einer zunehmend multikulturellen Entwicklung der Gesellschaften Westeuropas zeigen, wie schwierig es ist, europäische und nationalstaatliche Interessen wahrzunehmen, ohne in einen Zielkonflikt mit völker- und menschenrechtlichen Normen zu geraten.

Europa als Kontinent der Einwanderung

Europa, das zwischen 1820 und 1930 etwa 40 Millionen Menschen verlassen haben, ist in den letzten Jahrzehnten selbst zu einem Kontinent der Einwanderung geworden. Zuwanderungen in beträchtlichen Größenordnungen werden in den nächsten Jahrzehnten notwendig bleiben, um den Rückgang des Anteils der aktiven Erwerbsbevölkerung, für den sinkende Geburtenraten und eine steigende Lebenserwartung verantwortlich sind, auszugleichen und die Überlastung der sozialen Sicherungssysteme zu vermeiden.

Auswirkungen auf alle Lebensbereiche

Bevölkerungsentwicklung und internationale Migration werden im nächsten Jahrhundert zentrale Herausforderungen für die internationale Politik sein. Sie werden auch die ökonomische Entwicklung der Gesellschaft, ihr kulturelles Selbstverständnis und die Gestaltung der sozialen Beziehungen maßgeblich bestimmen.

Die Internationalisierung der Lebensverhältnisse

Erscheinungsformen und Widersprüche

Während sich Märkte weltweit vernetzen, die neuen Kommunikationstechnologien auch für individuelle Nutzer den globalen Austausch von Informationen ermöglichen, die Entwicklungsprobleme der Welt eine internationale Zusammenarbeit immer dringlicher machen und die Begegnung mit dem anderen für immer mehr Menschen ein selbstverständlicher Teil ihres Alltags wird, nehmen zur gleichen Zeit nationale und ethnische Konflikte zu, gewinnt die übernationale politische Integration auch in Europa nur langsam Gestalt, reagieren viele Menschen auf die Anwesenheit von Fremden in ihrer Gesellschaft mit Distanz, manche auch mit Gewalt.

Globalisierung und Rückzug auf den eigenen, vertrauten Lebensbereich, internationale Kooperation und die Wiederkehr des Nationalen, Multikulturalität und Abwehr des Fremden sind widersprüchliche Symptome einer Zeit im Umbruch (→ Kapitel IV.1.4).

Der Wandel der Werte

Unterschiedlichkeit und Konsens

Die Pluralisierung der gesellschaftlichen Lebensformen konfrontiert den einzelnen und die Gesellschaft mit der Frage, welche Werte Geltung beanspruchen sollen, wieviel Unterschiedlichkeit und wieviel Konsens für ihre Zukunft notwendig und produktiv sind. Die schnellen und nachhaltigen Veränderungen in fast allen Lebensbereichen verlangen nach einem Dialog über die Möglichkeit eines Konsenses, der es erlaubt, Dynamik und Richtung von Entwicklungen nach Grundsätzen zu gestalten, die für den einzelnen und für die Gesellschaft einsichtig, zweckmäßig und verantwortbar sind.

Erosion traditioneller Werte

Die Klärung dieser Fragen ist notwendig, weil traditionelle Werte vielfach ihren unmittelbaren Sinn und ihre disziplinierende Wirkung aus unterschiedlichen Gründen verloren haben:
Die Diskrepanz zwischen Programm und Alltag ist unübersehbar; die Rangfolge zwischen Werten ist strittig geworden, konkurrierende Prinzipien liegen im Widerstreit; alternative Werte gewinnen

im Zeitalter der Wissensrevolution und der Internationalisierung an Einfluß.

Suche nach mehr Gemeinsamkeit

Eine prüfende Klärung ist auf Formen des gesellschaftlichen Dialogs angewiesen, da in offenen, pluralen und demokratischen Gesellschaften ein Wertekonsens nicht verordnet werden kann und nicht verordnet werden darf. Die Suche nach mehr Gemeinsamkeit in den handlungsleitenden Werten findet ihre Eckpunkte im Spektrum der europäischen Aufklärung, deren zentrale Idee der Mündigkeit nach wie vor gültig ist und als regulative Idee nicht aufgegeben werden darf.

Sie muß die historische Erfahrung berücksichtigen, daß Werte dann Geltung und Wirkung erlangen können, wenn die konkreten gesellschaftlichen Strukturen und Lebensformen ihnen Glaubwürdigkeit geben.

Elemente eines zeitgemäßen Bildungsbegriffs

Kultur und Bildung als Lebensform

Bildung ist in dieser Gesamtentwicklung tragendes Element der Kultur, die alle Lebens- und Arbeitsformen einer Gesellschaft umfaßt. Durch Bildung wird Kultur angeeignet und selbst zu einem dynamischen, orientierenden Element der Gesellschaft.

Die Stichworte »Bildung« und »Gesellschaft« erinnern die moderne Gesellschaft daran, daß diese auch das Resultat von Bildungsprozessen ist, in denen sich Ausbildung mit Kultur verbindet. Kultur ist der modernen Welt nichts Äußerliches, von dieser als liebevoll Überflüssiges bewahrt und gefördert, sondern die in die Welt des Menschen verwandelte Welt. Gemeint ist, daß sich der Mensch vor allem in Dingen wiederzuerkennen vermag, die er selbst gemacht hat, in Dingen, denen er, wie in der Wissenschaft, Objektivität verleiht, und in Dingen, die seine Subjektivität atmen. In dieser Welt bewegt sich der Mensch entdeckend, deutend und gestaltend, und indem er dies tut, schafft er sich seine Welt.

Kultur und Bildung: Tätiges, entdeckendes und deutendes Leben

Kultur ist daher auch kein Reservat von Vergangenem oder Welt neben einer eigentlichen Welt, in der wir als lernende und arbeitende Wesen leben, sondern selbst ein tätiges, herstellendes, deutendes Leben. Mit Bildung steht es nicht anders. Bildung ist nur die andere Seite der Kultur, ist Kultur zur Lebensform, gerade auch zur individuellen Lebensform gemacht.

Können und Orientierung als Merkmale von Bildung

Bildung ist in erster Linie ein Können, kein bloßes Sich-Auskennen in Bildungsbeständen. Wilhelm von Humboldt hat noch immer recht. Für ihn ist der Gebildete derjenige, der »soviel Welt als möglich zu ergreifen, und so eng, als er nur kann, mit sich zu verbinden« sucht.

Daher verbindet sich der Begriff der Bildung weiterhin mit dem Begriff der Orientierung. Beides gehört zusammen: als Lebensform oder in der Form eines Könnens, das Welt in sich zieht und Welt durch sich selbst ausdrückt.

Herausforderungen an Bildung

Bildung muß heute ihre Leistungsfähigkeit in einer gesellschaftlichen Situation zur Geltung bringen, in der Strukturen der Unüberschaubarkeit und der Anonymität von Entwicklungen wachsen. Orientierung, die stabilisiert und handlungsfähig macht, droht sich aufzulösen. Mit ihr droht auch die Idee der europäischen Aufklärung, nämlich Mündigkeit in allen Orientierungszusammenhängen, blaß zu werden. Das läßt sich auch in der – mit Absicht stark vereinfachenden – Unterscheidung zwischen einem Wissen um Ursachen, Wirkungen, Mittel und einem Wissen um Zwecke und Ziele ausdrücken. In der modernen Welt scheint der Abstand zwischen beiden Wissensformen zu wachsen: Wissenschaft und Technik schreiten voran – die Reflexion ihrer Folgen und der Versuch, die durch sie angestoßenen Entwicklungen verantwortlich zu gestalten, kommen hinterher.

Wenn eine solche Diskrepanz auf Dauer existierte oder gar zunähme, bliebe die moderne Welt hinter ihren eigentlichen kulturellen Entwicklungspotentialen zurück. Ein moderner Bildungsbegriff hat diesen Umstand zu berücksichtigen, gerade auch in der schulischen Bildungswirklichkeit. Das ist, zumal wenn es um Gesichtspunkte der Überwindung dieser Entwicklung geht, ein hoher, vielleicht ein für die Schule zu hoher Anspruch, den völlig zu verfehlen aber bedeuten würde, daß die Schule einen wesentlichen Teil ihrer Bildungsaufgabe verliert.

Verständnis von Bildung

Bildung soll im folgenden als individueller, aber auf die Gesellschaft bezogener Lern- und Entwicklungsprozeß verstanden werden, in dessen Verlauf die Befähigung erworben wird,

- den Anspruch auf Selbstbestimmung und die Entwicklung eigener Lebens-Sinnbestimmungen zu verwirklichen,
- diesen Anspruch auch für alle Mitmenschen anzuerkennen,
- Mitverantwortung für die Gestaltung der zwischenmenschlichen Beziehungen und der ökonomischen, gesellschaftlichen, politischen und kulturellen Verhältnisse zu übernehmen und
- die eigenen Ansprüche, die Ansprüche der Mitmenschen und die Anforderungen der Gesellschaft in eine vertretbare, den eigenen Möglichkeiten entsprechende Relation zu bringen.

Emanzipatorischer Gehalt von Bildung

Schulisches und außerschulisches Lernen können auf einen Begriff von Bildung, dessen emanzipatorischer Gehalt sich gegen eine Beschränkung von Bildungsprozessen auf den Erwerb von gesellschaftlich nützlichen Qualifikationen sperrt, nicht verzichten.

Schulische Bildung und Erziehung ist in ihren Zielen, Inhalten und Formen keine bloße Funktion von gesellschaftlichen Entwicklungen. Sie reagiert nicht einfach auf Verhältnisse und Prozesse, sondern hat die Aufgabe, diese unter dem Gesichtspunkt einer Verantwortung für die Lebens- und Entwicklungsmöglichkeiten junger Menschen zu beurteilen und mitzugestalten.

Die Zeitsignaturen weisen einerseits auf eine abnehmende Rolle der Schule in Bildungszusammenhängen hin, andererseits auf ihre wachsende Bedeutung in einer ambivalenten gesellschaftlichen Entwicklung.

Bedeutungsverlust von Schule

Die Bedeutung der Schule für die Bildung der Zukunft wird vor allem durch die neuen Technologien und Medien in Frage gestellt. Der von diesen beschleunigte Strukturwandel in der Wirtschafts- und Arbeitswelt macht es notwendig, die in Schule und beruflicher Ausbildung erworbenen Qualifikationen immer wieder zu erneuern und weiterzuentwickeln. Schulische Bildung wird ihre Aufgabe stärker als in der Vergangenheit darin sehen müssen, die Bereitschaft und die Kompetenzen für ein lebenslanges Lernen (→ Kapitel III.4) zu vermitteln.
Die neuen Technologien und Medien relativieren die Rolle der Schule in Bildungszusammenhängen auch deshalb, weil diese eine Pluralisierung von Lernwegen bewirken. Sie werden Bildungsangebote ermöglichen, die außerhalb institutionalisierter Lernprozesse individuell genutzt und den jeweiligen Zielen, Bedürfnissen und Möglichkeiten der Nachfragenden angepaßt werden können.

Bedeutungszuwachs von Schule

Schule und soziale Integration

Die Pluralisierung der gesellschaftlichen Lebensformen, die Internationalisierung der Lebensverhältnisse und der Wandel der Werte weisen aber auch auf eine größere Bedeutung der Schule in der Gesellschaft der Zukunft hin. Diese Entwicklungen verlangen eine sehr grundsätzliche Prüfung ihres Selbstverständnisses und ihrer Arbeitsformen, denn sie verändern in Kernbereichen die Bedingungen des Aufwachsens von Kindern und Jugendlichen (→ Kapitel III.2) und deren Lebensperspektiven. Bildendes Lernen wird sich in der Schule der Zukunft dann vollziehen können, wenn diese in ihrer sozialen Integrationsfunktion gestärkt und als Lebensraum erfahren wird, in dem die Fähigkeit zur Selbststeuerung in gemeinsamen sozialen Erfahrungen vermittelt wird.

Anforderungen an schulisches Lernen

Schulisches Lernen in der Gesellschaft der Zukunft muß Kompetenzen vermitteln, die den Anforderungen an einen vernünftigen Umgang mit den Entwicklungschancen und den Problemen der modernen Welt genügen. Auf diese Kompetenzen hin müssen Bildung und Ausbildung organisiert werden. Das bedeutet nicht, daß es keine stabilen Bildungsbestände mehr gäbe. Zu diesen Beständen gehört nach wie vor ein großer Teil des disziplinären und fachlichen Wissens. Für die Schule heißt dies, auch an disziplinären und fachlichen Ausbildungselementen festzuhalten. Der Generalist ohne disziplinäre und fachliche Kompetenzen ist auch in der Schule kein Bildungsideal.

Fachliche Kompetenzen

Unterricht sollte dabei sowohl fundamental als auch exemplarisch sein und neben dem fachlichen Lernen auch überfachliches und soziales Lernen einschließen. Er sollte fundamental sein, insofern es darum geht, wirkliche Wissens- und Bildungsfundamente zu legen. Er sollte exemplarisch sein, insofern es sich hier niemals um Vollständiges, gegenüber jeder Entwicklung Abgeschlossenes handeln kann. Das, was gelernt wird, muß auch für anderes stehen, das noch nicht gelernt ist, das oft noch unbekannt ist. Letzteres macht auch das Erfordernis eines mit fundamentalen und exemplarischen Formen des Unterrichts verbundenen überfachlichen Lernens, zum Beispiel anhand wohlbestimmter Dimensionen und Schlüsselprobleme – Beispiele sind Umwelt, Gesundheit und Energie –, deutlich. Fundamentales und exemplarisches, überfachliche Elemente einschließendes Lernen folgt dem Ziel, das Lernen und den Umgang mit Gelerntem und Ungelerntem zu lernen. In diesem Sinne, nicht im Sinne einer bloß quantitativ orientierten Wissensvermittlung, sollte die Schule ein »Haus des Lernens« sein.

Überfachliche und soziale Kompetenzen

Dimensionen und Schlüsselprobleme als Prinzipien didaktischer Strukturierung

Das Lernen lernen

Die Schule ist ein wesentliches institutionelles Element in gesellschaftlichen Entwicklungen, mit denen sie verbunden ist. Diese zwingen die Schule zur institutionellen Bescheidenheit gegenüber ihren tatsächlichen Einwirkungsmöglichkeiten, zur institutionellen Selbstkritik gegenüber mitzuverantwortenden Entwicklungen und zu einem neuen institutionellen Optimismus gegenüber den immer schwieriger werdenden Aufgaben einer Schule des Lebens. Das macht zugleich ihre Grenzen und ihre Zukunft aus.

Schule in der Gesellschaft der Zukunft: Bescheidenheit, Selbstkritik, Optimismus

III.2 Aufwachsen in einer offenen Gesellschaft

Die Lebens- und Aufwachsensbedingungen von Kindern und Jugendlichen müssen mehr als früher Bezugs- und Orientierungspunkt für die organisatorische und inhaltliche Gestaltung der Schule sein. Erfolg oder Mißerfolg organisierter Bildung hängen in den Grenzen ihrer Möglichkeiten nicht zuletzt davon ab, ob und wie Schule ihre Realität auf die Situation des Aufwachsens einstellt.

Kinder und Jugendliche im gesellschaftlichen Wandel

Die Gruppe der Kinder und Jugendlichen ist eine hochdifferenzierte Bevölkerungsgruppe. Sie umfaßte in Nordrhein-Westfalen zum Beispiel 1993 rd. 4 Mio. Menschen (Bevölkerung unter 20 Jahren). Ihre Lebensbedingungen sind u.a. durch den Wandel zahlreicher Faktoren des Aufwachsens, wie zum Beispiel regionalen, sozialen, schicht- und gesellschaftsspezifischen Einflüssen, und durch gesellschaftliche Veränderungen unterschiedlich geprägt. Der soziale Wandel hat zur Pluralisierung und Individualisierung der Lebensstile geführt und zu deutlich erweiterten Spielräumen und neuen Chancen, aber auch für eine immer größer werdende Gruppe von Heranwachsenden zur Brüchigkeit der sozialen Beziehungen. Veränderte Erfahrungsräume und Erfahrungsmöglichkeiten, der Wandel der Verhaltensmuster und der Wertorientierungen, die Einflüsse von Medien und Kommerz, veränderte gesundheitliche Lebensbedingungen, aber auch Risiken, wie zum Beispiel durch Lehrstellenmangel, und Gefahren wie Drogenkonsum und Gewalt wirken sich auf das Lebensbewußtsein unmittelbar aus.

Lebenswelten von Heranwachsenden im Wandel

Obwohl es ein breites Spektrum und eine Vielzahl von Differenzierungen bei der Ausgestaltung von Kindheiten und Jugendzeiten gibt, lassen sich Gemeinsamkeiten und allgemeine Entwicklungstendenzen der Sozialisationsbedingungen benennen, die sich durch Veränderungen in den letzten Jahrzehnten herauskristallisieren.

Weniger Kinder und Jugendliche in der Gesamtbevölkerung

- Die demographische Situation ist seit der Jahrhundertwende durch die kontinuierliche Abnahme des Anteils der Kinder an der Gesamtbevölkerung gekennzeichnet.

Zwar ist in der zweiten Hälfte der 80er Jahre auch in der Bundesrepublik ein leichter Anstieg des Geburtenniveaus zu verzeichnen, jedoch bleibt der Anteil der unter 15jährigen an der Gesamtbevölkerung voraussichtlich von 1960 bis zum Jahr 2025 in allen Ländern der Europäischen Gemeinschaft mit geringen Schwankungen, die zum Beispiel temporär steigende Schülerzahlen verursachen, abnehmend.

Strukturwandel der Familie – Vielfalt der Formen des Zusammenlebens

- In den letzten Jahrzehnten hat sich eine Vielfalt unterschiedlicher Familienformen – nichteheliche Lebensgemeinschaften, getrenntlebende Eltern, Alleinerziehende, Wiederverheiratete mit Kindern und Stiefkindern – entwickelt.
  Neben der weiterhin steigenden Zahl der Ehescheidungen und der Anzahl der alleinerziehenden Eltern werden die Familien zunehmend kleiner. So hat zum Beispiel jede zweite Familie mit Kindern lediglich ein Kind.

Wandel des Erwerbssystems und Orientierung von Jugendlichen

- Durch Veränderungen des Erwerbssystems und der Erwerbsarbeit erscheint nicht nur der Tauschwert schulischer Qualifikationen und Zertifikate unkalkulierbar; auch die in Schule vermittelten Inhalte und Fähigkeiten sind in ihrer Nutzbarkeit fragwürdig geworden.
  In Zeiten der Vollbeschäftigung und Wirtschaftsexpansion galten Bildungsabschlüsse und Qualifikationsnachweise als Garantie für die Einmündung ins Beschäftigungssystem sowie für vorgezeichnete Karrieren. Heute verlaufen die Berufsbiographien nur in seltenen Fällen nach diesem Muster. Vor allem aber befinden sich Berufsbilder in einem dynamischen Veränderungsprozeß, der eine langfristige Vorausplanung erschwert.
  Diese Entwicklung hat aber nicht zu einer Abwertung der Ausbildung im Bewußtsein von Jugendlichen geführt. Gemäß der realen Bedeutung von Ausbildung, deren Verwertbarkeit allerdings unkalkulierbar geworden ist, werden Ausbildungs- bzw. Studienplatz und eine Arbeitsstelle sowie beruflicher Erfolg und Verdienst bei den Zukunftsorientierungen von Jugendlichen an oberster Stelle genannt.

Medieneinfluß

- Für die Situation des Aufwachsens sind Chancen, Einflüsse, Wirkungen und Risiken der Medien von zentraler Bedeutung. Die »Medienwirklichkeit« hat starke Auswirkungen sowohl auf die Sozialisation von Kindern und Jugendlichen als auch auf Bildungsvorgänge und Bildungsresultate. So sind zum Beispiel die Einflüsse von Gewaltdarstellungen in den Medien auf psychische und soziale Konflikte nicht zu unterschätzen.
  Vielfältig und intensiv werden an Kinder und Jugendliche Informationen und Orientierungswerte herangetragen, durch die sich

soziales Verhalten, Lernvoraussetzungen und Urteilsmöglichkeiten erheblich und in unterschiedlicher Richtung wandeln. Neben dieser problematischen Auswirkung der Mediatisierung der Lebenswelt ergeben sich über die Medien zugleich vielfältige, faszinierende und hochmotivierende Chancen für den Zugang zu Informationskontakten und die Gestaltung eigener Unterhaltungs-, Spiel- und Lernwelten.

Veränderungen von Kindheiten und Jugendzeiten

Erziehungsstile und -ziele heute

- Verständigung und Umgangsformen zwischen Eltern und Kindern haben sich geändert. Oft ist der Umgang miteinander weniger autoritätsfixiert, weniger von einer gemeinsamen Lebensordnung bestimmt, zunehmend auf Verhandeln ausgerichtet und oft durch Konfliktvermeidung gekennzeichnet. Eltern und Kinder nehmen oft unterschiedliche Interessen wahr und müssen ihre Wünsche gegeneinander ausbalancieren.
  Von den Heranwachsenden erfordert das, allein sein zu können, aber auch, im Bewußtsein der eigenen Wünsche und Interessen sich anderen zu nähern und mit ihnen kooperieren zu können. Elterliche Erwartungen an die Selbständigkeit ihrer Kinder bergen jedoch auch die Gefahr der Überforderung der Heranwachsenden in sich.

Bedeutung der Peer-Beziehung

- Der Einfluß von Familie, Schule und anderen pädagogischen Einrichtungen auf die kulturellen Orientierungen der Jugendlichen scheint in vielen Fällen geringer geworden zu sein bzw. sich verändert zu haben. Peer-Groups, die Gruppen der Altersgleichen, übernehmen für immer mehr Jugendliche zu einem immer früheren Zeitpunkt ihres Heranwachsens Funktionen der Erziehung, Orientierung und sozialen Bindung.
  In der Clique oder Peer-Group haben alle ungefähr den gleichen Entwicklungsstand, die gleichen Probleme und Zukunftsaussichten, so daß sie sich untereinander zusammengehörig fühlen können und sich gleichzeitig als eigenständige Person gewertet sehen. Andererseits wird in diesen Gruppenzusammenhängen eine hohe Konkurrenz gefördert, die die Kinder und Jugendlichen stark fordert und gelegentlich überfordert.

Veränderte Rollenverständnisse der Geschlechter

- Die Veränderung von Kindheit und Jugend betrifft auch die Geschlechterrollen. Einerseits sind Mädchen und junge Frauen selbstbewußter geworden und fordern ihre Rechte aktiv ein, andererseits sind die Männerrollen gesellschaftlich ins Wanken geraten. Jungen und Mädchen müssen sich zur Entwicklung ihrer Identität neu orientieren.

Umwelt und Gesundheitsrisiken

- Zu den neuen Erfahrungen von Kindern und Jugendlichen zählen ökologische Krisen und Gesundheitsgefahren. Diese werden von Aufwachsenden als Gefährdung ihrer Lebensperspektiven gesehen, ohne daß sie bei Erwachsenen Lösungskompetenz und Lösungskraft erkennen können.

Kinderaktivitäten: verabreden, planen, terminieren

- Durch den Wandel der Nahräume im Familienumfeld, zum Beispiel durch die Entkernung der Städte, den Umbau der Straßenlandschaften und aufgrund der geringen Kinderzahl verlieren Kinder und Jugendliche vor allem im städtischen Raum ihre herkömmlichen Spiel- und Aktionsareale. Sie suchen und gestalten daher neue Spielräume und -formen. Über die Nahräume hinaus, in denen sie leben, organisieren viele immer häufiger ihre gezielten, geplanten und »verinselten« Aktivitäten über weite Entfernungen hinweg, die sie oft nicht eigenständig bewältigen können.
  Durch diese Entwicklung hat sich eine spezielle Kinderkultur gebildet, zumeist gebunden an Institutionen und eine Pädagogisierung der Freizeit. Andererseits sind viele Kinder und Jugendliche durch fehlende Betreuungsmöglichkeiten und Ansprechpartner sich selbst überlassen, was zu schwerwiegenden individuellen und gesellschaftlichen Orientierungs- und Verhaltensproblemen führen kann.

Heranwachsende als Planende ihrer Biographie

- Wiesen früher in starkem Maße gesellschaftlich vorgezeichnete Muster den Lebensweg von Heranwachsenden, muß nun weitgehend durch eigenverantwortliches Handeln die individuelle Biographie gestaltet werden.
  Entscheidungen über die zukünftigen Weichenstellungen für den eigenen Lebenslauf zu treffen bzw. mitzubestimmen, setzt die Fähigkeit von Kindern und Jugendlichen voraus, sich Ziele zu setzen und über sich selbst und auch die eigene Lebensplanung zu reflektieren. Diese Fähigkeit scheint heute stärker ausgeprägt zu sein als früher. Viele Jugendliche übernehmen heute früh das Risiko der Zukunftsplanung und tragen damit auch ihren Anteil an Risiken des Scheiterns. Kinder und Jugendliche profitieren zwar von den Chancen der individuellen Lebensgestaltung, sie sind aber zugleich konfrontiert mit den damit verbundenen Belastungen durch Orientierungsschwierigkeiten, soziale Unsicherheit und psychische Irritationen.

Abschluß der Jugendphase

- Kennzeichen für den Abschluß der Jugendphase war für viele Jugendliche zum Beispiel der Eintritt in die Erwerbsarbeit oder die Eheschließung. Heute verlieren solche Bestimmungsmomente zunehmend ihre Gültigkeit. Die Lebensformen der Jugendlichen verändern sich einerseits durch die Möglichkeiten, Lebenserfahrungen vorzuverlagern, wie zum Beispiel Sexualität und Partnerschaft, andererseits zum Beispiel den Eintritt in das Berufsleben und die Familiengründung auf spätere Lebensjahre zu verschieben.

- Jugendliche können beides: an Lebensweisen Erwachsener teilhaben sowie in eigenen Jugendkulturen leben. Zum Kriterium für den Übergang von der Jugendphase zum Erwachsenenalter entwickelt sich die Teilhabe am konsumtiven, kulturellen und politischen Leben.

Spannung zwischen Ansprüchen und Lebenserfahrungen

- Auffällig und problematisch ist die Widersprüchlichkeit der Erfahrungen in verschiedenen Lebensbereichen:
  - Einerseits erleben Kinder und Jugendliche eine intensive Zuwendung innerhalb ihrer Familie, andererseits erfahren immer mehr Heranwachsende die Instabilität dieses Verbandes durch Konflikt- und Scheidungserlebnisse.
  - Die Bedeutung gemeinschaftlichen sozialen Handelns nimmt zu, gleichzeitig nehmen die Einübungsmöglichkeiten dafür im Nahbereich, zum Beispiel in Geschwisterbeziehungen, ab.
  - Heranwachsende erleben die Verschärfung des Gegensatzes zwischen verständnisorientierten Kulturen im Elternhaus, in Peer-Groups und zum Teil auch in der Schule einerseits und in dem interessen- und zweckorientierten Handeln in Wirtschaft, Arbeit und Politik, aber auch in der eigenen Jugendwelt andererseits.
  - Sie machen die Erfahrung der durch Technik und Wissenschaft geschaffenen Lebensmöglichkeiten, gleichzeitig erkennen sie das darin liegende Gefahren- und Zerstörungspotential.

Mehr Selbstkontrolle statt Fremdkontrolle

- Vollzog sich die Kontrolle des Aufwachsens von Kindern und Jugendlichen vormals zumeist direkt, zum Beispiel im Umgang mit Älteren, so bestehen heute zunehmend Mechanismen einer indirekten Kontrolle. Bei vielen Heranwachsenden wandelt sich die Fremdkontrolle zunehmend zu frühzeitiger verinnerlichter Selbstkontrolle, ohne daß Orientierungssicherheit hier schon aufgebaut sein kann.

Kinder und Jugendliche werden mit dieser Situation ganz unterschiedlich fertig. So scheint sich, obwohl es auch Mangel an sozialer Sensibilität und Mitverantwortung gibt, bei vielen Heranwachsenden das Grundverhalten geändert zu haben. Immer mehr Jugendliche treten selbstbewußt auf und verstehen sich im Altershorizont gut zum Beispiel gegenüber Lehrenden und Schulleitung zu artikulieren, sind einsichtig und urteilsfähig und erfüllen ihrerseits den Anspruch der Partnerschaft in der Gruppe. Viele setzen sich mit gesellschaftlichen Phänomenen und Problemen auseinander und entwickeln Verständnis und ein kritisches Selbstbewußtsein zum Beispiel für politische Ereignisse und Umweltbelange, sind bereit, sich zu engagieren und sozialverantwortlich zu handeln.

Notwendige Veränderungen im Bildungswesen

Wachsende pädagogische Ansprüche

Pädagogik als »Beziehungsarbeit« wird in Familien und Schule immer notwendiger, aber zugleich schwieriger, da Verbindlichkeiten und Verantwortungsstrukturen in der traditionellen Weise nicht mehr erfahrbar gemacht werden können. Eltern nehmen diese Beziehungsarbeit in sehr unterschiedlicher Weise auf, vermeiden sie auch. Die Aufgaben der Schule erweitern sich entscheidend.

Bedeutung sozialer Kompetenz

– Gegenüber der unterrichtsorientierten Arbeit treten erzieherische Probleme und Ziele in den Vordergrund. Die Ansprüche an die pädagogische Arbeit in den Schulen wachsen. Hierzu zählen die Orientierung von Schülerinnen und Schülern auf
  - die Fähigkeit, die Arbeitssituation des Lernens zu verstehen, anzuerkennen und zu gestalten,
  - die Befähigung zur Selbststeuerung in der fachlichen, gesellschaftlichen und normativen Orientierung,
  - die Aneignung von »social skills«, der Aufbau sozialer Kompetenzen und gesellschaftlicher Verantwortungsbereitschaft,
  - die Entwicklung der Fähigkeit, sich zurechtzufinden, sich in der Welt zu bewegen sowie an ihrer Weiterentwicklung teilhaben zu wollen.

Ausbau pluraler Betreuungs- und Aktivitätsmöglichkeiten

– Die veränderten Lebensbedingungen von Heranwachsenden erfordern Ausweitung und Veränderung der außerfamilialen Betreuungsformen und Aktivitätsmöglichkeiten zur Stärkung der sozialen Erfahrungen und zum Aufbau bzw. zur Stabilisierung sozialer Verantwortung.

Ganztagsschulen

– Zu den Betreuungs- und Aktivitätsmöglichkeiten müssen neben außerschulischen Ergänzungsangeboten die Ganztagsschulen gehören. Ganztagsschulen können durch vielfältige Angebote »unter einem Dach« auf Betreuungserfordernisse oder den Mangel an Sozialkontakten reagieren.

Rolle der Schule in regionalen Netzwerken

– Der Aufbau von Betreuungs- und Aktivitätsmöglichkeiten sollte von vorhandenen Strukturen ausgehen und durch Pluralität in Trägerschaft, Ausgestaltung und Personal gekennzeichnet sein. Dabei sollten lokale und regionale Netzwerke angestrebt werden.

Die Schule sollte beim Ausbau der Betreuungs- und Aktivitätsangebote eine wichtige Rolle übernehmen durch eine Erweiterung des Angebots an selbstgesteuerten Arbeits- bzw. Aktivitätsformen, durch außerunterrichtliche Aktivitäten und die verläßliche Öffnung der Schulen bzw. eine ganztägige Betreuung unterschiedlicher Ausprägung.

Jugendarbeit

In diesem Zusammenhang sollte in immer stärkerem Maße auch die Neuorientierung der Jugendarbeit und ein Zusammengehen von Schule und Jugendarbeit bei Wahrung der Eigenart beider Bereiche in Zielsetzungen und Arbeitsstilen intensiviert werden.

Engere Verknüpfung von Lebenssituation und Unterricht

– Die Rückkoppelung der Lernprozesse an die Lebensproblematik von Kindern und Jugendlichen muß von der Schule angenommen und gesucht werden. Das Gelernte sollte so weit wie möglich als sinnvoll für die persönliche Lebenssituation begriffen werden können.
Die Gestaltung des Unterrichts sollte sich daher auch daran orientieren, daß Schülerinnen und Schüler lernen können, ihre Lebenssituation im »Hier und Heute« zu thematisieren und Wege zu finden, diese bewältigen zu können. Schülerinnen und Schüler müssen ihre Schule auch als Lebensraum erfahren können. Schule lebt insofern auch aus der Vielfalt der Begegnungsmöglichkeiten innerhalb der Schule und in ihrer Beziehung zum schulischen Umfeld. Freie Unterrichtsformen können ebenso helfen wie eine kommunikative und freundliche Gestaltung des Schullebens und die Einbeziehung von Eltern und außerschulischen Partnern.

Vielfalt der personellen Qualifikationen und Funktionen

– Je vielgestaltiger die Personalsituation einer Schule, desto vielfältiger die Wahrnehmungs- und Erfahrungssituation auch für Schülerinnen und Schüler.
Die Einbeziehung von Personen, die nicht als Lehrerinnen oder Lehrer ausgebildet sind, sollte in größerem Umfang möglich werden.

Bewußte Gestaltung des Geschlechterverhältnisses

– Der Lebensraum Schule muß auch auf die geschlechtsspezifischen Veränderungen reagieren. Schulleben und Unterricht müssen das Geschlechterverhältnis neu und bewußt gestalten, um Mädchen und Jungen nicht nur eine gleiche und umfassende Bildung zu ermöglichen, sondern vor allem um geschlechtsstereotype Zuweisungen und Hierarchien abzubauen.

Gesundheitliche Belastungssymptome

– Die Auswirkungen der veränderten Lebensbedingungen und Verhaltensweisen haben bei vielen Heranwachsenden Einfluß auf Körperlichkeit und Sinneswahrnehmungen.
Neben emotionalen und psychosomatischen Belastungssymptomen resultieren Gesundheitsschäden bei Schulanfängern und

-abgängern häufig aus Bewegungsstörungen. Schule sollte stärker auf diese veränderten Gesundheitsbelastungen reagieren und auch im Sportunterricht an der Entwicklung eines Gesundheitsbewußtseins mitarbeiten, das auf Befähigung zu einem verantwortlichen Umgang mit Körper und Psyche zielt. Gesundheitsbewußtsein gehört zur allgemeinen Bildung.

Aktiver Umgang mit Verhaltensproblemen

– Im Hinblick auf aktuelle und wechselnde gesellschaftliche Phänomene und Probleme, die vor allem die Jugendszene berühren, wie Gewaltbereitschaft, Rechtsextremismus und Suchtprobleme, sollten Schulen darauf vorbereitet sein, aktiv zu reagieren. Das darf allerdings nicht darauf hinauslaufen, daß die Institution Schule für die Lösung aller dieser Probleme verantwortlich gemacht wird oder selbst diese Verantwortung an sich zieht. Dies würde die Schule überfordern, weil sie die gesellschaftlichen Voraussetzungen, auf denen solche Entwicklungen beruhen, nur zu einem geringen Teil verändern kann.

Stabiles innerschulisches System individueller und sozialer Verantwortung

– Je stabiler das allgemeine didaktische und pädagogische Fundament einer Schule ist, desto günstiger werden die Voraussetzungen, mittel- und langfristig die Persönlichkeit von Kindern und Jugendlichen zu stärken und auch in der Schule mit extremen individuellen und sozialen Verhaltensweisen umzugehen. Die Schulen sollten deshalb ermutigt werden, gleichrangig mit der fachlichen Qualifizierung Wert auf den Aufbau eines stabilen innerschulischen Systems individueller und sozialer Verantwortlichkeiten und deren Durchhaltung zu legen. Soziale Stabilität im Gefüge einer Schule und der Erwerb sozial verantwortlichen Verhaltens sind ebenso wichtig wie die fachliche Spitzenleistung.

III.3 Arbeit und Wirtschaft

Die ökonomische und technologische Entwicklung wird zu erheblichen Veränderungen in Produktion und Dienstleistung und zu einer tiefgreifenden Reorganisation der Arbeitswelt führen. Neu gegenüber früheren ökonomischen und gesellschaftlichen Phasen des Umbruchs sind Vielschichtigkeit und Geschwindigkeit, mit denen gleichzeitig alle gesellschaftlichen Bereiche erfaßt werden.

Prognosen zur Zukunft von Wirtschaftsentwicklung und Arbeitswelt beziehen sich dabei in der Regel auf Entwicklungen wie die Internationalisierung des Wirtschaftens, die Globalisierung der Märkte, die Erfordernisse umweltverträglichen Wirtschaftens, die Entwicklung der Technik und ihre organisatorische Umsetzung, den Wertewandel und die demographische Entwicklung.

Neu ist vor allem die Komplexität der Anforderungen, denen sich alle Erwerbstätigen gegenübersehen, sowohl die jungen Menschen beim Übergang aus der Erstausbildung in die Arbeitswelt als auch diejenigen, die schon länger im Erwerbsleben stehen.

Die folgende Skizze der mit einiger Sicherheit absehbaren Veränderungen in der Wirtschafts- und Arbeitswelt konzentriert sich auf Entwicklungslinien, die bei einer Neubestimmung der Ziele schulischer Bildung nicht außer acht gelassen werden können. Die Bedeutung für die Schule ergibt sich aus der Gesamtheit der Entwicklungen, weniger aus Einzelelementen.

Wirtschaftlicher Wandel

Strukturwandel

Für das Land Nordrhein-Westfalen stellt der Strukturwandel in Wirtschaft und Arbeit kein neues Phänomen dar. Der Umbau der montanindustriellen Monostrukturen im Ruhrgebiet zum Beispiel ist längst im Gange.

Der Einsatz neuer Technologien und innovativer Verbindungen vorhandener Technologien vermittelt weitergehende Impulse; Medienwirtschaft, Umwelttechnik und Mode sind Beispiele für neue Wachstumsmärkte.

Wettbewerbsfaktoren

Die nordrhein-westfälische Wirtschaft wird nur konkurrenzfähig sein, wenn es ihr gelingt, die Anpassungsfähigkeit an veränderte ökonomische und technologische Bedingungen zu steigern.

Zu den bereits vorhandenen Vorteilen im internationalen Vergleich, die es im Sinne einer flexiblen Spezialisierung weiterzuentwickeln gilt, gehören vor allem die Spitzenqualität der Produkte, eine rasche Reaktionsgeschwindigkeit am Markt, Termintreue, Zuverlässigkeit, Service, Innovation und Marketing.

Humankapital als Standortfaktor

Im zunehmend globaler werdenden Wettbewerb geben die Faktoren Ausbildung und Weiterbildung immer stärker den Ausschlag. Können und Kompetenz der Erwerbstätigen, erworben und erhalten durch lebenslanges Lernen, sind entscheidende Standortfaktoren.

Höherqualifizierung und Arbeitsmarkt

Das Angebot an bestimmten Qualifikationen und die Nachfrage nach ihnen können bis heute nicht exakt vorausgeschätzt werden. Es kann jedoch grundsätzlich davon ausgegangen werden, daß eine steigende Zahl Höherqualifizierter die Nachfrage auf dem Arbeitsmarkt zu ihren Gunsten beeinflußt. Umso mehr muß das Bildungswesen Vorsorge treffen, daß nicht am unteren Rand der Qualifikationen neue Ausgrenzungen entstehen.

Zunahme der Dienstleistungen

Die wachsende Bedeutung des Dienstleistungssektors ist wesentliches Element des Umbaus und der Modernisierung auch der Wirtschaft in Nordrhein-Westfalen. Der Trend zur Tertiarisierung der Wirtschaft wird sich aller Voraussicht nach weiter fortsetzen. Schon seit den 60er Jahren sinkt der Anteil der industriellen Beschäftigung in allen westlichen Industrieländern, und auch absolut geht die Zahl industrieller Arbeitsplätze zurück.
Gravierender als die Verschiebung der Beschäftigung zwischen den Sektoren dürften die Strukturveränderungen innerhalb der einzelnen Wirtschaftssektoren und innerhalb der einzelnen Betriebe sein.

Sekundäre Dienstleistungen

Die eigentlichen Träger des Zuwachses an Arbeitskräftebedarf sind die »sekundären Dienstleistungen«, das heißt Dienstleistungen, die innerhalb des Produktionssektors erbracht werden. Die für diesen Sektor ursprünglich typischen Fertigungstätigkeiten werden immer weniger arbeitsintensiv, während die vor- und nachgelagerten Tätigkeiten in der Forschung, Entwicklung und Planung, der Sicherung, Ordnung und Rechtsanwendung, die Management-, Organisations- und Dispositionsaufgaben und solche im breiten Feld der Betreuung, Beratung, Ausbildung und Information ein größeres Gewicht erhalten. Inzwischen haben fast 40% der Arbeitsplätze innerhalb des Produktionssektors Dienstleistungscharakter; unter den Produktionstätigkeiten nehmen anspruchsvolle Aufgaben des Steuerns, Wartens und Instandhaltens von Maschinen zu.

Informations- und Kommunikationstechnologien

Bei den technologischen Innovationen ragt besonders die Verbreitung der neuen Informations- und Kommunikationstechnologien heraus.
Binnen kurzem werden zwei Drittel aller Arbeitnehmer mit programmgesteuerten Arbeitsmitteln umzugehen haben. Bis etwa zum Jahr 2010 dürfte dies für nahezu alle Arbeitsplätze gelten, wobei sich die Informationstechnologie erheblich von der heute bekannten und eingesetzten Computertechnik unterscheiden dürfte.

Neue Kulturtechnik: Umgang mit neuen Technologien

Die Bedienung der Technik und die Beherrschung der Programme werden nicht mehr die entscheidenden Probleme darstellen, wohl aber das Erfassen hochkomplexer Anwendungssysteme, das Beherrschen der Logik dieser Systeme und das Navigieren in diesen Systemen.
Die Nutzung neuer Technologien, darunter vor allem die Nutzung der neuen Informations- und Steuertechniken, erfordert generell von Beschäftigten und Konsumenten mehr abstrakte, theoretische, systematische, dispositive und planerische Denkleistungen und ein größeres Verständnis von komplexen Zusammenhängen.
Die Beherrschung moderner Informations- und Kommunikationstechnologien wird zu einer basalen Kulturtechnik werden, deren Stellenwert dem Lesen, Schreiben und Rechnen gleichkommt.

Chancen und Risiken für Arbeitnehmer

Die Umstellungen werden mit Chancen für die Beschäftigten verbunden sein, monotone, repetitive Tätigkeiten zu überwinden, höhere Kompetenzen oder Qualifikationen zu erwerben und die Arbeit menschengerechter zu gestalten.
Gleichzeitig bergen diese Entwicklungen aber auch Risiken in sich. Es besteht die Gefahr einer inner- und außerbetrieblichen Segmentierung in hochqualifizierte Dauerbeschäftigte mit günstigen Arbeitsbedingungen und geringer qualifizierte, ständig von Arbeitslosigkeit bedrohte Arbeitskräfte. Zudem bringt die Aufgabenintegration nicht nur die Chance zur Höherqualifizierung mit sich, sondern auch den Zwang, sich den gestiegenen Anforderungen ständig anzupassen.

Die Anforderungen des Beschäftigungssystems an Qualifikationen und die Qualifikationspolitik der Betriebe sind Ergebnis von vielfältig beeinflußten betrieblichen Abwägungs- und Entscheidungsprozessen; sie sind nicht unabwendbar bestimmt durch einen Sachzwang aus Technik und daraus folgender Arbeitsorganisation; sie enthalten vielmehr erhebliche Gestaltungsspielräume. Auch deren Wahrnehmung und Nutzung stellen neue Anforderungen.

Lernende Unternehmen

Alles deutet darauf hin, daß es die optimale Organisationsstruktur in Wirtschaft und Arbeit, den »one best way«, in Zukunft nicht mehr geben wird. Vielmehr wird das moderne Unternehmen den Wandel zur Konstante machen müssen, um sich flexibel an ständig wechselnde Anforderungen anpassen zu können.

Das »Lernende Unternehmen« wird ein Unternehmen sein, das seine Organisationsstruktur oft verändert, mit neuen Formen experimentiert, fehlerfreundlich ist und hohe Anforderungen an die Flexibilität und Innovationsfähigkeit der Mitarbeiter stellt.

Veränderung der Arbeitssituation

Wissensentwicklung und Entwertung von Qualifikationen

Mit dem wirtschaftlichen Wandel wird sich die Arbeitssituation stark verändern. Neue Technologien und Produkte lösen einander immer rascher ab. Der Zyklus von Erfindung, Entwicklung zur Produktionsreife, wirtschaftlicher Nutzung und Entwertung beschleunigt sich.

Die Summe der Informationen, die heute verfügbar sind, verdoppelt sich – je nach Fachgebiet – alle drei bis zehn Jahre. Neues Wissen, das schneller produziert wird als Produkte, auf das immer schneller zurückgegriffen werden kann, beeinflußt sowohl die technische Ausstattung als auch die Arbeitspotentiale der Betriebe. Die »Halbwertzeit« erworbener Qualifikationen für bestimmte Tätigkeiten sinkt beträchtlich. Ein mehrfacher Wechsel der Tätigkeitsfelder wird das künftige Berufsleben kennzeichnen.

Ganzheitliche Aufgabenzuschnitte und Arbeitsplätze

So wie sich die klassische Unternehmensorganisation verändert, löst sich auch der einzelne Arbeitsplatz in seiner heutigen Form auf. Positionen und Funktionen mit langfristig definierter Arbeitsplatzbeschreibung wird es in Zukunft immer weniger geben. Traditionelle Aufgabenabgrenzungen bzw. einschränkungen erweisen sich als überflüssig bzw. hinderlich und werden durch ganzheitliche Aufgabenzuschnitte mit einer flexiblen Bündelung von Tätigkeiten ersetzt, die vielfältige Qualifikationen voraussetzen.

Die Vernetzung der Produktionsbeziehungen zu Vorlieferanten und Abnehmern führt dazu, daß sich die Arbeitsbezüge über die Grenzen des einzelnen Unternehmens hinaus erweitern und daß die Betriebsangehörigen mit den Abnehmern ihrer Arbeit in Kontakt stehen – und dies auch weltweit. Fachbezogene und alltagssprachliche Kommunikation in Fremdsprachen und die Kenntnis anderer Kulturen werden eine deutlich höhere Bedeutung als heute haben.

Delegation von Veranwortung, Selbständigkeit

In Wirtschaft und öffentlicher Verwaltung setzen sich die Prinzipien einer ganzheitlichen Auffassung von Arbeitsprozessen und der Delegation von Verantwortung – zum Beispiel an teilautonome Gruppen – durch.
Konzepte wie »fraktale Fabrik« und »virtuelles Unternehmen« stehen für Organisationsformen der – auch internationalen – Zusammenarbeit, die aus einem Netzwerk zwischen verschiedenen Partnern bestehen. Hierbei werden tendenziell die Grenzen zwischen selbständiger und abhängiger Beschäftigung nach den heutigen Kriterien übersprungen werden. Arbeit in »Selbstanstellung«, möglicherweise im Wechsel mit Phasen abhängiger Beschäftigung oder in Kombination mit einer solchen, verlangt bedeutend höhere organisatorische Fähigkeiten als das klassische Arbeitsverhältnis.

Telearbeit

Telearbeit (home work stations) und Telemanagement als weitere Perspektiven für eine Umgestaltung der Arbeitsverhältnisse sind in ihrer Zukunftsbedeutung noch schwer abzuschätzen.

Einerseits sind solche Arbeitsplätze schon heute technisch realisierbar und werden es auch unter Kostengesichtspunkten bald sein, andererseits würde ihre breite Durchsetzung dem allgemeinen Trend der Arbeitsorganisation in mehrfacher Hinsicht zuwiderlaufen. Dazu gehört, daß Telearbeit Arbeitsteiligkeit voraussetzt, die jedoch allgemein im Rückgang begriffen ist. Die Zukunftsperspektive wird wahrscheinlich nicht in einem Entweder-Oder bestehen. Kombinierte Formen der Arbeitsorganisation oder Mischlösungen können durchaus dazu führen, daß kostenintensive technische Ausrüstungen besser genutzt werden und individuelle Arbeitsplatz- und Arbeitszeitwünsche verwirklicht werden können.

Veränderte Arbeitszeitmuster

Veränderte Zeitstrukturen

Entkoppelung von Arbeits- und Betriebszeiten

Zu den entscheidenden Veränderungen im Beschäftigungssystem gehören neben der Reorganisation der Arbeitsinhalte veränderte Zeitstrukturen und eine neue Verteilung der Arbeit.
Für eine Entkoppelung von Arbeits- und Betriebszeit haben die tariflich eröffneten Spielräume – neben den bereits bestehenden Instrumenten wie Schichtarbeit, Wochenendarbeit, Überstunden, Gleitzeit oder Teilzeitarbeit – weitere Voraussetzungen geschaffen. Eine zunehmende Zahl von Beispielen für die Entwicklung von Arbeitszeitformen, die von der Normalarbeitszeit abweichen, zeigt, daß das Konzept der Normalarbeitszeit als feste und verläß-

liche Konvention schon heute nur noch für eine Minderheit der abhängig Beschäftigten Gültigkeit hat. Ziel wird eine intelligente Arbeitszeitreform sein, die die Wünsche der Arbeitnehmerinnen und Arbeitnehmer mit den wirtschaftlichen Notwendigkeiten kombiniert.

Teilzeitarbeit, Erwerbsarbeit von Frauen

In fast allen Ländern ist die Quote der Teilzeitbeschäftigungen um so höher, je größer die Erwerbsbeteiligung der Frauen ist.
Die Bundesrepublik ist ein Land mit einer im internationalen Vergleich noch niedrigen Frauenerwerbsquote von rund 35%. Ein möglicherweise vermehrtes Angebot von Teilzeitbeschäftigungen wird vor allem zu einem Anstieg der Frauenerwerbsquote führen, insofern viele arbeitssuchende Frauen aus der Stillen Reserve heraus offene Arbeitsstellen besetzen werden.

Rahmenbedingungen für Frauenerwerbsarbeit und Arbeitszeitmuster

Das Arbeitszeitmuster von Frauen ist – bedingt durch die heutige Arbeitsteilung zwischen Frauen und Männern und weitere gesellschaftliche Rahmenbedingungen wie Kinderbetreuungsmöglichkeiten und Ladenöffnungszeiten – bestimmt durch das Ziel und die Schwierigkeiten, Familie und Erwerbsarbeit miteinander zu vereinbaren. Hierfür eröffnet häufig nur Teilzeitarbeit eine Chance.

Strukturmerkmale der Teilzeitarbeit

Die Strukturmerkmale der Teilzeitarbeit erweisen sich als weitgehend beständig:
Teilzeitarbeit ist bislang einseitig auf bestimmte Sektoren des Beschäftigungssystems, dort wiederum auf das untere Segment in der betrieblichen und beruflichen Hierarchie, verteilt und spiegelt die geschlechtsspezifische Segregation des Arbeitsmarktes.

Die betrieblichen und beruflichen Aufstiegschancen sind eingeschränkt. Beim Übergang von einer Vollzeit- auf eine Teilzeitstelle drohen Dequalifizierungs- und Abstiegsrisiken, die häufig irreversibel sind.

Teilzeitbeschäftigte werden in hohem Maße als un- und angelernte Kräfte eingesetzt. Im Produktionsbereich sind sie als erste von Maßnahmen der technischen Rationalisierung betroffen. Auch ein erweitertes Stellenangebot im Dienstleistungsbereich bedeutet zur Zeit noch vor allem Beschäftigungsverhältnisse mit geringer sozialer Sicherung und niedriger Entlohnung. Als sogenannte geringfügige Beschäftigungsverhältnisse unterliegen diese häufig nicht der Sozialversicherungspflicht und begründen keine eigenen Rentenansprüche der Beschäftigten.

Wachsende Unsicherheiten

Die demographische Entwicklung, die steigende Erwerbsbeteiligung von Frauen und die Zuwanderung werden darüber hinaus den Arbeitsmarkt wesentlich beeinflussen.

Demographische Entwicklung

Drei Entwicklungstendenzen, die in diesem Zusammenhang von Bedeutung sind, bilden den Kern von demographischen Prognosen bis zum Jahr 2030: das Absinken des Bevölkerungsanteils von Kindern und Jugendlichen auf 16%, die Abnahme des Anteils der Bevölkerung im erwerbsfähigen Alter um 24% gegenüber dem heutigen Niveau und die Zunahme des Anteils der Menschen ab 65 Jahren an der Gesamtbevölkerung auf fast 28%.

Erwerbsquote von Frauen

Die steigende Erwerbsquote von Frauen wird zusammen mit der Zuwanderung von Aussiedlern und dem Nettozuzug von Ausländern dazu beitragen, daß das Erwerbspersonenangebot in den kommenden 15 bis 20 Jahren weitgehend konstant bleiben wird; ebenso konstant bleibt allerdings auch die Arbeitslosenzahl einschließlich der Stillen Reserve.

Zuwanderung

Es herrscht Übereinstimmung darin, daß es aus Gründen der demographischen Entwicklung bei der Angewiesenheit auf Zuwanderung aus dem Ausland bleiben wird.

Ohne die Zuwanderung von Ausländern und Aussiedlern im heute oder demnächst arbeitsfähigen Alter kann weder der Arbeitskräftebedarf langfristig gedeckt noch das System der sozialen Sicherung vor einer ernsten Krise bewahrt werden.
Die dramatische Veränderung des Altersaufbaus der Bevölkerung wird durch Zuwanderungen nur abgemildert werden.

Arbeitslosigkeit

Die Modernisierung der Wirtschaft wird zwar einerseits zur Schaffung von Arbeitsplätzen, andererseits aber auch weiterhin zu Personalabbau führen.

Prognosen zur Zukunft des Beschäftigungssystems und des Arbeitsmarktes kommen übereinstimmend zu der Einschätzung, daß selbst bei optimistisch unterstellten Wachstumsraten bis weit über die Jahrhundertwende hinaus mit einer anhaltend hohen Arbeitslosigkeit gerechnet werden muß.

Arbeitsplätze, die durch Personaleinsparungen entfallen, entstehen zum Teil neu durch Beschäftigung in Scheinselbständigkeit. Einerseits verlagert Arbeit in Scheinselbständigkeit das wirtschaftliche Risiko auf die letztlich doch abhängig Beschäftigten, andererseits ist dies oft die Alternative zu Arbeitslosigkeit und trägt dazu bei, berufliche Qualifikationen zu erhalten oder zu erweitern und damit die Chancen für den Wiedereinstieg in ein Normalarbeitsverhältnis zu vergrößern.

Arbeitslosigkeitsrisiko

Die Ursachen für Arbeitslosigkeit verändern sich. Zwar sind auch weiterhin Faktoren zu benennen, die die Gefahr von Arbeitslosigkeit begünstigen, vor allem fehlende berufliche Qualifikationen. Das Risiko der Arbeitslosigkeit wird aber nicht auf bestimmte Risikogruppen beschränkt bleiben; in wachsendem Maße kann jede Gruppe von Erwerbstätigen betroffen werden.

Nicht die Arbeit geht der Gesellschaft aus, es besteht vielmehr ein Mangel an hochproduktiver und hochbezahlter Erwerbsarbeit. Ein relativ konstanter Teil der Erwerbsfähigen wird nicht in den Arbeitsmarkt integriert werden können. In dem Maße, in dem die Erfahrung von Arbeitslosigkeit Bestandteil gesellschaftlicher Normalität wird, verliert die individuelle Zuschreibung von Ursachen für Arbeitslosigkeit ihre Gültigkeit als Erklärungsmuster.

Arbeitslosigkeit wird von den Betroffenen in der Regel als gewaltsamer Eingriff in die persönliche Lebensperspektive bis zur Persönlichkeitszerstörung erfahren, als plötzliche Entwertung der Fähigkeiten und Eigenschaften, die innerhalb der Familie, der Schule, der Ausbildung in der Regel in einem mühsamen und aufwendigen Bildungsprozeß erworben wurden und die, von ihren gesellschaftlichen Betätigungsmöglichkeiten abgeschnitten, zu verfallen drohen.

Situation jugendlicher Schulversager

Problematisch ist die Situation der Jugendlichen, die das Schulsystem ohne Grundausbildung verlassen, in eine Randgruppensituation abgedrängt werden und der beruflichen und sozialen Ausgrenzung anheimzufallen drohen.

In den Ländern der Europäischen Union öffnet sich die Schere zwischen der Zahl jugendlicher Schulversager, die ihre schulische Bildung ohne ausreichende Grundlagen für eine Eingliederung in das Erwerbsleben verlassen – 25 bis 30% eines Altersjahrganges – und der zunehmenden Zahl von Jugendlichen mit höheren Bildungsabschlüssen. In Deutschland haben 10 bis 14 % der Berufstätigen unter 25 Jahren keine abgeschlossene Berufsausbildung, häufig auch nicht den Hauptschulabschluß.
Die Schaffung von Möglichkeiten des Wiedereinstiegs für Ausbildungsabbrecher, Nachqualifizierungsangebote und Instrumente eines Zweiten Arbeitsmarktes gehören zu den international diskutierten Konsequenzen.

Zeiten der Nichterwerbsarbeit

Es kann nicht die Aufgabe der Schule sein, junge Menschen auf zeitweilige oder gar andauernde Arbeitslosigkeit vorzubereiten.

Gleichwohl kann sie sich nicht der Verantwortung entziehen, Fähigkeiten zu vermitteln, die es Menschen ermöglichen, auch Zeiten der Nichtbeschäftigung – im Sinne von Erwerbsarbeit – produktiv zu nutzen. Dabei wird sich schulische Bildung auch mit der Frage auseinandersetzen müssen, welche spezifischen Qualifikationen und Kompetenzen für ein Leben benötigt werden, das – zumindest zeitweise und mehr oder weniger gewollt – nicht auf Erwerbsarbeit zentriert ist.

Stellenwert der Arbeit

Sicherung des Arbeitsplatzes, Normalarbeitsverhältnis

Vorrangige Sorge der weitaus meisten abhängig Beschäftigten ist die Sicherung des Arbeitsplatzes. Dies hängt nicht zuletzt damit zusammen, daß Lebenselemente, denen gesellschaftliche Wertschätzung sicher ist, in der Regel denjenigen vorbehalten sind, die sich auch im Erwerbssystem profilieren.

Der Stellenwert der Vollzeit-Erwerbsarbeit für den einzelnen wird in absehbarer Zeit auch deshalb nicht sinken, weil die Kosten der allgemeinen Lebensführung und zunehmend kostenintensivere Freizeitaktivitäten dies erfordern.

Arbeitsstätte als Lebensraum

Im Lebensprozeß des einzelnen Menschen bildet die Erwerbstätigkeit den Rahmen für die Gestaltung und Sinnhaftigkeit eines nicht unerheblichen Teils der Lebenszeit.

Es ist nicht nur der Wunsch von Arbeitnehmern und Arbeitnehmerinnen, in ihrem Beruf Sinnhaftigkeit zu erfahren und die Produkte ihrer Arbeit sowie die Verfahren zu deren Hervorbringung mitgestalten zu können. In weiten Teilen der Wirtschaft ist inzwischen ein Bewußtsein dafür entstanden, daß die Identifikation der Beschäftigten mit ihrer Arbeit und ihren Produkten eine unverzichtbare Voraussetzung für Leistung und Fortschritt der Wirtschaft ist. Die Identifikation der Arbeitnehmerinnen und Arbeitnehmer mit ihrer beruflichen Aufgabe und die damit verbundene Freisetzung von Kreativität und Motivation setzen die Möglichkeit der Übernahme von Verantwortung ebenso voraus wie Arbeitsbedingungen, die als gerecht und menschlich empfunden werden können.

Erwerbsarbeit und Lebenssinn

Individuelle Zufriedenheit und das Erkennen eines Lebenssinnes konstituieren sich allerdings nicht mehr selbstverständlich und ausschließlich über Erwerbsarbeit und die ihr innewohnenden Werte und Normen.

Ein Leben nur um der Arbeit willen entspricht nicht den Wunschvorstellungen insbesondere der jüngeren Generation. Der allgemeine Trend der Pluralisierung der Lebensverhältnisse wirkt sich auch in Richtung einer Relativierung der Erwerbsarbeit gegenüber anderen Lebensbezügen aus. Sowohl in der subjektiven Lebenskonzeption als auch in der gesellschaftlichen Wertschätzung können Tätigkeiten in der Erwerbszeit oder in der Nichterwerbszeit zeitweise vorrangig sein.

Entstandardisierung des Berufslebens

Hinzu kommt, daß der lebenslang ausgeübte Beruf, auf den sich die Erstausbildung oder gar Lebensplanung richten könnte, angesichts des raschen technischen und ökonomischen Wandels in vielen Branchen keine realistische Perspektive mehr darstellt; er wird künftig für die überwiegende Zahl der Beschäftigten eher unwahrscheinlich sein.

Arbeitszeitverkürzungen, Lebensarbeitszeit

Sowohl die tägliche und die wöchentliche als auch die jährliche Arbeitszeit sind in den letzten Jahrzehnten kontinuierlich zurückgegangen. Die internationale Vergleichsskala weist für (West-) Deutschland sowohl für die tarifliche Wochen- als auch Jahresarbeitszeit im Verarbeitenden Gewerbe die niedrigste Stundenzahl aus.

Das Berufseintrittsalter hat sich, ohne daß in den letzten Jahrzehnten eine Änderung der Schulzeiten erfolgt wäre, kontinuierlich erhöht. Zum anderen verkürzt sich die durchschnittliche Lebensarbeitszeit durch eine hohe Zahl von Frühverrentungen. Trotz aller Humanisierung des Arbeitslebens ist der Anteil derjenigen, die das Rentenalter nicht erreichen, konstant geblieben.

Zwar gibt es auch gegenläufige Tendenzen mit dem Ziel, die weitere Verkürzung der Lebensarbeitszeit abzubremsen, wie zum Beispiel die Anpassung des Rentenalters von Frauen an das der Männer und die Förderung der Alterserwerbstätigkeit, insgesamt kommt aber der Nichterwerbszeit zunehmende Bedeutung zu.

Bezahlte und unbezahlte Arbeit

Nichterwerbszeit besteht nicht allein aus effektiver Freizeit, sondern selbst in hohem Maße aus Arbeitszeit, in der volkswirtschaftlich relevante Arbeitsleistungen, zum Beispiel als Hausarbeit oder Do-it-Yourself-Aktivitäten, erbracht werden.

Erhebungen weisen nach, daß durchschnittlich mehr unbezahlte als bezahlte Arbeit geleistet wird, wobei die Relation zwischen diesen beiden Formen der Arbeit bisher deutlich geschlechtsspezifisch ausgeformt ist. Einem – westdeutschen – Erwerbsarbeitsvolumen von 48 Mrd. Stunden stehen rund 77 Mrd. Stunden unbezahlter Arbeit gegenüber. Unter Einrechnung dieser »Haushaltsproduktion«, zu deren größeren Einzelposten hauswirtschaftliche Tätigkeiten, aber in nennenswerter Höhe auch Pflege und Betreuung und ehrenamtliche soziale Tätigkeiten gehören, wäre das Bruttoinlandsprodukt im Jahr 1992 um ein Drittel größer gewesen als nach der herkömmlichen Berechnung ausgewiesen.

Gemeinwesen- und Eigenarbeit

Gerade die Tatsache, daß beziehungsintensive Tätigkeiten wie Nachbarschaftshilfe und Gemeinwesenarbeit und auch Eigenarbeit nicht rationalisierbar sind und keinen Mehrwert schöpfen, der sich als Kapital amortisieren muß, könnte ihre Bedeutung auch unter arbeitsmarktpolitischem Aspekt neu begründen.

Voraussetzung ist allerdings, daß gesellschaftlich anerkannte Arbeit in lebenswichtigen Beziehungsbereichen vom Makel der Schwarzarbeit und Schattenwirtschaft befreit und in die bezahlte und sozialversicherte Erwerbsarbeit integriert wird.

Neue Ehrenamtlichkeit

Nichterwerbsarbeit in Form unbezahlter sozialer Tätigkeiten ist in einer strukturellen Veränderung begriffen.
Die Bereitschaft zur Leistung ehrenamtlicher Arbeit in verbandlich organisierter Form nimmt kontinuierlich ab. Zum Teil wendet sich engagierte ehrenamtliche Arbeit anderen Feldern als den traditionellen der sozialen Arbeit und des Dienstes am Nächsten zu. Als Trend wird deutlich, daß die an der eigenen Lebenssituation orientierte, auf Zeit angelegte und durchaus auch an eigenen Interessen ausgerichtete ehrenamtliche Arbeit, zum Beispiel aus der Notwendigkeit der Selbstorganisation bei der Kinderbetreuung, der Altenbetreuung und -pflege entstehend, an Bedeutung gewinnen wird.

Tragfähiger als das traditionelle Ehrenamt wäre etwa ein Modell der Kooperation von professionell und ehrenamtlich tätigen Partnern in sozialen Netzen. In Zukunft wird die Frage nach Kooperation und Koordination, nach Vernetzung und Management sozialer Dienstleistungen auf kommunaler Ebene eine Schlüsselfrage der lokalen Sozialpolitik sein.

Gleiche Schlüsselqualifikationen wie für die Erwerbsarbeit

Sowohl informelle Sicherungsleistungen von Familie, Nachbarschaft und Freundeskreis als auch professionelle Hilfstätigkeiten erfordern durchaus gleiche Schlüsselqualifikationen wie das Beschäftigungssystem, nämlich zum Beispiel Lernfähigkeit, Konzentrationsfähigkeit, logisch-analytisches Denken, Denken in komplexen Zusammenhängen, Organisations- und Dispositionsfähigkeit, Kommunikations- und Kooperationsfähigkeit, Problemlösungsfähigkeit.

Diese Schlüsselqualifikationen werden auch bei der Ausübung professioneller Hilfsdienste benötigt, weil Zuständigkeiten und Routinen gegenüber dem kreativen Aufbau und dem Aufrechterhalten informeller Netze an Bedeutung verlieren.

Aufgaben für die Schule

Innovationsprozesse der Wirtschaft und Schule

Unter dem Druck der Veränderungen stellt sich heraus: Die Menschen können viel, wenn man sie richtig ausbildet, ihnen die Werkzeuge zur Verfügung stellt und – nicht zuletzt – wenn man es ihnen zutraut. Bislang ist diese Perspektive einer Reorganisation der Arbeitswelt in der Zielplanung des Bildungswesens noch nicht ausreichend verankert.

Eine zeitliche Verzögerung von mehreren Jahren zwischen den beschleunigten Innovationsprozessen in Gesellschaft und Wirtschaft und dem Transfer von Innovation und Wissen in die Schulen ist unvermeidlich; die größeren technologischen Entwicklungen können vom Bildungssystem nicht vorweggenommen werden.

Bildungswesen und Anforderungen des Beschäftigungssystems

Veränderungen im Bildungswesen können notwendigerweise nur in einem mittelbaren Verhältnis zu Veränderungen im Beschäftigungssystem stehen. Während in der Wirtschaft pragmatische, zum Teil kurzfristige Qualifizierungsmaßnahmen notwendig sind, bedarf das Bildungswesen längerfristiger Orientierungen, zumal zum Bildungsbedarf der Gesellschaft auch der außerberufliche Bereich gehört, der angesichts des Stellenwertes der Nichterwerbszeit an Bedeutung gewinnen wird.

Wenn Schule dennoch ihre Funktion in der Vorbereitung auf das individuelle Berufsleben und in der Weiterentwicklung des Industriestandortes Bundesrepublik bzw. Nordrhein-Westfalen erfüllen soll, dann kann dies nur über die Befähigung zu flexiblem Handeln geschehen.

Rolle der schulischen und beruflichen Erstausbildung

Die Rolle der schulischen und beruflichen Erstausbildung muß in diesem Zusammenhang neu überdacht werden.
Die Ziele der Allgemeinbildung und der Berufsbildung müssen so gesetzt werden, daß eine Teilnahme am Wandlungsprozeß und auch an der Gestaltung neuer Perspektiven im Wirtschafts- und Arbeitsleben möglich wird. Es geht um die Frage, mit welchen Zielen, mit welchen Mitteln, in welchen Formen und mit welchen zukünftigen Folgen heute und morgen gearbeitet wird bzw. gearbeitet werden soll. Darauf müssen Lernprozesse der Schule sich einstellen, auf diese Fragen müssen sie vorbereiten.

Arbeitskompetenz

Zu den Nachteilen des traditionellen Bildungsmodells gehört u.a., daß Beruflichkeit, Arbeits- und Technikbezug im allgemeinbildenden Schulwesen bisher kaum verankert sind und daß generell das Lernen nicht früh genug mit Erfahrung kombiniert wird. Wegen der Konzentration auf ein berufsbezogenes Arbeitsverständnis durch familiale Erziehung und Schule ist allgemeine Arbeitskompetenz als Element allgemeiner Bildung zu wenig entwickelt worden.

Der allgemeinbildenden Schule stellt sich auch die Aufgabe einer allgemeinen Orientierung auf den Bereich Arbeit. Jungen Menschen muß die Überzeugung vermittelt werden, daß ihre kontinuierliche Arbeit im Lern- und Bildungsumfeld ein wichtiger Teil ihres sozialen Handelns ist. Auf dieser Grundlage wird lebenslanges Lernen als Kern von Beruflichkeit, sozialem Engagement und Lebensführung zu einem Grundverhalten.

Innovationsfähigkeit

Auch wenn der breite Einsatz neuer Formen der Arbeitsorganisation im einzelnen nur annähernd prognostizierbar ist, steht eine Einstellung des Lernens darauf dringend an.
Durch ihre Organisation des Lernens und ihre zu starke Abschottung gegenüber der Entwicklung in Wirtschafts- und Arbeitswelt ist Schule heute nicht genügend auf Innovationfähigkeit und Innovationsbereitschaft hin angelegt. Dies betrifft nicht nur Kenntnisse und Fertigkeiten im Bereich von Beruf und Wirtschaft, sondern nicht zuletzt die Entfaltung von Selbstverantwortung und Kooperation in den Lernvorgängen.

Partizipations- und Teamfähigkeit

Während zum Beispiel Gruppenarbeit und die Delegation von Verantwortung – flache Hierarchien – neben der Identifikation der Beschäftigten mit den Betriebszielen nicht nur ein hohes Maß an analytisch-dispositiven Kompetenzen und Selbständigkeit, sondern auch an Partizipations- und Teamfähigkeit voraussetzen, ist die Schule noch charakterisiert durch die Einzelarbeit von Lehrerinnen und Lehrern, von Schülerinnen und Schülern.

Lern- und Handlungsfähigkeit

Von zukünftigen Arbeitnehmern wird nicht nur verlangt werden, sich auf neue Arbeitsplätze einzustellen, sondern ebenso sehr auf einen dynamischen Wandel der jeweiligen Arbeitsplätze selbst. Ein hohes Maß an Flexibilität, Lern- und Handlungsfähigkeit innerhalb eines sich ständig verändernden beruflichen Umfeldes stellt seinerseits veränderte Anforderungen an das Lernen in der Schule.

Lernbereitschaft als Grundqualifikation

Im Hinblick auf die raschen und grundlegenden Veränderungen im Wirtschafts- und Arbeitsleben muß schulische Bildung vorrangig darauf angelegt sein, die Bereitschaft zum Lernen zu fördern.

Intensives Lernen aus eigenem Antrieb führt zu den Fähigkeiten und zu dem Wissen, auf deren Grundlage die Kenntnisse der Beschäftigten und der neu in den Arbeitsprozeß Eintretenden mit den sich verändernden beruflichen Qualifikationsprofilen Schritt halten können. Es kann davon ausgegangen werden, daß angesichts zunehmender internationaler Konkurrenz dieser Faktor an Bedeutung gewinnen wird.

Grundausbildung, Schlüsselqualifikationen

Das Tempo der strukturellen Veränderungen verlangt die Besinnung und Konzentration der Schule auf diejenigen Leistungen, die im schnellen Wandel Bestand haben und nicht von anderen gesellschaftlichen Einrichtungen erbracht werden können.

Dazu gehört die Konzentration der Erstausbildung auf eine solide fachliche Grundausbildung mit einem höheren Anteil an fachübergreifenden Bildungsinhalten und dem Schwergewicht auf der Vermittlung von Schlüsselqualifikationen, Lern- und Arbeitskompetenz.

Erprobung neuer Lernmöglichkeiten

Die Entwicklung neuer Formen der Bildung und Weiterbildung in der Wirtschaft, zum Beispiel »learning on demand« und tutorunterstütztes »distant learning«, muß von der Schule aufmerksam registriert, die Übertragbarkeit außerschulischer Lernformen auf schulisches Lernen überprüft werden.

Weiterbildung

Die Berufe der Zukunft können nicht sofort nach Beendigung der Schulzeit ergriffen werden, in sie wächst man durch Weiterbildung hinein. Dazu bedarf es entsprechender Weiterbildungsangebote. Der Strukturwandel wird in Zukunft in immer bedeutenderem Ausmaß von den Erwerbstätigen mittleren und höheren Alters bewältigt werden müssen.

III.4 Lebenslanges Lernen

Bildung und Lernen haben das Ziel, Menschen in ihrer Lebensgestaltung fähig zu machen, den Veränderungen, welche die gesellschaftliche Entwicklung mit sich bringt, gewachsen zu sein. Ein solches Ziel kann nicht auf das Lernen in der Jugendphase beschränkt werden, es gilt für die gesamte Lebenszeit und setzt die Fähigkeit zu lebenslangem Lernen voraus. Lebenslanges Lernen kann jedoch nicht bedeuten, auf funktionale Anpassung hin zu lernen. Es soll vielmehr vor allem Möglichkeiten zur persönlichen Weiterentwicklung und zu selbstverantworteter Lebensgestaltung eröffnen.

Aspekte lebenslangen Lernens

Gesellschaftliche Veränderungen erfordern lebenslanges Lernen

Die spürbare Entkonventionalisierung in allen Lebensbereichen fordert dazu heraus, die herkömmlichen Orientierungsmuster, Routinen, Normen und Werte auf ihre Gültigkeit zu überprüfen und neue Handlungsmöglichkeiten und Ausrichtungen zu entwikkeln, die gleichwohl wieder einem Wandlungsprozeß unterliegen. Gesellschaftliche und soziale Strukturen, Bezüge, die bisher die Positionierung des einzelnen im gesellschaftlichen Rahmenfeld vorgegeben, erleichtert bzw. ermöglicht haben, sind grundsätzlich instabil geworden.

Die damit zusammenhängenden Veränderungen in Wirtschaft, Produktion und betrieblicher Organisation sind mit einem raschen Wandel der Qualifikationsanforderungen und Qualifikationsprofile verbunden. Für Erwerbtätige wird es wichtig, immer wieder neue Qualifikationen aufbauen zu können. Dies erfordert die Fähigkeit und Bereitschaft, Lernkompetenz in einem lebenslangen Prozeß kontinuierlich und selbständig zu aktivieren. Als sicher vermutete Wissens-, Kenntnis- und Fähigkeitsbestände müssen überdacht, verändert, weiterentwickelt, völlig neue Befähigungen hinzugelernt werden. Die Möglichkeit, lebenslang weiterlernen zu können, ist aber nicht nur berufliche Notwendigkeit, sie ist Zeichen einer Demokratisierung der Bildungsmöglichkeiten.

Lebenslanges Lernen als Element des beruflichen und persönlichen Lebensvollzuges ist eine Zielvorstellung, die seit Anfang der 60er Jahre in die Konzeption von Bildungssystemen eingeht. Seit den 70er Jahren scheint es in der internationalen Diskussion kaum noch Meinungsunterschiede über die Notwendigkeit lebenslangen Lernens zu geben. Heute sind Überlegungen zu ihrer Umsetzung aber immer dringlicher. Insbesondere im Bereich von Beruf und Arbeit ist das Prinzip eines lebenslangen Lernens schon auf dem Wege verwirklicht zu werden: Ein Berufsleben ohne Regenerierung der Berufsfähigkeit durch berufsbegleitendes Lernen ist nicht mehr denkbar.

Lernen als lebenslanger Bildungsprozeß

Obwohl es im Rahmen der Weiterbildung Angebote im öffentlichen und insbesondere im betrieblichen Bereich gibt, die auch meist im Zusammenhang mit beruflicher Tätigkeit gut angenommen werden, ist die Notwendigkeit lebenslangen Lernens bei weitem noch nicht im Bewußtsein der Menschen verankert. Eine solche Einstellungsveränderung ist Grundvoraussetzung für lebenslanges Lernen. Sie muß jedoch mit entsprechenden Bildungsmöglichkeiten gekoppelt sein, damit Lernen als kontinuierlicher Prozeß wirksam werden kann.

Keine funktionale Anpassung

Daß der Mensch lebenslang lernen muß, bezweifeln auch diejenigen nicht, die kritisch fragen, ob lebenslanges Lernen nicht zu einem lebenslangen Anpassungsdruck und zu einer Anpassungshaltung führen könnte, die allein von wirtschaftlichen und technologischen Entwicklungen und deren industrieller Verwertung bestimmt seien.

Lebenslanges Lernen setzt Bildungsentscheidungen des einzelnen voraus und damit auch die Befähigung, sie zu treffen. In einem Bildungsprozeß, der sich über das Leben hinweg vollzieht, muß der einzelne selbst entscheiden können, wie und wodurch er sich bildet, auf welchem Weg dies geschieht, zum Beispiel durch institutionelle Lernangebote oder durch selbstgesteuertes Lernen.

Dabei müssen neben den durch Gesellschaft und das Beschäftigungssystem vorgegebenen Bereichen auch die Sektoren breiten Raum erhalten, die zur Persönlichkeitsentwicklung beitragen. In dieser Situation ist die Einstellung der einzelnen wichtig, vor allem das Bewußtsein, auch selbst Verantwortung zu tragen für Akzente, Formen und Zeitpunkte eigenen Lernens.

Lebenslanges Lernen im Rahmen eines persönlichen Bildungskonzepts

Unsere Lerngesellschaft steht dabei in einer Grundspannung. Einerseits gewinnen umfassende Qualifikationen zunehmend an Bedeutung, andererseits wird Wissen zunehmend relativiert. Es kann nicht darum gehen, im Zuge der rasanten gesellschaftlichen und wirtschaftlichen Entwicklung eine Qualifikation nach der anderen zu erwerben und einen Lernprozeß an den anderen zu reihen. Dies gilt unbeschadet der Notwendigkeit, Wissen und Können auf dem aktuellen Stand zu halten. Die Kernfrage lautet, welche Lerngegenstände und welche Art von Lernprozessen dazu verhelfen können, einsichtiger, selbständiger, urteilsfähiger und handlungsfähiger zu werden. Hierzu bedarf es der Befähigung des einzelnen zur inhaltlichen Klärung und zur Entwicklung eines je eigenen Bildungskonzepts, das einen Rahmen für persönliches lebenslanges Lernen schafft. Solche Lernprozesse können spannungsreich verlaufen. Neu zu lernen bedeutet sehr oft umzulernen, bisherige Auffassungen und Einstellungen zu ändern und damit nicht selten Elemente dessen aufgeben zu müssen, was man bisher als zur eigenen Identität gehörig empfunden hat.

Lernen in erweiterten Formen

Daß der Mensch lernen muß, solange er lebt, um nicht seine Lebensfähigkeit zu gefährden, ist als Selbstverständlichkeit anzusehen. Jedoch darf Lernen dabei nicht im schulischen und auf unterrichtliche Formen begrenzten Sinne verstanden werden. Aufnahme und Verarbeitung von Eindrücken, Informationen und Erfahrungen, die zu einer Vertiefung, zu Veränderung und Neubildung von Kenntnissen, Vorstellungen und Einstellungen, Fertigkeiten, Verhaltensweisen führen, ist ein Lernprozeß. Die einzelnen sollte versuchen, sich selbst und seine Umwelt in ihren wechselnden Erscheinungen und Verflechtungen soweit zu verstehen, daß er zu keinem Zeitpunkt in eine blinde Abhängigkeit von unbegriffenen Zusammenhängen gerät.

Dazu muß er neue Beobachtungen, Erfahrungen und Begegnungen jeweils auf den Zusammenhang der bisher gewonnenen Erfahrungen, Kenntnisse und Vorstellungen beziehen. Nur wenn sich dieses Lernen in einer wechselseitigen Befruchtung von Weltverständnis und Identitätsfindung vollzieht, kann sich der einzelne als Person behaupten und seinen Platz als soziales Wesen finden. Dies muß in der Erstausbildung in Schule und Beruf gelernt werden.

Orientierung

Lebenslanges Lernen und Konzeptionen, die hierauf ausgerichtet sind, dürfen deshalb nicht auf Funktionszusammenhänge eines technischen, wirtschaftlichen und arbeitsorientierten Fortschritts beschränkt und verengt sein. Lebensbegleitende Lernzeit sollte sich vielmehr am Lebensrhythmus des einzelnen und seinem Kontext des Zusammenlebens und Arbeitens insgesamt orientieren.

Folgerungen für das Bildungswesen

In dem Maße, wie es zur Selbstverständlichkeit wird, daß Bürgerinnen und Bürger nicht nur als Berufstätige, sondern der eigenen Fortbildung wegen in einer offenen und dynamischen Gesellschaft sich kontinuierlich lernend verhalten müssen, werden für die Entwicklung des Bildungswesens weitere Folgerungen zu ziehen sein:

Folgen für die Erstausbildung

- Das Bewußtsein für die eigene Gestaltungsverantwortung im Prozeß lebenslangen Lernens muß schon in der Erstausbildung grundgelegt werden.
- Die Bedeutung, die viele Menschen und Institutionen heute noch der Schulbildung und der beruflichen Erstausbildung zusprechen, wird sich ändern. Bewußtes und systematisches Lernen kann nicht mehr ausschließlich als charakteristisches Merkmal der Kindheits- und Jugendphase – in Schule und Ausbildung – zugeschrieben werden.
  Die Erstausbildung sollte eingebettet sein in einen langen Prozeß des Lernens. Diese neue Sicht wird Folgen haben müssen für die inhaltliche und methodische Gestaltung der Schularbeit und der beruflichen Bildung, für das Zeitbudget, das für die Erstausbildung zur Verfügung stehen muß, aber auch für die Mittelverteilung im Gesamtsystem Bildung.

Flexible Gestaltung von Bildungswegen

- Von erheblicher Bedeutung dürfte die Entwicklung und Durchsetzung eines modularen Aufbaus der Bildungswege und der damit verbundenen »Bildungsbausteine« sein. So können zeitliche Flexibilität im persönlichen Bildungsweg, das frühere Absolvieren oder das spätere Nachholen von Bildungsphasen und Qualifikationen ermöglicht werden. In diesen Zusammenhang gehört auch das Zusammenführen von Qualifikationen, die an verschiedenen Lernorten erworben werden: Bildungswege müssen – ähnlich wie heute schon im dualen System der beruflichen Ausbildung – aus Bildungselementen komponiert werden können, die an mehreren Lernorten bearbeitet worden sind. Dies sollte auch bereits für den schulischen und betrieblichen Bereich in der Sekundarstufe II gelten.

Stärkere Vernetzung

- Die traditionelle Abgrenzung der verschiedenen Bildungsbereiche, vor allem zwischen Schulen des Sekundarbereichs II, den Hochschulen und den Weiterbildungseinrichtungen, wird im Rahmen des lebenslangen Lernens zugunsten einer stärkeren Vernetzung überwunden werden müssen.

Individuelle Planung

- Um Bildungsbedürfnissse und Angebote wirksam werden zu lassen, müssen bessere institutionelle und organisatorische Nutzungsmöglichkeiten geschaffen werden. Dazu gehört auch, daß entsprechend den Bildungsperioden und den arbeitsbedingten Erfordernissen unterschiedliche Formen der Freistellung und der bezahlten Bildungszeit, wie zum Beispiel Sabbatjahre, entwickelt und vereinbart werden können.

Qualitätssicherung

– Eine solche differenzierte und im Hinblick auf Angebote und Trägerschaften wohl auch sehr vielfältige Offenheit des Bildungssystems bedarf der Qualitätssicherung.
Eine der Hauptaufgaben staatlicher und gesellschaftlicher Abstimmung sollte darin bestehen, Kriterien und Verfahren einer Qualitätssicherung für die Angebote, die Qualifikationen und Zertifikate zu entwickeln und verbindlich zu machen, damit in den verschiedenen Bildungsphasen und Lernorten Gleichwertiges erreicht wird.

Informations- und Beratungsmöglichkeiten

– Ohne den Aufbau und die Verfügbarkeit von Informationsmöglichkeiten, etwa in Form von Datenbanken, wird lebenslanges Lernen systematisch nicht zu entwickeln und in der Breite durchzusetzen sein. Hinzu kommen sollte eine Neukonzeption der »Bildungsberatung« über Angebote und Lernorte. Sie könnte auch zu Tutoriaten in Schulen, Betrieben und anderen Bildungsinstitutionen führen, die dem einzelnen dabei behilflich sind, seinen persönlichen Bildungsweg in verschiedenen Lebensphasen zu planen und zu verwirklichen.

Vor allem aber wird es nicht nur in der Schule, sondern in der Anlage aller Bildungsgänge der Erstausbildung darum gehen, in Kindern und Jugendlichen den Sinn für den Wert von Bildung zu wecken, Bildungsmotivation und Bildungsbereitschaft zu fördern und nicht zu zerstören, und die Fähigkeit dafür zu entfalten, daß sie als Erwachsene ihren eigenen Bildungsbedarf erkennen und ihre persönlichen Bildungswege planen und verwirklichen können.

III.5 Selbstgestaltung und Verantwortung

Die Landesverfassung Nordrhein-Westfalens benennt als eines der wichtigsten Erziehungsziele »die Bereitschaft zum sozialen Handeln zu wecken«. Anknüpfend hieran formulieren die Richtlinien für den Unterricht, daß die Schülerinnen und Schüler lernen sollen, »sozial verantwortlich zu urteilen, zu entscheiden und zu handeln«. Zu den grundlegenden Aufgaben von Erziehung und Unterricht in den Schulen gehört deshalb neben der Hilfe zur Entfaltung von Individualität und individuellen Fähigkeiten gleichrangig die Förderung des Aufbaus sozialer Verantwortung. Selbstbestimmung, Mitbestimmung und Übernahme von Verantwortung sind in diesem Verständnis Erziehungsziele, die notwendig zusammengehören und in diesem Zusammenhang auch in der alltäglichen Praxis erfahren werden müssen. Dies gelingt am besten, wenn die institutionellen Rahmenbedingungen Selbstbestimmung und Verantwortungsübernahme auch bei der Regelung der eigenen schulbezogenen Angelegenheiten – der individuellen wie der gemeinsamen – nicht nur zulassen, sondern begünstigen und einfordern.

Pädagogische Bedeutung der Eigenverantwortung

Schulverständnis

Den Kommissionsempfehlungen liegt deshalb ein Verständnis von Schule zugrunde, das Schulbildung nicht nur als Weg zu vordefinierten Zielen versteht, sondern Schule als Lern- und Lebensraum auffaßt, in dem Bildung auch in eigenverantwortlicher Mitgestaltung erfolgt. Schule kann ihren Auftrag, selbstverantwortlich und eigentätig gestaltete Bildungsprozesse von Schülerinnen und Schüler zu ermöglichen, zu initiieren und zu fördern, aber nur wirksam erfüllen, wenn sie sich als ein »Haus des Lernens« entwickeln kann, das auf die besonderen Bedürfnisse seiner Schüler ausgerichtet ist und die Handlungsmotive und Initiativen der übrigen Beteiligten integriert. Hierzu brauchen die Schulen einen nicht nur tatsächlich erweiterten, sondern auch rechtlich gesicherten Freiraum zur Eigengestaltung. Dies schließt das Recht und die Pflicht ein, sich in diesem Rahmen selbst Regeln zu geben und für die getroffenen Entscheidungen Verantwortung zu übernehmen.

Gestaltungsfreiheit als pädagogische Notwendigkeit

Die aktuelle Diskussion über die »Autonomie« von Schule hat hierin ihre wichtigste, weil pädagogische Begründung. Mündigkeit als Zielvorstellung pädagogischen Handelns – verstanden als Verbindung von Selbstbestimmung und Verantwortungsübernahme – verlangt ebenso wie die Natur des pädagogischen Handelns selbst nach Gestaltungsfreiheit, verlangt nach einer mündigen Schule. Erziehungsprozesse beruhen vor allem auf persönlicher Begegnung, und sie sind ohne Eigenanteil der jeweiligen Schülerin, des jeweiligen Schülers nicht möglich. Deshalb gelingen Erziehungsprozesse nur in jeweils unterschiedlicher, personengebundener Form. Dies gilt auch mit Blick auf die beteiligten Lehrerinnen und Lehrer, die Lernprozesse helfend unterstützen, dabei aber nicht im Rahmen enger Vorschriften arbeiten können.

Pädagogische Freiheit ist unverzichtbar, ist eine grundlegende Voraussetzung professionellen Lehrerhandelns. Ihre derzeitig vorherrschende Erscheinungsform, ihr Verständnis als Methodenfreiheit der einzelnen Lehrerin, des einzelnen Lehrers im Unterricht, bedarf aber einer korporativen, auf die gesamte Schule bezogenen Erweiterung. Denn Erziehung und Bildung gelingen nicht als additive Verknüpfung von isolierten Einzelunterweisungen, sondern nur als gemeinsame Leistung. Diese kooperative Leistung erfordert bewußte gemeinsame Gestaltung, die als kontinuierlicher Entwicklungsprozeß vorstellbar ist, als Entwicklung der Schule zu einer lernenden Organisation, die ihre Gestaltungsfreiheit im Interesse innerer, pädagogischer Reform verantwortlich nutzt.

Erweist sich in diesem Begründungszusammenhang erweiterte Gestaltungsfreiheit der Schulen als Voraussetzung innerer Schulreform, so speist sich die aktuelle Debatte über »Schulautonomie« auch aus anderen als pädagogischen Zusammenhängen und Motiven. Sie vollzieht sich in einem Kontext, in dem in vielen gesellschaftlichen Bereichen der Versuch unternommen wird, das Verhältnis von Selbstbestimmung und Verantwortung neu zu bestimmen.

Veränderte Steuerungskonzepte in vielen Bereichen

Delegation von Verantwortung und Dezentralisierung als Leitmotive der Reformen in Wirtschaft und Verwaltung

Die gegenwärtigen nationalen und internationalen Reformbestrebungen im Bereich der Wirtschaft und im Feld der allgemeinen Verwaltung zielen – bei aller Unterschiedlichkeit im einzelnen – darauf ab, die jeweiligen institutionellen Rahmenbedingungen durch »Delegation von Verantwortung« und »Dezentralisierung« von Entscheidungsstrukturen so umzugestalten, daß ein Mehr an Entscheidungskompetenzen für kleinere »teilautonome« Organisationseinheiten verbunden wird mit einem Mehr an ganzheitlicher Verantwortung. Dies gilt für den Prozeß der Leistungserstellung, dessen Ergebnisse und die eingesetzten Ressourcen. Hierarchisch gesteuerte Organisationsstrukturen sollen sich verändern zu einem System von sich weitgehend selbst steuernden, miteinander kooperierenden Einheiten. Bezugspunkt ist dabei zunächst nicht der einzelne, sondern eine Organisationseinheit und damit eine Gruppe, die den Gesamtzielen der Organisation ebenso verpflichtet ist wie die einzelnen in der Gruppe den dort vereinbarten gemeinsamen Zielen. Entstehen soll eine flexible und auf kontinuierliche Qualitätsververbesserung ausgerichtete lernende Organisation. Diese kann sich in dem Maße entwickeln, wie sie zugleich den einzelnen und seine persönliche Entwicklung fördert. Systematische Personalentwicklung und partizipationsorientierte Personalführung spielen deshalb eine wichtige Rolle.

Reform-diskussion im öffentlichen Bereich

Die Reformdiskussion im öffentlichen Bereich gewinnt ihre gegenwärtige Dynamik wesentlich durch die veränderten Managementkonzepte für den Wirtschaftsbereich. Zentrieren sich die Konzepte hier um Begriffe wie »Kundenorientierung«, »corporate identity«, »profit center«, »teilautonome Produktionsinseln«, vor allem aber »lean production« und »lean management«, so werden im öffentlichen Bereich entsprechende Konzepte unter dem Begriff »lean administration« diskutiert. Der zentrale Gesichtspunkt der »flachen Hierarchien« kann hier an den Gedanken der Selbstverwaltung und der Subsidiarität anknüpfen.

Manche Elemente wurden bereits früher für den Bildungsbereich entwickelt und diskutiert. Zu erinnern ist in diesem Zusammenhang an die Empfehlungen der Bildungskommission des Deutschen Bildungsrates zur »Verstärkten Selbständigkeit der Schule« von 1973. Die dort gegebene Begründung, daß komplexe soziale Systeme nicht mehr ausschließlich zentral verwaltet werden können, sondern Schulen in die Lage versetzt werden müssen, auf die immer differenziertere Wirklichkeit flexibel und situationsgerecht zu reagieren, und daß darüber hinaus ein wachsendes Bedürfnis in der Bevölkerung nach Partizipation festzustellen ist, hat heute verstärkt Gültigkeit. Offenbar fehlte für diese Überlegungen wie für die noch ältere Kritik an der »verwalteten Schule« zu ihrer Zeit noch die gesamtgesellschaftliche Resonanz.

Dies hat sich durch die Veränderungen im Wirtschaftsbereich, durch die verstärkte internationale Vergleichsperspektive und durch die Verwaltungsreformkonzepte entscheidend verändert. Bezogen sich diese zunächst auf die kommunale Ebene, so werden sie jetzt auch für die Landesverwaltung diskutiert, wie die Ergebnisse des

Ausschusses für Verwaltungsstrukturreform des nordrhein-westfälischen Landtags zeigen. Die hier formulierte Zielvorstellung einer modernen Verwaltung, »die durch eine möglichst weitgehende Eigenverantwortung ihrer Einrichtungen gekennzeichnet ist«, und die Absicht, die Leistungsfähigkeit der Verwaltung durch »Kundenorientierung/Bürgerorientierung«, »Mitarbeiterorientierung«, »Kooperationsorientierung« und »mehr Verantwortung durch neue Steuerungsinstrumente« zu verbessern, gehen einher mit einem veränderten Grundverständnis eines Großteils des Verwaltungshandelns, das weniger als hoheitliche Tätigkeit, denn als Dienstleistung aufgefaßt wird. Die Reformdiskussion im Bildungsbereich gewinnt dadurch zusätzliche Schubkraft und auch neue Impulse.

Reformdiskussion im Bildungsbereich

Im Hochschulbereich können sich dabei die Reformen unter anderen tatsächlichen und rechtlichen Rahmenbedingungen vollziehen als im Schulbereich. So können die Hochschulen auf ein in der Landesverfassung garantiertes Recht auf Selbstverwaltung zurückgreifen. Die bundesweite Reformdiskussion im Schulbereich hat in einigen Ländern bereits zu gesetzgeberischen Konsequenzen und begleitenden Maßnahmen geführt. Der nordrhein-westfälische Landtag hat im April 1995 eine Entschließung »Mehr Selbständigkeit für die einzelne Schule – Innere Weiterentwicklung durch größere Gestaltungsfreiheit« verabschiedet, in der u.a. der Zusammenhang zwischen der Gestaltungsfreiheit der Schulen und dem Ziel, »sich zu erzieherisch und demokratisch wirksamen Erfahrungsräumen weiter(zu)entwickeln«, betont wird.

Orientierung an Eigenverantwortung

Das Schulmitwirkungsgesetz des Landes Nordrhein-Westfalen trägt dem Zusammenhang zwischen der Realisierung wichtiger Erziehungsziele, insbesondere des Leitzieles »Erziehung zu sozialer Verantwortung«, und einer größtmöglichen Eigenverantwortung der Schulen durch sein Schulverständnis Rechnung. Es benennt als Ziel der Mitwirkung, »die Eigenverantwortung in der Schule zu fördern und das notwendige Zusammenwirken aller Beteiligten in der Bildungs- und Erziehungsarbeit der Schule zu stärken.« Das damit verbundene Grundverständnis von Schule wird von der Kommission nachdrücklich unterstützt und als Leitvorstellung ihren Reformvorschlägen zugrundegelegt.

Das Konzept der Teilautonomen Schule

Erweiterte Selbstgestaltungsrechte der örtlichen Ebene

Orientierung an Eigenverantwortung im Schulbereich schließt weitgehende Selbstgestaltung ein, setzt gegenüber dem derzeitigen Zustand erheblich erweiterte Gestaltungsrechte der Beteiligten voraus. Erforderlich ist eine deutliche Verlagerung von Entscheidungskompetenzen auf die örtliche Ebene, das heißt eine Delegation von bisher der Schulaufsicht vorbehaltenen Entscheidungsrechten auf die Einzelschulen und die Schulträger sowie eine Delegation von bisherigen Schulträgerkompetenzen auf die Einzelschule.

Wenn es den Beteiligten auf diese Weise ermöglicht wird, auf die jeweiligen Anforderungen abgestimmte pädagogische Schwerpunkte zu setzen und dazu die entsprechenden Organisationsformen zu entwickeln und zu realisieren, kann sich pädagogische Selbstverantwortung wirksam entfalten und zugleich ein effektiverer und effizienterer Ressourceneinsatz besser erreicht werden.

Handlungseinheit Schule im Mittelpunkt

Im Mittelpunkt eines an Selbstgestaltung und Selbstverantwortung orientierten Steuerungskonzeptes für den Schulbereich soll dabei die Einzelschule stehen. Sie muß als relativ eigenständige Handlungseinheit gestärkt und rechtlich anerkannt werden. Dem Subsidiaritätsgedanken würde es am besten entsprechen, wenn bei der Schaffung der rechtlichen Voraussetzungen die Rechte der Einzelschule weit, die Rechte der Ebenen oberhalb der Einzelschule jedoch möglichst eng definiert würden.

Teilautonomie im System gestufter Verantwortung

An dieser Position wird deutlich, daß die Kommission für eine teilautonome, das heißt wesentlich freiere, nicht aber für eine autonome Schule plädiert. Denn das würde eine einfache Umkehrung der derzeitigen Entscheidungs- und Verantwortungskonzentration bedeuten, welcher die Einzelschulen nicht gerecht werden könnten und die auch dem Verfassungsauftrag nicht entsprechen würde. Empfohlen wird vielmehr ein gestufter Aufbau von Entscheidungskompetenzen, der sich an einem Modell geteilter Verantwortung für unterschiedliche, nach dem Subsidiaritätsprinzip voneinander abgegrenzte Aufgaben orientiert. Auch oberhalb der Einzelschule fallen weiterhin Steuerungsentscheidungen. Die Einzelschule ist eine Handlungseinheit, die nicht für sich allein steht, sondern im Schulsystem ihre gesellschaftliche Aufgabe erfüllen muß. Sie ist gemeinsamen Standards verpflichtet. Schule ist zugleich in ein bestimmtes lokales Umfeld eingebettet. Sie ist damit immer auch Bestandteil der Lebensverhältnisse, die auf kommunaler und regionaler Ebene, im Rahmen kommunaler Selbstverwaltung, eigenverantwortlich gestaltet werden. Das empfohlene neue Steuerungs- und Verantwortungskonzept beinhaltet deshalb auch eine Erweiterung der kommunalen Entscheidungsrechte.

Größere Selbständigkeit der Einzelschulen und erweiterte Gestaltungsmöglichkeiten der Träger und regionalen Gremien müssen in einem definierten Rahmen zum Tragen kommen, durch den eine Balance hergestellt wird zwischen eigenverantworteten Entscheidungen vor Ort und weiterhin bestehender staatlicher Gesamtverantwortung. Das Schulsystem soll als primär öffentliches ebenso erhalten bleiben wie die staatliche Gesamtverantwortung, die auch Interventionsmöglichkeiten gegenüber Einzelschulen und Schulträgern einschließt. Allerdings wird die Regulierung durch den Staat in vielen Bereichen ersetzt durch eine Steuerung durch die Beteiligten in den Einzelschulen oder durch demokratisch legitimierte Gremien vor Ort. Das neue Steuerungskonzept will durch Dezentralisierung die derzeitige Übersteuerung in vielen Bereichen, die Eigeninitiative, Flexibilität und sinnvolle Lösungen vor Ort behindert, überwinden. Es zielt darauf ab, Steuerung dadurch effizienter zu gestalten, daß sie dahin delegiert wird, wo wirksame Handlungsmöglichkeiten bestehen und Effekte unmittelbar erzielt werden können.

Staatliche Gesamtverantwortung

Staatliche Gesamtverantwortung soll in dem neuen Konzept anders wahrgenommen werden als bisher: vor allem durch Bestimmung der grundlegenden Ziele und Strukturen des Schulwesens, durch Vorgabe der materiellen und rechtlichen Rahmenbedingungen, die einerseits so offen sein müssen, daß sie Selbstgestaltung ermöglichen, und die andererseits Grenzen setzen, sowie durch die Gewährleistung der Qualität der Ergebnisse schulischer Arbeit.

Dies schließt eine grundlegende Veränderung des tradierten Fachaufsichtsverständnisses ein: Schulaufsicht soll sich künftig nicht am Modell der Ausführung und Durchsetzung von Vorgaben und Weisungen orientieren, sondern soll umgestaltet werden zu einem Unterstützungssystem, zu einem Instrument aktiver Qualitätssorge und Qualitätssicherung. Der Staat gibt so zwar Durchsteuerungskompetenzen ab, er gewinnt aber Steuerungsfähigkeit zurück, indem er sich auf das konzentriert, was Parlament, Regierung und Behörden tatsächlich leisten können und was als wesentliche Zielsetzungen und Rahmenbedingungen auf der zentralen Ebene verantwortet werden muß.

Pflicht zu Rechenschaft und Evaluation

Zu den Rahmenbedingungen, die gleichwertige Bildungsstandards sichern und eine kontinuierliche Qualitätsverbesserung fördern, gehört der Aufbau eines Evaluationssystems. Evaluation als institutionalisierte Form von Rechenschaftslegung und Überprüfung ist integraler Bestandteil von Selbstgestaltung und Selbstverantwortung. »Delegation von Verantwortung« bezieht sich demnach nicht nur auf Entscheidungskompetenzen, sondern umfaßt auch die damit verbundene Pflicht, sich zu verantworten und Rechenschaft über das eigene Handeln abzulegen. Selbstgestaltung in Eigenverantwortung schließt deshalb eine Rechenschaftspflicht gegenüber Dritten ein. In Form von Berichterstattung und externer Evaluation soll sie insbesondere dazu dienen, daß der Staat seine Gesamtverantwortung wahrnehmen kann. Die von der Kommission verfolgte Umstrukturierung der Verantwortungs- und Entscheidungsstrukturen baut jedoch vor allem darauf auf, daß alle für Schule Verantwortlichen auf ihrer Ebene ihr Handeln im Rahmen von Selbstevaluation kontinuierlich reflektieren und sich Rechenschaft im Blick auf die vorgegebenen und selbstgesteckten Ziele ablegen.

Partizipation

Partizipation, Zusammenwirken der Beteiligten und Beteiligung der Betroffenen sind unverzichtbare Elemente eines an Selbstgestaltung und Selbstverantwortung orientierten Steuerungskonzeptes. Verantwortliches Handeln der Beteiligten entsteht, wenn sich die Betroffenen Aufgaben »zu eigen« machen. Die Beteiligung der Betroffenen soll sich nicht nur auf die Prozesse innerhalb der Einzelschule beziehen, sondern betrifft auch das Zusammenwirken der verschiedenen Ebenen im System Schule. Erweiterte Selbstgestaltungsrechte setzen veränderte Mitwirkungsformen voraus. Angestrebt wird eine neue Mitgestaltungsbalance zwischen Lehrerinnen und Lehrern, Schulleitungen, Trägern, Schulaufsicht und Nutzern von Schule, die dem wachsenden Selbstbewußtsein und Partizipationsinteresse der Bürgerinnen und Bürger Rechnung trägt.

Vertrauenskultur

Das neue Steuerungskonzept setzt an die Stelle einer Mißtrauenskultur, die enger Vorgaben und Kontrolle bedarf, eine Vertrauenskultur, die Eigeninitiative und Verantwortungsübernahme fördert. Es basiert auf einem Vertrauen in den hohen Ausbildungsstand der Beschäftigten, in ihr Verantwortungsbewußtsein und das der übrigen Beteiligten vor Ort. Es geht davon aus, daß durch Eigenverantwortung und Zusammenwirken der Beteiligten eine Gemeinsamkeit hergestellt wird, die die vorhandenen Kräfte zur Problemlösung freisetzt und steigert.

Eigenverantwortung und Gemeinsamkeit lassen sich nicht verordnen oder durch Erlaß sicherstellen. Gemeinsamkeit muß vielmehr aufgebaut, erarbeitet und so erst gewonnen werden. Eine auf Eigenverantwortung bauende Steuerungskultur des Schulwesens wird auch eine Kultur des Verhandelns sein, in der die für Schule verantwortlichen und an Schule interessierten Personen und Institutionen – in dem vom Gesetzgeber bestimmten Rahmen – die spezifischen Zielsetzungen der Schule ebenso miteinander aushandeln, wie die dafür erforderlichen Vorgehensweisen und Ressourcen.

Selbstorganisation und Selbstverpflichtung

Selbstgestaltung und Selbstverantwortung bilden die notwendige Grundlage eines Systems, in dem Gemeinsamkeit nicht durch Fremdregulierung, sondern primär durch Selbstorganisation, Selbstbindung und Selbstverpflichtung hergestellt wird. Deshalb sind Zielvereinbarungen, Kontrakte und Abkommen wichtige Formen und Verfahren einer »interaktiven Steuerung«, bei welcher die Beteiligten – innerhalb der Schulen sowie zwischen Einzelschulen, Trägern und Schulaufsicht – in einer nicht von Hierarchie, Weisung und Genehmigung geprägten, sondern in einer dem Erfordernis der Gemeinsamkeit der Verantwortung verpflichteten Weise zusammenzuwirken.

III.6 Überlegungen zu einer Fortführung der Schulreform

Die Ansprüche an Schulen steigen. Aber dies nicht so sehr, weil es flüchtige Zeitströmungen so verlangen und auch nicht nur, weil in Wirtschaft und Arbeit zusätzliche und neue Qualifikationen gefordert werden, sondern vor allem deswegen, weil die sich abzeichnenden »Zeitsignaturen« für Menschen des 21. Jahrhunderts eine Herausforderung bedeuten, der diese nur mit einem Zuwachs an individueller Bildung, und das heißt auch: einem Zuwachs an öffentlicher Bildung, gewachsen sein werden. Das System Schule weist einen fundamentalen Verbesserungsbedarf auf. Es muß vor allem flexibler werden in der Gestaltung der Lernprozesse.

Die Reformvorhaben, die in Nordrhein-Westfalen in den 70er Jahren eingeleitet worden sind, haben die Schulen auf den Weg der Erneuerung ihrer Struktur, ihrer Ziele und Methoden, ihrer Verbindung mit dem Umfeld gebracht. Die Reformen konnten aber nicht eine so starke Wirkung entfalten, daß eine grundlegende Veränderung der Arbeit in den Einzelschulen erreicht worden wäre. Die Schulreform ist steckengeblieben. Dies hängt mit sehr unterschiedlichen Rahmenbedingungen politischer, planerischer, fachlicher und finanzieller Art zusammen, aber auch damit, daß der tiefgreifende Wandel, der alle gesellschaftlichen Gestaltungsbereiche inzwischen erfaßt hat, erst in den letzten Jahren in seiner Bedeutung für die Weiterentwicklung des Schulwesens wahrgenommen worden ist.

Die Notwendigkeit einer grundlegenden Reform

Es spricht viel dafür, daß die Schule nur eine Zukunft hat, wenn sie rechtzeitig versteht, daß sie in der tradierten Form und Struktur keine Zukunft hat.

Unabweisbarkeit der Reform

Grundlegende Reformen sind unabweisbar geworden. Reparaturmaßnahmen auf der Grundlage traditioneller Gestaltungsmuster und Verantwortungsstrukturen reichen generell in keinem gesellschaftlichen Gestaltungsbereich mehr aus, um die Entwicklungsprobleme zu lösen. Dies gilt auch für das Bildungswesen und die Schule. Es bedeutet zugleich einen Neuansatz in Zielsetzungen und Verfahren, keine einfache Wiederanknüpfung an Leitvorstellungen, Vorhaben und Methoden der 70er Jahre.

Bildungsziele

Die Diskussion über Bildung, also auch darüber, welche Ziele schulisches Lernen verfolgen soll, welche Qualifikationen und Kompetenzen auf ein verantwortungsbewußtes Leben in einer offenen und dynamischen Gesellschaft am besten vorbereiten, muß in den Mittelpunkt der Auseinandersetzung gerückt werden. Sie wird in der beruflichen Bildung zur Zeit aktiver angegangen als im allgemeinbildenden Schulwesen. Diese zentrale Fragestellung muß dazu veranlassen, die Probleme der Gestaltung von Unterricht und Erziehung vor die Erörterung von Schulorganisationsfragen zu stellen und auf eine Verbesserung der Bidungswirkung der Schule hinzuarbeiten.

Neue Verantwortlichkeiten

Die Spannung zwischen der Schulpraxis und den traditionellen Ordnungsvorstellungen im Schulwesen wird immer größer. Die veränderte Arbeitssituation vor Ort zwingt zur Beantwortung der Frage, wie Verantwortlichkeiten und Selbstgestaltungsmöglichkeiten im Schulbereich künftig geordnet werden sollen. Nur so wird Schule in die Lage versetzt werden können, flexibel und effizient auf die neuen, aber je unterschiedlich anzugehenden fachlichen und erzieherischen Aufgaben zu reagieren.

Ordnung des Lernens

Die Schulorganisationsdiskussion der 70er und 80er Jahren hat die Schulentwicklung einerseits inspiriert, aber auch gelähmt. Sie ist abgelöst worden durch die Frage nach der richtigen Ordnung des Lernens, nach den Möglichkeiten einer alle Gruppen berücksichtigenden differenzierten Förderung, nach dem, was Schule leisten kann und womit sie sich nicht überlasten darf. Die Frage nach der neuen Schulreform ist immer auch die Frage danach, was die Institution Schule tragen kann.

Mitwirkung als Voraussetzung

Lehrerinnen und Lehrer reagieren auf die veränderte Arbeitssituation oft mit selbstverantworteten pädagogischen Aktivitäten, aber auch mit Überlastungserscheinungen, Ratlosigkeit und Orientierungssuche. Eine neue Schulreform muß die Möglichkeit schaffen, Lehrerinnen und Lehrer, Eltern, Schülerinnen und Schüler an den Reformüberlegungen zu beteiligen, sie mit Reformrechten auszustatten und sie zu den neuen Entwicklungen zu ermutigen und – wo nötig – zu befähigen.

Grenzen einer Schulreform

Schule und Erziehung

Zu den schwierigsten Problemen gehört die immer wieder eingeforderte Bewältigung der Erziehungsaufgaben durch die Schule.

Die Schule kann und soll Erziehungsaufgaben parallel und komplementär zur sie umgebenden Gesellschaft bewältigen, kompensatorisch kann sie jedoch nur begrenzt wirken. Werte, die in der Gesellschaft nicht gelebt werden, die nicht wenigstens in Teilen der Gesellschaft glaubwürdig vertreten werden, kann die Schule nur begrenzt und schwer, vielleicht gar nicht vermitteln.

Die Gemeinschaft von Lernenden und Lehrenden im »Haus des Lernens« kann Aufwachsenden Schutz bieten. Sie kann bereits im Keim vorhandene Sozialkompetenzen verstärken, aber sie kann nicht Frieden stiften, wo Gewalt herrscht, Gleichheit aus Ungleichheit hervorbringen und Solidarität schaffen, wo Menschen überwiegend ihren eigenen Vorteil suchen und wahrnehmen. Sie kann aber zur Auseinandersetzung mit solchen Entwicklungen anregen.

Dort, wo es keine unüberbrückbare Kluft zwischen Schulwelt und gesellschaftlicher Realität gibt, kann die Schule dazu beitragen, die Belastbarkeit und das Maß an Rationalität bei der Bewältigung von Konflikten von Kindern und Jugendlichen zu erhöhen.

Erweiterter Lernbegriff

Von diesem Verständnis der Situation her muß das Verhältnis von Unterricht und Erziehung bestimmt werden. Das Lernen und Leben im »Haus des Lernens« soll selbst erziehend wirken.
Die Mehrung von Lernkompetenz und Wissen ist der Zweck des »Hauses des Lernens«. Das Lernverständnis allerdings, als gemeinsame Aufgabe von Lehrenden und Lernenden, soll zur Verantwortung und Zusammenarbeit erziehen.

Überlastungsgefahr

In einer pluralen Gesellschaft kann nicht in erster Linie die Schule für die Aufrechterhaltung von allgemeinen moralischen Orientierungsmaßstäben verantwortlich gemacht werden. Wenn Erziehung, neben der Hilfe zur Entfaltung individueller Anlagen, als reflektierte Einführung in soziale Beziehungsgefüge und Ordnungen und als Überlieferung und kritische Prüfung von gesellschaftlich anerkannten Orientierungen und Werten verstanden wird, dann ist Erziehung an das Bestehen von solchen sozialen Beziehungen und Ordnungen gebunden. Sie ist angewiesen auf die Präsenz von Personen, die mit Kindern und Jugendlichen zusammenleben und ihnen diese Werte und Ordnungen vermitteln, indem sie sie ihnen vorleben.

Unverzichtbarkeit der Schule

Gleichzeitig gilt aber auch: Die Schule bleibt als Garantin der Öffentlichkeit von Bildung unverzichtbar. Das Konzept einer öffentlich verantworteten Bildung, das ein Grundkonzept europäischer Aufklärung ist, wird immer wichtiger, je weiter sich die Schere zwischen technologischer Perfektion und den Schwächen des

Menschen als soziales Wesens auftut, je komplexer und unüberschaubarer die Verhältnisse und Zusammenhänge in modernen Gesellschaften sind, die nach demokratischen Verfahren bewältigt werden müssen.

Schwierige Entwicklungsbedingungen

Darüber hinaus wird das System Schule sich in Zukunft besser legitimieren können, wenn es leistungsfähiger wird. Der Grund liegt nicht nur in kontinuierlich steigenden Anforderungen, sondern auch in der Veränderung bestimmter Rahmenbedingungen. Zu diesen gehören:

- die Ressourcenknappheit, da sich trotz wachsender Ansprüche an die Schule das Staatsbudget und der Anteil des Bildungswesens am Staatsbudget mindestens kurzfristig nicht weiter erhöhen werden,
- der Verlust des Monopols der Schule in der Vermittlung von Wissen und weiteren Kulturelementen,
- die Schwächung eines Staatsverständnisses, das in der öffentlichen Trägerschaft, in der Gestaltungsverantwortung und in der Kontrollaufgabe für das Bildungswesen einen grundlegenden Pfeiler der Staatstätigkeit sieht.

Die sich in Zukunft möglicherweise noch verstärkende Kritik an der Leistungsfähigkeit des Schulsystems könnte sich als bedrohlicher erweisen als jene, mit der das kritikgewohnte System Schule seit langem umzugehen weiß. Es geht dabei weniger um die Kritik am Bestehenden als vielmehr um die Sorge um die Zukunft. Diese Sorge führt dazu, daß die Kommission in den Bereichen der Steuerung, der Organisation und der inneren Gestaltung der Schule Vorschläge macht, die einen tiefgreifenden qualitativen Wandel durch strukturelle Anpassung bewirken wollen.

Ziele einer Reform der Schule

Leistungsziele der neuen Schule

Was kann und soll diese »Schule der Zukunft« leisten?

- Sie baut systematisch Lernkompetenz, das heißt die Fähigkeit, selbstbestimmt zu lernen, bei Kindern und Jugendlichen auf,
- sie bietet Raum für individuelle Entfaltung und soziale Erfahrung,
- sie macht Kultur als Ausdrucks- und Lebensform erfahrbar,
- sie leitet den Wissenserwerb so an, daß Jugendliche und Kinder zu verstehen lernen, daß Wissenschaft Wissen schafft, daß es im Erkenntnisraum des Wissens Koordinaten und einen Kompaß gibt, die es ermöglichen, sich zurechtzufinden,

- sie ist so organisiert, daß sie im Berufsleben stehenden Frauen und Männern erlaubt, ihrer Berufstätigkeit nachzugehen, ohne sich während der Schulzeit Sorgen um das Wohlergehen ihrer Kinder machen zu müssen.

Anregung einer notwendigen Entwicklung

Zu sagen, eine solche Schule gibt es ja schon, ist genauso richtig oder falsch wie zu sagen, solch eine Schule wird es nie geben. Dargelegt wird von der Kommission die Architektur, das heißt die Organisation und die Einrichtung von »Häusern des Lernens«. Solche Schulen werden nicht als statisch gesehen, sie entwickeln sich vielmehr als lernende Organisationen; sie selbst müssen lernfähig und veränderungsfähig bleiben. Um das zu können, bedarf es tragender Strukturen, Ordnungen und Anreizsysteme, die selbstgesteuerte Entwicklungsprozesse begünstigen.

Ohne Menschen, die das, was vorgeschlagen wird, tun, geht es nicht. Die »Schule der Zukunft« muß die Phantasie herausfordern, auch wenn sie gleichzeitig durch ihre Machbarkeit überzeugen soll. Wenn es gelingt, bei den Verantwortlichen und Beteiligten das Bewußtsein zu wecken, daß die hier vertretene grundlegende Veränderung tatsächlich notwendig und realisierbar ist, dann besteht eine Chance, daß im Lande Nordrhein-Westfalen die »Schule der Zukunft« keine Leerformel bleibt.

Wiederaufnahme der Schulreform

Die politische und fachliche Arbeit an der Schulreform sollte weitergeführt und intensiviert werden

- durch das Überdenken und eine offene Diskussion der aktuellen Arbeitssituation in den Schulen,
- durch eine Bewertung der Wirksamkeit und Leistungsfähigkeit des »Systems Schule«,
- durch die Vergewisserung über die veränderten oder sich weiterhin verändernden Rahmenbedingungen, unter denen Bildung und Erziehung in der künftigen Gesellschaft sich vollziehen müssen, wozu auch ökonomische Rahmenbedingungen gehören,
- mit Offenheit und Mut dazu, konkrete, für das bisherige Denken und Verhalten oft ungewohnte Vorschläge zu erörtern und ihre Verwirklichung auf den Weg zu bringen.

IV. Entwicklungsschwerpunkte und Empfehlungen

IV.1 Das Haus des Lernens

IV.1.1 Schule als Lern- und Lebensraum

Soziale und ökonomische Veränderungen bedeuten veränderte Anforderungen an eine zukunftsorientierte Bildung. Zunehmend werden in der Gesellschaft Aufgaben auf das Individuum verlagert, die zuvor durch gesellschaftliche Strukturen, Instanzen und Konsens bewältigt worden sind. Um die für die veränderte Aufwachsens- und Lebenssituation notwendigen Kompetenzen entwickeln zu können, muß die Arbeit in der Schule von erweiterten Aufgaben ausgehen. Dabei braucht das Spektrum des Lernens nicht völlig neu definiert zu werden, es geht um eine Erweiterung und eine Verlagerung der Schwerpunkte bisheriger Erziehungs- und Unterrichtsziele.

Schule der Zukunft als Weiterentwicklung

Die »Schule der Zukunft« wird die Weiterentwicklung der Schule von heute mit ihren positiven und negativen Erfahrungen und Wirkungen, mit ihrer großen Vielfalt an pädagogischen Methoden und Arbeitsansätzen sein.

Die Schule der Zukunft entsteht aus einer Reform bei laufendem Betrieb, getragen von den Menschen, die heute miteinander in der Schule arbeiten – Lehrenden wie Lernenden. Sie wird in der Regel in den heute bestehenden Gebäuden stattfinden, deren Räume teils wie bisher, teils in neuer oder veränderter Weise genutzt werden werden.

Die Kommission hat die schulpraktischen Erfahrungen und neueren wissenschaftlichen Erkenntnisse über die Möglichkeiten und Grenzen schulischer Bildung und Erziehung diskutiert und vor diesem Hintergrund ihre Vorstellungen entwickelt. Ihre Schlußfolgerungen und Empfehlungen sind schulformübergreifend. Stärker als die Differenzierung nach Schulformen sollten künftig die einzelnen Schulen mit ihren pädagogischen Zielvorstellungen und Profilen das Bild der Schule im Bewußtsein der Schülerinnen und Schüler, der Lehrerinnen und Lehrer, der Eltern und der Öffentlichkeit bestimmen.

Schule als Lern- und Lebensraum

Die Kommission hat sich in der Vergegenwärtigung der künftigen Aufgaben für das Konzept der Schule als Lern- und Lebensraum entschieden und entfaltet ihre Vorstellungen von der Schule der Zukunft unter dem Bild »Haus des Lernens«.

Das Bild löst Assoziationen aus zu den Schulgebäuden, an die sich alle ein Leben lang erinnern. Die Kommission hat sich von der Vorstellung tragen lassen, daß die Schule der Zukunft ein Ort sein wird, wohin Kinder und Jugendliche gerne gehen sollen, den sie bereichert durch neue Erfahrungen und Kenntnisse verlassen, dazu motiviert, neue und andere Orte des Lernens kennenzulernen.

Das Bild »Haus des Lernens« lehnt sich an das hebräische Wort für Schule, Bejth Sefer (»Haus des Buches«) an. Das Wort »Schule« in der griechisch-abendländischen Tradition hebt den Gegensatz zur Geschäftigkeit des Erwachsenenlebens hervor.

Eigenart und Nachbarschaft

Die einzelne Schule hat ihren Standort und Stellenwert in ihrer Nachbarschaft, in ihrem Ort, in ihrer Region. Sie soll anderen Schulen ähnlich und doch unverwechselbar sein, durch die Besonderheit der pädagogischen Arbeit, durch die Anordnung und Gestaltung ihrer Räume, durch die Art und Weise, wie diese mit Leben erfüllt werden.

Schule im gesellschaftlichen Reformprozeß

Schule wird als öffentlich getragene Einrichtung in ihrem eigenen Entwicklungs- und Modernisierungsprozeß dem Vergleich mit der Modernisierung in anderen gesellschaftlichen Bereichen nicht aus dem Weg gehen können. Dies gilt insbesondere für die Frage, wie sie ihre Zielvorstellungen angesichts konkurrierender Bildungseinrichtungen definiert und wie sie in Selbstverantwortung und pädagogischer Kompetenz ihre Arbeitsformen kritisch überprüft und ändert.

Schule als lernende Organisation

Schule steht unter permanenter sozialer Kontrolle mit wechselnden Erwartungen und sich teilweise widersprechenden Anforderungen einflußreicher gesellschaftlicher Gruppen und Institutionen.
Sie wird diesem Anforderungsdruck nur dann gewachsen sein, wenn sie sich selbst als lernende Organisation versteht, die sich nicht nur widerstrebend oder bedarfsorientiert reagierend verändert.

Schule hat die Chance und die Möglichkeiten, aber auch die Pflicht, ihre Ziele immer wieder zu überprüfen und neue Formen und Inhalte des Lernens und Erziehens zu entwickeln und zu erproben. Die Kompetenz und die Professionalität von allen in der Schule Tätigen dokumentieren sich darin, daß sie Fehler oder Fehlentwicklungen selbst erkennen, sie reflektieren und für Veränderungsprozesse nutzbar machen.

Die Schule soll nicht nur in ihrer Erziehungsarbeit Interessen wecken und Neugier auch dem Ungewohnten gegenüber wachrufen, sie muß diese Offenheit auch als Institution verwirklichen.

Falsche und berechtigte Erwartungen

Schule ist weder hauptverantwortlich für bestimmte gesellschaftliche Erscheinungen, noch kann sie der Erwartung entsprechen, sie könne die Haupttriebkraft gesellschaftlicher Veränderung sein.

Schule und Unterricht müssen allerdings kritisch prüfen, welche pädagogische Relevanz gesellschaftliche Entwicklungen haben. Die Schule muß sich damit auseinandersetzen, ob sie den Schülerinnen und Schülern nicht stärker als bisher helfen kann, eine eigene und die Interessen anderer berücksichtigende Urteilsfähigkeit, soziale Perspektiven sowie Sinn- und Wertorientierungen zu entwickeln. Auch muß kritisch geprüft werden, wo der heimliche Lehrplan und die institutionellen Strukturen zu Vereinzelung, Entsolidarisierung, Konkurrenz und Desorientierung beitragen.

Ihren Anspruch auf Mitwirkung und Mitverantwortung im Prozeß der Weiterentwicklung und Veränderung der Gesellschaft im Sinne sozialer Gerechtigkeit, Demokratisierung und Humanisierung muß die Schule im Unterricht und im Schulleben konsequent verwirklichen und in der Öffentlichkeit offensiv vertreten.

Schulkultur

Schulkultur als Ziel und Zeichen der Erneuerung

Schulkultur muß sich aus dem Zusammenspiel des Konzeptes einer Schule, der gesellschaftlichen Gestaltungselemente im Umfeld der Schule und aller in der Schule Tätigen herausbilden.

Schulkultur gründet vor allem in der Vergegenwärtigung der Anforderungen, die an Bildung, Wissen und Können von Menschen gestellt werden, die im nächsten Jahrhundert ihre Lebensperspektiven finden, entwickeln und realisieren müssen.

Schulkultur und kulturelle Entwicklung

Bildung durch Schule ist ein wesentliches Element unserer Kultur. Schulkultur steht somit in Wechselbeziehung zu der Kultur, die alle Lebens- und Arbeitsbereiche umfaßt. Der Prozeß der individuellen Aneignung von Kultur als Aufgabe schulischer Bildung zielt auf die Orientierung in einer sich ändernden und unübersichtlichen Welt.

Schule wird diese Aufgaben nur erfolgreich und überzeugend bewältigen können, wenn ihre eigene Kultur die des Lernens und eines Vertrauen vermittelnden sozialen Zusammenlebens ist.

Neue Gewichtung der Aufgaben

Ausgehend von diesen zukunftsorientierten Anforderungen werden Schulen eine neue Gewichtung ihrer Teilaufgaben vornehmen müssen:

- Wissensvermittlung und Persönlichkeitsbildung sollen zusammengesehen, neu gewichtet und wieder zueinander in Beziehung gesetzt werden,
- fachliches und überfachliches Lernen müssen ins Gleichgewicht gebracht werden,
- soziales Lernen in der Erfahrung des Zusammenlebens und des Zusammenarbeitens von Kindern und Jugendlichen untereinander und mit Erwachsenen ganz unterschiedlicher Herkunft muß ermöglicht und bewußt gemacht werden,
- anwendungsorientiertes Lernen mit Bezug zu biographischen, historischen und umfeldbezogenen Erfahrungen wird unverzichtbar,
- das Finden der eigenen Identität und die Achtung der Integrität anderer, der Respekt vor dem Andersartigen müssen in der Schule gelebt werden können.

Entwicklungsoffenheit

Schule der Zukunft soll in diesem Sinne ein offenes System sein, das auf Entwicklungsdynamik, auf Sensibilität gegenüber sich ändernden Anforderungen, sich verändernden Kindern und Jugendlichen angelegt sind. Alle Beteiligten und die Schule als Institution sind offen für Entwicklungen. Lehrende sind Lernende, Lernende sind zugleich Lehrende. Schulen als Institutionen sind immer auch Orte der Fortbildung im Verlauf dieser Weiterentwicklung.

Profilbildung

Aus diesem Selbstverständnis heraus sollen die Schulen ihr je eigenes pädagogisches Profil entwickeln. Dies bedingt eine größere Selbstverantwortung der Einzelschule, die verankert ist in der Gesamtverantwortung des Staates, der Region und der Gemeinde (→ Kapitel IV.1.7, IV.2.2).

Schule als Lebensraum, ganztägige Angebote

Die veränderten Bedingungen des Aufwachsens von Kindern und Jugendlichen erfordern ein Überdenken des Bildungsauftrags der Schule und eine Erweiterung ihrer Aufgaben in Bereiche hinein, die bisher als außerschulisch galten.

Deutschland hat gegenüber der Entwicklung in vergleichbaren Ländern einen deutlichen strukturellen Rückstand. Ein Ausbau der Angebote auf diesem Gebiet ist notwendig. Kennzeichen dieses Ausbaus sollten sein

- ein Angebot von Betreuungs- und Aktivitätsmöglichkeiten und die freie Entscheidung für oder gegen ihre Nutzung,
- eine Angebotsvielfalt, die von der »klassischen« Ganztagsschule bis zu außerunterrichtlichen Ergänzungsangeboten reicht,
- die Pluralität der Angebote in den Gestaltungsformen.

Betreuungsangebote mit verläßlichen Zeiten für die Jüngeren und Möglichkeiten für alle, für Freizeitaktivitäten auf das Schulgebäude und seine Einrichtungen zurückgreifen zu können, geben der Schule auch als Lebensraum Gestalt.

Schule als Begegnungsraum

Die Schule als Lebensraum ist auf die Vielfalt von Begegnungsmöglichkeiten angewiesen. Aktivitäten zur Gestaltung des Schullebens und die Einbeziehung von Eltern und außerschulischen Partnern sind dabei wichtig: Unterschiedliche gesellschaftliche und berufliche Rollen sollen in der Schule erlebbar sein. Geschlechtsspezifischen Rollenverständnissen sollte dabei besondere Aufmerksamkeit zukommen. Geeignete Unterrichtsformen und ein möglichst paritätisches Verhältnis von Frauen und Männern in allen Funktionen *(→Kapitel IV.7.3)* spielen eine wichtige Rolle.

Integration

Die Integration behinderter Mitschülerinnen und Mitschüler kann dazu beitragen, gesellschaftlichen Ausgrenzungstendenzen durch das Erlernen eines verständnisvollen Miteinanders schon in der Schule zuvorzukommen. Das Bildungsziel Solidarität ist am wirkungsvollsten durch gemeinsames Tun erreichbar. Auch die Internationalisierung der Bildung beginnt mit gelingenden sozialen Beziehungen in Kindergarten und Schule.

Erziehung zur Verantwortung

Die Fähigkeit, für sich selbst und für andere Verantwortung zu übernehmen, ist ein wichtiges Element der Persönlichkeitsentwicklung und des demokratischen Zusammenlebens.
Das Lernen, Verantwortung tragen zu können, soll deshalb als eine zentrale Aufgabe der Arbeit in der Schule erkannt und geübt werden.

Gegenseitige Wertschätzung von Lehrenden und Lernenden ist Basis der Entwicklung und Förderung von Selbstachtung, Lernbereitschaft und Leistungsfähigkeit. Kinder, Jugendliche und Erwachsene sollen sich einander mit ihren unterschiedlichen Fähigkeiten, Interessen, Lebensvorstellungen, Wertschätzungen und Wertsetzungen in der Schule begegnen.
Schulen sollen so Orte je eigener persönlicher Entfaltung in sozialer Verantwortung sein. In ihnen wird auch das gemeinsame Lernen und Unterrichten der Geschlechter im Geist reflexiver Koedukation gestaltet werden können.

Lernkultur

Lernen als Zentrum schulischer Arbeit

Schule als Lebens- und Erfahrungsraum braucht einen Konzentrationspunkt für Arbeit und Zusammenleben: Dieser ist das Lernen. Lernprozesse und die damit verbundenen individuellen und sozialen Erfahrungen gezielt zu ermöglichen, anzuregen, zu unterstützen und zu beurteilen, bleibt auch angesichts veränderter und erweiterter Aufgaben das Charakteristikum der Institution Schule in der Gesellschaft.

Experten und Novizen

Der gesellschaftliche Auftrag der Schule variiert, nicht aber die ihr eigene Grundleistung, nämlich der Zuerwerb von Wissen und Können in der Gemeinschaft von »Experten« und »Novizen«, das heißt von Erfahrenen und Neueintretenden, die gemeinsam in den Räumen des Fragens, Wissens und Könnens tätig sind.

Bildung als Ziel von Schule erfordert reflektierendes Lernen. Schule kann dieses Ziel nur erreichen, wenn der Prozeß, der Bildung bewirkt, sich tätig und bewußt vollziehen kann. Nur die Erfahrung ihrer persönlichen Aneignung kann zur Bildung führen.

Lernkultur

Es ist notwendig, daß Schule sich auf das Lernen konzentriert, jedoch nicht im Sinne einer historisch überwundenen Lernschule. Schule bedarf vielmehr der Ausgestaltung und Ausformung einer Lernkultur, die Mittelpunkt für die damit verbundenen erzieherischen und sozialen Aufgaben sein kann.

Der traditionelle Lernbegriff geht von einem festen, geschlossenen Wissenskanon und einem auf seine Vermittlung hin organisierten Unterrichtsplan aus. Er ist auf Lernergebnisse im Sinne von Reproduktion überprüfbaren Wissens orientiert und vernachlässigt den Lernprozeß selbst, die Entwicklung von Interessen, den Hinzugewinn von anwendungsbezogenem Wissen, die Zunahme von Handlungskompetenz und die Möglichkeit sozialer Erfahrungen.

Erweiterter Lernbegriff

Das von der Kommission vertretene Verständnis von Lernen und Lernkultur setzt andere Schwerpunkte. Es zielt darauf, in den Lernzusammenhängen Identitätsfindung und soziale Erfahrung zu ermöglichen.

Dieser erweiterte Lernbegriff, der die Schule der Zukunft prägen soll, erfordert anders gestaltete Lernsituationen. Sie müssen Fachlichkeit und überfachliches Lernen, individuelle und soziale Erfahrungen, Praxisbezug und die Einbeziehung des gesellschaftlichen Umfeldes miteinander verknüpfen.

Fachliche Kompetenz

Fachliches Lernen und fachliche Kompetenz werden auch in der Schule der Zukunft ihren herausragenden Platz haben. Die Kompetenz, Lernprozesse selbst zu steuern, entwickelt sich nur im Aufbau von Wissen und Können.

Fachliches Lernen wird sich aber anders vollziehen, als es heute in der Regel noch der Fall ist: es wird stärker auf überfachliche Zusammenhänge bezogen werden, Sinnhaftigkeit und Anwendungsbezug werden erfahrbar sein müssen, wenn Lernen dauerhafte Bildungswirksamkeit haben soll. Alltagsfragen, Alltagserfahrungen und Lebensprobleme, die Schülerinnen und Schüler mitbringen, sollen die Lernsituationen in stärkerem Maße mitbestimmen, sie realitätsnäher werden lassen.

Vollständige Lernprozesse

Die Lernkultur im »Haus des Lernens« zeichnet sich vor allem durch die Vollständigkeit von Lernprozessen aus. Vollständige Lernprozesse umfassen mehrere Phasen oder Stufen: Aufgaben- und Problemorientierung, genaue Formulierung von Absichten und Zielen, klare Definition der Aufgaben oder Probleme, zielorientierte Bearbeitungsprozesse und Überprüfung von Lösungen.

Bruchstückhafte und isolierte Lernprozesse, wie sie heute noch weitgehend für Schule charakteristisch sind und durch die Informationsaufbereitung der Massenmedien verstärkt werden, verhalten sich zu einem reflektierten und selbstverantworteten Lernen kontraproduktiv.

Selbstgestaltetes Lernen, Lernkompetenz

Selbstgestaltetes Lernen setzt den Erwerb eines Repertoires von individuellen Fähigkeiten voraus. Als Lernkompetenzen werden sie mit Vorerfahrungen und biographischen Denkmustern verbunden und Bestandteil des Handlungsrepertoires einer Person.

Lernkompetenzen sind keine persönlichkeitsneutralen Fähigkeiten, sondern sie verlangen die Entwicklung von Ich-Stärke und Identität in Lernarrangements mit wachsender Eigenverantwortlichkeit der Schülerinnen und Schüler. Hauptsächlich geht es um Arbeitsmethoden und Techniken, die das Weiterlernen aus eigenem Impuls begünstigen und die Voraussetzung für selbstgestaltetes Lernen bilden. Dabei muß auch einfachen, aber dennoch für den Aufbau von Lernkompetenz unverzichtbaren Arbeitstechniken – zum Beispiel Auswendiglernen, Notizen machen, Zusammenfassungen erarbeiten – volle Aufmerksamkeit zuteil werden.

Arbeitsformen

Von diesem Ziel her ergibt sich die Notwendigkeit, die Arbeitsformen, die in der Schule geläufig sind, weiterzuentwickeln und zu ergänzen. Die Schulen werden die heute als Norm geltenden Lernverfahren überprüfen und ergänzen müssen.

Die Schule der Zukunft wird unter anderem in neuen Organisationsformen des Lernens und Lehrens sichtbar werden, zum Beispiel

- im »sozial aufgeteilten« Lernen, wobei Lehrerinnen und Lehrer wie Schülerinnen und Schüler wechselseitig als Lenkende in einer Lerngruppe tätig sind,
- im kooperativen Lernen, in der Gruppenarbeit und Dialogrunden, durch das »offene Klassenzimmer« und soziale Projektarbeit,

– im Umgang und in der Auseinandersetzung mit Technik, mit Medien und mit neuen Lernmitteln.

Lernsituationen

Lernsituationen und Lernvorgänge sollen so angelegt sein, daß sie zu Fragen der Grundorientierung, der Identitätsfindung und der Befähigung zur Auseinandersetzung mit Grundwerten und Normen herausfordern, so daß die Urteilsfähigkeit gegenüber persönlichen und gesellschaftlichen Fragestellungen und Problemen entwickelt, gefördert und geschärft wird.

Toleranz, soziales und demokratisches Verhalten

Ziel und ständig zu sichernde Basis des Zusammenlebens von Menschen in einer vielfältig zusammengesetzten demokratischen Gesellschaft ist die Achtung der Freiheitsrechte jedes einzelnen und die Übernahme sozialer Verantwortung.

Der Beitrag der Schule dazu besteht darin, daß sie im Unterricht und im Schulleben möglichst viele Anstöße und Gelegenheiten dafür bietet, daß junge Menschen positive Erfahrungen demokratischen und sozialen Verhaltens gewinnen können. Fragwürdige Verhaltensweisen in der Schule und außerhalb der Schule müssen – insbesondere angesichts der Zunahme von Verhaltensschwierigkeiten – das Thema reflexiver und praktischer Auseinandersetzung bilden.

Schule als Lern- und Lebensraum wird sich auch den Einstellungen, die das demokratische Leben unserer Gesellschaft gefährden und die auch im Verhalten von Kindern und Jugendlichen sichtbar werden, stellen müssen. Dazu zählen zum Beispiel unkontrollierte Ich-Bezogenheit, das Ausnutzen von Überlegenheitssituationen, nationalistische Übersteigerungen, Abqualifizierungen anderer als minderwertig, autoritäres Verhalten, Akzeptanz von Gewalt zur Regelung sozialer Vorgänge.

Dabei ist zu bedenken, daß die Anfälligkeit für Selbstausgrenzung und für Subkulturen mit manchmal brutalisierten Aktionsformen auch als Antwort von Jugendlichen an eine Gesellschaft zu verstehen ist, die nicht genügend sensibel mit deren Selbstfindungs- und Selbstwertproblemen umgeht und Jugendlichen nicht ausreichend Gelegenheit zu einer produktiven Bewältigung ihrer Probleme bietet.

Stabile Beziehungen

Schülerinnen und Schüler benötigen in der Schule sowohl zu ihrer Altersgruppe als auch zu den Lehrerinnen und Lehrern langfristig stabile Beziehungsmöglichkeiten, damit sie sich in der Schule wohlfühlen können, emotionale und soziale Sicherheit gewinnen, Vertrauen zu sich selbst und zu anderen entwickeln zu können.

Auch für die Lehrerinnen und Lehrer erfordert der pädagogische Bezug zu den jungen Menschen ein hinreichendes Maß an Kontinuität und Überschaubarkeit der Lerngruppen und Kooperation im Kollegium.

Es hat sich bewährt, kleine Gruppen von Lehrerinnen und Lehrern, in denen ein hinreichend großes Spektrum von Fachperspektiven vertreten ist, für mehrere Jahre einer überschaubaren Zahl von Lerngruppen zuzuordnen. Solchen pädagogischen Teams sollte viel Spielraum bei der inhaltlichen, unterrichtsorganisatorischen und methodischen Gestaltung des Unterrichts und des Schullebens in diesem Teilbereich zugesprochen werden.

Lehrerinnen und Lehrer im Haus des Lernens

Selbstgesteuerte Formen des Lernens verändern die Rolle von Lehrerinnen und Lehrern im »Haus des Lernens«. Sie können nicht mehr vorrangig Wissensvermittler sein.
Ihr professionelles Selbstverständnis muß sich in der neuen Rolle des »Coaching«, der Kompetenz von Lernberatern und »Lernhelfern« (learn-facilitators) ausdrücken, die gegenüber den Lernenden als Lernerfahrene, als Experten einen gewissen Vorsprung haben. So kann Schule für Lehrende und Lernende zum gemeinsamen sozialen Erfahrungsraum werden.

Lebenslanges Lernen

Es ist unbestritten, daß Schulbildung die notwendige Grundlage schaffen, nicht aber ein Ersatz für lebenslanges Lernen sein kann.

Die Schule muß für Schülerinnen und Schüler und deren Eltern erfahrbar machen, daß Schulzeit eine zwar wichtige, aber zeitlich begrenzte Episode in dem Prozeß lebenslangen Lernens ist. Der Verweis auf die Notwendigkeit, während des gesamten Lebens zu lernen, gibt aber kein Argument zur Entlastung der Schule her. Im Gegenteil: Die in der Schule aufgebaute individuelle Wissens- und Kompetenzgrundlage bestimmt weitgehend, wie im Laufe des Lebens mit einer gewissen Wahrscheinlichkeit weitergelernt werden kann.

Im »Haus des Lernens« soll deshalb so gelernt werden, daß nicht nur vorrangig auf Prüfungen, Abschlüsse und Berechtigungen hingearbeitet wird, sondern das Lernen als eine das Leben insgesamt tragende individuelle und sozial orientierte Befähigung eingeübt und verstanden wird.

Lebenslanges Lernen ist in einer Gesellschaft, in welcher der einzelne sich immer rascher verändernden Anforderungen ausgesetzt sieht, eine Überlebensnotwendigkeit. Es schafft die Grundlage für persönliche Gestaltungskraft und Lebenszufriedenheit und für die Mitgestaltung der Gesellschaft.

Verantwortlicher Umgang mit Bildungsinvestitionen

Bildung ist Investition in die Zukunft. Lernen, so wie es sich im »Haus des Lernens« vollziehen soll, legt den Grundstein für einen lebenslangen Bildungsprozeß. Art und Aufbau der Bildungssysteme, die Leistungen und Wirkungen ihrer Einrichtungen und die dafür aufgewendeten Mittel sind ein Spiegel der politischen Wertschätzung von Bildung. Bildungsinvestitionen schaffen die Möglichkeit, durch Bildung Lebensperspektiven zu entwickeln und zu verwirklichen. Für die Gesellschaft bedeutet dies zugleich die Sicherung von Stabilität, Kontinuität und Weiterentwicklung.

Lehrende und Lernende sollten sich der Verantwortung für die Inanspruchnahme beträchtlicher öffentlicher Mittel bewußt sein, wenn sie ihre Schule nutzen und gestalten.

IV.1.2 Schule als »Haus des Lernens«

Schule als »Haus des Lernens«

- *ist ein Ort, an dem alle willkommen sind, die Lehrenden wie die Lernenden in ihrer Individualität angenommen werden, die persönliche Eigenart in der Gestaltung von Schule ihren Platz findet,*
- *ist ein Ort, an dem Zeit gegeben wird zum Wachsen, gegenseitige Rücksichtnahme und Respekt vor einander gepflegt werden,*
- *ist ein Ort, dessen Räume einladen zum Verweilen, dessen Angebote und Herausforderungen zum Lernen, zur selbsttätigen Auseinandersetzung locken,*
- *ist ein Ort, an dem Umwege und Fehler erlaubt sind und Bewertungen als Feedback hilfreiche Orientierung geben,*
- *ist ein Ort, wo intensiv gearbeitet wird und die Freude am eigenen Lernen wachsen kann,*
- *ist ein Ort, an dem Lernen ansteckend wirkt.*

Im »Haus des Lernens« sind alle Lernende, in ihm wächst das Vertrauen, daß alle lernen können. Diese Schule ist ein Stück Leben, das es zu gestalten gilt.

Ausgangslage

Vieldeutigkeit des Lernverständnisses

»Lernen« und Lernfähigkeit spielen in allen Lebensbereichen und Lebensphasen eine wichtige Rolle. Daher rührt aber auch die Vieldeutigkeit des Begriffs »Lernen«. Sie macht es erforderlich, sich darauf zu verständigen, was Lernen in der Schule der Gegenwart und Zukunft sein kann und sein soll.

Dieser Verständigungsprozeß kann nicht vorab und ein für allemal erfolgen, sondern er ist selbst eine ständig wiederkehrende Aufgabe im Lernprozeß und geht Lehrende und Lernende gleichermaßen an.

Verengtes Verständnis von Lernen und Leisten

Oft wird nicht zwischen einem eher oberflächlichen, verständnislosen, bloß reproduzierenden Lernen auf der einen Seite, dem Erwerb einer geordneten Menge von Informationen und einem tiefen Verstehen auf der anderen Seite unterschieden. Ergebnisse des Lernens werden entsprechend zum einen in Vielwisserei mit wenig geordneten Faktenkenntnissen, zum anderen in einem Wissen gesehen, das sich auf Erkenntnis gründet.

Auch zwischen Lernen und Leisten wird oft nicht genügend unterschieden, das Lernergebnis wird dann leicht für das Lernen selbst gehalten. Schülerinnen und Schüler machen zum Teil sehr früh die enttäuschende Erfahrung, daß ihre Umgebung, vor allem die eigene Familie, sich weniger für das Lernen selbst, für seine Schwierigkeiten und seine Inhalte interessiert, als für seine Ergebnisse in Form quantifizierend bewerteter Leistungen. Die alltägliche Erfahrung von Schule könnte bei Kindern und Jugendlichen den Schluß nahelegen, Lernen sei nur dazu da, damit seine Ergebnisse als Leistung registriert, verglichen und bewertet werden können.

Leistung wiederum wird überwiegend individualistisch, wettbewerbs- bzw. konkurrenzorientiert aufgefaßt. Von mehreren gemeinsam erbrachte Leistungen, die sich vielleicht nicht ohne weiteres nach geläufigen Maßstäben messen lassen, werden häufig gering erachtet oder gar nicht zur Kenntnis genommen. Dieses eingeschränkte Leistungsverständnis begünstigt allenfalls diejenigen, die bereits mit guten, meistens soziokulturell bedingt guten Ausgangsbedingungen ausgestattet sind, es stiftet jedoch kaum eine sachorientierte Leistungsmotivation.

Lernen des Lernens

Auch in der Forderung, die Schule solle das »Lernen des Lernens« lehren, ist häufig eine Verengung des Lernbegriffs enthalten. Zum Teil wird die Aneignung von Wissen vereinfachend als Fähigkeit, Wissen zu speichern, verstanden.
Die Präsenz von Wissen ist aber nur ein Element von Lernkompetenz unter anderen. Das »Gewußt wie« und der Umgang mit nicht Gewußtem und noch nicht Gelerntem sind nicht minder wichtige Elemente.

Oft findet sich auch die Auffassung, das »Lernen des Lernens« bestehe im Erwerb formaler Lernkompetenzen, der sich von der Aneignung der Lerninhalte trennen ließe. Das Antrainieren von

Methoden und Verfahren des Lernens ist aber ziellos, wenn dieses nicht zur Lösung inhaltlicher Probleme beiträgt.

Brüche in der Schulpraxis

Lernen ist zugleich Ziel und Weg. In der Schulpraxis erfährt jedoch die Fähigkeit zu lernen nicht die notwendige Aufmerksamkeit und Förderung.

Statt eines kontinuierlich aufbauenden Umgangs mit zunehmend anspruchsvolleren Lernformen kommt es zu kontraproduktiven Entwicklungen und Brüchen in den Lernbiographien. So wird Kindern in der Grundschule häufig, zum Beispiel in der Form der Wochenplanarbeit, ein großes Maß an selbstgestaltetem und eigenverantwortlichem Lernen ermöglicht, während nach dem Übergang in weiterführende Schulen uniforme, durch die Lehrkraft oder die verwendeten Lernmittel gesteuerte Lernprozesse eine Rückentwicklung bereits erworbener Kompetenzen einleiten. Hinzu kommen weitere Brüche, bedingt durch unterschiedliche Ansprüche und Lernarrangements im Wechsel der Fächer. Ähnliche Situationen ergeben sich beim Übergang aus der Sekundarstufe I in weiterqualifizierende Ausbildungsabschnitte und zum Teil auch bei der Aufnahme eines Hochschulstudiums.

Individuelle Lernzeit

Weiterhin herrscht die Fiktion, daß gleiche Lernangebote für alle in einer Lerngruppe mit der Vorgabe einer gleichen Lernzeit für alle identisch mit Gleichbehandlung seien. Das Gegenteil ist der Fall. Steht allen die gleiche Lernzeit zur Verfügung, müssen gravierende Leistungsunterschiede die Folge sein, denn bei unterschiedlichen kognitiven Lernvoraussetzungen der Schülerinnen und Schüler bestehen erhebliche Unterschiede in der benötigten Lernzeit. Sollen gleiche Lernergebnisse erreicht werden, hat diese Gleichbehandlung die Konsequenz, daß diejenigen, die Schwierigkeiten mit dem Lernen haben, besser lernen müssen als diejenigen, denen das Lernen leichter fällt.

Vollständige Lernprozesse

Obwohl vollständige Lernprozesse – von der Verständigung über Lern- und Entwicklungsziele bis zur Reflexion des Erarbeiteten im Hinblick auf das ursprüngliche Ziel – eine wesentliche Voraussetzung für den Erwerb von Lernkompetenz sind, ist das Nichtfertigwerden, das Abbrechen einzelner Phasen und Komponenten des Lernens in der Schulpraxis eher die Regel als die Ausnahme. Stoff- und Zeitdruck und ein enger Leistungsbegriff tragen dazu bei, daß sich schulisches Lernen auf einen schmalen Bereich des tatsächlich Möglichen und Sinnvollen reduziert. Analytisch-abstrahierenden Lernaufgaben kommt dadurch – gegen die Zielsetzung von Richtlinien und Lehrplänen – eine dominante Rolle zu. Dies führt zu einer allgemeinen »kognitiven Überdosis« bei Lerninhalten und Lernformen, die durch vereinzelte Gelegenheiten eines anderen Lernens und anderer Leistungen nicht wettgemacht werden kann.

Gelungene Lernsituationen

Gelungene Lernsituationen lassen ein anderes Bild entstehen: Fehler und Irrtümer müssen nicht vermieden werden, vielmehr kann aus ihnen erst recht gelernt werden; neben Konkurrenzsituationen gibt es partnerschaftlichen Umgang und gegenseitige Hilfe, Lehrerinnen und Lehrer vermitteln durch geduldige individuelle Begleitung Vertrauen in die eigene Fähigkeit des Lernens, dessen Sinn nicht in vergleichender Bewertung aufgeht.

Leitvorstellungen

Im Folgenden geht es darum, Lernen als Veränderung individueller Kompetenz durch Erwerb von inhaltlichem und methodischem Wissen im Rahmen von sozialen Erfahrungen und Selbstreflexion in den Formen seiner Verwirklichung im einzelnen darzustellen.

Die folgenden Leitvorstellungen sollen die Architektur des »Hauses des Lernens« sichtbar machen, das heißt die tragenden Elemente der Schule der Zukunft. Die Leitvorstellungen sind nicht als pädagogische und organisatorische Einzelvorschläge gedacht. Sie bilden eine systemische Einheit, die wohl nur im Gesamtzusammenhang eine Chance hat, verwirklicht zu werden und Schulen zu verändern.

Erwerb von Lernkompetenz als Mittelpunkt schulischen Lernens

Lernverständnis

Lernkompetenz aufzubauen ist das zentrale Ziel im »Haus des Lernens«.

Lernen soll im »Haus des Lernens« als ganzheitliches, umfassendes Geschehen verstanden werden. Hierzu gehören neben dem Lernen als Erwerb von Wissen und Können auch soziales und moralisches Lernen und das Einüben von Handlungskompetenz.

Nutzung der Ergebnisse der Lernforschung

Wenn Lernen und der Erwerb von Lernkompetenz in die Mitte schulischen Lebens gestellt werden, so bedeutet das gerade nicht eine »Verwissenschaftlichung« des Unterrichts und eine Verengung der Schule auf die traditionelle Unterrichtsarbeit. Worum es geht, ist konkret eine sorgfältige Beachtung der Bedingungs- und Wirkungszusammenhänge beim Lernen und die phantasievolle Erprobung erweiterter pädagogischer Handlungsmöglichkeiten durch Nutzung neuerer Ergebnisse der Lernforschung.

Vertrautheit mit Lernstrategien

Sollen neue Wissensinhalte in das bereits vorhandene Wissen eingegliedert werden, ist die Verfügbarkeit und Verwendung von Erarbeitungs- und Einprägungsverfahren erforderlich. Diese Strategien sowie das Wissen um ihre Nützlichkeit und Nutzbarkeit werden als »metakognitive Kompetenzen« bezeichnet. Darunter ist ein Bündel von Fähigkeiten, Fertigkeiten und Einstellungen zu verstehen, die notwendig oder hilfreich sind, um beim Lernen und Denken Entscheidungen zu treffen und deren Verwirklichung zu kontrollieren.

Lernkompetenz, Intelligentes Wissen

Sinnvolles Ziel schulischer Förderung ist es, ein möglichst breites Spektrum solcher Kenntnisse und Fertigkeiten in der Verbindung mit unterschiedlichen Lerninhalten zu vermitteln und einzuüben.

Der Aufbau von Lernkompetenz stellt keine Alternative zum Erwerb inhaltlichen Wissens dar, sondern ist nur möglich im Erarbeiten konkreter Lerninhalte und in der Bewältigung anspruchsvoller Aufgaben. Aufgaben sind um so anspruchsvoller, je weniger eine einzige vorher definierte Lösung feststeht und je weniger der Lösungsweg bekannt ist. Wissensinhalte, die in diesem Sinne reflektiert angeeignet werden, werden in der Lernpsychologie als »intelligentes Wissen« bezeichnet.

Selbststeuerung

Für eine im Lernprozeß selbst verankerte, zur »Routine« werdende Vertiefung der Einsichten der Lernenden in die Gesetzlichkeit des eigenen Lernens bedarf es eines wachsenden Anteils von Selbststeuerung und Selbstplanung der Lernprozesse.

Dialogisches Lernen

Lernen ist auf Interaktion angewiesen. Die Lernkultur im »Haus des Lernens« begreift Lernen als interaktiven sozialen Prozeß. Dialogisches Lernen setzt immer auch die Initiative der Lernenden voraus.

Lernarbeit

Lernen wird im »Haus des Lernens« durchaus als Lernarbeit verstanden. Deshalb gehört das Engagement für den Erwerb von vielfältigen Lehr- und Lerntechniken zu den vorrangigen Anforderungen an Lehrende und Lernende im »Haus des Lernens«.

Lernfreude durch die Erfahrung von Selbstverantwortung und Selbstwirksamkeit

Erleben eigenen Könnens

Lerninteresse und Lernfreude sollen sich im Erleben von Erfolg, in der Bewältigung von Mißerfolgen, in der Erfahrung von Selbstwirksamkeit, in der Erkenntnis der eigenen Interessen- und Leistungsschwerpunkte, in der Wahrnehmung der Grenzen der eigenen Möglichkeiten entfalten können.

Eine der wichtigsten Positiverfahrungen in der Jugendzeit ist dabei die Herausforderung zur Steigerung eigenen Könnens, die zur höchstmöglichen persönlichen Leistung auf einem selbstgewählten Gebiet führt.

Bisher ist die Schule meist darauf eingestellt, daß die Erfahrung eigenen Könnens nur im Bereich von vordefinierten, schulfachlichen Leistungen möglich ist. Viele Heranwachsende, die sich heute von der Schule abwenden, machen zuvor die Erfahrung, daß ihre Interessengebiete und ihre Fähigkeiten von der Schule nicht registriert werden.

Die Schule der Zukunft soll eine ihrer Aufgaben darin sehen, dem einzelnen dabei behilflich zu sein, eigene Lernidentität zu entwikkeln. Dazu gehört auch das Potential, sich den eigenen Interessen- und Leistungsschwerpunkten entsprechend selbst Lernaufgaben zu stellen, sich aktiv zu eigen zu machen und in der Auseinandersetzung mit ihnen Selbstwirksamkeit zu erfahren. Für die Bereitschaft zu lebenslangem Lernen legt die Schulbildung durch solche Erfahrungen den Grund. Deshalb soll die Differenzierung der Lernmöglichkeiten nach Interessens- und Leistungsschwerpunkten zum Alltag in der Schule der Zukunft gehören.

Lehr- und Lernmanagement

Produktives Lernen, Selbstmanagement

Wenn es zutrifft, daß sowohl das Lehren als auch das Lernen in wesentlichen Komponenten erlernbar sind, dann muß es in der Schule darauf ankommen, daß beide mit dem Ziel der Optimierung in bewußtem Einsatz der Mittel und Möglichkeiten praktiziert werden.

Das Lernen in der Schule sollte Schülerinnen und Schüler systematisch in das Selbstmanagement der eigenen Lerntätigkeit einführen und dazu die Planungsspielräume, die Zeitspannen selbstgesteuerten Lernens und die Verfahren der Selbstvergewisserung schrittweise erweitern. Selbstwahl und Selbstdefinition von Aufgaben sowie die Selbstkontrolle der Zielerreichung sind Prinzipien, die sowohl den Umgang der Institution Schule mit sich selbst als auch den Umgang der einzelnen in ihr Tätigen mit sich selbst charakterisieren.

Einige der wichtigsten Komponenten produktiven Lehrens und Lernens sind die Strukturierung von Lehr- und Lernsituationen, das Zeitmanagement und der flexible Einsatz von Organisationsformen mit dem Ziel produktiver Lernarrangements.

Strukturierung der Lernprozesse

Kriterien einer gelungenen Strukturierung von Lehr- und Lernsituationen sind der Klarheitsgrad von Aufgaben, die Verfügbarkeit von Lösungsstrategien und die Prägnanz von Ergebnissen.

Dazu gehören individuelle und gemeinsame Arbeitsplanung, selbstverantwortete Durchführung und Kontrollen. Das Spezifische schulischer Arbeit besteht darin, daß diese sich nicht einseitig an einem produktbezogenen Effizienzbegriff orientiert, zugleich aber das Bewußtsein dafür schärft, daß kontrolliertes Lernverhalten, planvoller Umgang mit den eigenen und fremden Ressourcen die Motivation, das Selbstbewußtsein und die Leistungsfähigkeit stärken.

Zeitmanagement, Lerneffizienz

Wesentlich für eine Ökonomie der Arbeit aller am Lernen Beteiligten ist die verantwortliche Nutzung von Zeit. Einen Kristallisationspunkt der Organisation innerhalb des Hauses des Lernens bildet deshalb ein Zeitmanagement als gemeinsame Aufgabe von Lehrerinnen und Lehrern, Schülerinnen und Schülern.

Das Lernzeitmanagement folgt ähnlichen Gesichtspunkten wie das Arbeitszeitmanagement in innovativen Betrieben: Flexibilität im Rahmen tragender Zielsetzungen und Ordnungen, Delegation von Verantwortung, Teamarbeit, Selbststeuerung, rollende Planung und laufende Optimierung.

Der zentrale Gesichtspunkt ist, daß die verfügbare Zeit der im »Haus des Lernens« Tätigen eine wertvolle Ressource ist, die es zu nutzen gilt. Die Souveränität in der Organisation der Fähigkeit der Lernenden und der Lerngruppen besteht darin, ein Maximum an Zeit für zielorientiertes Lernen zu verwenden. Professioneller Umgang mit Zeit bedeutet für Lehrende und Lernende nicht den ständigen Zwang, meßbare Ergebnisse nachzuweisen, wohl aber, Leerlauf zu vermeiden und die Erfahrung intensiven Tätigseins.

In der Schule der Zukunft müssen Phasen der Anspannung und Phasen der Muße, Phasen des aufgabenbezogenen Lernens und Phasen des erforschenden Lernens systematisch miteinander verbunden werden.

Eine unter pädagogischen Gesichtspunkten ökonomische Verwendung von Zeit stellt sich als verantwortbares Verhältnis von verfügbarer und genutzter Zeit, von Lehr- und Lernzeit, dar.

Ökonomie bedeutet weiterhin, im Einsatz der Mittel danach zu streben, Selbststeuerung zu optimieren, das heißt die Notwendigkeit einer Hilfe der Lehrenden für die Lernenden schrittweise zu vermindern.

Alle Formen schülerbezogenen Lehrens und Lernens dienen dem Zweck, individuelle Lernprozesse, die die einzelne Schülerin bzw. der einzelne Schüler in Einzelarbeit, in der Kooperation einer Kleingruppe oder einer größeren Lerngruppe vollzieht, in ihrer Eigenart zu identifizieren und gezielt zu unterstützen.

Flexibler Methodeneinsatz

Individualisierende Arbeitsformen ermöglichen es den Lehrerinnen und Lehrern, sich den individuellen Lernbedürfnissen der Schülerinnen und Schüler zu widmen.

Zu den wesentlichen Formen der Organisation gehört die eigene Arbeitsplatzgestaltung als Lernaufgabe, die auch lernökonomische Elemente im Einsatz der Mittel einschließt.

Lernarrangements

Aufforderungsstarke Lernsituationen, das heißt solche, die Neugier wecken, und vielfältige Möglichkeiten explorativer Tätigkeit enthalten, sind die Voraussetzung für einen hohen Anteil an selbstreguliertem Lernen.

Günstige Lernumwelten

Lernarrangements sollten so geplant und angeboten werden, daß möglichst viele und unterschiedliche Komponenten von Lernkompetenz benötigt und aktiviert werden. Das gelingt durch Lernaufgaben und Lernerfahrungen, durch sinnbezogenes Lernen, entdeckendes Lernen, die im Mittelpunkt sowohl des fachlichen wie des überfachlichen Lernens stehen sollen. Es bedeutet zugleich einen hohen Anteil von selbstbestimmtem Lernen und die entschiedene Einbeziehung der entsprechenden offenen Lernformen. Interaktive Lernumgebungen und Lernumwelten, darunter auch die Einbeziehung der neuen Medien, sollen konstitutiv für die Lernprozesse im »Haus des Lernens« sein.

Interaktive Lernsysteme, die mit Hilfe der neuen Medien genutzt werden können, sind geeignet, den Lernraum Schule zu erweitern. Nicht nur bei der Modernisierung des Fremdsprachenunterrichts können Erfahrungen mit Modellen, die außerhalb der Schule entwickelt worden sind und von Kindern und Jugendlichen angenommen werden, das Repertoire der wirksamen Lernformen vergrößern.

Interaktive Lernsysteme

Ziel sollte sein, den Handlungsspielraum von Schülerinnen und Schülern zu erweitern. Dazu ist es notwendig, das Spektrum an Lernaufgaben zu vervollständigen, die Wahlmöglichkeiten zwischen ihnen zu erweitern und ihr Bildungspotential auszuschöpfen. Eine besondere Rolle sollte divergenten Aufgaben zukommen, die dadurch charakterisiert sind, daß ihre Bearbeitung

Produktive Lernaufgaben

möglichst wenig durch festgelegte Vorgaben eingeengt wird und daß verschiedene Lösungen möglich sind.

Divergente Aufgaben sollten vermehrt nicht nur in Fachgebieten wie Kunst oder Deutsch, sondern auch in solchen Fächern, in denen auf eine bestimmte Lösung abzielende Aufgaben besonders stark dominieren, wie zum Beispiel im Fach Mathematik und in den Naturwissenschaften, bearbeitet werden. Im Sinne kreativen Lernens liegt es, grundsätzlich alle Lerngebiete in Zusammenhängen zu behandeln, in denen Bedeutungen konstruiert, einfallsreiche Problemlösungen gefunden werden müssen. Die Erwartung und erst recht die Gewöhnung daran, es immer und ausschließlich mit eindeutig festgelegten Bedeutungen und im voraus definierten Lösungen von Problemen zu tun zu haben, führt zu Unproduktivität und verhindert individuelle, kreative Leistungen.

Erziehung zum Fragen

Fruchtbare Lernprozesse, in denen auch handlungsleitende Erkenntnis und Wissen, das man anwenden kann, angeeignet werden, setzen eine Fragehaltung der bzw. des Lernenden voraus. Denn Erkenntnisse sind jeweils vorläufige, nie endgültige Antworten auf Fragen, sind Lösungsversuche für Probleme.

Kinder und Jugendliche müssen in der Schule ermutigt werden, immer wieder ihre Fragen in den Unterricht einzubringen. Anhand solcher oft noch unspezifischer, naiver, aber eben ursprünglicher und deshalb fruchtbarer Ausgangsfragen können Schülerinnen und Schüler dann lernen, Phänomene, Sachverhalte, Texte, Informationen schrittweise systematischer, mit Hilfe fachspezifischer und fächerübergreifender Kategorien zu befragen.

Aufschließendes, schrittweise differenzierendes und weiterführendes Fragen benötigt Zeit, erfordert Besinnlichkeit, konzentrierte Aufmerksamkeit, ein Sich-Einlassen auf Phänomene, auf eigene und fremde Einfälle, spielerisches und explorierendes Umgehen mit Sachverhalten. Stoff- und Zeitdruck würden die Entwicklung dieser Fragehaltung verhindern. Erziehung zum Fragen setzt einesteils einen Unterricht voraus, der schülerbezogen, für die Mitwirkung von Schülerinnen und Schülern an der Gestaltung des Unterrichts offen ist, andernteils einen »problemorientierten« Unterricht, der durch anschauliche Präsentation von Phänomenen und Prozessen, überraschende Beobachtungen, Widersprüche, Kontroversen, Gelegenheiten zum Erkunden, zum Fragen anregt.

Individualisiertes Lernen

Lernen kann jeder und jede nur selbst, darum ist das Lernen im Kern ein Prozeß individuellen Aneignens.
Der Erfolg schulischen Lernens ist abhängig von der Anpassung der Lernumwelten und Instruktionen an die individuellen Unter-

schiede von Schülerinnen und Schülern. Im adaptiven Unterricht werden, ausgehend von der Erkenntnis, daß es keine optimale Methode für alle gibt, den unterschiedlichen Lernvoraussetzungen entsprechende Methoden eingesetzt und auf ihre Wirksamkeit hin überprüft. Das Prinzip der Modularität unterstützt die auf individuelle Voraussetzungen zugeschnittene Auswahl und Ausgestaltung von Lernsituationen und Lernhilfen.

Dazu bedarf es der Verfügung über individuelle Lernzeiten. Die Notwendigkeit zeitlicher Flexibilisierung ist durch Ergebnisse der Lernforschung. belegt. Die praktische Konsequenz muß nicht zu allererst in einer äußeren Differenzierung bestehen. Wenn die für das Erreichen grundlegender Kenntnisse und Fähigkeiten benötigten Lernzeiten beträchtlich voneinander abweichen, sind individualisierende Arbeitsformen notwendig. Individuelle Hilfen und tutoriell gestütztes Lernen in Kleingruppen – mit Lehrerinnen und Lehrern oder Mitschülerinnen und -schülern in dieser Funktion – sind geeignet, individuelle Lernfortschritte zu erzielen.

Da die Stärkung individuellen Lernens dazu führen kann, die individuellen Differenzen zu verfestigen, wird das Augenmerk darauf gerichtet sein müssen, Arbeits- und Sozialformen zu variieren und die individuellen Kompetenzen in die gemeinsame Arbeit einzubringen.

Für motiviertes und gewinnbringendes Lernen bedarf es eines größtmöglichen Repertoires an zweckmäßigen und möglichst attraktiven Arbeitsformen. Viele erprobte Arbeitsformen stehen zur Verfügung, weitere müssen neu entwickelt werden.

Methodenvariation

Sie werden jeweils von den Lernzielen und Inhalten her ausgewählt werden müssen.
Kriterium für die Auswahl der Arbeitsformen sollte deren Eignung zum Aufbau bereichsspezifischen Wissens und zur Förderung der Lernkompetenz sein. Arbeitsformen sollten einen hohen Anteil an Selbststeuerung zulassen. Es sollten auch Lernformen genutzt werden, die die Entwicklung und Aktivierung von metakognitiven Kompetenzen stützen, Interaktion ermöglichen, einen hohen Anteil an sozialem Lernen gewährleisten und Rollenwechsel zwischen Lehrenden und Lernenden begünstigen.

Lehr- und Lernpläne

Im Mittelpunkt der Lernarbeit steht die konkrete alltägliche Planung des Lernens. Die Verantwortung für den Umgang mit Lehr- und Lernplänen tragen Lehrende und Lernende gemeinsam. Lehrpläne müssen auf die Lernpläne bezogen sein. Ein modularer Aufbau der Curricula kann dies erleichtern.

Modulare Lernangebote gestatten eine flexible Anpassung an situative Erfordernisse der einzelnen Schule und der Lernenden und unterstützen das eigene Planen.

Erzeugung intelligenten Wissens

Bei intelligentem Wissen handelt es sich um wohlorganisierte, flexibel nutzbare und reflexiv zugängliche Kenntnis der Sachverhalte, Begriffe, Regeln und Prinzipien eines Gegenstandsbereiches. Der heute übliche Erwerb fachspezifischen Wissens muß durch Reflexion auf Erkenntnisbedingungen und -methoden erweitert werden. Dadurch entsteht sinnvolles, verfügbares »Vorwissen« für weitere Lernprozesse. Im Prozeß des Lernens findet eine Integration statt zwischen dem, was man bereits weiß, und etwas Neuem, das als Problem, als Zusammenhang, den man verstehen will, auftaucht. Das Bekannte erhält durch das Erfassen des Neuen eine neue Qualität, die eine integrative und intelligente Leistung des Lernenden darstellt.

Fachbezogene Lehrgänge und Projekte

Transfermöglichkeiten müssen zum einen innerhalb fachbezogener Lehrgänge systematisch genutzt werden, zum anderen bei der Auseinandersetzung mit fächerübergreifenden Themen.

Schülerinnen und Schüler können in allen Fächern erfahren, wie sie produktiv lernen können, welche Möglichkeiten des Weiterlernens bestehen und wie sie sich Wissen und Erfahrungen lernökonomisch aneignen können. Nach jeder größeren Lerneinheit sollte eine Unterrichtsphase stehen, die sich mit der Bewußtmachung der erworbenen Methoden und Strategien beschäftigt.

Der Umgang mit unterschiedlichen »Wissenslogiken«, zum Beispiel der Naturwissenschaften und der Sozialwissenschaften, führt zu einem Vorrat von Denkweisen, die für die Auseinandersetzung mit neuen, noch unstrukturierten Informationen genutzt werden können.

Fachliches Wissen und allgemeines Weltwissen – Alltagswissen – sind nicht identisch. Beide Wissensdimensionen liegen häufig quer zueinander und können deswegen nicht beliebig wechselseitig ersetzt oder in der Vermittlung vermischt werden. Deshalb ist neben dem Erwerb von fachlich organisierten Kenntnissen die Erweiterung und Aufklärung des problembezogenen Orientierungswissens eine wichtige Aufgabe der schulischen Allgemeinbildung. Das phänomenbezogene und anwendungsorientierte Wissen bietet vor allem Möglichkeiten für die Übertragung von Lernerfahrungen zwischen unterschiedlichen, überfachlich strukturierten Zusammenhängen. Projektarbeit kann dazu dienen, die Phänomene und

Probleme unserer Welt genauer kennenzulernen und dazu befähigen, die erworbenen fachlichen Fähigkeiten für die Lösung alltäglicher Aufgaben zu nutzen. Der Projektunterricht ist also eine notwendige, nicht ersetzbare, aber auch keineswegs zu verabsolutierende Lehr – und Lernmethode.

Erfahrung von Erfolg und Mißerfolg, Befähigung zur Selbstevaluation, neue Formen der Leistungsbeurteilung

Das eigene Lernen planen kann nur, wer sich über sein Lernen Gedanken machen kann. Planungskompetenz ist lernbar. Voraussetzung ist eine kontinuierliche Informationsrückkoppelung und Orientierung über die Erreichung bzw. Nichterreichung von Zielen. Solche Prozesse sind umso sinnvoller, je mehr sie selbst initiiert und selbst verantwortet werden. Für die Schule mag dies noch Neuland sein, Ausbildungskonzepte und Modelle aus der Wirtschaft stehen aber durchaus zur Verfügung.

Feedback

Im »Haus des Lernens« sollen Rückmeldungen über Lernprozesse und Lernresultate integraler Bestandteil der Tätigkeit der Lernenden und Lehrenden sein.

Lern- und Lehrevaluationen geben nicht nur Rückmeldungen über die Wirkungen eigener Anstrengung, sondern auch Orientierung für weitere Aktivitäten. Die Beurteilung der eigenen Möglichkeiten, Handlungen und Fähigkeiten zur Überwindung von Hindernissen gewinnt ihre besondere Bedeutung in der Form von Selbst- und Fremdevaluation. Dies gilt für Lehrerinnen und Lehrer ebenso wie für Schülerinnen und Schüler. Ein systematisches Feedback bildet die Voraussetzung für den Aufbau der Fähigkeit, die eigenen Lernfortschritte, Erfolge und Mißerfolge zu beurteilen. Dazu gehört die Offenheit für eine Beurteilung durch Mitschülerinnen und Mitschüler, Lehrerinnen und Lehrer oder im Bereich der Lehrenden selbst durch Kolleginnen und Kollegen und die Schulleitung, aber auch durch Schülerinnen und Schüler. Schulbezogene Fortbildung hat hier einen ihrer möglichen Ansatzpunkte.

Kontinuierliche Evaluation

Im »Haus des Lernens« bleibt die Qualitätssicherung der Arbeit ein zentrales Ziel und unterliegt selbst der Evaluation. Dabei kann ein erprobtes Repertoire von Selbst- und Fremdevaluationsformen genutzt werden.

Ergebnisbezogene Bewertungen bleiben dabei unverzichtbar. Vergewisserungen über den Stand im Lernprozeß, die Überprüfung von Zielsetzungen, Lernstrategien und Erreichtem müssen aber weit stärker in den Vordergrund treten als bisher. Dies wird erleichtert, wenn Schülerinnen und Schüler sich selbst Lernziele setzen, über ihre Lernwege entscheiden können und damit auch zur Beurteilung von Erfolg oder Mißerfolg veranlaßt sind.

Bei der Beurteilung eigener und fremder Leistungen ist die Beachtung der Erfolge ebenso wichtig wie die Analyse der Mißerfolge. Fehler und Irrwege vermitteln notwendige Erfahrungen beim Herausfinden angemessener Wege der Aufgabenbewältigung und Problemlösung. Der Austausch der Schülerinnen und Schüler darüber untereinander kann informativer und motivierender sein als Rückmeldungen durch Lehrerinnen und Lehrer.

Auch das soziale Lernen und Handeln sollte in ein Feedback-Verfahren einbezogen werden. Auf diese Weise läßt sich auch die Selbstwahrnehmung korrigieren.

Das Wesentliche dieses Feedback ist das Wissen, das die Lernenden über ihr Lernen und ihre Entwicklung erwerben. Es entsteht eine als »natürlich« empfundene Kultur des Nachdenkens über das eigene Lernen.

Zur Verankerung von Feedback-Mechanismen sind verschiedene Verfahren praktikabel. Erfahrungen mit Lernjournalen zeigen zum Beispiel, daß Kinder durchaus in der Lage sind, ihr eigenes Lernen zu beurteilen, indem sie es verfolgen und dokumentieren, indem sie ihre eigenen Lernwege gehen und dabei durchaus Umwege machen.

Leistungsbeurteilung

Die Entwicklung einer Kultur des Lernens bei anspruchsvollen Leistungserwartungen ist eine wichtige und realistische Zukunftsaufgabe der Schule.
Auch vergleichende Bewertungen werden gebraucht, nicht nur aus Zertifikatsgründen, sondern auch weil sie von den Lernenden selbst gewünscht werden. In einem überschaubaren Kontext und im Bewußtsein der Kontextbedingungen hat die individuelle Zuschreibung von Erfolg und Mißerfolg Aussagewert. Um ihrer eigenen Bildungswirkung willen sollte die Schule jedoch einer naiven Hochschätzung allgemein quantifizierender Elemente und auf quantitative Leistungsbewertungen gestützter Prognosen mit Skepsis begegnen und die Annäherung an die Ziele des Lernens in den Vordergrund stellen.

Es ist durchaus nicht so, daß Leistungsbewertungen sich ausschließlich auf die Produkte des Lernens beziehen können. Sie müssen auch den Prozeß und die individuelle Kompetenzveränderung einbeziehen. Zur Erfassung von Leistungszuwächsen und Kompetenzveränderungen sollte ein schulpraktisch verwendbares Instrumentarium erarbeitet bzw. vermittelt werden. Hierzu gehören die Schulung von Selbstbeobachtung, Selbstzuschreibungen und selbststeuernden Eingriffen und der Erwerb von Beobachtungs- und Beurteilungskompetenz auf seiten der Lehrenden und Lernenden. In die Ausbildung konsensfähiger Routinen in diesem Bereich muß ähnliche Mühe investiert werden wie in den Bereich der Curriculumentwicklung.

Anstrengungsbereitschaft, Ausdauer, Zugewinn an Strategien und Techniken, Lerninteresse, Motivation sind bedeutsame Leistungsmerkmale. Die übliche Leistungsbewertung muß deshalb ergänzt werden durch methodenbezogene Aussagen, durch Aussagen zum individuellen Fortschreiten, durch Aussagen zur erkennbaren Lernkompetenz, zur Bewährung in unterschiedlichen, vor allem sozialen Arbeitsformen und zur Persönlichkeitsentwicklung.

Der weiterentwickelte Lernbegriff muß insgesamt bei der Leistungsbewertung zu einer Erweiterung des Aufmerksamkeitsspektrums, zu einem größeren Repertoire von Kriterien und deren Anwendung auf Lernergebnisse unterschiedlicher Art führen.

Mittel zum Lernen

Verantwortlicher Mitteleinsatz

Vermittlung bedeutet, im »Haus des Lernens« die Mittel zum Lernen bereitzustellen: die Lernumgebung, die Lernräume, die Lernmittel, verfügbare Lernhelfer und -helferinnen.

Die Notwendigkeit einer ökonomischen Betrachtung des Lernens folgt schon aus der Verantwortung für die Inanspruchnahme eines beträchtlichen Anteils der Staatshaushalte für Bildungsausgaben und sollte dem Ressourcenbewußtsein in anderen Bereichen des gesellschaftlichen Lebens entsprechen. Die Ökonomie des Mitteleinsatzes ist aber auch ein wesentliches Element des Lernens selbst.

Tutorielles Lehren und Lernen

»Lehren« heißt im »Haus des Lernens«, daß die kompetenteren Lerner anderen beim Aufbau und bei der Entfaltung ihrer Lernkompetenz beistehen. Ein zentrales Organisationsprinzip ist die Hilfe der ersteren für die letzteren.

Der Unterschied zwischen kompetenteren und weniger kompetenten Lernenden betrifft nicht nur das Verhältnis zwischen Lehrerinnen und Lehrern und Schülerinnen und Schülern. Kinder und Jugendliche lernen auch voneinander. Das könnte durchaus in der organisierter Form eines tutoriellen Systems geschehen, in dem die Lernenden zugleich Lehrende sein können. Dies hätte große Lerneffekte, denn erwiesenermaßen lernen diejenigen Schülerinnen und Schüler, die anderen etwas vermitteln, selbst besonders gut. Das Bedürfnis, es denen gleichzutun, die schon etwas wissen oder können, kann zusätzliche Lernmotivation bei den anderen fördern und als Integrationskraft genutzt werden.

Externe Spezialisten in der Lehrerrolle

Lehrende sind jeweils diejenigen, die über das Lernen am besten Bescheid wissen. Vorrangig ist dabei neben dem Verfügen über Fachwissen in einer Disziplin vor allem das Wissen darum, wie man zu diesem Fachwissen kommt. Die Rolle der Lehrerin bzw. des Lehrers kann auch durch externe Spezialistinnen und Spezialisten, etwa für Ökologie, Gesundheitserziehung, Medien, Theater, computerunterstütztes interaktives Lernen oder Werkstattfertigkeiten, übernommen werden.

Mediennutzung

Die Verwendung von Medien soll nicht nur erweiterte Lernmöglichkeiten eröffnen, sondern auch die Organisation des Lernens und die Tätigkeit von Lehrerinnen und Lehrern erheblich entlasten. Computergestütztes interaktives Lernen und Selbstlernvorgänge mit intensiver Mediennutzung werden bald zur Normalität schulischer Arbeit gehören.

Räume

Die Innenarchitektur der Schulen als »Häuser des Lernens« muß den veränderten Lernformen entsprechend umgestaltet werden. Dies wird erreicht, indem die Nutzer von Räumen und Schulgelände intensiv an der Veränderung beteiligt sind.

Geeignete »Lernräume« sind solche, die Neugier wecken und zum forschenden Lernen einladen. Die Schulen sollen damit beginnen, von ihren guten oder weniger guten Ausgangsmöglichkeiten her diese Gestaltung ihrer Lernlandschaft in Angriff zu nehmen. Schulträger, Eltern und Förderer sollen sie dabei unterstützen.

Lehr- und Lernmittel

Lehr- und Lernmittel werden ihren Stellenwert in der Ausgestaltung des Lernens umso eher behalten, je mehr sie sich für individualisierte, selbstgesteuerte Lernprozesse eignen. Mit der Zunahme selbsttätigen Lernens von einzelnen und von Gruppen werden beim Lernen auch Lehr- und Lernmittel erzeugt, zunächst für den eigenen Lerngebrauch, dann aber auch für den adaptiven Gebrauch durch andere. Diese Arbeitsmittel sollten in Lernbüros an den Schulen oder schulübergreifend bereitgehalten werden.

Phantasie

Für den Einsatz der personellen und materiellen Mittel gilt gleichermaßen, daß auch vorhandene beste Voraussetzungen nicht die neuen Formen des Lernens hervorbringen, wenn nicht die Phantasie aller Beteiligten das »Haus des Lernens« ständig neu entwirft.

IV.1.3 Fachliches und überfachliches Lernen

Die Kluft zwischen dem wachsenden Wissen einerseits und der geordneten Verarbeitung von Informationen durch Lernende andererseits erfordert Entscheidungen über das, was im schulischen Lernen wichtig ist. Hierbei geht es nicht nur um die traditionelle Frage, welche Fächer und Lernbereiche in den Schulen erforderlich sind, sondern vor allem um das Verfügbarmachen und die Aufbereitung von Wissensbeständen ohne substantiellen Verlust an Inhalt und an Bildungswirksamkeit.

Bei der hohen Zukunftsungewißheit, in der Lernen heute erfolgt, liegt die Forderung nach Orientierungen, Fähigkeiten und Fertigkeiten, die über viele Anwendungssituationen hinweg gültig sind, nahe. Diese Bildungsansprüche konzentrieren sich in der Forderung, in der Schule solle insbesondere das Lernen gelernt werden. Je allgemeiner jedoch eine Orientierung sein soll, je flexibler im Einsatz und je sicherer sie »greifen« soll, desto intensiver muß die Lernpraxis sein, desto konkreter müssen die Unterrichtssituationen und die Lehr-Lern-Tätigkeiten durchdacht werden, desto stärker muß das Lernen problemorientiert und subjektiv sinnerfüllt erfolgen.

Ordnung des Lernens

Die Aufgabe der Schule, Lernkompetenz, grundlegende Kenntnisse, Fähigkeiten und Fertigkeiten zu vermitteln, erfordert deshalb eine angemessene Ordnung des Lernens. Diese soll regeln, in welcher Art und Weise Schülerinnen und Schüler das erarbeiten, was sie auf der jeweiligen Stufe ihrer Entwicklung beherrschen sollen, um Qualifikationen und Kompetenzen aufzubauen, die sie als mündige Bürgerinnen und Bürger in unserer Gesellschaft benötigen und um ihr Leben selbstbestimmt gestalten zu können. Wissensbestände und Kompetenzen sind hierfür unumgänglich, ihre Veränderungen und Ergänzungen müssen dem weiteren, lebenslangen Lernen überlassen werden.

Ausgangslage

Fachliches Wissen, Schulfächer

Wissen steht in der Schule traditionell in Gestalt von Schulfächern zur Verfügung. Sie stellen nicht nur eine Addition von Wissensbeständen dar, sondern sie werden durch Theorien, Methoden, Erkenntnisinteressen und exemplarische Gegenstände strukturiert;

Schulfächer können sich folglich mit der Veränderung dieser Strukturierungselemente wandeln.

In der Schulentwicklung seit dem 19. Jahrhundert hat sich die Gliederung der Unterrichtsinhalte nach Fächern schrittweise »von oben nach unten« immer stärker durchgesetzt, das heißt von den höheren Schulen ausgehend über die Berufs- und Mittelschulen bis zu den Volksschuloberstufen. Dieser Vorgang hat inzwischen die Klassenstufen 3 und 4 der Grundschulen erreicht.

Hierarchie der Fächer

Vor diesem Hintergrund wird die Bildungsleistung der Schule weitgehend immer noch mit dem Lernen in einzelnen Fächern und mit der Aneignung von Fachwissen identifiziert.
Dabei wird bestimmten Fächern in der öffentlichen Diskussion eher als anderen ein herausragender Stellenwert innerhalb des Lernprogramms zugebilligt. Leistungsbewertungen wird je nach Fach unterschiedliche Aufmerksamkeit zuteil. Obwohl in Vereinbarungen der Länderkultusminister die Gleichwertigkeit der Fächer hinsichtlich ihrer Bildungsleistung und speziell hinsichtlich ihres Beitrages zur Studierfähigkeit vor nunmehr über zwanzig Jahren festgeschrieben wurde und die Unterscheidung von Haupt- und Nebenfächern längst bildungspolitische und schulpraktische Vergangenheit sein sollte, konserviert der »heimliche Lehrplan« an Schulen häufig noch die herkömmliche Hierarchie der Fächer.

Zergliedertes Lernen

Die bis heute in Fächer und Wissenselemente eingeteilte Schule gerät zunehmend unter Druck wegen der offensichtlichen Unzweckmäßigkeit eines allein durch Fächer und Fachunterrichtsstunden zergliederten Lernens, die in unterschiedlicher Weise zutagetritt.

Das erste Auftreten von Lernmüdigkeit bei Schulkindern fällt in der Regel zeitlich mit dem Übergang zum überwiegend fachlich parzellierten Lernen zusammen, das dem Bedürfnis nach ganzheitlicher Wahrnehmung und Erkenntnis widerspricht. Die Gleichzeitigkeit der Erfahrung von Leistungsdruck und Langeweile ist für Schülerinnen und Schüler das Enttäuschende an der Schule. Teile der neuen Elterngenerationen, in denen ein breiteres Wissen über Lernvorgänge und eine höhere Sensibilität für die Lernbedürfnisse von Kindern und Jugendlichen vorhanden ist als früher, beobachten kritisch unkoordiniertes »Doppeltlernen«, das zu Motivationsverlust und Zeitverschwendung statt zu Synergieeffekten führt.

Notwendigkeit von Lernzusammenhängen

Das Nichtzustandekommen sinnvoller Lernzusammenhänge als Folge der traditionellen Fächerstruktur erzeugt einen Integrationsbedarf, dem die Schule in ihren gegenwärtigen Organisationsformen nur ansatzweise, zum Beispiel in Form von zeitlich begrenzten Projekten, entsprechen kann.

Es kann nicht Ziel der Schule der Zukunft sein, eine fachbezogene Ordnung der Lernzusammenhänge als alleiniges und zentrales Ordnungsprinzip beizubehalten. Die Nachteile sind: isolierte Wissensbestände, die weder horizontal noch innerhalb eines Bildungsganges zusammengeführt werden, ein Übergewicht abstrakt-kognitiver gegenüber handlungsbezogen-praxisgerechten Zielen, die Ausblendung zentraler Gegenstandsbereiche unter Hinweis auf die Überlastung mit fachlicher Obligatorik.

Die Antworten einer »allgemeinbildenden« Schule können auch nicht in der Ausdifferenzierung neuer Unterrichtsfächer, wie Medienkunde u.a., liegen, die am Ende nur einen neuen Integrationsbedarf erzeugen.

Nur vorübergehend konnte darauf vertraut werden, daß das Konzept eines nach Fächern strukturierten Lernens »lebensdienliches Erkennen« gewährleistet.
Die Zahl der um Anteile am Zeitbudget der Lernenden konkurrierenden Fächer erfordert bei der Festsetzung der Lernanteile außerdem Kompromisse und Notbehelfe und verstärkt die Widersprüchlichkeit einer einseitig fachlichen Lernorganisation.

Infolge der einseitig an Fächern orientierten Ordnung des Lernens versäumt die Schule als Institution es zu oft, nicht nur den Anschluß an die Entwicklung in den Bezugswissenschaften zu halten, sondern gesellschaftliche Veränderungen einzubeziehen und neuere pädagogische und didaktische Erkenntnisse anzuwenden.

Aufbau von Wissen und Erkenntnis

Vor allem Erkenntnisse über die Struktur von Lernprozessen führen zu der Auffassung, daß menschliche Erkenntnis konstruierend und handelnd-deutend sowie gekoppelt an Emotionen und Kommunikationsprozesse erfolgt, nicht durch die Übermittlung von systematisierten Inhaltselementen und Ergebnissen fachwissenschaftlicher Strukturierung. Entsprechend müssen andere Formen der Auseinandersetzung und der Bearbeitung von Inhalten gefunden werden, wobei vor allem reflektierte Selbststeuerung als pädagogisches Konzept wirksam wird.

Die zentrale Ordnungsvorstellung schulischen Lernens besteht trotz mancher Einzelversuche aber nach wie vor darin, daß Schülerinnen und Schüler lernen, sich im Rahmen des Fachunterrichts Gegenstände anzueignen, die weitgehend unabhängig sind von ihrem Lebenszusammenhang, von ihrem Nutzen zur Klärung bedeutsamer Fragestellungen, unabhängig auch vom Nutzen für das eigene Handeln, Urteilen und Entscheiden.

Verbindlicher Kanon

In diesem Zusammenhang ist von Bedeutung, daß der Konsens über einen verbindlichen Kanon von Bildungs- und Wissensbeständen nicht mehr vorhanden und nur schwer herstellbar ist. Dies erschwert die Definition einer »allgemeinen Bildung«.

Der offizielle gemeinsame Nenner in bezug auf eine allgemeine Bildung besteht in einem Minimalkonsens der Länderkultusminister über unterschiedliche Fächeranteile an der Gesamtzahl der Unterrichtsstunden sowie in »Standards für den Mittleren Schulabschluß in den Fächern Deutsch, Mathematik und 1. Fremdsprache«.

Fachliches und fächerübergreifendes Lernen

Die neuere Richtlinienentwicklung in Nordrhein-Westfalen und in anderen Bundesländern enthält Tendenzen zur Lockerung dieser fächerbezogenen und nur scheinbar sicheren Ordnung schulischen Lernens; fachübergreifendes Lernen wird zumindest als Möglichkeit dem Grundsatz fachlichen Lernens gegenübergestellt und die Bedeutung einer wechselseitigen Ergänzung beider Arten des Lernens bejaht. Aussagen hierzu finden sich jedoch meist in den Richtlinien gesondert von den Fachlehrplänen und laufen dadurch Gefahr, nicht wirksam zu werden.

Verbindliches Kern-Curriculum

Es gibt eine Reihe von Bemühungen, einen »verbindlichen Kern des Gemeinsamen« als »Bildung für alle« zu formulieren und damit das Problem der Allgemeinbildung konstruktiv anzugehen. Dazu gehören unterschiedliche Konzepte wie das einer »Grundbildung« in der Sekundarstufe I, einer »vertieften Allgemeinbildung« in der Sekundarstufe II, schließlich einer »neuen Allgemeinbildung«. Daneben findet sich auch die Befürwortung einer Rückkehr zu einem festen Fächerkanon unter Einschluß der gymnasialen Oberstufe. Der aussichtsreichste Ansatz geht von einem »Kern-Curriculum« aus, das in den Zielen für alle obligatorisch ist, daneben aber breiten Raum für Selbstgestaltung schafft und beläßt.

Wertewandel, Grundwerte, Urteilsfähigkeit

Den Hintergrund dieser Bemühungen bildet die Frage, inwieweit ein neuer, veränderter Wissens- und Erkenntnisaufbau in einzelnen Fächern und Lernbereichen dazu geeignet ist, die Schule der Zukunft auf einen rapiden Wissens- und Wertewandel einzustellen, auf die Vergänglichkeit von Informationen und auf die Entwicklung neuer Ordnungssysteme für Grunderfahrungen und Wissen in einer informationellen Welt. In diesen Zusammenhang gehören die Orientierung auf Grundwerte und Urteilsfähigkeit. Der Schule fällt im Unterricht aller Fächer die Aufgabe zu, gemeinsam mit Kindern und Jugendlichen Möglichkeiten der Orientierung in der gerade wegen der Pluralität der Sinnangebote »wertunsicheren Gesellschaft« zu finden. Es setzt sich die Auffassung durch, daß kein Fach, auch nicht der Religionsunterricht im klassischen Sinne oder ein Ersatzfach Ethik, die Aufgabe der Vermittlung von Wertvorstellungen allein erfüllen kann.

Religionsunterricht

Angesichts der kulturellen und religiösen Pluralisierung der Gesellschaft und der im politischen Raum national und international zunehmenden Bedeutung von Konflikten, die als religiös-kulturelle gedeutet werden, bedürfen die religiösen Aspekte der kulturellen Tradition besonderer Aufmerksamkeit.

Auch die religiöse Pluralisierung, die sich in unterschiedlicher Intensität in einzelnen Schulen und Lerngruppen niederschlägt, erfordert ein schulisches Angebot, das die Fähigkeit zu interkultureller Verständigung entwickelt.

Gegenwärtig wird die religiöse Dimension von Kultur überwiegend im konfessionellen Religionsunterricht erschlossen, dessen Einrichtung als ordentliches Lehrfach durch Grundgesetz, Landesverfassung und Schulordnungsgesetz garantiert wird. Als konfessionell gebundener Religionsunterricht gestaltet er jeweils eigenständig, wenn auch in Übereinstimmung mit den Zielen der staatlich beaufsichtigten Schule, seinen Zugang zur Lerndimension »Kulturelle Tradition«.

Eine hohe und stetig wachsende Zahl vom Religionsunterricht befreiter, nicht-christlicher und konfessionsloser Schülerinnen und Schüler wird jedoch vom konfessionellen Religionsunterricht nicht erreicht und setzt sich – in Ermangelung eines anderen unterrichtlichen Angebotes – nicht systematisch mit Deutungs- und Sinn-, Norm- und Wertfragen auseinander.

Diese Entwicklung führt zu der Frage, ob und wie dieser Lernbereich neu zu ordnen ist. Dabei geht es darum, ob Religionsunterricht auch in Zukunft als konfessionsgebundenes Fach oder in neuen interreligiösen Kooperationsformen oder zusätzlich zu einem obligatorischen Unterricht im Lernbereich »Ethik, Religionen, Weltanschauungen« angeboten werden soll.

Leitvorstellungen

Wenn überkommene Ordnungsstrukturen des Lernens den Anforderungen an das schulische Lernen nicht mehr entsprechen, bedarf es eines neuen durchschaubaren Ordnungsgefüges.

Kriterien für eine neue Ordnung des Lernens

Eine neue Ordnung des Lernens erweist sich dann als geeignet, wenn sie gewährleistet,

- daß schulisches Lernen in Fächern und Lernbereichen auf Bildungsziele hin zusammengeführt wird und auf seiten der Schülerinnen und Schüler »Lernsinn« ergibt,
- daß Lerndimensionen, die im Lernen und im Unterricht aller Schülerinnen und Schüler präsent sein müssen, ihren festen Platz in der Unterrichtsplanung haben,
- daß Offenheit für eine Vielzahl von Gegenstandsbereichen – zum Beispiel für aktuelle Probleme – und für individuelle Lerninteressen gewährleistet ist,
- daß selbstgesteuertes Lernen und damit die Entwicklung von Lernkompetenz selbst Gegenstand des Lernens ist.

Veränderter Bezugsrahmen für fachliches Lernen

Fachliche Strukturierung wird auch in Zukunft eine der Ordnungsformen des systematischen Lernens in der Schule sein müssen, wenn auch nicht notwendig in der bisher üblichen Weise des über Jahre hinweg mit einer festen Wochenstundenzahl unterrichteten »Faches«.

Daneben und gegebenenfalls zeitweise stattdessen ist auch eine variable Folge von zeitlich kompakten Kursen, Lehrgängen oder Sequenzen, unter Umständen bezogen auf fächerübergreifende Problemzusammenhänge, denkbar.

Die veränderte Ordnung des Lernens nimmt auf, was bisher sichere Basis war, stellt aber neue Bezüge her, indem sie mit der fachlich-systematischen Arbeit in Fächern ein Lernen verbindet, das sich an Zusammenhängen orientiert. Es geht darum, das fachlich bezogene Lernen anders zu akzentuieren und in einen neuen Bezugsrahmen zu stellen. Die Qualität von Lernen und damit die Qualität von Schule selbst hängt davon ab, ob und inwieweit es gelingt, eine Balance zu finden zwischen den fach- und disziplinorientierten Strukturen des Unterrichts und dem Lernen in übergreifenden Zusammenhängen. Es ist notwendig, daß die Fächer ihre spezifische Lernleistung entwickeln und ihr eigenes Profil weiterentwickeln, sich aber über die fächerbezogenen Zielsetzungen hinaus auf komplexere Fragestellungen und Zusammenhänge hin neu verstehen und ausgestalten. Dabei sind die Möglichkeiten inter- und transdisziplinärer Ansätze zu nutzen, wobei die Leistung spezifischer methodischer Zugriffe und Denkstile hervortreten soll. Dazu zählen rekonstruktive und explorative, analytische und synthetische, additive und integrative, fundamentale und exemplarische, reproduktive und inventive, lehrgangs- und themenbezogene Verfahren.

Die Kommission geht dabei davon aus, daß die neue Ordnung des Lernens von den folgenden Elementen bestimmt wird:

Neue Ordnung des Lernens

- dem fachlichen und überfachlichen Lernen in Dimensionen,
- der Offenheit für aktuelle Schlüsselprobleme,
- den Erwerb von Schlüsselqualifikationen,
- dem Erwerb von Kulturtechniken.

Dimensionen des Lernens

In der Diskussion über eine zeitgemäße Ordnung des Lernens herrscht Einigkeit darüber, daß Lernen in Zusammenhängen geschehen muß, die auf fachlichen Strukturen aufbauen oder sie umfassen, auf die Lebenswelt der Kinder und Jugendlichen bezogen werden können und in der Gesellschaft langfristig relevante Problemstellungen aufgreifen. Diese Zusammenhänge werden im folgenden »Dimensionen des Lernens« genannt.

Dimensionen des Lernens

Die Dimensionen des Lernens sollen die Verknüpfung fachlicher Wissensbestände und Methodenansätze im Hinblick auf den Erwerb »intelligenten« Wissens leisten. Sie bezeichnen Grundsituationen individueller und gesellschaftlicher Existenz, die Bezugsrahmen für Erkenntnisprozesse werden können; sie weisen ihre Gestaltungskraft dadurch aus, daß sie dem Bedarf nach »Lernsinn« entgegenkommen. Hier eröffnen sich für Lehrende und für die Schulen zugleich strukturierte und doch hinreichend offene Möglichkeiten bei der inhaltlichen Ausgestaltung des Unterrichts.

Die Dimensionen sind keine Fächer, Lernbereiche oder Unterrichtsthemen. Dimensionen sind dynamische, nicht streng voneinander abgesetzte Perspektiven, in denen Menschen ihre Wirklichkeit erfahren, sie erkennen, sich mit ihr auseinandersetzen, sie gestalten. Sie eröffnen bestimmte Denk- und Erschließungsmöglichkeiten von Welt, die sich wechselseitig ergänzen, aber auch in Frage stellen können. Sie sollen für die Unterrichtsgestaltung einen festen Bezugsrahmen bilden.

Dimensionen als Reflexions- und Bezugsrahmen

Die Art und Weise, die einzelnen Dimensionen auszugestalten, hat Vorschlagscharakter, andere Akzentuierungen und Querbezüge sind durchaus denkbar. Hierüber ist ein Konsens in der einzelnen Schule zu finden.

Die lernende Bewegung in diesen Dimensionen führt nicht zu einem geschlossenen Weltbild, sondern eröffnet Zugangsweisen zum Wirklichen und regt zur Erprobung solcher Zugänge an. Konfliktpotentiale, Kontroversen, dilemmahafte Situationen fordern zur eigenständigen, wissensfundierten Stellungnahme heraus. Das Lernen in Dimensionen bietet Ausgangspunkte für die Identitätsbildung des Individuums und der Individuen in ihren wechselseitigen Beziehungen zueinander. Wesentlich ist das Ziel, Bezüge aufzubauen, die für das Verständnis der heutigen Wirklichkeit unverzichtbar sind, und an ihnen einsichtig zu machen, daß existierende Ordnungen des Lernens, zum Beispiel das Erlernen von Kulturtechniken oder das Lernen im Rahmen von Fächern bzw. Lernbereichen, ihre Bedeutung behalten.

Auf curriculare Gesamtkonzepte kann hierbei noch kaum zurückgegriffen werden, wohl aber auf Ansätze, die sich in der internationalen Bildungsdiskussion zum Teil schon seit mehreren Jahren als fruchtbar abzeichnen.

Als beispielhafter Grundbestand werden sieben Lerndimensionen zur Diskussion gestellt:

Lerndimension Identität und soziale Beziehungen

1. Identität und soziale Beziehungen, eigene Körperlichkeit und Psyche

Das Herausbilden der eigenen Identität als leiblich-geistiger Prozeß ist Teil sozialer Beziehungen. Zusammen leben, lernen und arbeiten in einer sich wandelnden Gesellschaft finden in der Schule selbst statt, nicht erst in einem Später oder Außerhalb. Die Selbstwahrnehmung in sportlicher Bewegung und in Kontemplation, in Gesundheit und Krankheit, Erfolg und Mißerfolg ist ein wichtiges Feld eigener Erfahrung. Dieses bildet den Hintergrund für die Auseinandersetzung mit Spiegelungen dieser Aspekte der Persönlichkeitsentwicklung in der Kunst, in den Medien und im Zusammenleben. Wegen der Zuschreibung geschlechtsspezifischer Rollenvorstellungen schon im frühesten Kindesalter kommt dem Geschlechterverhältnis in dieser Lerndimension besondere Bedeutung zu.

Lerndimension Kulturelle Tradition

2. Kulturelle Tradition: Weltbilder, Wissenschaften, weltanschauliche Gemeinschaften, Kulturen.

Zum modernen Leben gehört die immer intensiver werdende Wechselwirkung zwischen den Kulturen. Sich der eigenen kulturellen und religiösen Tradition und Geschichte zu vergewissern und die Kenntnis fremder kultureller Traditionen und Kultusgewohnheiten sind die Grundlage für das Zusammenleben in einer pluralistischen und multikulturellen Gesellschaft.

Vertrautheit mit unterschiedlichen Denkansätzen, zum Beispiel in den Natur-, Gesellschafts- und Geisteswissenschaften, ist erforderlich, damit deren jeweilige Leistungen und Grenzen bei deren Bewältigung komplexer Probleme der modernen Zivilisation nutzbar gemacht werden können.

In diesem Zusammenhang hat die Diskussion über Rolle und Gestaltung des Religionsunterrichts besondere Bedeutung.
Der heute von den Religionsgemeinschaften eigenständig verantwortete Religionsunterricht trägt auch dazu bei, mit unterschiedlichen Weltanschauungen und Wertvorstellungen vertraut zu machen und zu begründeten Orientierungen für das eigene Urteilen und Handeln zu führen.

Eine zunehmende Zahl von Schülerinnen und Schülern wird durch diesen Religionsunterricht nicht mehr erreicht. Staat und Religionsgemeinschaften sollten ein unabhängig von Konfessionalität konzipiertes Lernangebot zu weltanschaulichen, religiösen und kulturellen Orientierungen in öffentlichen Schulen entwickeln.
Die Verwirklichung dieses Zieles könnte erleichtert werden, wenn es den Einzelschulen ermöglicht würde, in Kooperation mit den Religionsgemeinschaften die überkommene Form des Religionsunterrichts zugunsten interreligiöser Kooperationsformen weiterzuentwickeln und dabei auch die Öffnung des Religionsunterrichts für nicht konfessionell gebundene Schülerinnen und Schüler zu ermöglichen.

Lerndimension Natur, Kunst, Medien

3. Natur, Kunst und Medien: Gestaltender Umgang mit Materialien, Konstruktion und Rekonstruktion, Informieren, Manipulieren, Inszenieren und Schaffen, Erleben von Natur und Kunst

Vor aller geschaffenen Wirklichkeit ist die Natur ein Bereich, der nicht in seiner Berechenbarkeit und Verwertung aufgeht, sondern zu dessen Erfassung es aller Sinne und aller Kräfte des Verstandes bedarf.

Kunst und Medien schaffen immer neue Zugänge zum Verstehen des Wirklichen und liefern Beispiele für die Veränderbarkeit des Wirklichen durch gestaltende Eingriffe, sie schärfen den »Möglichkeitssinn«. Ästhetische Bildung reicht über die Erleichterung des Zugangs zu Kunst und Kultur hinaus. Sie ist zugleich kritische Reflexion der ästhetischen Wahrnehmung und des ästhetischen Bewußtseins.

Der Kunstbegriff hat sich erweitert, so daß er nicht nur die traditionellen Kunstsparten, sondern auch die Kreativität und Schönheit wissenschaftlicher Verfahren, technischer Erfindungen und gestaltende Leistungen in allen Lebensbereichen umfaßt. Hierbei spielen erkennendes und emotionales Verhalten gleichermaßen eine Rolle. Deren Entwicklung beeinflußt die Wahrnehmungsfähigkeit junger Menschen, ihr Kommunikationsvermögen und damit ihre Sozialisation. Zur Ausbildung von Erkenntnis- und Genußfähigkeit bedarf es sowohl disziplinären Lernens, zum Beispiel in

Beziehung auf Kunstgattungen und -formen, als auch des In-Beziehung-Setzens unterschiedlicher und sich wandelnder Ausdrucksformen.

Kulturelle Bildung, als Allgemeinbildung verstanden, hat ihre Besonderheit in den ästhetisch-gestalterischen und künstlerischen Arbeitsformen und -methoden. Sie arbeitet »konkret«, daß heißt sie stützt sich auf die Wahrnehmungen, stärkt diese und wirkt durch die Selbsttätigkeit der lernenden Subjekte. Von anderen Formen der Bildung und Selbstbildung unterscheidet sie sich dadurch, daß sie künstlerische Ausdrucksformen integriert.

Lerndimension Sprache, Kommunikation

4. Sprache, Kommunikation: Sprache als Medium des Ausdrucks und der Verständigung, Wege und Medien der Kommunikation, Internationalisierung der Lebensverhältnisse

Die Dimension »Sprache, Kommunikation« stellt den Zusammenhang von muttersprachlichem Unterricht und Fremdsprachenlernen, von Grundfragen der Kommunikation und dem wechselseitigen Einfluß zwischen Sprache und Medium her. Sprache und Kommunikation unterliegen Prozessen der raschen Veränderung. Die Vielfalt der auf dem Feld von Sprache und Kommunikation notwendigen und zu erwerbenden Kompetenzen erfordert neue und differenzierte Zielsetzungen sprachlichen Lernens, zum Beispiel die rezeptive Mehrsprachigkeit als alternatives Leitziel für das Erlernen einer zweiten und weiterer Fremdsprachen, andere für das berufsbezogene Fremdsprachenlernen, wieder andere für den reflektierten Umgang mit der Sprache der Medien und den Kunstsprachen der Informationstechnologien.

Lerndimension Arbeit, Wirtschaft, Beruflichkeit

5. Arbeit, Wirtschaft, Beruflichkeit: Fremdbestimmung und Selbstverwirklichung in der Arbeitswelt, ökonomische Sachzwänge und Gestaltbarkeit wirtschaftlicher Verhältnisse, Beruflichkeit als Lebens- und Bildungsform

Allen Heranwachsenden soll die Chance eröffnet werden, sich mit Arbeitswelt und Beruflichkeit auseinanderzusetzen, Fähigkeiten und Fertigkeiten dafür zu erwerben, in diesem Feld verantwortlich mitgestaltend tätig zu sein. Dazu gehört auch eine Behandlung von heutiger Technik und ihrer historischen Entwicklung.

Grundkenntnisse im Bereich der Wirtschaft gehören zu einer allgemeinen Bildung. Später erfolgende berufsspezifische Qualifikationen brauchen eine offene Grundeinstellung gegenüber Arbeit und Beruf und eine früh einsetzende Orientierung an Beruflichkeit.

Arbeitsorientierte Allgemeinbildung kann sich nicht in erster Linie auf den betrieblichen Arbeitsprozeß richten, sie muß dessen gesellschaftliche Bedingungen und Wirkungen einbeziehen.

Das Aufeinandertreffen von Arbeitsplatzanforderungen und persönlichen Eigenschaften und Qualifikationen sollte am besten handelnd-erkennend erfahren werden; Beruflichkeit sollte als Bereich der Selbstverwirklichung erprobt und reflektiert werden. Diese Lerndimension ist ohne einen anwendungsbezogenen, situationsorientierten Unterricht und ohne Berufspraktika nicht zu realisieren.

6. Demokratie und Partizipation: verantwortete Entscheidungen, Beteiligung an der Gestaltung der Wirklichkeit

Lerndimension Demokratie

Gesellschaftliche Problemlagen und Konflikte reichen in die Schule hinein und sind selbst wichtige Gegenstände schulischen Lernens.

In bezug auf diese Lerndimension kann Schule für sich allein keine Bildungswirksamkeit erreichen. Nur dann, wenn es keine unüberbrückbare Kluft zwischen Schulwelt und Realität gibt, kann Schule dazu beitragen, die Belastbarkeit und das Maß an Rationalität bei der Bewältigung von Konflikten von Kindern und Jugendlichen zu erhöhen. Die Demokratie stellt die schwierigste Organisationsform des Zusammenlebens von Menschen dar, weil sie die höchsten Anforderungen an Ich-Identität und Toleranz stellt. Dies gilt für Erwachsene und erst recht für Kinder und Jugendliche. Hinzu kommt die Kompliziertheit der Verfahren demokratischer Meinungsbildung und Partizipation.

Aus diesen Gründen muß jede nur unterrichtliche Auseinandersetzung mit Demokratie und Partizipation, ganz zu schweigen von einem auf Institutionenkunde reduzierten Zugang, zu kurz greifen. Gerade die geschichtliche Erfahrung in Deutschland zeigt, daß ein hoher Bildungsgrad zwar große Bedeutung für demokratisches Verhalten und eine demokratische Ordnung des Gemeinwesens und der Schule hat, daß aber auf der anderen Seite Wissen allein nicht genügt. Ebenso wichtig ist die handelnd lernende Einübung in Verfahren der Konfliktlösung und der demokratischen Partizipation. Dazu sollen Schulen als Lern- und Lebensraum Gelegenheiten schaffen.

Schulen sollen die Erziehung zur demokratischen Staatsbürgerschaft und zur Partizipationsfähigkeit in diesem grundlegenden Sinne so früh wie möglich beginnen und zusammenhängend und fortlaufend gestalten. Geeignete Ansätze hierzu bestehen zum Beispiel in der unterrichtlichen Auseinandersetzung mit den Trends der gesellschaftlichen Entwicklung, die im Kapitel »Gesellschaft, Bildung, Schule« unter dem Stichwort »Zeitsignaturen« näher bezeichnet sind. Dadurch daß viele der Zukunftsentwicklungen den Charakter von Dilemmasituationen haben, fordern sie zu verantworteter Stellungnahme und Beteiligung heraus.

Demokratisches Verhalten muß in der Schule aber noch in einem weit grundsätzlicheren Sinne praktiziert werden als im Hinblick auf die staatsbürgerlichen Rechte und Pflichten. Es muß dominante und prägende Begegnungsform im schulischen Alltag sein, wofür als Beispiel das Konzept der »gerechten Gemeinschaft« (»just community«) genannt werden kann. Partizipation an organisatorischen Entscheidungen ist wichtig, aber der Kernbereich des »Demokratischen« in der Schule ist die Teilhabe der Kinder und Jugendlichen an ihrem Lernen, ihre Erfahrung, Subjekte des eigenen Lernens zu sein und dabei in wechselseitiger Anerkennung mit anderen zusammenzuarbeiten.

Lerndimension Ökologie

7. Ökologie: Umgang mit der Welt der heute lebenden und der folgenden Generationen

Die heute lebenden Generationen sehen sich vor die Aufgabe gestellt, ein Verständnis der Umweltprobleme zu überwinden, das sein Augenmerk nur auf die Beschädigungen der Umwelt richtet, die sich unmittelbar in der Minderung der Lebensqualität der Menschen auswirken.

Der dieser Lerndimension zugrundeliegende erweiterte Begriff der Ökologie umfaßt zum Beispiel Elemente der Naturwissenschaften, der Technik, der Ökonomie, der Finanz- und Staatswissenschaft, der Gesundheitswissenschaften und die Möglichkeiten neuer Informationstechnologien für die Modellsimulation komplexer Abläufe.

Ein vorsorgendes Engagement für die Umwelt im Sinne einer ökologischen Ethik erfordert die kreative Kombination aller Möglichkeiten des Umganges mit den natürlichen Ressourcen. Eine dieser Aufgabe entsprechende Bildung muß auf zukünftige Entwicklungen und Partizipation orientiert sein.

Schlüsselprobleme

Offenheit für Probleme gegenwärtiger und zukünftiger Gesellschaft

Schulisches Lernen vollzieht sich in der Offenheit gegenüber den Fragen, die sich aus der Lebensaktualität von Schülerinnen und Schülern ergeben. Diese aktuellen Problemlagen und Konflikte, die in der Regel mit den großen Problemen gegenwärtiger und zukünftiger Gesellschaft zusammenhängen, können als »Schlüsselprobleme« thematischer Bezugsrahmen für das Lernen in bestimmten Zeitabschnitten sein.

An Schlüsselproblemen orientierter Unterricht kann zunächst von einzelnen Fächern ausgehen oder als fächerübergreifender Unterricht bzw. als Projektunterricht organisiert werden, und zwar optimal als Epochenunterricht.

Die als »Schlüsselprobleme« formulierten Zugänge zur gegenwärtigen Epoche bilden kein in sich abgeschlossenes System und stellen keinen Stoffkatalog dar. Ein auf Schlüsselprobleme bzw. Schlüsselfragen bezogener Unterricht tritt auch nicht generell an die Stelle fachlicher Orientierung. Vielmehr erweisen sich zeitlich begrenzte, fachliche Lehrgangssequenzen innerhalb eines an Schlüsselproblemen orientierten Unterrichts oft als notwendig.

Zu den Schlüsselproblemen zählen die Kriegs- und Friedensproblematik, die Umweltfrage, das Verhältnis der Generationen zueinander, Möglichkeiten und Gefahren des technischen und ökonomischen Fortschritts, Freiheitsspielraum und Mitbestimmungsanspruch der einzelnen und kleiner Gruppen einerseits und das System der großen Organisationen und Bürokratien andererseits, zu ihnen gehören die Themen Arbeit, Berufswahl und Arbeitslosigkeit, soziale Ungleichheit und ökonomisch-gesellschaftliche Machtpositionen, Mehrheiten und Minderheiten, das Verhältnis der Geschlechter zueinander, »entwickelte Länder« und »Entwicklungsländer«, Deutsche und Ausländer in Deutschland, die Frage nach Recht und Grenzen des Nationalitätsgedankens in der Spannung zur Internationalität, die Konkurrenz der Kirchen und Glaubensgemeinschaften und ihrer Botschaften, Gesundheit und Kranksein, Behinderte und Nicht-Behinderte, Massenmedien und ihre Wirkungen.

Schlüsselqualifikationen

Schlüsselqualifikationen als allgemeine Befähigungen

Schlüsselqualifikationen sind erwerbbare allgemeine Fähigkeiten, Einstellungen und Strategien, die bei der Lösung von Problemen und beim Erwerb neuer Kompetenzen in möglichst vielen Inhaltsbereichen von Nutzen sind.

Zu ihnen gehören Erkenntnisinteresse und eigenständiges Lernen, die Reflexion und Optimierung der eigenen Lernprozesse und damit die Fähigkeit dazuzulernen, das Zutrauen in die eigene Selbstwirksamkeit als Grundeinstellung, Flexibilität, Fähigkeit zur Kommunikation und zur Teamarbeit, kreatives Denken. Sie sind nicht auf direktem Wege zu erwerben, zum Beispiel in Form eines

Ordnung des Lernens

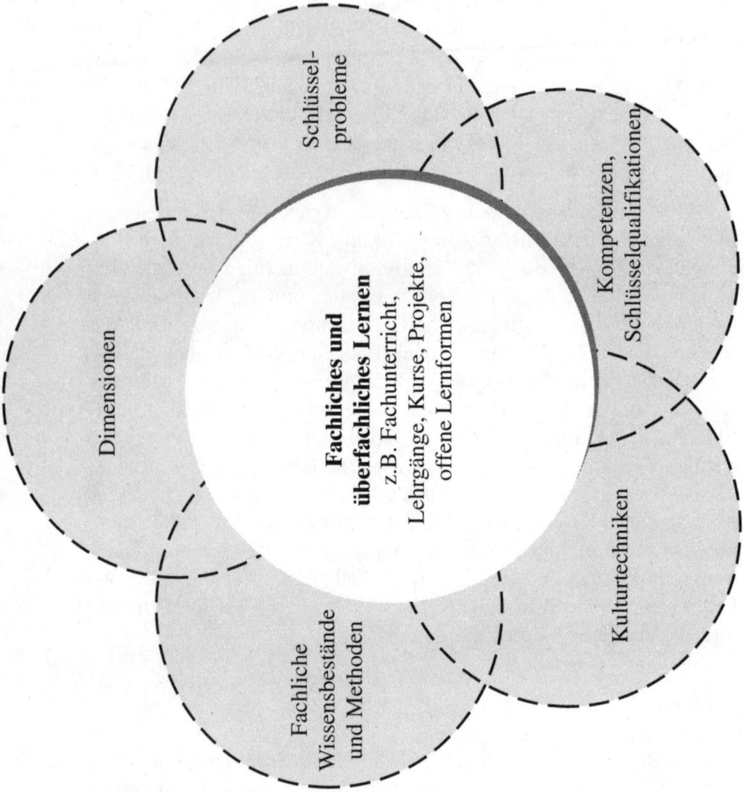

eigenen fachlichen Lernangebots; sie müssen vielmehr in Verbindung mit dem Erwerb von intelligentem Wissen aufgebaut werden.

Kulturtechniken

Beherrschung von Kulturtechniken

Über alle Fächer hinweg stellt sich der Lernauftrag, Sicherheit in den Kulturtechniken zu vermitteln. Über elementare Techniken hinaus, die Voraussetzung von Lernprozessen sind, wie das Lesen und Schreiben, geht es um die Vielzahl der Instrumente der Wissensaneignung, angefangen von der Beherrschung von Arbeitsformen zur Informationserschließung über Darstellungs- und Schreibformen bis zum kompetenten Umgang mit Bibliotheken und neuen Verfahren der Exploration, zum Beispiel unter Verwendung der Informationstechniken.

Die neuen Informationsmedien konstruieren nicht nur virtuelle Wirklichkeitsmuster; der immer alltäglichere Umgang mit ihnen führt zu neuen Ebenen der Anschaulichkeit, die, wie zum Beispiel Simulationsprogramme, die traditionellen Möglichkeiten der Visualisierung und Kombination von Informationen weit hinter sich lassen.

In den Zusammenhang der Kulturtechniken gehört auch die Vertrautheit mit der jeweils eigenen »Logik« und der Leistungsfähigkeit der Zugriffe und Wissensbestände der verschiedenen Fächer, weiterhin die Erfahrung, daß vernetztes Wissen nicht linear, sondern in der Koppelung an bestimmte Aneignungs- und Anwendungssituationen entsteht.

Empfehlungen

Differenzierte Verwirklichung

Manche der vorgeschlagenen Veränderungen der Unterrichtsgestaltung können unmittelbar aus dem Arbeitszusammenhang der Einzelschulen angegangen werden, während andere der Erprobung in einem Netzwerk von Schulen, andere wiederum der Entwicklung längerfristiger zentraler Vorgaben bedürfen.

Lernen in Dimensionen als Bezugspunkt

- Die Schulen sollen in ihrer Unterrichtsplanung die Elemente fachlichen Lernens stufenweise auf Dimensionen des Lernens beziehen und möglichst in einem Zeitraum von fünf Jahren das Lernen in Fächern und Lernbereichen in diesem Sinne weiterentwickeln.

- Die Schulen sollen bei der Erarbeitung von Schulprogrammen dem Lernen in Dimensionen besonderes Gewicht beimessen. In Netzwerken von Schulen, in denen mittelfristig Erprobungsprogramme entwickelt werden, soll es der Einzelschule möglich sein, sich bei eigenständigen Entwicklungen auf bestimmte Schwerpunkte zu konzentrieren.
- In der Lehrerausbildung und -fortbildung sollen Unterrichtsgestaltung und Lernen in Dimensionen einen Schwerpunkt der didaktischen Reflexion bilden.

Öffnung der Schule zur Verbesserung der Unterrichtssituation

- Die Bildungsressourcen des schulischen Umfeldes sollen unter dem Leitgedanken der »Öffnung der Schule« für das neue Lernen genutzt werden.
  Das realistische Interesse an Problemen soll zum Ausgangspunkt eines tragfähigen Sinn- und Motivationszusammenhanges gemacht werden. Dazu sollen Bildungsangebote so weit wie möglich als Antwort auf Erfahrungen und ursprüngliches Fragen der Lernenden hin konzipiert werden.
  Die Schulen sollen bei Versuchen, Lernen situationsbezogen zu organisieren, unterstützt werden.

Gleichwertigkeit der Lernbereiche

- Bei der Festlegung der globalen Jahresstundentafeln durch das Land (→ Kapitel IV.1.7) muß die Gleichwertigkeit des Lernens in Fächern und des Lernens in Zusammenhängen bedacht werden. Bisher unterrepräsentierten Fächern und Lernbereichen muß im Hinblick auf ihre Bedeutung für Dimensionen des Lernens ein höherer Stellenwert beigemessen werden (musisch-künstlerischer Bereich, Sport), auch zu Lasten traditionell bevorzugter Fächer und Lernbereiche.
  Gegenstandsbereiche, die trotz ihrer Relevanz für eine allgemeine Bildung bisher nicht den Status der Fachlichkeit erlangt haben, sollen – gegebenenfalls auf Zeit in bestimmten Jahrgangsstufe – zu Lerneinheiten oder Fächern auf Zeit verdichtet werden können, zum Beispiel Medienpädagogik und Gesundheitserziehung.

Schule als demokratische Schulgemeinde

Die Ausgestaltung der Schule als demokratische Schulgemeinde – zum Beispiel in Anlehnung an das Modell der just community –, die den Schülerinnen und Schülern und den Eltern Dialog–, Beteiligungs- und Entscheidungsmöglichkeiten bietet, soll intensiviert werden. Die moralisch-kognitive Entwicklung und Erziehung zur Demokratie soll durch Nutzung der Möglichkeiten, die das fachliche und überfachliche Lernen bietet und durch außerunterrichtliche und außerschulische Aktivitäten und Kontakte mit demokratischen Einrichtungen und zum Bei-

spiel mit Organisationen, die sich für die Menschenrechte einsetzen, gefördert werden.
Im schulbezogenen Lehrplan sollen Zeit- und Inhaltsbereiche für die Beteiligung der Schülerinnen und Schüler an der Gestaltung des Schullebens (Initiativen, Kooperationen zwischen Gruppen, Klassen, Jahrgängen) ausgewiesen werden.

IV.1.4 Internationalisierung der Bildung

Bildung in der Neuzeit hat immer auch für sich in Anspruch genommen, Brücken zu schlagen: zwischen Menschen unterschiedlicher Herkunft und Lebensart, zwischen verschiedenen Lebensräumen, zu zurückliegenden Epochen und in die Zukunft hinein. Sie hat sich dabei auch immer mit anderen Kulturen und Menschen konfrontiert gesehen. Öffentlich verantwortete Bildung heute, die für das Leben in einer den Frieden wahrenden zukünftigen Gesellschaft befähigen soll, wird diesen Auftrag stärker als früher in den Vordergrund rücken müssen.

Die Internationalisierung der Bildung trifft auf eine Situation, in der die Entwicklungsprobleme unserer Welt nur noch international gelöst werden können, in der das Miteinanderleben von Menschen unterschiedlicher kultureller Herkunft zur Normalität wird, in der auf der anderen Seite die Akzeptanz dieser Multikulturalität in Teilen der deutschen Gesellschaft, auch unter Jugendlichen, sich nicht ohne Probleme und Rückschläge vollzieht.

Das reflektierte Zusammenleben in einer multikulturellen Schule und insgesamt einer dauerhaft multikulturellen Gesellschaft erfordert eine durchgängige interkulturelle Erziehung in allen Schulstufen und Bildungsgängen und die Förderung der Chancengleichheit von Schülerinnen und Schülern aus den ethnischen Minderheiten.

Es ist notwendig, sich des eigenen Fremdseins für andere bewußt werden und zu erkennen, daß das eigene Denken, Werten und Handeln von Denkgewohnheiten, Wertüberzeugungen und Handlungsorientierungen geprägt wird.

Ausgangslage

Internationalisierung der Lebensverhältnisse

Multikulturalität hat lange zurückreichende Traditionen, sie ist wesentliches Element der europäischen Kultur und heute ohne Alternative für die europäischen Gesellschaften. Die Tendenz zu Pluralisierung und kultureller Vielfalt, seit langem aus wissenschaftlicher Sicht beobachtet und belegt, tritt aber nur allmählich in das Alltagsbewußtsein ein.

Unsere Lebensverhältnisse wachsen in einen engen Wechselbezug zu Entwicklungen in anderen Teilen der Welt hinein. Globale Verkehrs- und Informationsnetze entstehen, Wirtschaftsbeziehungen, Standortentscheidungen und Produktionsverlagerungen finden in einem internationalen Bezugsrahmen statt, Entwicklungsprobleme ökologischer und sozialer Art betreffen alle Völker und Regionen und müssen gemeinsam gelöst werden.

Internationale Bezüge der Bildung

Die europäische Dimension ist bereits für viele Schulen zu einer Leitvorstellung geworden, die dem Fremdsprachenunterricht neue Akzente gibt und Möglichkeiten eröffnet, das Bildungsangebot der einzelnen Schule zu einem eigenständigen Profil auszubilden.
In der Schule spielt nicht so sehr der europäische wirtschaftliche Wettbewerb die Hauptrolle, sondern das sprachlich und kulturell plurale Europa. Noch ist die Auffassung weit verbreitet, interkulturelle Bildung könne im wesentlichen schon durch soliden Fremdsprachenunterricht erreicht werden. Aber erst durch einen auch auf andere Fächer erweiterten Bezug kommt Europa als Teil der Welt und in seiner Mitverantwortung für die Eine Welt in den Blick.

Jährlich reisen rund 54.000 nordrhein-westfälische Schülerinnen und Schüler im Rahmen von rund 3.000 Schulpartnerschaften ins Ausland, etwa ebenso viele ausländische Schülerinnen und Schüler halten sich im Austausch in Nordrhein-Westfalen auf. Die Zahl der Schulpartnerschaften weist hohe jährliche Zuwachsraten auf. Noch zögernd, aber mit Zukunftsperspektive weitet sich die Nutzung der neuen Medien in der internationalen Zusammenarbeit von Lerngruppen, nicht nur aus Partnerschulen, aus.

Migration

Ein globales Entwicklungsgefälle, ein weltweites demographisches Ungleichgewicht, kriegerische Auseinandersetzungen und Verfolgung führen zu verstärkten Migrationsbewegungen. Die Bundesrepublik ist mit einem Anteil der ausländischen Bevölkerung von ca. 7% faktisch Einwanderungsland, wenn auch noch nicht in dem Maße wie etwa Belgien und Frankreich.

Anteil ausländischer Mitbürger

Heute gehören nicht nur in Großstädten und deren Einzugsbereichen, sondern auch in ländlichen Gebieten mit stärkerer Industrialisierung und einem aufnahmefähigen Arbeitsmarkt ein hoher Ausländeranteil und multikulturelle Erfahrungen längst zum Alltag.

Abgesehen von dem noch bestehenden Unterschied in der regionalen Verteilung zwischen alten und neuen Bundesländern ist der

Ausländeranteil heute nicht mehr regional und nicht mehr auf Schichten begrenzbar, sondern Teil der sozialen Pluralisierung.

Ausländische Erwerbstätige, Zuwanderungsbedarf

Ausländische Erwerbstätige treten auf dem Arbeitsmarkt durchaus nicht mehr ausschließlich als abhängig Beschäftigte, sondern zunehmend auch als Selbständige und in der Funktion als Arbeitgeber, sowohl für ausländische als auch deutsche Arbeitskräfte, auf.

Es zeichnet sich ab, daß die Bundesrepublik – nicht nur aus Gründen der Bevölkerungsentwicklung – auf die Zuwanderung von Ausländern angewiesen bleiben wird. Prognosen zum Ausländeranteil an der Gesamtbevölkerung gelangen vom Ausgangsdatum 6,6 % (1990) zur Annahme von 11,3% (2010) und 16,5% (2030).

Es geht heute nicht mehr hauptsächlich darum, das Ausmaß der Zuwanderung zu prognostizieren; vielmehr muß die Frage beantwortet werden, wieviel Zuwanderung erforderlich ist, um die Erwerbsbevölkerung zu stabilisieren.

Arbeitskräftenachwuchs

Der Arbeitskräftenachwuchs im Alter zwischen 15 und 25 Jahren nimmt schon seit Mitte der 80er Jahre ab. Bis zum Jahr 2020 wird er gegenüber zur Zeit 6,5 Mio. auf dann 4 Mio. absinken. Damit ist neben dem Ersatz für ausscheidende Arbeitnehmer auch die innovatorische Wirkung des Generationenwechsels gefährdet.

Bei einer vorauszusehenden Verknappung des Arbeitskräftenachwuchses ist deshalb nicht nur eine qualitativ hochwertige Ausbildung der sogenannten einheimischen jungen Generation notwendig, sondern es geht vor allem darum, die Ausbildungsbeteiligung der – zum großen Teil bereits anwesenden – Jugendlichen aus ausländischen Familien spürbar zu erhöhen, um die bereits vorhandenen Potentiale auch qualitativ besser nutzen zu können.

Schülerinnen und Schüler aus ausländischen Familien in Nordrhein-Westfalen

Kinder und Jugendliche bilden einen großen Anteil der Zuwanderer. Diese und die Kinder ausländischer Eltern, die bereits in Deutschland geboren sind oder bereits seit mehr als zehn Jahren in Deutschland leben und somit Bildungsinländer sind, stellen einen wachsenden Anteil der Schülerinnen und Schülern an den Schulen des Landes dar.
Im Schuljahr 1994/95 besuchten 350.114 Schülerinnen und Schüler mit ausländischer – zu rund 50% türkischer – Staatsangehörigkeit die Schulen in Nordrhein-Westfalen. Das entspricht einem Anteil von 13,4% im Vergleich zu 9% im Bundesdurchschnitt (1.056.900 Schülerinnen und Schüler im Schuljahr 1992/93). Unter den allgemeinbildenden Schulformen verzeichnet die Hauptschule mit 25,6% den größten Anteil. Ihr folgen mit 20% die Sonderschulen, mit 17,7% die Gesamtschule, mit 5,7% das Gymnasium. An

berufsbildenden Schulen beträgt der Anteil 12,6%, an Kollegschulen 17,6%.

Mehrere Generationen von Zugewanderten

Im Falle der Kinder der ersten Generation von Zuwanderern sieht sich die Schule mit Familienkulturen konfrontiert, deren Werte und Normen zwar oft nur von den Eltern vertreten werden, partiell aber auch für die Schülerinnen und Schüler noch verpflichtenden Charakter haben.

Das gilt keineswegs nur für Familien ausländischer Herkunft, sondern auch für viele Aussiedlerfamilien, die juristisch Deutsche sind oder werden, oft aber kulturell und sprachlich die gleichen Integrations- und Lernaufgaben zu bewältigen haben wie die zugewanderten Ausländer. Ausgesiedelte Schülerinnen und Schüler bringen trotz ihrer Herkunft aus deutschen Familien andere Ausgangssprachen und andere kulturelle Gewohnheiten mit.

Das dringendste Problem Jugendlicher aus Ausländer- und Aussiedlerfamilien ist die Integration in ihre neue Heimat. In der Regel beabsichtigen sie nicht, in das Herkunftsland ihrer Eltern zurückzukehren.

Bildungsbeteiligung Jugendlicher aus ausländischen Familien

Seit Anfang der 80er Jahre ist eine deutliche Verbesserung der Schulbildung bei jungen Mitgliedern ausländischer Familien festzustellen. Trotz des Trends zur mittleren und höheren Schulbildung und einer steigenden Zahl von Absolventen mit Hochschul- und Fachhochschulabschluß klafft jedoch die Qualifikationsschere zwischen deutschen Schulentlassenen und solchen ausländischer Herkunft weiterhin deutlich auseinander.

Bei der Suche nach Ausbildungsplätzen finden sich Jugendliche ausländischer Herkunft häufig in weniger zukunftsträchtige Ausbildungen abgedrängt und dadurch beim Aufbau einer beruflichen Perspektive benachteiligt. Als Ergebnis liegt der Anteil ungelernter bzw. angelernter Arbeitnehmer in dieser Bezugsgruppe dreimal so hoch wie bei deutschen.

Innere Multikulturalität, Selbstwertzweifel, Fremdenfeindlichkeit

Die Mehrzahl der Kinder und Jugendlichen, auch der deutschen, lebt in multikulturellen und häufig auch mehrsprachigen Situationen, wenn man deren Lebenswelt – Familie, Freundeskreis, Jugendkultur, Schule – insgesamt ins Auge faßt.

Innerhalb unserer Gesellschaft zeichnet sich über das Zusammenleben mit ausländischen Mitbürgern hinaus durch die Vielfalt der Möglichkeiten der Entscheidungen für Subkulturen und Lebensstile eine Art innerer Multikulturalität ab, die gerade von Jugendlichen nicht immer als Freiheit, sondern als innere Zerrissenheit und Verunsicherung erfahren wird.

Persönliche Erfahrungen von Einschränkungen oder gar sozialer bzw. beruflicher Desintegration werden oft durch ein Selbstbild eigener Überlegenheit durch Abwertung von Minderheiten kompensiert. Möglicher Anlaß ist auch die Sorge, keinen Arbeitsplatz zu erhalten, Konkurrenz nicht aushalten zu können oder den bisherigen Status zu verlieren.

Es stellt sich das Problem, wie Kinder und Jugendliche in einer auch durch das Zusammenleben von Menschen unterschiedlicher Kulturen unübersichtlicher werdenden Welt eine Ich-Identität entwickeln können, die sie zum Zusammenleben in einer pluralistischen Gesellschaft befähigt.

Leitvorstellungen

Multikulturelle Situation in der Schule

Die deutsche Schule wird auf Dauer multikulturell zusammengesetzt sein und bleiben. In ihr wird es neben einer Mehrheit einheimischer Schülerinnen und Schüler solche aus einheimischen und zugewanderten ethnischen und lebensweltlichen Minderheiten geben.

Die Verhinderung einer ökonomischen und sozialen Ausgrenzung von Minderheiten ohne Rücksicht darauf, ob ihre Mitglieder Inländer oder Ausländer sind, ist eine gesamtgesellschaftliche Aufgabe. Bemühungen der Schule müssen ins Leere laufen, wenn sie nicht auf ein förderliches Gesamtklima treffen. In jedem Falle richtet sich aber an die Schule die Erwartung, Tendenzen zur Ausgrenzung von Menschen und Fremdenfeindlichkeit im eigenen Einflußbereich nicht zu dulden und durch entsprechende Bildungsprozesse ihrer gesellschaftlichen Verbreitung Widerstand zu leisten.

Schulen sollen positive Selbstwerterfahrungen als notwendige Voraussetzung eines guten Zusammenlebens ermöglichen.

Achtung der Freiheitsrechte

- Basis des Zusammenlebens von Menschen in einer vielfältig zusammengesetzten Gesellschaft ist die Achtung der Freiheitsrechte jedes einzelnen. Dies soll in Schulen erfahrbar sein.

Förderung der Identität

- Ein pädagogisch wirkungsvoller Ansatz, Minderheiten- und Fremdenfeindlichkeit bei Jugendlichen zu begegnen, ist in der Schule die Förderung einer positiven Identität. Jugendlichen muß dabei geholfen werden, verantwortungsorientiertes Selbstbewußtsein zu entwickeln.

Eine Stabilisierung des Selbstkonzepts kann die Schwelle für einen Rückgriff auf ethnische Orientierung, insbesondere in Konfliktsituationen, anheben.

Erfolgserfahrungen

– Jungen und Mädchen muß in der Schule die Erfahrung ermöglicht werden, daß sie etwas können und daß sich andere für ihre Interessen und Leistungen interessieren. Sie dürfen nicht schon in der Schule das Gefühl vermittelt bekommen, zu den Versagern und Außenseitern und möglicherweise endgültig zu den Verlierern in unserer Gesellschaft zu zählen.

Schule als solidarische Gemeinschaft

– Schule soll von denen, die in ihr leben, als verläßliche Gemeinschaft erlebt werden, die Solidarität mit Schwächeren unter Beweis stellt. Eine der wirksamsten Formen der Werteerziehung ist eine Gestaltung der Lern- und Lebensumstände in der Schule, die von den Schülerinnen und Schülern als nachahmenswert erfahren wird. Eine Kultur des Zusammenlebens muß zum Selbstbild der Schule gehören.

Demokratisches Verhalten soll unverzichtbares Element des Schullebens sein.

Alltagsverhalten

– Schulen sollen sich – nicht nur als Reaktion auf Akte der Gewalt gegen Mitglieder von Minderheiten – damit auseinandersetzen, wie das friedliche und demokratische Miteinander im Alltag – auch in einem geordneten Schulalltag – erreicht werden und welchen Beitrag Schule dazu leisten kann.
Erfahrungen aus anderen Ländern, die dieses Problem unter wirtschaftlich ungünstigeren und gesellschaftlich komplizierteren Bedingungen, zum Beispiel mit dem Konzept der community education, angehen, müssen hierzu genutzt werden.

Toleranz gegenüber Kritik

– Das Aushaltenkönnen von Kritik, die Fähigkeit zur Selbstkritik müssen durch Reflexions- und Evaluationssituationen, die vom Prinzip gegenseitiger Förderung getragen sind, aufgebaut werden. Hierzu gehört auch die Aufrechterhaltung des Selbstwertgefühls bei Mißerfolgen. Auf konflikthafte Situationen mit Nachdenken statt mit Patentlösungen zu reagieren, muß als Verhalten im schulischen Alltag erlernt werden.

Interkulturelle Erziehung soll Element allgemeiner Bildung sein.

Multikulturelles Zusammenleben als Normalsituation

– Ausgangspunkt für Erziehung und Unterricht ist, daß ein hoher Ausländeranteil und eine Vielfalt kultureller Voraussetzungen nicht vorübergehende Abweichung von einer Normalsituation sind, sondern diese Normalsituation selbst.

Leitidee für interkulturelle Erziehung

- Die Begegnung verschiedener Ethnien und Kulturen ist ein produktiver Prozeß, ohne den Gesellschaften erstarren würden. Die Erfahrung zeigt aber, daß sich Gesellschaften nur dann auf diesen Prozeß einlassen, wenn Konflikte dies unvermeidlich erscheinen lassen.
  Die Bejahung dieser neuen Aufgabe als schulischer Erziehungsauftrag ist eine der Voraussetzungen dafür, daß die sich entwikkelnden multikulturellen Gesellschaften auf Dauer als solche existieren können.

- Die Schulen sollen ihre Aufgabe bei der Befähigung zum Leben in einer multikulturellen Gesellschaft vor allem durch eine nicht-nationalistische und anti-rassistische Pädagogik erfüllen. Das Bildungsziel einer europäischen Identität darf nicht zur Verengung auf ein eurozentristisches Weltbild führen.

- Für eine bestimmte Kulturtradition universelle Geltung zu beanspruchen, ist nicht durchzuhalten, ein Kulturrelativismus andererseits läßt sich nicht zur Grundlage der alltäglichen pädagogischen Praxis machen. Dieses Dilemma kann durch einen Universalismus im Konsens überwunden werden, zum Beispiel in Form der gemeinsamen Anerkennung unverzichtbarer Grundwerte eines demokratischen Zusammenlebens. Diesen Weg leben zahlreiche multikulturelle Gesellschaften bereits vor.

- Interkulturelle Erziehung muß sich darum bemühen, die wechselseitige Anerkennung von Menschen unterschiedlicher Einstellungen, unterschiedlicher religiöser Auffassungen weiterzuentwickeln mit dem Ziel, daß Toleranz nicht nur im passiven Sinne, sondern auch aktiv verwirklicht wird. Sie muß Möglichkeiten bieten, Handlungsfähigkeit in multikulturellen und mehrsprachigen Situationen einzuüben und Konfliktaustragungsstrategien zu erproben.

- Kernelement interkultureller Erziehung soll ein Ausgleich von Verhaltensweisen unter der Leitidee sein, daß die Einstellungen und Verhaltensweisen der einen Seite die der anderen Seite nicht einschränken. Weiterhin sollen die miteinander Lebenden etwas von der jeweiligen Kultur der anderen verstehen und ihre eigenen Positionen an den Positionen der anderen überprüfen, so daß es zu einem wechselseitigen Austausch kommt.

- Die Richtlinien und Lehrpläne aller Schulformen sollen die Grundlage für eine nicht-diskriminierende, auf Akzeptanz basierende, kulturelle Vielgestaltigkeit respektierende Erziehung bilden.

Empfehlungen

Im einzelnen können Schulen zum Beispiel in folgender Weise ihren Auftrag einer an Internationalisierung orientierten Bildung und Erziehung erfüllen:

Mehrsprachigkeit als Normalfall

- Die Tatsache, daß immer mehr Kinder und Jugendliche in mehrsprachigen Situationen leben – Familie, Freundeskreis, Jugendkultur, Schule -, soll von der Schule als wesentliches Element der Situation des Aufwachsens bejaht und in die alltägliche Arbeit einbezogen werden.
  Mehrsprachigkeit soll als schulische Normalität aufgefaßt, der selbstverständliche Umgang mit Sprachen angestrebt werden. Die traditionelle Orientierung des schulischen Fremdsprachenunterrichts an den jeweiligen Philologien ist hierbei eher hinderlich und muß entschiedener als bisher durch ein kommunikatives Fremdsprachenlernen ersetzt werden.

Neues Fremdsprachenlernen

- Die Schule soll sich mit ihrem Angebot des Fremdsprachenlernens auf die aus der Internationalisierung der Lebensverhältnisse erwachsenden Anforderungen einstellen
  - durch einen frühen Beginn des obligatorischen Fremdsprachenlernens (spätestens mit Klasse 3),
  - durch die Motivierung zu einem unbefangenen Fremdsprachenlernen, möglichst unter Einsatz von native speakers, das in Form besonderer Zertifikate (zum Beispiel »Sprachenpaß«) dokumentiert wird,
  - durch das Anstreben gestufter Anspruchsniveaus von der Verständigungsfähigkeit in Alltagssituationen bis zur Bilingualität, durch Zieldifferenzierung zwischen rezeptiver und produktiver Kompetenz in der Fremdsprache,
  - durch ein erweitertes Sprachenangebot über den Kanon der traditionellen »Schulsprachen« hinaus,
  - durch neue Lehrgangsstrukturen: Kompaktkurse neben oder anstelle von Langzeitlehrgängen,
  - durch die Einbeziehung außerschulisch erfolgreich wahrgenommener Lernangebote und deren Anrechenbarkeit im Hinblick auf Zeugnisse und Abschlüsse,
  - durch eine intensive Förderung von möglichst längerfristigen Auslandsaufenthalten, zum Beispiel in der Form von Tandempaaren mit wechselweisem Aufenthalt in der deutschen und ausländischen Gastfamilie, Anrechnung auf die Teilnahme an schulischen Fremdsprachenlehrgängen,

  - durch die Nutzung der Möglichkeiten herkömmlicher und neuer Medien und der modernen Kommunikationstechnologie für Kontakte zu ausländischen Schulen.

- Zur Integration von unmittelbar Zugewanderten, die ohne deutsche Sprachkenntnisse die Schule beginnen oder als Seiteneinsteiger eingestuft werden, sollen flexible Formen sowohl zeitweiliger äußerer Differenzierung in Fördergruppen als auch der inneren Differenzierung im regulären Unterricht gefunden werden; eine langfristige Separierung in speziellen Auffangklassen soll vermieden werden.

Unterschiedliche Lernstile nutzen

- Die Lehrenden sollen sich stärker darauf einstellen, unterschiedliche Lernstile bei den Schülerinnen und Schülern in- und ausländischer Herkunft in ihrer Eigenart wahrzunehmen, nutzbar zu machen. Unterschiedlichen Lernstilen kann am besten dadurch entsprochen werden, daß dem selbständigen Lernen der Schülerinnen und Schüler ausreichend Raum gegeben wird.
  Durch unterschiedliche kulturelle Herkunft bedingte Einstellungen und Haltungen gegenüber schulischem Lernen, schulischem Erfolg und Mißerfolg sollen in der Arbeit mit den Schülerinnen und Schülern und in Beratungsgesprächen mit den Eltern aufgegriffen werden, um eine positive Einstellung gegenüber schulischem Lernen und Lernerfolg als Minimalkonsens abzusichern.

Positive Selbsterfahrung von Interkulturalität

- Schülerinnen und Schüler sollen darin unterstützt werden, die Erfahrung der Verunsicherung durch das Leben im Schnittbereich mehrerer Kulturen als Bereicherung der eigenen Entwicklung einzuschätzen, statt sie als Gefährdung der eigenen Identität zu fürchten.
  Die unterschiedliche kulturelle Herkunft von Schülerinnen und Schülern sollte als Potential genutzt werden, aus dem heraus persönliche Leistungen unterschiedlichster Art möglich sind.

Basiskenntnisse über andere Völker und Kulturen

- Die Schule soll solide Basiskenntnisse über andere Länder, deren Bevölkerung, Natur, Geschichte, Kultur und Wirtschaft als Voraussetzung für Verständnis und Toleranz gegenüber Fremdem im eigenen Land und in der Ferne vermitteln. Dazu ist es notwendig,
  - vor allem die Motive für Auswanderung ebenso wie die Interessen der aufnehmenden Gesellschaften kennenzulernen,
  - sich mit emotionalen und ideologischen Einstellungen. Karikaturen und Stereotypen auseinanderzusetzen,
  - die eigene sozio-kulturelle Verwurzelung und die eigene Identität zu reflektieren und auf diese Weise fähig zu werden, andere, fremde, ausländische Menschen zu verstehen,

- eigene Werte und Vorstellungen so weit relativieren zu können, wie es für das Zusammenleben mit Mitgliedern anderer Kulturen erforderlich ist.

Mehrperspektivischer Unterricht

- Systematische Erprobungen von multiperspektivischem Geschichts-, Literatur-, Musik- und Kunstunterricht sollen unternommen werden. Kontakte zu den ausländischen Eltern von Kindern an der Schule, E-mail-Kontakte zu Partnerschulen usw. sind bereichernde Ergänzungen zu den auf dem Markt angebotenen Lernmitteln.
- Geschichtsunterricht im Hinblick auf die europäische Dimension muß die Vorurteile, die Schülerinnen und Schüler gegenüber anderen Ländern haben, selbst zum Thema des Unterrichts machen.
- Lernmittel in allen Fächern sind unter dem Gesichtspunkt eurozentristischer und vorurteilsfördernder Wirkungen einer Revision zu unterziehen.
- Die Qualifikation der Lehrenden für den situationsbezogenen Umgang mit Vorurteilsstrukturen und kulturbedingten Verhaltensweisen, die im alltäglichen Zusammenleben Anlaß für Mißverständnisse oder Ausgrenzungen sein können, ist eine der Grundvoraussetzungen.

IV.1.5 Koedukation als Gestaltungsprinzip von Bildung

Koedukative Schulen gehören zur Selbstverständlichkeit der Bildungslandschaft. Die positiven Wirkungen der Koedukation als einer der wichtigsten bildungspolitischen Maßnahmen zur Umsetzung des im Grundgesetz festgelegten Gleichheitsgebots sind unbestritten. Erkenntnisse der Frauenforschung und Erfahrungen aus Modellversuchen werden berücksichtigt. Defizite ergeben sich aus der Beobachtung von Erfolg und Mißerfolg gemeinsamen Lernens und Lebens in der Schule. Zur Gestaltung von Unterricht, der optimale Entwicklungs- und Entfaltungsmöglichkeiten für Mädchen und Jungen will, empfiehlt die Kommission eine »reflexive Koedukation«. Ihr Ziel ist die Veränderung des Geschlechterverhältnisses zugunsten eines gleichberechtigten Zusammenlebens.

Ausgangslage

Positive Wirkungen der Koedukation

Dem Ziel, dem politischen Willen nach einem gleichberechtigten Zusammenleben der Geschlechter näherzukommen, entsprach die Einführung koedukativer Schulen im Zuge der Bildungsreform der 60er Jahre.

Heute werden koedukative Schulen von fast allen gesellschaftlichen Gruppen getragen; sie prägen die Normalität des Bildungswesens.

Die Koedukation hat entscheidend dazu beigetragen, das Bildungsdefizit von Mädchen zu beheben. Gehörten Mädchen früher zu den bildungsbenachteiligten Gruppen, so ist heute die quantitative Benachteiligung abgebaut. Mädchen haben beim Erwerb weiterführender Bildungsabschlüsse aufgeholt und zum Beispiel die Jungen mit einem Abituranteil von 52% inzwischen überholt. Sie erlangen in der Regel die besseren Noten, stellen den weitaus kleineren Teil der lernauffälligen Schüler und haben eine wesentlich geringere Sitzenbleiberquote.

Benachteiligungen in der Berufsausbildung

In der Berufsausbildung jedoch bestehen weiterhin deutliche Benachteiligungen. Auch in Phasen einer entspannteren Lage auf dem Ausbildungsmarkt und trotz der guten schulischen Abschlüsse und der nachweislich hohen Berufsmotivation von jungen Frauen sind ihre Chancen für eine qualifizierte Ausbildung und eine Beschäftigung, durch die sie finanziell gesichert sind, immer noch geringer als die junger Männer.

Noch immer werden 80% der Frauen in nur 25 Berufen ausgebildet, die zumeist mit geringem Verdienst, hohem Arbeitsmarktrisiko und wenig Aufstiegsmöglichkeiten verbunden sind. In den gewerblich-technischen Berufen und in den meisten anderen traditionell nicht frauentypischen Bereichen ist der Frauenanteil weiterhin niedrig und nur geringfügig angestiegen.

Geringe Veränderung auf dem Arbeitsmarkt

Trotz besserer Schulabschlüsse der Mädchen und jungen Frauen hat sich auf dem Arbeitsmarkt nur wenig verändert. Frauen sind zwar häufiger, aber immer noch selten in gut bezahlten Positionen, in den Führungsetagen und in den zukunftsträchtigen Feldern des Arbeitsmarktes zu finden. An der geschlechtsspezifischen Arbeitsteilung, insbesondere an der geringen Bereitschaft von Männern, familiale Tätigkeit und damit Verantwortung zu übernehmen, hat sich ebenfalls nur wenig geändert.

Weiterhin Beschränkungen der Entfaltungsmöglichkeiten

Bei Einführung der Koedukation wurde die prinzipielle Gleichheit der Geschlechter unterstellt. Man ging davon aus, daß Geschlechtsstereotype in der Schule keine Rolle mehr spielten. Jedoch sah und sieht die Realität anders aus. Geschlechtsstereotype setzen sich nach wie vor durch und führen zur Beschränkung der Entfaltungsmöglichkeiten sowohl von Mädchen als auch von Jungen.

Die unreflektierte Übertragung der Lehrpläne, Verhaltensmuster und Methoden von Jungenschulen auf koedukative Schulen bei deren Einführung, die in der Mehrzahl der Fälle eine Öffnung von Jungenschulen für Mädchen war, ist bis heute nicht grundlegend verändert worden.
Die Lehrplanstruktur begünstigt nach wie vor Jungen, die darüber hinaus von den Lehrkräften häufig als die interessanteren Schüler angesehen werden. Zugleich ist damit eine Verstärkung der geschlechtertypischen Fächerwahlen, u.a. im Wahlpflichtbereich und bei den Leistungskursen, mit der Folge vor allem eingeschränkter Berufs- und Studienwahlen durch junge Frauen verbunden. Eine Berufsorientierung erfolgt für Mädchen wie für Jungen gar nicht oder in unzureichender Weise.

Kritik an koedukativen Schulen

Seit einigen Jahren wird von unterschiedlicher Seite Kritik an koedukativen Schulen laut. Untersuchungen weisen nach, daß die Praxis koedukativer Schulen an Geschlechterstereotypen festhält und einseitiges Rollenverhalten bei Jungen und Mädchen verstärkt.

Lehrerinnen und Lehrer machen sehr häufig deutliche Unterschiede im Umgang mit Mädchen und Jungen. Einerseits wird von Mädchen eher Anpassungsverhalten statt Durchsetzungsvermögen eingeübt, andererseits stehen Jungen unter dem Druck des Überlegenheitsimperativs, nach dem Jungen und Männer immer »besser« als Mädchen und Frauen sein müssen. So entsteht eine erhebliche Diskrepanz zwischen Fähigkeiten und Ansprüchen, wird in einer Reihe von Fällen Versagen bewirkt, das häufig durch aggressives Verhalten seitens der Jungen und Männer kaschiert wird. Aggressives Verhalten wird bei Jungen eher geduldet. Damit wird ihnen die Chance genommen, die Notwendigkeit von Verhaltensänderungen zu erkennen und ein anderes Verhalten zu entwickeln. Jungen werden zwar wegen ihres falschen sozialen Verhaltens, zum Beispiel ihrer Disziplinlosigkeit ermahnt, ihre intellektuellen Fähigkeiten werden aber gleichzeitig oft lobend hervorgehoben, Schülerinnen hingegen finden häufig weniger Beachtung und Anerkennung als Jungen. In Diskussionen wird ihnen die Redezeit oft beschnitten, Jungen können sich mehr Zeit und Raum nehmen. Mädchen werden in der Regel zur Aufrechterhaltung der Disziplin eingesetzt, jedoch wird ihnen dies nicht als Leistung honoriert.

Entfaltungsmöglichkeiten auch der Jungen eingeschränkt

Die oberflächlich gesehen günstigere Situation der Jungen läßt jedoch außer Acht, daß auch sie in ihren Entfaltungsmöglichkeiten beschränkt werden. Der Überlegenheitsimperativ ebenso wie die vorherrschenden Männlichkeitsstereotype verursachen einen enormen Druck für die Jungen. Alle weichen und emotionalen Seiten,

Wünsche nach Geborgenheit und Zartheit müssen sie eher verstecken und unterdrücken. Auf die Dauer gehen solche Persönlichkeitsaspekte oft verloren, was dazu führt, daß sich hinter einer starken und harten Männlichkeit deutliche Sozialisationsdefizite verbergen. Damit auch Jungen ihre individuellen und sozialen Möglichkeiten in der Vorbereitung auf ein partnerschaftliches emanzipiertes Leben entfalten können, ist es notwendig, Möglichkeiten zu schaffen, damit Jungen diese Defizite ausgleichen können.

Koedukation reflektieren, weiterentwickeln und neu gestalten

Aus den Konsequenzen gegenwärtiger koedukativer Praxis ergibt sich die Notwendigkeit, die Koedukation zu überdenken, weiterentwickeln und neu zu gestalten.
Viele der an der Diskussion Beteiligten versprechen sich durch eine Teilaufhebung der Koedukation die Auflösung der qualitativen Benachteiligung. Koedukation wird jedoch vom weitaus größten Teil der Schülerinnen und Schüler befürwortet. Diese breite Zustimmung findet sich in allen Schulstufen und -formen. Selbst in Mädchenschulen überwiegt eher eine ambivalente Position, insofern neben Vorteilen auch deutlich Nachteile getrennter Schulen gesehen werden.

Die Vorteile beziehen sich zum einen darauf, daß die Schülerinnen sich nicht mit den von ihnen als nervig und negativ erlebten Jungen auseinandersetzen müssen. Zum anderen erleben sie gerade Unterricht in den sogenannten jungentypischen Fächern als Schonraum, in dem ihren Interessen entsprochen und sie nicht am Maßstab der Jungen gemessen werden.

Ein breiteres Interessenspektrum ist in Mädchenschulen zwar feststellbar, jedoch nicht unbedingt eine größere Sicherheit im Blick auf eigenes Zutrauen und Selbstvertrauen. Hier sind es eher die Schülerinnen aus koedukativem Erziehungskontext, die für gleiche Chancen der Geschlechter selbstbewußt eintreten.

Mädchen erkennen jedoch auch sehr klar die Probleme des koedukativen Unterrichts. Sie üben durchaus Kritik an selbstherrlichem Verhalten von Mitschülern und an geschlechtertypischen Einstellungen von Lehrkräften, insbesondere von Lehrern.

Getrennter Unterricht

Wenn sich Schülerinnen und Schüler für fächerspezifische oder zeitweise Trennungen aussprechen, dann vor allem für das Fach Sport, erst danach für Naturwissenschaften – und hier zum Teil für Biologie bzw. für einen getrennten Sexualkundeunterricht. Bedenkt man, daß in diesen Fächern Geschlechteraspekte eine zentrale Rolle spielen, dann verweist dies auf sinnvolle Möglichkeiten für zeitweilige Trennungen im koedukativen Kontext: Wo der

Wunsch und der Bedarf besteht, mit den Geschlechterrollen verbundene Zwänge zu reduzieren, bieten getrennte Gruppen die Möglichkeit, solche Zwänge zu thematisieren und zu bearbeiten. Das Erproben untypischer Verhaltensweisen, wie zum Beispiel Kraft und Härte bei Mädchen, Ängste und Weichheit bei Jungen, gehört ebenfalls hierzu. Trennungen, die sich nicht auf diese Fragestellungen einlassen, sondern unreflektiert eine Teilung nach Geschlechtszugehörigkeit vornehmen, verändern dagegen nicht ohne weiteres Einstellungen und Vorstellungen.

Bei getrenntem Unterricht werden die Mädchenkurse oft als nachrangig, als qualitativ weniger wertvoll angesehen. Nicht koedukativer Unterricht kann auch Rückwirkungen in der Form der Verankerung von Vorurteilen haben. Vorurteile und Diskriminierungen durch Jungen und Männer werden provoziert, die Chancen eines unverkrampften Umgangs der Geschlechter miteinander geraten in Gefahr.

Trennungen im Unterricht sind keine einfache Lösung des Geschlechterproblems, sie erfordern mindestens so viel Umsicht wie ein veränderter koedukativer Unterricht, der mit gleichberechtigter, gemeinsamer und voneinander profitierender Erziehung Ernst macht.

Leitvorstellungen

Weiblichkeit und Männlichkeit im Alltagsverständnis sind in starkem Maße kulturell vermittelte Verhaltensmuster. Jungen und Mädchen eignen sich diese Rollenidentität im Sozialisationsprozeß an. Geschlecht ist somit nicht nur biologische Bestimmung, sondern vielmehr eine soziale Kategorie. Vor diesem Hintergrund ist Schule in ihren Bemühungen zur Veränderung einseitigen Rollenverhaltens nicht als isolierter Raum zu betrachten; allgemeine gesellschaftliche Erwartungen und Bedingungen wirken in sie hinein.

Reflexive Koedukation als Ziel

In der Schule soll eine reflexive Koedukation, die die Geschlechtsverhältnisse zugunsten eines gleichberechtigten Zusammenlebens verändern will, verwirklicht werden.

Abbau von Geschlechterhierarchien

- Ziel ist es, im Schulalltag Geschlechterhierarchien abzubauen, die Geschlechterverhältnisse neu zu bestimmen und somit ein gleichberechtigtes Zusammenleben und -lernen beider Geschlechter zu erreichen.

- Um eine gemeinsame, gleiche und umfassende Bildung für Mädchen und Jungen zu ermöglichen und geschlechtsspezifische stereotype Zuweisungen aufzulösen, soll es eines der wichtigsten Ziele von Schule sein, alle notwendigen und wesentlichen Kenntnisse und Fähigkeiten gleichermaßen sowohl bei Mädchen als auch bei Jungen zu fördern und herauszubilden.

Auflösung geschlechtsstereotyper Zuweisungen

- Ziel reflexiver Koedukation ist die Chance, individuelle Unterschiede ohne Benachteiligungserfahrungen leben zu können. Nicht Gleichmacherei, sondern ein positives Verständnis von männlicher und weiblicher Identität, das tatsächliche Chancengleichheit im privaten wie im öffentlichen Leben ermöglicht, soll erreicht werden.

Differenzen leben können

- Angesichts der in allen gesellschaftlichen Bereichen bestehenden Geschlechterhierarchien soll eine reflexive Koedukation den kulturellen Leistungen von Frauen im Unterricht den gleichen Stellenwert einräumen wie den kulturellen Leistungen von Männern und damit das überlieferte männerlastige historische Verständnis zu korrigieren.

Kulturelle Leistungen von Frauen sichtbar machen

- Heute sind eine qualifizierte Berufsausbildung und eine langfristige Erwerbstätigkeit ohne Verzicht auf Kinder und Familie die bevorzugte Lebensperspektive von Mädchen wie von Jungen. Durch reflexive Koedukation sollen die Fähigkeiten beider Geschlechter dazu gefördert werden. Mädchen müssen unterstützt werden, ihre Ansprüche an Arbeit und Beruf zu artikulieren und durchzusetzen. Jungen benötigen Unterstützung in der Entwicklung einer Orientierung auf Familientätigkeit und Kindererziehung.

Orientierungen und Fähigkeiten beider Geschlechter unterstützen

Empfehlungen

- Reflexive Koedukation soll Element allgemeiner Bildung sein und muß deshalb bewußt, aktiv und umfassend in das Lern- und Sozialfeld der Schule eingebracht werden. Es geht um die Reflexion der Geschlechterverhältnisse und ihrer Konstitutionsbedingungen und um den tatsächlichen Abbau von Geschlechterhierarchien im Schulalltag.

Reflexive Koedukation als Element allgemeiner Bildung

- Die Wahrnehmung und Bearbeitung von Geschlechtsstereotypen soll in allen Fächern geübt und auch zum Gegenstand der Erörterung in den Gremien gemacht werden.

Sensibilisierung in allen Fächern und Gremien

Abwertung und Ausgrenzung von »Weiblichem« überwinden

– Um den kulturellen Leistungen von Frauen und Männern den gleichen Stellenwert einzuräumen, muß das Augenmerk verstärkt darauf gerichtet werden, Frauensicht und Frauenkultur erfahrbar zu machen, gerade auch für Jungen und Männer. Dabei gilt es, Wissensdefizite zu beseitigen und emotionale Sperren durch die Abwertung und Ausgrenzung von Weiblichem zu überwinden. Indem die Rolle von Frauen und von Männern selbstverständliches Thema aller vom Menschen handelnder Inhalte in Schule wird, kann einer Ausgrenzung und Sonderstellung von Frauen entgegengewirkt werden.

Unterschiedlichkeiten respektieren ohne Festlegung

– Schulische Arbeit, die sowohl Mädchen als auch Jungen optimal fördern will, muß unterschiedliche Erfahrungen, Verhaltensweisen, Einstellungen, Vorlieben von Mädchen und Jungen erkennen und respektieren, ohne sie auf Mädchen und Jungen festzulegen oder gar Abweichungen zu sanktionieren.

Gegenerfahrungen ermöglichen

– Da die Thematik des Geschlechterverhältnisses die Identität aller betrifft, reicht Aufklärung zur Veränderung nicht aus. Notwendig ist, daß Jungen und Mädchen Gegenerfahrungen machen, um geschlechtsstereotype Festlegungen abzubauen. Lernsituationen sollen daraufhin angelegt werden; hierfür können geschlechtsgetrennte Gruppen ebenso genutzt werden wie koedukative Unterrichtssituationen.

Reflexive Koedukation

– Reflexive Koedukation bedeutet nicht Rückkehr zu getrennten Gruppen oder gar getrennten Schulen, sondern Beibehaltung und bewußte Verbesserung koedukativen Unterrichts. Geschlechtshomogene Gruppen sollten je nach Lernsituation gebildet werden. Fächerbezogene Schematisierungen sind auszuschließen.

Reflexion der Geschlechterverhältnisse

– Eine Trennung von Mächen und Jungen sollte rückbezogen werden auf den koedukativen Kontext. Bei Mädchen sollte dies zu einem größeren Selbstvertrauen führen. Bei Jungen sollte die Reflexion über die Einbindung der Jungen und Männer in die »herrschende Männlichkeit« ein verändertes Bewußtsein und Verhalten ermöglichen.

Entwicklung der Geschlechtsidentität unterstützen

– Die Entwicklung einer Geschlechtsidentität muß durch Lehrerinnen und Lehrer so unterstützt werden, daß Mädchen sich als weiblich und Jungen sich als männlich verstehen können, ohne daß daraus zugleich Vor- oder Nachteile entstehen.

Neuorientierung der Bildungsinhalte und -formen

– Die Orientierung der Bildungsinhalte und -formen, Aufgabenstellungen und Lehrplanvorgaben an männlichen Erfahrungen und männlichen Lebensvorstellungen ist zu überwinden. Bisherige Akzent- und Wertsetzungen sowie Schematisierungen müssen überprüft werden.

- Um den Abbau von Geschlechterhierarchien zu erreichen, muß ein größerer Wert auf die Entwicklung von sozialen Kompetenzen bei Jungen und Mädchen gelegt werden und das Leben in der Schule auf ein gleichberechtigtes Miteinander ausgerichtet werden.
  Im Verhalten zwischen den Geschlechtern und in bezug auf das Verhältnis zwischen Männern ist es wichtig, Umgangsformen zu lernen, die ein gewaltfreies Lösen von Konflikten durch Aushandeln ermöglichen.
  Die Förderung und Einübung von Empathie für die eigene und für fremde Personen ist dabei wesentlicher Bestandteil zur Entwicklung sozialer Kompetenz, insbesondere auch für Jungen.

Entwicklung sozialer Kompetenz

- Das Geschlechterverhältnis muß in den Bezugsrahmen schulischer Berufsorientierung einbezogen werden. Zur Vorbereitung der Berufswahlentscheidung ist in der Schule frühzeitig eine gemeinsame Berufsorientierung für Jungen und Mädchen notwendig. Ziel schulischer Berufsorientierung soll auch die Entwicklung einer kritischen, das heißt auf die Veränderung einengender Bedingungen gerichteten Handlungsfähigkeit sein, um Chancen und Risiken einer Berufsentscheidung, aber auch ihre Ansprüche, Möglichkeiten und Alternativen zu erkennen.
  Der berufsvorbereitende Unterricht der allgemeinbildenden Schule soll die einseitige Orientierung auf Erwerbsarbeit aufgeben und von einem erweiterten Arbeitsbegriff ausgehen, der auch die anderen Formen gesellschaftlicher Arbeit, wie zum Beispiel politisches Engagement, Haus- und Familienarbeit, berücksichtigt, dies sowohl für Jungen als auch für Mädchen.

Frühzeitige Berufsorientierung für Mädchen und Jungen

- Erforderlich ist, daß Lehrerinnen und Lehrer in der Koedukationsthematik systematisch und obligatorisch geschult werden. Dies bezieht sich sowohl auf die Lehrerausbildung wie die Lehrerfortbildung. Dabei geht es darum, ein Bewußtsein für diese Thematik zu schaffen, zum Beispiel die subtilen Mechanismen des traditionellen Rollenverständnisses aufzuzeigen, zu thematisieren und zu besprechen und die Lehrkräfte zu koedukativem Unterricht, der beiden Geschlechtern gerecht wird, zu befähigen (Kapitel V.7.1).
  Lehrkräfte sollen im Schulalltag Vorbild sein für einen akzeptierenden, nicht-hierarchischen Umgang der Geschlechter miteinander.

Koedukationsthematik obligatorisch in der Lehrerbildung

- Wichtiger Ansatzpunkt zur Fort- und Weiterbildung von Lehrkräften ist eine Sensibilisierung als Voraussetzung für die Befähigung, andere Einstellungen und andere Umgehensweisen zu praktizieren.

Sensibilisierung und Befähigung

Supervision zur Unterstützung

– Um reflexive Koedukation in Schule Wirklichkeit werden zu lassen, soll Lehrerinnen und Lehrer Supervision angeboten werden, damit Differenziertheit und Komplexität der Koedukationspädagogik bearbeitet werden können.

Beispielschulen

– In einer ersten Stufe sollen möglichst in allen Schulregionen einige Schulen als Pilotschulen darin unterstützt werden, ein spezielles koedukatives Profil auszubilden.
Dazu wird es erforderlich sein, die in der Schule Tätigen und alle an Schule Interessierten und für sie Verantwortlichen für die Zielsetzung »reflexive Koedukation« zu sensibilisieren und zu trainieren.
Die Erfahrungen dieser Beispielschulen können wertvolle Erkenntnisse für die Aus- und Fortbildung von Lehrerinnen und Lehrern liefern, die die bisherigen Ergebnise der Koedukationsforschung praxisbezogen ergänzen.

IV.1.6 Lernen in der Informationsgesellschaft

Schulisches Lernen wird künftig immer stärker Lernen in einer von Medien bestimmten Welt sein. Lernen ist zu allen Zeiten von Medien unterstützt worden. Die Ausdifferenzierung der klassischen Text- und Bildmedien in den letzten Jahrzehnten, vor allem aber die Entwicklung der elektronischen Medien und die Möglichkeiten der Informations- und Kommunikationstechnik beeinflussen die Lern- und Bildungssituation grundlegend.

Ausgangslage

Medien als Instrumente, Medien als Miterzieher

Für das Lernen in der Schule stehen im Umgang mit den Medien zwei unterschiedliche Erfahrungen und Perspektiven nebeneinander: Einerseits erweisen sich gerade die neuen Medien als Instrumente, die nicht nur im beruflichen und privaten Bereich, sondern auch in der Schule vielfältige Möglichkeiten einer differenzierten, motivierenden, kreativen und gänzlich neuen Lernarbeit schaffen können. Schüler werden in diesem Zusammenhang oft Lehrer ihrer Lehrer. Andererseits greifen die Informationen und Botschaften, die über die Medien an Kinder und Jugendliche herangetragen werden, immer tiefer und nachhaltiger in deren Wahrnehmung, Urteilsbildung und Verhalten ein.

Im einzelnen gilt:

- Medien sind heute schon selbstverständliche und integrierte Bestandteile der Berufs- und Alltagswirklichkeit. Sie sind nicht nur ein zusätzliches Element in unserer gesellschaftlicher Realität; sie strukturieren vielmehr als neue Instrumente und als Übermittler von Informationen und Botschaften diese Wirklichkeit zunehmend mit.
- Medien als Instrumente und Medien als die Überbringer von Botschaften bestimmen zugleich immer stärker die Themen, welche Menschen für wichtig halten, die Probleme, mit denen sie sich auseinandersetzen, die Bewertungen und Urteile, die gefällt werden, die gesellschaftlichen und politischen Gestaltungsvorstellungen, die bevorzugt oder abgelehnt werden.
- Kinder und Jugendliche begegnen in der Regel den rasch wechselnden neuen Angeboten auf dem Medienmarkt mit Aufgeschlossenheit. Sie wachsen mit ihnen auf und nehmen sie in ihre Aktivitäts- und Erlebniswelt, in ihre Spiel-, Informations- und Lernumgebung auf.

Technische und kommerzielle Entwicklung

Die technisch-kommerzielle Entwicklung und die damit verbundenen Nutzungsmöglichkeiten der Medien sind bestimmt durch die ständige Erneuerung und Perfektionierung des Angebots, das Nutzungswünsche weckt und eine immer wieder sich erneuernde Medienaufmerksamkeit erzeugt.

Die Möglichkeiten der Mediennutzung werden in noch nicht abschätzbarer Weise ausgeweitet werden. Neben den bisher getrennten Medien werden zunehmend integrierte Multimediasysteme zur Verfügung stehen. Der interaktive Umgang mit Medien wird eine Veränderung des Nutzerverhaltens weg von der reinen Konsumentenhaltung mit sich bringen.

Vernetzung und globale Hochgeschwindigkeitsnetze werden einen weltweiten Zugriff auf Informationen und Datenbanken ermöglichen. Die Mediennutzer werden sich damit zum Teil aus den geografisch und sozial vertrauten Bindungen lösen, ihre Wahrnehmungen und Erfahrungen werden stärker in globale Zusammenhänge hineingehen. Telekommunikation erzeugt neue Kommunikationsformen und Kontakte zwischen Menschen.

Attraktivität

Die Medienwelt wird vor allen Dingen für Kinder und Jugendliche immer stärker Informations-, Erlebnis- und Bildungswelt sein. Medien erweitern nicht nur die Zugänge zu Informationen, zu Sach- und Problemzusammenhängen, sie verändern zugleich Zugangsweisen und Zugriffsmöglichkeiten, erlauben neue Formen des Wissensaufbaues.

Entscheidungsfähigkeit und Selbststeuerung gegenüber den Angeboten können durch neue Formen der Nutzung aktiviert und stabilisiert werden. Individualisierung in der Informationsaufnahme und -bearbeitung, auch im Bereich systematischen Lernens können deutlicher in den Vordergrund treten. Lernen kann über individuelle und teambezogene Mediennutzung Anreize und damit neue Leistungsmöglichkeiten entfalten. Dies ergibt sich jedoch nicht zwangsläufig im Umgang mit den Medien. Es setzt Medienkompetenz, das heißt die Beherrschung der Handhabung und der Kommunikationsformen der Medien, das Durchschauen ihrer Aussage- und Vermittlungsstrukturen voraus.

Veränderung der Schule in der Medienwelt

Die immer dichter werdenden Medienangebote schaffen durch Breite und Intensität ihrer Wirksamkeit auch für die Schule neue Lern- und Arbeitsmöglichkeiten, stellen sie aber auch in Frage. Interesse und Motivation vieler Schülerinnen und Schüler verlagern sich in den Medienbereich. Die notwendige und gewollte Begrenztheit der von der Schule bearbeiteten Themen scheint den Medienangeboten immer mehr Bildungswirksamkeit zu verleihen. Die inhaltlichen und methodischen Sicherheiten, mit denen die Unterrichtsgestaltung bisher ihre Erfolge kalkulieren konnte, erweisen sich oft als nicht mehr tragfähig.

Schulisches Lernen wird das Lernen mit und durch Medien mitsehen müssen. Dies kann einen Verzicht auf Ziele und Inhalte, die traditionell den Unterricht getragen haben, ebenso bedeuten wie die Veränderung des Vorgehens, sogar die Auslagerung von Lerneinheiten in individuelle, mediengestützte Selbstlernphasen.

Andererseits zeichnet sich ab, daß die Schule in dieser durch die Medien wesentlich mitgeschaffenen neuen Bildungssituation dazu motiviert werden kann, die ihr eigenen Arbeitsakzente und Wirkungsmöglichkeiten klarer herauszustellen und damit ihre Bedeutung für Bildung und Erziehung in der Medienwelt zu erweitern. Dies könnte sich zeigen

- in der systematischen und konstruktiven Einbeziehung der Medien: zur Erhöhung der Sachneugier, der Lernmotivation, der Möglichkeiten, neue Zugänge zu Informationen zu gewinnen, neue Ansätze zur Bearbeitung von Problemen zu erschließen, offene, individualisierte und gruppenbezogene Arbeits- und Lernprozesse in Gang zu setzen,
- in der Betonung und Erschließung komplexer Zusammenhänge gegenüber einer vereinfachten Problemsicht und verkürzten Problemlösungen,
- in der Betonung des Personalen und Dialogischen in der Kommunikation und in der Lernarbeit,

- in der Betonung der Kontinuität von Denken und Handeln gegenüber einer Fragmentarisierung von Informationen, Sachdarstellungen, Wahrnehmungen und Urteilsbildungen,
- in der Betonung von unmittelbarer Erfahrung gegenüber einer verkürzten Wiedergabe von Realität.

Leitvorstellungen

Lernen in der Schule und Lernen in der Welt der Medien und durch die Welt der Medien werden in der Schule der Zukunft zusammengesehen und zusammengeführt werden müssen.

Schulen sollen die Medienwelt als Bildungswelt und Miterzieher nicht nur in Kauf nehmen; sie sollen sich nicht in erster Linie gegen sie abgrenzen, sondern sie bei der Gestaltung von Unterricht und Erziehung annehmen, als Partner sehen und nutzen.

- Schulische Medienpädagogik soll zu einer konstruktiven und zugleich kritischen Nutzung der Medien führen. Deshalb soll die Trennung zwischen der informations- und kommunikationstechnologischen Bildung – zur Nutzung der Medien als Instrument – und der Medienerziehung – als Befähigung zum kritischen Umgang mit Medieninformation und Medienbotschaft – stufenweise aufgehoben werden zugunsten einer integrierten Medienpädagogik. *Medienpädagogik*

- Wesentliches Ziel schulischer Medienarbeit soll der Aufbau von Medienkompetenz bei Lehrerinnen und Lehrern und Schülerinnen und Schülern sein. Medienkompetenz als Element allgemeiner und beruflicher Bildung soll verstanden werden *Medienkompetenz*
  - als Befähigung zum Umgang mit allen Medien und den Produkten der Informations- und Kommunikationstechnik,
  - als Befähigung der Nutzung der Medien zum Lernen und Gestalten,
  - als Urteilsfähigkeit gegenüber den Botschaften der Medien.

- Die Einbeziehung der Medien in die Schule soll mit dazu beitragen, Formen des selbstgesteuerten Lernens, neue Möglichkeiten der Wahrnehmung, der Informationsgewinnung und -verarbeitung und Formen der Selbstkontrolle zu entwickeln und praktizieren. *Selbstgesteuertes Lernen*

- Medienpädagogik gelingt am besten, wenn sie getragen wird von einer allgemeinen Unterrichtsgestaltung, die offene Arbeitsformen bevorzugt, und von einem Arbeitsklima, das durch individuelle Verantwortung für die eigenen Lernprozesse ge- *Pädagogisches Gesamtkonzept* prägt ist. Schulen sollen deshalb ihre medienpädagogische Arbeit im Rahmen eines entsprechenden pädagogischen Gesamtkonzeptes verwirklichen.

- Der Einfluß der Medien auf die Bildung von Kindern und Jugendlichen soll zum Anlaß genommen werden, die inhaltlichen Zielsetzungen schulischen Lernens gründlich zu überprüfen und die Chancen einer Entlastung der Schule von überflüssiger Informationsvermittlung zu nutzen. Lehrplanrevisionen, welche die Lernmöglichkeiten mit elektronischen Medien nicht entschieden einbeziehen, sind kaum geeignet, das Lernen in der Schule neu und wirksam weiterentwickeln zu helfen.

Integrierte Medienpädagogik

- Die Einbeziehung der Medien soll als integrierte Medienpädagogik erfolgen und sich auf möglichst viele Fächer, Lern- und Arbeitsbereiche erstrecken; sie soll auch dazu führen, daß rezeptive und reproduktive Lernformen nicht vorherrschen, sondern in viel stärkerem Maße als bisher situationsbezogene, erfahrungsbezogene und handlungsorientierte Arbeitsansätze gewählt werden.

Empfehlungen

Die folgenden Empfehlungen gehen von der Notwendigkeit aus, Medienpädagogik möglichst rasch und umfassend in allen Schulformen und Schulstufen zu einem Element allgemeiner und obligatorischer Bildung zu machen.

Sensibilisierung und Aktivierung

- Vorrangig ist eine Sensibilisierung der Schulen, und damit in erster Linie der Lehrerinnen und Lehrer, für die Bedeutung der Medien im Bildungs- und Erziehungsprozeß. Deshalb muß eine verpflichtende medienerzieherische und mediendidaktische Fortbildung, möglichst auf der Ebene der einzelnen Schulen, eingeleitet werden. Sie soll eine Aktivierung von Mediennutzung und Medienerziehung zur Folge haben und auch die veränderte Rolle der Lehrertätigkeit berücksichtigen.

Rahmenkonzept Medien

- In Anknüpfung an die seit 1985 eingeführte informations- und kommunikationstechnische Grundbildung, deren Verwirklichung in der Schulpraxis noch sehr unterschiedliche Qualität hat, soll für Nordrhein-Westfalen umgehend ein schulformübergreifendes und auf eine integrierte Medienpädagogik ausgerichtetes Rahmenkonzept »Lernen mit Medien« erarbeitet werden. Es soll den einzelnen Schulen viel Spielraum zur Selbstgestaltung lassen.

- Auf der Grundlage dieses Konzeptes soll eine landesweite medienpädagogische Initiative in allen Schulformen in Gang kommen, die zu unterschiedlichen Arbeitsansätzen der Medienpädagogik führen soll. In diesem Zusammenhang sollen – möglichst in Kooperation mit außerschulischen Partnern – systematisch curriculare und schulorganisatorische Modelle erprobt werden. Möglichkeiten einer »fachartigen« Verdichtung der Medienpädagogik in bestimmten Jahrgangsstufen sollen vorgesehen werden. *Medienpädagogische Initiative*

- Die Verwirklichung des Rahmenkonzeptes »Lernen mit Medien« soll verbunden werden mit einer Ausstattungsinitiative, die auf der Analyse der Arbeitssituation in den einzelnen Schulen beruht. Erst im Zusammenhang mit einer solchen Initiative werden die Schulen instand gesetzt werden können, Medien als Instrumente des Lernens zu nutzen. In diesem Zusammenhang sollen neue und effiziente Ausstattungsvarianten erprobt werden, u.a. auch die Funktion von Medienzentren an ausgewählten Schulen oder als schulunabhängige Einrichtungen. Die Kooperation mit anderen einschlägigen Einrichtungen und mit Förderern, zum Beispiel aus der Wirtschaft, soll gestützt werden. *Ausstattungsinitiative*

- In einer ersten Stufe sollen möglichst in allen Schulregionen einige Schulen jeder Schulform als Pilotschulen ein medienpädagogisches Profil ausbilden können, das im Zusammenhang mit einer allgemeinen didaktisch-methodischen Weiterentwicklung, insbesondere von selbststeuernden Lernverfahren, steht. Auf diese Weise können örtlich bzw. regional Beispiele für die Weiterentwicklung schulischen Lernens in Verbindung mit medialen Lernsituationen, Lernarrangements und Lernwelten erarbeitet und verdeutlicht werden. *Beispielschulen*

- Medienkompetenz und Medienpädagogik sollen systematisch als Bestandteile der Lehrerausbildung sowohl in der universitären Phase als auch in der schulpraktischen Ausbildungsphase verankert werden. Es sollen möglichst Bausteine erarbeitet werden, die in der Ausbildung und der Fortbildung gleichermaßen genutzt werden können (Kapitel IV.7.2). *Medien in der Lehrerbildung*

IV.1.7 Gestaltungsfreiraum der Schulen

Die einzelne Schule hat die Aufgabe, für ihre Schülerinnen und Schüler eine geordnete Lernumwelt zu schaffen, die dazu anregt, mit Selbstvertrauen Wissen zu erwerben, allgemeine Kompetenzen und Werteinstellungen zu entwickeln und soziale Erfahrungen zu machen. Dazu brauchen Schulen Gestaltungsfreiheit und Verantwortungsspielraum.

Ausgangslage

Stundentafeln

Wissensbestände begegnen den Lernenden in der Schule überwiegend als fachliches Wissen, dessen didaktische und methodische Erschließung im Rahmen von Schulfächern geschieht.

Der Anteil der Schulfächer am Zeitbudget der Schule wird durch Stundentafeln geregelt. Die Stundentafeln sichern den Anspruch der Schülerinnen und Schüler auf Unterricht in einem bestimmten Umfang als Voraussetzung für den Erwerb von Abschlüssen, außerdem sind sie eine der Grundlagen für die Feststellung des Lehrerbedarfs und für den Unterrichtseinsatz des Lehrpersonals.

Die Festlegung der Anteile einzelner Fächer am Zeitbudget der Schule verdankt sich zum Teil überkommenen schulformspezifischen Profilierungen des Lernangebots, zum Teil den Erfordernissen einer Vergleichbarkeit von Bildungsgängen und Abschlüssen zwischen den Bundesländern. Durch schmale »Bandbreiten« in bezug auf die Stundenanteile je Jahrgang und je Fach hat die Einzelschule die Möglichkeit, in Grenzen die zeitliche Struktur des Unterrichtsangebotes zu gestalten und damit auch ihre Ressourcen flexibler zu nutzen.

Zeitliche Unterrichts-organisation

Die zeitliche Grundeinheit für die Unterrichtsorganisation bildet bislang die 45-Minuten-Stunde. Sie ist nicht nur Berechnungsgrundlage in bezug auf die Stundentafeln und die Unterrichtsverpflichtung der Lehrerinnen und Lehrer, sie prägt als fester Zeittakt den Rhythmus des Schullebens. Es bestehen bisher zu wenig Möglichkeiten einer alternativen Organisation des Unterrichtsangebotes und des Schullebens wie zum Beispiel einer rhythmisierenden Gestaltung des Tages- und Wochenablaufs, einer Epochalisierung, einer Mischung unterschiedlicher Zeiteinheiten, einer Zeitplanung für selbständige Arbeit, fächerübergreifenden Unterrichts unter Beteiligung verschiedener Lehrkräfte. Selbst die bereits heute vorhandenen Möglichkeiten werden von vielen Schulen nicht genutzt; die Organisation des Unterrichts ausschließlich in 45-Minuten-Stunden verengt die didaktischen und methodischen Gestaltungsmöglichkeiten entscheidend.

Die elektronische Datenverarbeitung, die bislang eher zur Unterstützung der im übrigen konventionellen Stundenplangestaltung genutzt wird, eröffnet für die Schulen neue Möglichkeiten eines flexiblen Zeit-, Raum- und Lehrmittelmanagements.

Lerngruppen

Lerngruppen werden in der Regel als Jahrgangsklassen bzw. -stufen zusammengesetzt. Zwar besteht die Altershomogenität bereits bei der Einschulung in die Grundschule nicht und geht in späteren Jahrgangsstufen durch Wiederholer und Seiteneinsteiger weiter verloren (→ Kapitel V.3.2), die Zusammensetzung von Lerngruppen als Jahrgangsklasse bzw. -stufe stellt jedoch die Norm dar.

Jahrgangsübergreifende Lerngruppen dürfen in Ausnahmefällen eingerichtet werden, nämlich dann, wenn sie jahrgangsbezogen nicht zustande kommen. Eine gewollte altersheterogene Zusammensetzung bildet aber im Schulalltag die Ausnahme, sie kommt allenfalls in Projekttagen und Projektwochen vor und wird dann in der Regel als pädagogisch bereicherndes Moment erfahren. Erfahrungen mit altersheterogenen Gruppen in anderen Staaten und in Schulen im nichtöffentlichen Bereich werden von den Schulen bislang nicht aufgegriffen. Ein Tutorensystem, in dem Jüngere von Älteren in ihrem Lernen unterstützt werden, ist unter den gegebenen Bedingungen kaum realisierbar.

Fächerübergreifender Unterricht

Während noch bis vor wenigen Jahren fächerübergreifendes Arbeiten fast ausschließlich in kurzfristigen Projekten – zum Beispiel Projekttagen und Projektwochen – stattfand, werden die bestehenden Freiräume von den Schulen mehr und mehr genutzt. In Nordrhein-Westfalen ist die systematische Entwicklung von fächerübergreifenden Unterrichtssequenzen für den Differenzierungsbereich der Klassen 9 und 10 bereits im Gange; die Entwicklung fächerübergreifender Profile in der gymnasialen Oberstufe beginnt. Zum Teil sind es Aktivitäten, die sich um den Kern des fachlichen Unterrichts lagern, zum Teil Ansätze, die den Fachunterricht vernetzen.

Richtlinien und Lehrpläne

Zu den zentral steuernden Vorgaben des Unterrichts gehören neben den Stundentafeln und zeitorganisatorischen Rahmenbedingungen Richtlinien und Lehrpläne für die einzelnen Schulformen, Schulstufen und Fächer. Sie formulieren Standards schulischen Lernens, die ein möglichst hohes Maß an gleichwertiger Bildung und Erziehung und die länderübergreifende Vergleichbarkeit sichern sollen. Richtlinien und Lehrpläne haben nach § 1 des Schulverwaltungsgesetzes den Rechtscharakter von Runderlassen des Ministeriums.

Sicherung von Standards

Richtlinien und Lehrpläne haben eine Vielzahl unterschiedlicher Funktionen zu erfüllen und unterschiedlichen Nutzerinteressen gerecht zu werden.

Verbindlichkeitsunterschiede

Die Formel »nach Lehrplan erteilt« kann sehr unterschiedliche Grade der Verbindlichkeit im Detail innerhalb des Gestaltungsspielraumes für die pädagogische Freiheit der einzelnen Lehrerin und des einzelnen Lehrers umschreiben. Gesellschaftliche Gruppen, Fach- und Erziehungswissenschaften achten darauf, ob sich in ihnen die jeweilig vertretenen allgemeinpolitischen, fachlichen und pädagogischen Positionen spiegeln. Verlage und andere Produzenten von Lehr- und Lernmitteln orientieren sich an Richtlinien und Lehrplänen bei der Entwicklung und Überarbeitung ihrer Produkte. Lehrerinnen und Lehrer suchen in den Lehrplänen Hinweise auf didaktische Konstruktionen, Hilfen bei der Stoffverteilung, Sequenzialisierung und beim Entwurf von Unterrichtseinheiten. Die Schulaufsicht erwartet von ihnen die Präzisierung fachlicher Standards und Innovationen, inhaltlicher Verbindlichkeiten und Kriterien der Leistungsbewertung.

Unterschiede bestehen zwischen Richtlinien- und Lehrplangenerationen und zwischen den Fächern. Zudem übersteigt die Nutzungsdauer der eingeführten Schulbücher, bedingt durch die Sparzwänge der Lernmittelfreiheit, häufig die Geltungsdauer von Richtlinien und Lehrplänen. Als die eigentlichen Planungsinstrumente und Leitmedien beeinflussen sie in viel direkterem Maße die Lehr- und Lernverfahren und konterkarieren häufig die Intentionen der Richtlinien- und Lehrplanentwicklung.

Profilbildungen

Die Ausbildung eines individuellen Profils der Einzelschule vollzog sich früher quasi von selbst als Ergebnis von langfristigen Eigenheiten der Einzelschulen wie durch fachliche Schwerpunktbildung, Geschlechtertrennung bzw. Koedukation, weltanschauliche und – eventuell vermeintliche – gesellschaftspolitische Ausrichtung, das Image stärkerer oder schwächerer Selektivität, bauliche Voraussetzungen usw.

In der Zeit sinkender Schülerzahlen wurde der Profilbildung verstärkte Aufmerksamkeit gewidmet, weil sich dadurch auch die Aussicht bot, in Konkurrenz zu anderen Schulen der gleichen Schulform ausreichend Schüler anzuziehen und den Bestand der Schule zu sichern.

Inzwischen erhält das Profil einer Schule einen anderen, vorrangig pädagogischen Stellenwert, bedingt durch das verstärkte Bedürfnis danach, nicht nur zufällige Standortvor- oder -nachteile dem Schulprofil zurechnen zu lassen, sondern dieses aktiv zu planen und zu gestalten und damit die pädagogische Wirkungskraft der Schule zu verstärken.

Pädagogische Freiheit

Konzentrierte sich die »pädagogische Freiheit« früher fast ausschließlich auf die unterrichtsmethodische Umsetzung der didaktischen Vorgaben und obligatorischen Lerngegenstände durch die einzelne Lehrkraft, so weisen neuere Richtlinien die Tendenz auf, die Regelungsdichte zurückzunehmen und Freiräume im pädagogischen Bereich nicht nur zu dulden, sondern ausdrücklich zur Selbstgestaltung aufzufordern.

Beginnend mit den Grundschulrichtlinien von 1985 und sukzessive in den folgenden Neubearbeitungen der Richtlinien und Lehrpläne für andere Schulformen wird in Nordrhein-Westfalen der pädagogischen Grundorientierung des Kollegiums ein Gestaltungseinfluß auf das Schulprogramm der Einzelschule eingeräumt. Die Einzelschule erfüllt danach ihren Bildungs- und Erziehungsauftrag besonders wirksam, wenn sie sich ihre pädagogische Arbeit bewußt macht, diese kritisch einschätzt und weiterentwickelt. Hierdurch und durch die Berücksichtigung des Lebensumfeldes und der konkreten Lernbedingungen der Kinder bildet sich in der Umsetzung der Richtlinien und Lehrpläne das individuelle Schulprogramm einer Schule heraus.

Die Anregung, Absprachen auf Kollegiumsebene zu treffen, bezieht sich in vielen Schulen noch hauptsächlich auf Fragen der Binnenorganisation des Schullebens, der Schulkultur und einzelner Vorhaben, während die Konkretisierung der inhaltlichen Vorgaben in der Regel den einzelnen Lehrerinnen und Lehrern überlassen bleibt. Ein in dieser Weise definiertes Schulprogramm spart noch das Lernen selbst und seine Inhalte aus, hat seinen Schwerpunkt eher in der Fortsetzung bewährter Traditionen als in der grundsätzlichen didaktischen Reflexion und Organisation des Lernens (→ Kapitel IV.2.2).

Neues Richtlinienkonzept

Die neueren Richtlinienentwicklungen zielen auf Schulprogramme in einem umfassenderen Verständnis. Sie weiten dazu die Mitwirkungsrechte der am Schulleben Beteiligten auf diesen Bereich aus.

Die einzelne Schule ist nun aufgefordert, zur Ausbildung ihres eigenen pädagogischen Profils in eigener Verantwortung aus fachlichen und übergreifenden Fragestellungen heraus in kooperativer Planung der Mitwirkungsgremien und – wo es erforderlich ist – auch mit dem Schulträger ein Schulprogramm zu entwickeln, das Inhalte und Organisationsformen für Unterricht und Schulleben enthält. Dabei gilt es, offene Gestaltungsspielräume zu beschreiben, schulformspezifische Aufgabenstellungen mit Themenschwerpunkten zu formulieren und diese mit den fachspezifischen Zielen und Inhalten zu verbinden.

Viele Veränderungen im Verhältnis zu den zentralen Vorgaben der Stundentafeln und der Lehrpläne spielen sich auf einer Ebene ab, die unterhalb der durch die Rechtsvorschriften geschaffenen Strukturen liegt, so daß sich die paradoxe Situation eines Wandels der einzelnen Schulen bei relativ großer Stabilität der zentralen Vorgaben insgesamt ergibt.

Leitvorstellungen

Die Kommission hält es im Interesse der Qualitätsverbesserung für notwendig, den Schulen im Rahmen der Vorgaben für die Gestaltung des Unterrichts, der Stundentafeln und der Richtlinien und Lehrpläne grundsätzlich mehr Gestaltungsspielraum zu geben. Auch auf der Ebene der Binnenorganisation des Lernens bildet die Stärkung der Selbstverantwortung der Einzelschule die Hauptrichtung der vorgeschlagenen Veränderungen.

Schulprogramm und Schulprofil

Obligatorisches Schulprogramm

- In einem obligatorischen Schulprogramm soll die einzelne Schule in einer ganzheitlichen Konzeption ihre spezifische pädagogische Zielsetzung als Ergebnis einer reflektierten Aufnahme der Richtlinien- und Lehrplanvorgaben und der konkreten Lernbedingungen ihrer Schülerschaft in ihrem Umfeld darstellen. Als Resultat der kontinuierlichen Arbeit am Schulprogramm bildet sich – zusammen mit anderen für die einzelne Schule spezifischen Merkmalen – das Schulprofil aus.
- Gesichtspunkte für die Erarbeitung von Schulprogrammen und schulbezogenen Lehrplänen werden den Schulen im Sinne von Empfehlungen an die Hand gegeben, diese sollen jedoch nicht das eigene Experimentieren der Schulen ersetzen.

Kern-Curriculum und schulbezogene Lehrpläne

Landesvorgaben und schulbezogene Lehrpläne

- Im Zuge der Delegation von Verantwortung an die Einzelschule sollen die zentralen curricularen Vorgaben auf Detailregelungen, vor allem in Form fachsystematisch ausdifferenzierter Lernzielkataloge und entsprechend hergeleiteter Stoffkataloge, verzichten.
- Vielmehr sollen die zentralen curricularen Kerne von Fächern und Lernbereichen ausformuliert und in einem »Kerncurriculum«, bestehend aus Basislehrplänen einzelner Fächer und Lernbereiche, kombiniert werden. Erste Entwicklungsschritte in dieser Richtung sind bereits auf der Grundlage geltender Richtlinien und Lehrpläne und unter Einbeziehung des sich abzeichnenden Konsenses auf bildungspolitischer Ebene über Fragen von Grundbildung, Allgemeinbildung, Maturität und Studierfähigkeit möglich. Die Aufgabe, Vorgaben von Basislehrplänen in schulbezogenen Lehrplänen auszugestalten, richtet sich nicht nur an die einzelnen Lehrerinnen und Lehrer, sondern vor allem an die Kollegien der Schulen. Der Planungsprozeß ist nicht allein als Umsetzung

von Vorgaben zu verstehen, sondern als Prozeß, der auf verschiedenen Ebenen stattfindet und gemeinsam gestaltet wird.

- Zu den zentralen Vorgaben soll gehören, daß fächerübergreifende Themenkomplexe aus der erfahrbaren und bearbeitbaren Lebenswelt der Schülerinnen und Schüler einen Teil des Kern-Curriculums bilden (→ Kapitel IV.1.3). Für die Beschäftigung mit diesen Themenkomplexen ist in den zentralen Vorgaben und in der Lernorganisation der einzelnen Schule ein fester Anteil am Zeitbudget vorzusehen.
- Der Einzelschule soll aufgegeben werden, Lehrpläne durch eine eigenständige Kombination von verpflichtenden Elementen und einer Schwerpunktsetzung im Rahmen eines mittelfristig gültigen Schulprogramms auszuformulieren. Die eigene Lehrplanarbeit der Schulen soll ein wesentliches Element bei der Erarbeitung eigener Entwicklungsperspektiven sein (→ Kapitel IV.2.2).

– *Schulbezogene Stundentafeln und Lernorganisation*

Jahresbezogene Stundentafeln

- Die Organisation des Lehr- und Lerngeschehens in der Schule soll im Interesse eines pädagogisch wirksamen und ökonomischen Umganges mit der Zeit und differenzierterer Angebote weitgehend in die Verantwortung der Einzelschule gegeben werden.
- Die zentral für die Bildungsgänge/Schulformen vorgegebenen Stundentafeln sollen für die Fächer/Lernbereiche quantitative Vorgaben in Form eines Jahresstundensolls enthalten, das von der Einzelschule in schulbezogene Stundentafeln und geeignete Zeitraster umzusetzen ist.

– *Evaluation*

Ein Schulprogramm entspricht erst dann den Anforderungen, wenn eine Schule auf seiner Grundlage unter Einbeziehung der schulbezogenen Lehrpläne Verfahren zu einer abgestimmten Evaluation festlegt und sich dieser in regelmäßigen Abständen stellt. Neuere Richtlinien setzen bereits die Bereitschaft zu einer solchen Selbstvergewisserung voraus.
Die Qualitätskontrolle soll in mehrfacher Weise, sowohl in der Form der Selbstevaluation als auch durch Fremdevaluation, gewährleistet werden. Die Schule soll sich über Zeitplan, Art der Evaluation, Dokumentation und Verfahren der Revision verständigen. Die Kriterien bzw. Rahmenbedingungen sollen zentral festgelegt werden.

Empfehlungen

Stufenweise Entwicklung

Bei der Umsetzung dieser Leitvorstellungen ist davon auszugehen, daß zeitlich und organisatorisch gestufte Möglichkeiten zur Weiterentwicklung gefunden werden müssen.
Zum gemeinsamen Erfahrungshintergrund bisheriger Reformbemühungen gehört die Einsicht, daß Umstellungen als beabsichtigtes Ergebnis einer Durchsteuerung von oben nach unten ineffektiv sind oder gar ganz erfolglos bleiben.
Ein »Entwicklungsgesetz« sollte die Grundlagen für eine flexible Realisierung auch der inneren Reform schaffen (→ Kapitel V).

Unterstützung der Entwicklung an den Schulen

Manche Veränderungen können an Entwicklungen anschließen, die durch zentrale Vorgaben bereits intendiert sind bzw. durch Reformen an einzelnen Schulen bereits Gestalt gewonnen haben. Hier bedarf es hauptsächlich des Wechsels von der Duldung erfolgversprechender Einzelinitiativen zur Unterstützung durch Landespolitik, Schulaufsicht und Schulträger.

Innovation durch Kooperation

Veränderungen mit starkem Innovationscharakter können wohl zunächst nur in Kooperationsverbünden von Schulen aller Schulformen realisiert werden. Sie sollten in regionaler Verteilung beispielhaft verwirklicht werden.

Veränderte Rahmenbedingungen

Weitere Veränderungen erfordern die systematische und langfristig vorzubereitende Schaffung veränderter Rahmenbedingungen mit dem Ziel einer Neuorientierung des Gesamtsystems.

Die folgenden Einzelempfehlungen folgen in ihrer Anordnung den angedeuteten Stufen der Implementation, wobei eine eindeutige Zuordnung nicht in allen Fällen möglich ist:

Schulprogramm und Schulprofil

- Alle Schulen sollen damit beginnen, Schulprogramme und, ausgehend von diesen, Schulprofile zu entwickeln.
  Das Schulprogramm soll der Ansatz für eine eigenständige pädagogische Gestaltung der einzelnen Schule sein. Dabei sollen die Schulen sich Rechenschaft über ihre überkommenen Arbeitsschwerpunkte geben, diese weiterentwickeln oder ersetzen. Während Schulprogramme im Lauf der Entwicklung überarbeitet werden müssen und Veränderungen unterworfen sind, soll das Schulprofil über einen längeren Zeitraum Stabilität aufweisen.
  Die Vorgehensweise bei der Erarbeitung eines Schulprogramms und der Entwicklung eines Schulprofils soll der Einzelschule überlassen sein. Das Schulprogramm sollte alle drei bis vier Jahre überprüft und gegebenenfalls fortgeschrieben werden.

- Die Akzente von Schulprogramm und Schulprofil können zum Beispiel auf besonderen Bemühungen im fachlich-unterrichtlichen Angebot, im Bereich der Lernformen und der Lernorganisation, auf der Ebene bestimmter Zugänge zur Wirklichkeit (Technologien, Berufsorientierung, Orientierung an humanitären Zielen, im Bereich des künstlerischen Ausdrucks), in der regelmäßigen Durchführung von Projekten, auf der Ebene von Schulpartnerschaften und Austauschbeziehungen, der interkulturellen Integration und im Bereich der Schulkultur liegen.
  Die Ausbildung eines bestimmten Profils darf nicht dazu führen, den Zugang zu einer einzelnen Schule an selektierende Bedingungen zu knüpfen oder die individuelle Ausbildung von Interessenschwerpunkten einzelner Schülerinnen und Schüler im Hinblick auf das Schulprofil zu einseitig zu bewerten.
- Die Ausbildung eines Schulprofils sollte auch in Anlehnung an die Voraussetzungen am Ort und möglichst in Kooperation mit anderen Einrichtungen der Bildung und Jugendarbeit erfolgen, damit Synergieeffekte beim Einsatz sächlicher und personeller Ressourcen genutzt werden können. Entwicklungsfonds der Regionen sollen hierbei unterstützend mitwirken.

Umstellung der Stundentafeln

- Das Land soll eine Umstellung der Stundentafeln auf eine Jahreskontingentierung der Lernverpflichtungen und durch die Erarbeitung von Basislehrplänen die Voraussetzungen für die eigenverantwortliche pädagogisch-organisatorische Unterrichtsgestaltung der Schulen schaffen.
  Etwa 60% der zur Verfügung stehenden Zeit sollen auf das durch das Kern-Curriculum definierte Lernen verwendet werden. Die Ausgestaltung des Lernangebots, vor allem aber die Verwendung des 40%igen Zeitanteils für Schwerpunktsetzungen, fällt in die Gestaltungsfreiheit und Selbstverantwortung der Einzelschule.
- Bei der Festlegung der neuen Stundentafeln muß die Gleichwertigkeit des Lernens in Fächern und Zusammenhängen bedacht werden, desgleichen die Berechtigung der Schulen, Schwerpunkte und Zusammenhänge – zeitweise – zu Fächern zu verdichten.

Selbstverantwortung der Schülerinnen und Schüler

- Ein wesentlicher Teil der Zeit- und Inhaltsbereiche ist für klar umschriebene, wenn auch nicht unbedingt institutionalisierte Formen der Partizipation an der Planung der eigenen Lernprozesse, an der Gestaltung des Schullebens und zur Aufarbeitung von Problemen und Konflikten in den Lerngruppen vorzusehen.

Jahresplanung der Schulen

- Hinsichtlich der Verteilung der Zeitbudgets auf die Pflichtelemente der Basislehrpläne sollen die Einzelschulen weitgehend

Schulprogramm und Schulprofil

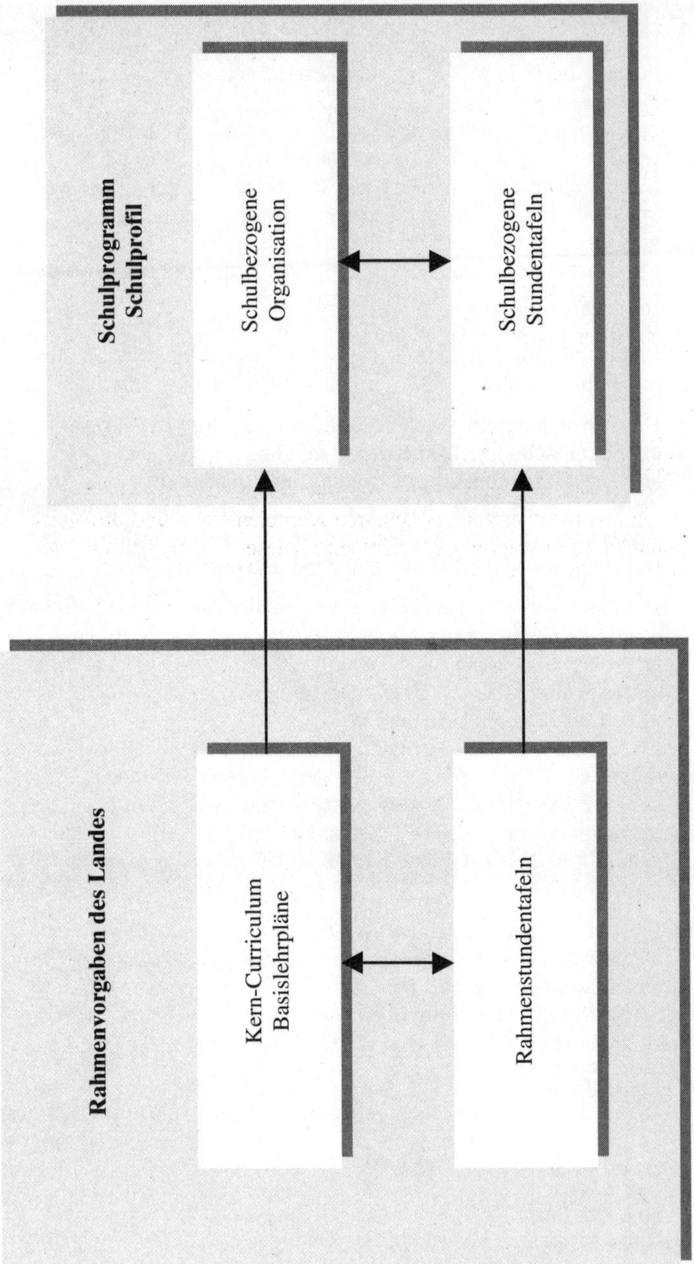

frei verfahren können. Die schulbezogenen Jahresstundentafeln sind Grundlage der Jahresplanung für den Unterricht in den Fächern und für das Lernen in fächerübergreifenden Zusammenhängen (zum Beispiel Projekte, außerschulische Lernorte). Orientierungsrahmen soll grundsätzlich das Schuljahr sein, aber auch Zeitplanungen über das einzelne Schuljahr hinaus bis zum Umfang einer Doppeljahrgangsstufe sollen möglich sein. Möglichkeiten der Epochalisierung des Lernangebotes, der sonstigen zeitlichen Organisation, der Kombination verschiedener Elemente des Basislehrplans und der übrigen Lernbereiche zu fächerübergreifenden Lernsequenzen und Projekten sollen je nach der optimalen Erreichbarkeit prioritärer Lernziele und je nach dem sinnvollen Einsatz der sächlichen und personellen Ressourcen genutzt werden.

Schulbezogene Arbeits- und Lehrpläne

- Die Schulen sollen dazu aufgefordert werden, stufenweise auch schon vor Fertigstellung landesweiter Basislehrpläne schulbezogene Arbeits- und Lehrpläne festzulegen. Dies soll durch Zusammenführung von curricularen Kernelementen und übergreifenden Orientierungen erfolgen. Diese Konzentration der Vorgaben eröffnet der Einzelschule einen breiten Spielraum eigenverantworteter inhaltlicher Ausgestaltung des Unterrichts und der Formen des Lernens.

Sicherung methodischer Erneuerung

- Im Rahmen der Lehrpläne sollen angemessene Anteile der zur Verfügung stehenden Unterrichtszeit für offene und projektorientierte Lernverfahren festgelegt werden.

Zuwachs an selbstgesteuertem Lernen

- Die Organisationsformen des Lernens (Gruppengrößen, jahrgangsübergreifende Gruppen, zeitliche Rhythmisierung) sollen von den Schulen eigenverantwortlich konzipiert werden. Dabei soll neben dem Gegenstandsbezug das Ziel eines entsprechend der Altersstufe zunehmenden Entscheidungsspielraums der Lernenden sowie die Einbeziehung selbstverantworteter und selbstgesteuerter Arbeit leitend sein.
- Die Organisation des Lernens soll auf die angestrebten Kompetenzen hin geplant werden. Hiervon abgeleitet sollten Entscheidungen in bezug auf Gruppengröße, Sozialbeziehungen, Rhythmisierung und Entscheidungsspielraum der Lernenden getroffen werden, zum Beispiel über einen Wochenplan in der Grundschule, über Zielvereinbarungen in höheren Jahrgangsstufen.

Differenzierung der Leistungsbewertung

- Flexible und auf die unterschiedlichen Arbeitsformen bezogene Formen der Leistungsbewertung sollen erprobt werden. Abschlußprüfungen sollten so geregelt und gestaltet werden, daß vorab zu erbringende, selbständige Leistungen der Schülerinnen und Schüler (Projektarbeiten, Facharbeiten in allen Lernbereichen, selbständige Untersuchungen, Auswertungen, Recherchen, Erkundungen) in Prüfungsleistungen eingehen können.

- Selbständig erstellte, kooperativ angefertigte, von eigenen Interessen und Fragestellungen ausgehende Arbeitsergebnisse und -leistungen müssen mindestens ebenso stark berücksichtigt werden wie gemeinsam und gleichzeitig durchgeführte Lernkontrollen in der Form von Klausuren. Hierfür ist eine Weiterentwicklung der Kategorien der Leistungsbewertung notwendig (→ Kapitel IV.1.2).

Veränderung des Erwerbs von Abschlüssen

- Eine solche differenzierte und differenzierende Leistungsüberprüfung könnte mittelfristig dazu führen, daß auch andere Abschlußzertifikate als zum Beispiel das Abitur vergeben werden. In bezug auf das Abitur würde auch hierdurch die Möglichkeit einer individuellen zeitlichen Flexibilisierung eröffnet.
  Wann bestimmte Leistungen erbracht werden, würde von den jeweiligen individuellen Lernbedingungen, inhaltlichen Schwerpunktsetzungen, Wissensbeständen und dem Lerntempo abhängen.

Neue Arbeitzeitdefinition

- Der differenzierte Umgang mit der Zeit stellt jeweils andere Ansprüche an die Tätigkeit der Lehrenden und erfordert eine Definition der Arbeitszeit der Lehrenden, die sich nicht nur an der Zahl der erteilten Unterrichtseinheiten in einem 45-Minuten-Rhythmus orientiert (→ Kapitel IV.7.4).

IV. 2 Verantwortung und Steuerung im öffentlichen Schulwesen

IV.2.1 Verantwortung, Steuerung und Qualitätssicherung

In immer mehr politischen und gesellschaftlichen Arbeitsfeldern setzen sich Selbststeuerung und Eigenverantwortung als Gestaltungsgrundsätze durch. Dies hat zu tun mit der hohen Differenzierung der Aufgaben und Anforderungen, mit der damit zusammenhängenden Notwendigkeit, situationsbezogen und ohne lange Verfahrenswege wirksam zu handeln.

Auch die Schule der Zukunft wird daraus leben, das heißt ihre Wirksamkeit und Qualität entwickeln, daß Lehrerinnen und Lehrer, Schülerinnen und Schüler, Eltern und sachkundige Bürgerinnen und Bürger gemeinsam aktiv und verantwortungsbewußt im Rahmen vorgegebener Orientierungen Schule vor Ort gestalten, daß sie deren Arbeitsergebnisse offen, kooperativ und konstruktiv bewerten und gegenüber der Öffentlichkeit vertreten.

Ausgangslage

Eingegrenzte Eigenverantwortung der Schulen

Eigenverantwortung ist gegenwärtig ein zwar fachlich und bildungspolitisch gewünschtes, von den vorliegenden rechtlichen Rahmenbedingungen und Kompetenzzuweisungen her jedoch nur nachrangig zugelassenes bzw. toleriertes Element. Verantwortung im Schulbereich ist weitestgehend zentral bei Regierung und Aufsichtsbehörden konzentriert.

Gestützt auf eine extensive Auslegung des in Artikel 7 des Grundgesetzes normierten Aufsichtsbegriffs einerseits und auf die Einbindung des Schulwesens in die tradierten Strukturen der allgemeinen öffentlichen Verwaltung andererseits hat sich ein Steuerungssystem entwickelt, in dem die einzelnen öffentlichen Schulen rechtlich und tatsächlich weitgehend unselbständig sind. Die Gestaltungsrechte der Beteiligten und Betroffenen vor Ort sind vergleichsweise gering ausgeprägt. Im Personalbereich und im finanziellen Bereich haben die Einzelschulen derzeit nur wenige Zuständigkeiten. Die Bereiche Personal und Sachmittel werden zudem getrennt durch die Schulaufsicht bzw. die Schulträger gesteuert, was unter anderem zu kostentreibenden Verwerfungen führt.

Die derzeitigen Regelungen eröffnen aber auch Spielräume zur Eigengestaltung, insbesondere im pädagogischen Bereich. Soweit diese den durch die pädagogische Freiheit geschützten Tätigkeitsraum der einzelnen Lehrerin bzw. des einzelnen Lehrers betreffen, werden sie derzeit auch wahrgenommen. Die Einzelschule als selbstverantwortliche Gestaltungseinheit ist allerdings weder rechtlich und in den dominierenden Verwaltungsbezügen noch im Bewußtsein vieler Beteiligter präsent. Die Einzelschule erscheint vielmehr als letztes Glied einer Verwaltungshierarchie, deren Grundstrukturen nicht am Prinzip der Selbstverantwortung, sondern an einem Modell der Ausführung von Weisungen orientiert sind, das dem tradierten Aufsichtsverständnis zugrunde liegt. Diese Grundstruktur zielt darauf ab, das System primär durch zentrale Regulierung zu steuern.

Überregulierungen

Feststellbar ist eine Überregulierung im Detail- und Verfahrensbereich, hinter der die vom Gesetzgeber formulierten Zielvorgaben kaum noch wahrgenommen werden können. Nicht an ihnen orientiert sich in der Regel das Handeln der Beteiligten, sondern an deren Kleinarbeitung in Verordnungen, Erlassen, Verfügungen und gegebenenfalls Einzelweisungen, deren fehlerfreie Beachtung sich in den Vordergrund der Steuerungsbemühungen drängt. Die vorgegebenen Strukturen und Prozeduren werden von den Beteiligten einerseits als einengend, andererseits aber auch als entlastend erfahren.

Fehlende Evaluation und mangelnder Wettbewerb

Eine Überprüfung, ob die mit den Vorgaben verfolgten pädagogischen Ziele tätsächlich und effizient erreicht werden, findet gegenwärtig nicht hinreichend statt. Ein institutionalisiertes System kontinuierlicher Evaluation und Berichterstattung fehlt. Das System vertraut insoweit auf die qualitätssichernde Wirkung von Verfahrensvorschriften und vereinheitlichenden Regulierungen. Das öffentliche Schulwesen leidet darunter, daß es mit weitgehend standardisierten Modellen betrieben wird und einer Herausforderung durch alternative und konkurrierende pädagogische und organisatorische Modelle kaum ausgesetzt ist.

Qualitätsverbessernde Impulse, die sich aus einem Wettbewerb unterschiedlicher Konzepte ergeben könnten, spielen bisher kaum eine Rolle im Steuerungssystem.

Dominanz der Strukturen und Verfahren, geringe Eigendynamik

Mit der primär zentralen Steuerung geht eine Dominanz von Verwaltungs- und Organisationsbelangen gegenüber pädagogischen Zielen einher, weshalb derzeit solche pädagogischen Innovationen am ehesten Realisierungschancen haben, die mit den tradierten Organisationsstrukturen vereinbar sind. Begünstigt werden also nicht das Experimentieren und das Entdecken neuer Problemlösungen. Das System tendiert vielmehr zur Stabilisierung vorhandener Strukturen und Verfahren. Es ist nicht auf Entwicklung und kontinuierliche Qualitätsverbesserung ausgerichtet, sondern auf Fehlersuche und Fehlervermeidung. Es behindert so oft Eigeninitiative, lähmt Risikobereitschaft und Selbstverantwortung. Die erforderliche Eigendynamik des Systems kann deshalb nicht erreicht werden: Das Schulsystem ändert sich zu langsam, um mit den Veränderungen der gesellschaftlichen Wirklichkeit Schritt halten zu können.

Reibungsverluste

Die derzeitige Steuerung über zentrale Regulierungen ist gekennzeichnet durch erhebliche Reibungsverluste aufgrund der langen Entscheidungs- und Anweisungswege sowie durch eine relativ ineffektive Ressourcennutzung. Sie kann in der Regel den immer vielfältiger werdenden Problemlagen der Einzelschulen und Regionen nicht gerecht werden, da sie die lokalen Besonderheiten und das jeweilige gesellschaftliche Umfeld nicht ausreichend berücksichtigen kann. »Von oben« organisierte Innovationsprozesse laufen in der Praxis oftmals ins Leere, da sie nicht von Anfang an getragen werden vom persönlichen Engagement derjenigen, die sie vor Ort umsetzen sollen.

Mitwirkung

Unter diesen Bedingungen kann auch die Mitwirkung im Schulbereich nicht die innovative Kraft entfalten, die in ihr angelegt ist. Das Mißverhältnis von Entscheidungsaufwand und Tragweite der Entscheidungen läßt für viele Betroffene ein Engagement als wenig lohnend erscheinen.

Oftmals werden von den Beteiligten der Sinn und die Notwendigkeit der vorgesehenen Partizipationsformen nicht mehr erkannt und die differenzierten Verfahrensvorschriften lediglich formal realisiert. Für Schülerinnen, Schüler und Eltern kommt hinzu, daß ihr Einfluß angesichts der Dominanz der Lehrerschaft in den Gremien gering ist.

Einer erweiterten Mitwirkung des Schulträgers steht die tradierte Trennung von inneren und äußeren Schulangelegenheiten entgegen. Eine institutionalisierte Mitwirkung des gesellschaftlichen Umfeldes ist, zumindest für die allgemeinbildenden Schulen, nicht vorgesehen.

Verantwortungsübernahme und Handlungsmöglichkeiten

Verantwortung kann in den gegenwärtigen Steuerungsstrukturen nicht wirksam übernommen werden, und zwar von keinem der Beteiligten, weder »unten« noch »oben« im System. Fehlen für die Beteiligten vor Ort – in den Einzelschulen und Regionen – die notwendigen Gestaltungsrechte im inhaltlichen, organisatorischen, personellen und finanziellen Bereich sowie institutionalisierte

Formen von Rechenschaftslegung, so fehlen den Beteiligten in Parlament, Regierung und Aufsichtsbehörden oft Handlungs-, das heißt Umsetzungs- bzw. Durchsetzungsmöglichkeiten sowie die notwendigen Kenntnisse über das, was vor Ort tatsächlich stattfindet bzw. in Anbetracht der heterogenen Problemlagen erforderlich ist. Der Umfang der Regelungsdichte und die Weisungsstränge täuschen eine Steuerungsfähigkeit vor, die de facto so nicht gegeben ist. Handlungsmöglichkeiten und Verantwortlichkeiten fallen im gegenwärtigen Steuerungssystem auseinander.

Grundsätze

Neugestaltung des Steuerungssystems

Die Kommissionsempfehlungen intendieren eine Veränderung der Aufgaben und Rechte von Einzelschulen, Trägern und Schulaufsicht und ihrer Stellung zueinander im System; sie verändern aber auch die Rollen der Beteiligten in diesen Institutionen. Nicht Hierarchie, Weisung und Genehmigung sollen das Verhalten der Beteiligten zueinander bestimmen, sondern primär Unterstützung, Beratung und Überzeugung.

Selbstorganisation als Grundorientierung

- Voraussetzung ist ein Wechsel der Grundorientierung: Erforderlich ist ein am Prinzip der Selbstorganisation und am Subsidiaritätsgedanken orientierter Umbau der gegenwärtigen Entscheidungs- und Verantwortungsstrukturen. Dies schließt eine Umkehrung der bisherigen primären »Zuständigkeitsvermutung« ein: Nicht bei den staatlichen Aufichtsbehörden – und hier möglichst weit oben im System – wird die größte Kompetenz zur Lösung der Probleme angenommen, sondern zunächst bei den Beteiligten und Betroffenen vor Ort. Steuerungsentscheidungen sollen auf der möglichst niedrigsten Ebene getroffen und auch verantwortet werden. So ist es möglich, tatsächliche Handlungsmöglichkeiten und Verantwortlichkeiten zur Übereinstimmung zu bringen.

Delegation von Entscheidungsrechten

- Das neue Steuerungskonzept sieht eine Delegation von bisher der Schulaufsicht vorbehaltenen Entscheidungsrechten auf die Ebenen der Einzelschulen und der Träger ebenso vor wie eine Delegation von bisherigen Trägerkompetenzen auf die Einzelschule. Im Mittelpunkt des neuen Konzeptes stehen die Einzelschule und die Rahmenbedingungen ihrer Gestaltungsverantwortung.

- Die Gestaltungsspielräume vor Ort sollen sich nicht nur auf den pädagogischen Bereich beziehen, sondern auch die Bereiche Personal, Finanzen und schulische Organisation betreffen. Den vor Ort Beteiligten soll es möglich sein, Organisationsformen zu entwickeln, die den jeweiligen Anforderungen und den eigenverantwortlich gesetzten pädagogischen Schwerpunkten entsprechen. Fachlich-inhaltliche Verantwortung, Mitarbeiterverantwortung und Ressourcenverantwortung sollen so weit wie möglich ortsnah zusammengeführt werden.

Zusammenführung von Personal-, Finanz- und Organisationsentscheidungen

- Der Verantwortungsrahmen soll so gestaltet werden, daß eine Vernetzung mit dem jeweiligen gesellschaftlichen Umfeld konstitutiv ist. Ein in diesem Sinne offenes System kann sich auf die sich wandelnden Anforderungen und auf die unterschiedlichen Problemlagen vor Ort einstellen. Dies schließt ein, daß das neue Steuerungskonzept nicht auf eine Selbststeuerung durch die im System professionell Tätigen abzielt. Vielmehr müssen die Einflußnahmemöglichkeiten des gesellschaftlichen Umfeldes von Schule sowie der Eltern und Schülerinnen und Schüler gestärkt werden, so daß eine neue Mitgestaltungsbalance zwischen Lehrerinnen und Lehrern, Schulleitungen, Trägern und Nutzern von Schule hergestellt wird. Veränderte und ausgestaltbare Formen der Partizipation sind deshalb ein wichtiges Element der Kommissionsempfehlungen.

Einfluß des gesellschaftlichen Umfeldes

- Das neue Steuerungskonzept zielt darauf ab, Profilbildungen der Einzelschulen anzuregen. Vergleiche des Angebotes und der Leistungsfähigkeit sollen es möglich machen, Qualität und Akzeptanz eines schulischen Angebotes festzustellen und zu erhöhen und Impulse für einen Wettbewerb um kontinuierliche Qualitätsverbesserung und effektiven Ressourceneinsatz geben. Eine einfache Übertragung des Marktmodells auf den Schulbereich ist aber nicht möglich und auch nicht erwünscht. Alle Schulen müssen die von ihnen erwartete Grundleistung erbringen. Wettbewerb im Schulwesen soll sich aber zugleich als Qualitätswettbewerb entfalten.

Profilbildungen und Wettbewerb

- Die staatlichen Rahmenbedingungen sollen so gefaßt sein, daß sie zwar als »Spielregeln« Grenzen setzen und Standards sichern, aber Selbstregulierung, Selbstverpflichtung und Selbstbindung wirksam entfalten helfen. Eigenverantwortung schließt auch die Pflicht zur Rechenschaftslegung ein. Zu den notwendigen staatlichen Rahmenbedingungen gehören der Aufbau eines Systems interner und externer Evaluation und ein Berichtswesen.

Staatliche Rahmenbedingungen, Qualitätssicherung

Qualitätssicherung im Schulwesen soll so ein neues Fundament erhalten, das auf kontinuierliche Qualitätsverbesserung zielt. Sie soll in den Schulen institutionell verankert werden, auf Selbst-

Öffentliches Schulwesen (Überblick)

Einzelschule	Schulträger	Pädagogischer Dienst	Land
Schulleitung Mitwirkungsgremien Schulbeirat	Schulkommission Bildungskommission Schulverwaltung		
Gestaltungsrechte/ Verantwortung für • Inhalte/Angebote • Organisation • Personal • Bewirtschaftung • Qualitätssicherung intern • Evaluation und Entwicklung • Berichterstattung	Gestaltungsrechte/ Verantwortung für • lokale und regionale Schulstruktur • Verwaltung/ Unterstützung der Einzelschule • regionale Koordinierung • Personal-angelegenheiten • Finanzierung • Evaluation • Berichterstattung	Qualitätssicherung durch • Dokumentation von pädagogischem Wissen und pädagogischer Erfahrung • Entwicklungs-beratung • Auswertung des Entwicklungsstandes • externe Evaluation/ Zielvereinbarungen mit Schulen • Berichterstattung	Rahmenvorgaben für • Gesamtentwicklung • Schulstruktur/ Schulorganisation/ Schulverfassung • Inhalte/Angebote • Personal • Finanzierung • Qualitätssicherung/ Evaluation • Aufsicht/ Pädagogischer Dienst
dezentrale Verantwortung		zentrale staatliche Gesamtverantwortung	

kontrolle basieren und zugleich durch Evaluation und Beratung staatlich unterstützt und überprüft werden.

Steuerungssystem im Überblick

Die Aufgaben und Verantwortlichkeiten, die in dem neuen Steuerungskonzept für das öffentliche Schulwesen durch Einzelschulen, Kommunen und Land wahrgenommen werden sollen, sind in der Grafik »Öffentliches Schulwesen« im Überblick dargestellt. Sie werden in den folgenden Kapiteln entfaltet.

IV.2.2 Selbstgestaltung und Verantwortung der Einzelschule

Die Leistung des Schulsystems erweist sich in der Leistungskraft der einzelnen Schulen. Deren pädagogische Wirksamkeit zu stärken, ist Ziel des neuen Steuerungssystems. Die Kommission sieht für die einzelne Schule einen herausragenden Platz selbstverantworteter Arbeit im künftigen Schulsystem vor. Sie tut das im Vertrauen in die Initiativkraft, die heute schon in vielen Schulen sichtbar wird, in die Fähigkeit zur Selbstgestaltung und zu verantwortlichem pädagogischen Handeln.

Ausgangslage

Schuldefinition

Die Stellung der Einzelschule ist gegenwärtig geprägt von dem Schulbegriff, wie er in § 1 des nordrhein-westfälischen Schulverwaltungsgesetzes niedergelegt ist. Danach sind Schulen »Bildungsstätten, in denen Unterricht unabhängig vom Wechsel der Lehrer und Schüler nach einem von der Schulaufsichtsbehörde ... festgesetzten oder genehmigten Lehrplan erteilt wird«. Die Einzelschule erscheint hier als Teilelement eines Systems, das korrespondierend zur Schulpflicht eine standardisierte Leistungsverpflichtung »unabhängig vom Wechsel« der Beteiligten erbringen soll. Dieses auf Außensteuerung, Stabilität und Dauer abhebende Grundverständnis steht in einem Spannungsverhältnis zu der Zielsetzung des Schulmitwirkungsgesetzes, die Eigenverantwortung und das Zusammenwirken der Beteiligten zu fördern.

Widersprüchlichkeit der Schulrealität

Beide Elemente sind gegenwärtig im Schulwesen präsent: Einerseits eröffnen Richtlinien und Lehrpläne Freiräume im pädagogischen Bereich, und sie fordern die Schulen auf, sich ein eigenes pädagogisches Profil zu geben und ein Schulprogramm zu entwikkeln. Auch werden Unterstützungsangebote zur inneren Schulentwicklung und zur Öffnung von Schule bereitgestellt und Projekte zur Verbesserung der Zusammenarbeit von Schule und Schulaufsicht durchgeführt (→ Kapitel IV.2.5).

Andererseits behindern traditionelle Verwaltungsstrukturen und Bewirtschaftungsformen, die damit verbundenen Abhängigkeiten von externen Entscheidungen und die immer noch engen Vorgaben im Bereich von Stundentafeln, Unterrichtsorganisation und Personaleinsatz die auf Selbstgestaltung zielenden Prozesse. Das zentrale Problem der derzeitigen Situation besteht also darin, daß sich innere Reform entfalten soll, ohne daß für die Schulen die dazu notwendigen Selbstgestaltungsrechte gesichert würden.

Im Gesamtkontext der vorliegenden rechtlichen Rahmenbedingungen und der gegenwärtigen Steuerungspraxis bleiben die Selbstgestaltungsmöglichkeiten der Einzelschulen oft verwiesen auf den regelungs- und anweisungsfrei bleibenden Raum, das heißt auf den Spielraum, den Aufsichtsbehörden und Träger tatsächlich lassen. Das Arbeiten in Grauzonen, das Suchen nach Handlungsmöglichkeiten im Regelungsdickicht und das Einholen von Sondergenehmigungen vielfältiger Art behindern Eigeninitiative und absorbieren Arbeitskraft. Neben den staatlichen Vorgaben entwickelt sich eine Schulwirklichkeit, die weder voll handlungsfähig ist, noch über ihr Handeln Rechenschaft ablegen muß.

Evaluationsbedarf

Nachteilig für die Weiterentwicklung der Schulen wirkt sich der Umstand aus, daß die Schulen ihre Arbeitsprozesse und deren Ergebnisse in der Regel nicht systematisch evaluieren. Rückmeldungen erhalten Lehrerinnen und Lehrer fast nur als einzelne durch Leistungsüberprüfungen im Rahmen ihres Fachunterrichts. Ansonsten mangelt es generell an feedback-Strukturen, die vor dem Hintergrund vereinbarter Ziele Vergleiche ermöglichen und Impulse zur Qualitätsverbesserung geben könnten. Auch von außen werden die Schulen als Handlungseinheiten nicht systematisch evaluiert. Schulaufsichtliche Kontrolle findet bisher in der Regel als punktuelle Einzelfallüberprüfung von Unterricht statt. Insgesamt ist die Vorstellung, daß die Einzelschulen eine ganzheitliche Verantwortung für die Ergebnisse ihrer Arbeit übernehmen und vor sich selbst und gegenüber befugten Dritten Rechenschaft ablegen müssen, dem gegenwärtigen Schulsystem fremd.

Schule als Handlungseinheit

Die derzeitigen rechtlichen Vorschriften fördern die Einzelschule als Gestaltungs- und Verantwortungseinheit zu wenig. Sie regeln die Nutzungsrechte, Pflichten und Ansprüche der einzelnen – Schülerinnen und Schüler, Eltern, Lehrerinnen und Lehrer, Schulleitung und sonstige Beteiligte – und gewährleisten hier ein hohes Maß an Rechtssicherheit. Die auf die Herstellung von Gemeinsamkeit zwischen den Beteiligten zielenden Vorgaben scheinen in der Schulrealität schwerer zu verwirklichen zu sein. Fachkonferenzen und Klassenkonferenzen spielen in der Praxis oftmals nicht die Rolle, die ihnen der Gesetzgeber zugemessen hat. Die Schulkonferenz als Ort der gemeinsamen Entscheidung von Lehrern, Eltern und Schülern tritt in ihrer Bedeutung häufig hinter die Lehrerkonferenz zurück.

Pädagogische Freiheit

Die pädagogische Freiheit wird bisher in der Regel nur auf die einzelne Lehrerin bzw. den einzelnen Lehrer bezogen und soll vor unverhältnismäßigen Eingriffen durch die Schulleitung, unzumutbaren Einschränkungen durch Konferenzbeschlüsse und Druck durch Dritte schützen. Als Prinzip, das auch für die gesamte Schule gelten sollte, hat es weder in den rechtlichen Vorgaben noch im Bewußtsein vieler Beteiligter einen wichtigen Platz. Aufforderungen und Impulse zur gemeinsamen Schulgestaltung fallen so in vielen Schulen in eine »Kultur der Vereinzelung« bei nur schwach ausgeprägter Identifikation mit der Schule als Einheit.

Stellung der Schulleitung

Die Übertragung der Gesamtverantwortung für die schulische Arbeit auf den Schulleiter, die im derzeitigen Schulrecht erfolgt, ist eine Rechtskonstruktion, der die Amtsinhaber in der Praxis nicht gerecht werden können. Ihre Kompetenzen entsprechen dieser Verantwortung und der tatsächlichen Bedeutung von Schulleitung nicht. Ihre Stellung ist gekennzeichnet von unklaren Zuständigkeitsstrukturen.

Als »primus inter pares« im Lehrerkollegium sollen Schulleiterinnen und Schulleiter zugleich weisungsberechtigte Vorgesetzte sein, ohne aber über die Durchsetzungsmöglichkeiten der dienstvorgesetzten Schulaufsicht zu verfügen, von deren Entscheidungen sie insbesondere in Personalangelegenheiten abhängig sind. In bezug auf das nicht lehrende Personal und den Sachmittelbereich sind sie abhängig von Weisungen oder Entscheidungen des Schulträgers. Insgesamt besteht ein Mißverhältnis zwischen der übertragenen Gesamtverantwortung und der zugewiesenen Aufgabenfülle einerseits und dem zugestandenen Maß an eigenverantwortlichen Entscheidungsmöglichkeiten und der Ausstattung mit Verwaltungskapazität und Zeitbudget andererseits.

Leitvorstellungen

Teilautonome Schule

- Leitvorstellung ist eine teilautonome Schule, die innerhalb staatlicher Rahmenvorgaben über deutlich erweiterte Gestaltungsrechte verfügt.

Schule als Handlungseinheit

– Die Einzelschule soll als Handlungseinheit anerkannt und gefördert, ihr Verantwortungsbereich rechtlich abgesichert werden.

Pädagogische Freiheit

– Gewährleistet werden soll vor allem ein großes Maß an Gestaltungsfreiheit im pädagogischen Bereich. Die Pädagogische Freiheit soll auch für die Schule als Einheit gelten und im Rahmen deutlich reduzierter Pflichtvorgaben realisiert werden. Sie kann nur wirksam wahrgenommen werden, wenn den Schulen auch zusätzliche Entscheidungskompetenzen in den Bereichen Organisation, Personal und Finanzen übertragen werden.

Pflicht zu Planung und Evaluation

– Dem Zuwachs an Gestaltungsrechten muß eine Verpflichtung der Schulen zur Planung, Evaluation und Weiterentwicklung ihrer Arbeit und zur Rechenschaftslegung gegenüber Dritten entsprechen.

Schulleitung mit erweiterten Kompetenzen

– Die teilautonome Schule soll eine Schulleitung mit erweiterten Kompetenzen, insbesondere in den Bereichen Personal und Mittelbewirtschaftung, erhalten, um die Voraussetzungen für die pädagogische Entwicklung wirksam gestalten zu können.

Schulbeirat

– Ein Schulbeirat soll eine mit dem gesellschaftlichen Umfeld eng verbundene Entwicklung der Schule unterstützen, die Zusammenarbeit mit dem Schulträger verbessern und ein Instrument der Rechenschaftslegung sein.

Mitwirkung

– Die derzeitigen Mitwirkungsmöglichkeiten von Lehrerinnen und Lehrern, Schülerinnen und Schülern und Eltern sollen erweitert werden. Staatliche Rahmenvorgaben sollen hierfür Mindeststandards sichern. Über die Mitwirkung in Gremien hinaus sollen Eltern und Schülerinnen und Schüler auch bei der Gestaltung der alltäglichen Erziehungs- und Bildungsarbeit stärker beteiligt werden als bisher.

Eigenes Organisationsstatut

– Die Schulen sollen das Recht erhalten, die staatlichen Rahmenvorgaben zur Mitwirkung und zu den Leitungsstrukturen der Schule in einem eigenen Organisationsstatut zu konkretisieren und auszugestalten. Die Strukturen der Schulleitung und der Gremien, die Abgrenzung ihrer jeweiligen Rechte und die Beteiligungsnotwendigkeiten und -verfahren sollen so gestaltet werden, daß Entscheidungsfähigkeit gesichert und zugleich Partizipation gefördert und interne Rechenschaft und Kontrolle gewährleistet werden. Es soll möglich sein, daß sich Schulen zu Verbünden mit gemeinsamer Leitung und gemeinsamen Organen zusammenschließen.

Empfehlungen

Die erweiterten Gestaltungsrechte und -pflichten teilautonomer Schulen in den verschiedenen Verantwortungsbereichen werden im folgenden im Überblick dargestellt. Es handelt sich nicht um eine abschließende Auflistung. Die Einzelelemente werden in den anderen Kapiteln der Denkschrift näher entfaltet (→ Kapitel IV.1.7, IV.2.5, IV.2.6, IV.7).

Bereich der pädagogischen Ziele, Inhalte und Angebote

- *Schulprogramm* Die teilautonomen Schulen sollen verpflichtet sein, ein Schulprogramm zu erarbeiten. In dem Schulprogramm soll die Schule die Schwerpunkte und Entwicklungsperspektiven ihrer pädagogischen Arbeit darstellen und begründen. Es soll auch dazu dienen, der Schule ein Profil zu geben und die Identifikation mit der Schule zu fördern. Das Schulprogramm soll erstellt werden unter Berücksichtigung der Tradition der jeweiligen Schule, der lokalen und regionalen Situation und mit Blick auf die Programme und Profile der anderen Schulen. Das Schulprogramm soll verdeutlichen, wie die Schule die Realisierung der in Verfassung und Gesetzen niedergelegten Erziehungsziele erreichen will. Das Schulprogramm ist so die grundlegende Zielvereinbarung in der Schule, welche die Voraussetzungen dafür schaffen soll, daß die Erziehungs- und Unterrichtsarbeit in der Schule auf gemeinsamer Grundlage von den Beteiligten eigenverantwortlich gestaltet werden kann. Es soll in geeigneter Form veröffentlicht werden (→ Kapitel IV.1.7).
- *Schulbezogene Stundentafeln* Die Schulen sollen das Recht erhalten, im Rahmen staatlich vorgegebener »Jahresstundentafeln« schulspezifische Stundentafeln zu entwickeln, die lerngruppenbezogene und individuelle Profilbildungen ermöglichen, und auf der Grundlage des Schulprogramms einen Teil des Curriculums frei zu gestalten (→ Kapitel IV.1.7).
- *Schulbezogene Lehr- und Arbeitsplanung* Die Schulen sollen berechtigt und verpflichtet sein, fachspezifische und fachübergreifende Arbeits- und Lehrpläne zu entwikkeln. Die staatlich vorgegebenen curricularen Leitlinien (Basislehrpläne) sollen im Hinblick auf Lernziele, Inhaltsbereiche und Lernverfahren konkretisiert werden (→ Kapitel IV.1.7).

Organisatorischer Bereich

Unterrichtsorganisation, Lehr- und Lernzeiten, Lerngruppenbildung

- Die Schulen sollen in bezug auf die Unterrichtsorganisation Gestaltungsfreiheit erhalten. Sie sollen über den zeitlichen Rahmen der schulischen Arbeit flexibler disponieren, Lehr- und Lernzeiten sowie Unterrichts- und Arbeitsformen variantenreicher gestalten können sowie im Rahmen ihres Budgets Lerngruppen flexibel bilden können (→ Kapitel IV.1.7).

Organisationsstatut

- Die teilautonome Schule soll das Recht erhalten, ein Organisationsstatut zu erstellen, in dem grundlegende Organisationsfragen der Schule geregelt werden (→ Kapitel IV.2.3). Insbesondere sollen die Strukturen der Schulleitung, die Ausgestaltung der Gremien und der Mitwirkung und die Formen der Zusammenarbeit mit dem Schulträger konkretisiert werden. Zuständigkeiten und Verfahren sind transparent zu machen. Die Grundlagen sind gesetzlich in Form von Rahmenvorgaben zu regeln, die unterschiedliche Realisierungsmöglichkeiten zulassen. Verbindlich vorgegeben werden soll, daß jede Schule – gegebenenfalls ein Schulverbund – über eine Schulleitung, Mitwirkungsgremien und einen Schulbeirat verfügt.

Initiativrecht zur strukturellen Weiterentwicklung

- In bezug auf die strukturelle Weiterentwicklung sollen die Schüler ein Initiativrecht gegenüber dem Schulträger erhalten, das sich zum Beispiel auf zusätzliche Bildungsgänge, veränderte Zügigkeiten oder Ganztagsangebote bezieht.

Personalbereich

Personalentwicklungsplanung

- Die Schulen sollen die Personalentwicklung ihrer Schule zielgerichtet planen. Die Entwicklungsplanung soll sich auf den Personalbedarf, den Arbeitseinsatz und die Fortbildung beziehen (→ Kapitel IV.7.2, IV.7.3) und auf die Realisierung des Schulprogramms ausgerichtet sein; sie soll zugleich den Entwicklungsbedürfnissen der Beschäftigten und der Gleichstellung von Mann und Frau Rechnung tragen.

Personalführung

- Die Schulleitung einer teilautonomen Schule soll Personalführungsaufgaben selbständig wahrnehmen und dabei auch an dienst- und fachaufsichtlichen Aufgaben mitwirken, die zur Zeit der Schulaufsicht vorbehalten sind (→ Kapitel IV.7.3, IV.7.4).

Beteiligung an der Personalauswahl

- Die Schulleitung soll das lehrende und nichtlehrende Personal der Schule auswählen und dem Schulträger zur Einstellung benennen (→ Kapitel IV.7.4).

- Die Schulen sollen das Recht erhalten, Honorarkräfte im Rahmen ihres Budgets zu beschäftigen. *Honorarkräfte*
- Die Schulleitung soll das Recht erhalten, Aufgaben und Funktionen in der Schule zeitlich befristet zu übertragen und in bestimmten Fällen zusätzlich zu honorieren. *Übertragung von Aufgaben und Funktionen*
- Die Schulen sollen beim Verfahren zur Besetzung von Schulleitungsstellen in Form eines Dreiervorschlages gegenüber dem Schulträger beteiligt sein (→ Kapitel IV.7.3). *Schulleitungsbesetzung*

Finanzieller Bereich

- Teilautonome Schulen sollen die zugewiesenen Mittel eigenverantwortlich bewirtschaften (→ Kapitel IV.2.6), das heißt die Verwendungsentscheidungen treffen und gegebenenfalls die anfallenden Verwaltungsaufgaben bei entsprechender Unterstützung durch den Schulträger übernehmen. *Eigenbewirtschaftung*
- Die Schulen sollen das Recht erhalten, im Rahmen des Schulbudgets Personal- und Sachmittel in einem bestimmten Umfang gegenseitig zu substituieren, Mittel in das nächste Haushaltsjahr zu übertragen und Leistungen Dritter (zum Beispiel Beratungsleistungen) einzukaufen (→ Kapitel IV.2.6). *Flexible Mittelbewirtschaftung*
- Die Schulen sollen das Recht erhalten, sich zusätzlich zur Grundausstattung weitere Mittel zu erschließen. Dies können öffentliche Mittel aus dem regionalen Entwicklungsfonds sein, aber auch private Mittel, die zum Beispiel durch Verkauf pädagogischer Leistungen auf dem Bildungsmarkt oder durch Sponsoring gewonnen werden (→ Kapitel IV.2.6). *Erschließung zusätzlicher Mittel*

Planung, Evaluation, Berichterstattung

- Teilautonome Schulen sollen verpflichtet sein, ihre Entwicklung zu planen. Im Mittelpunkt der Entwicklungsplanung der Schule soll das Schulprogramm stehen. Das Schulprogramm soll durch eine Maßnahmen- und Zeitplanung ergänzt werden, so daß konkrete Arbeitsvorhaben und -schritte in einem überschaubaren Zeitrahmen durchgeführt und ihre Realisierung überprüft werden können. Die Personal- und Ressourcenplanung der Schule soll auf die Realisierung des Schulprogramms ausgerichtet und mit der Arbeitsplanung verbunden sein. Die Arbeitsplanung ist schriftlich zu dokumentieren. *Entwicklungsplanung der Schule, Arbeitsplan*

Pflicht zur Evaluation und Berichterstattung

– Die teilautonomen Schulen müssen Verantwortung für die Qualitätssicherung und -entwicklung der schulischen Arbeit übernehmen. Sie sollen verpflichtet sein, ihre Arbeit in ihren Ergebnissen und Prozessen selbst zu evaluieren. Die durch das Land vorgegebenen Kriterien sollen in einem schulspezifischen Evaluationskonzept konkretisiert und erweitert werden. Die Evaluationsverfahren sollen in der Schule verbindlich vereinbart, dann aber auch kontinuierlich weiterentwickelt werden. Die Schulen müssen in geeigneter Form gegenüber den jeweils zuständigen Institutionen Bericht erstatten und sich einer externen Evaluation unterziehen. Die Empfehlungen zum Thema Evaluation und Berichterstattung werden in einem besonderen Kapitel genauer dargestellt (→ Kapitel IV.2.5).

Schulleitung

Rolle der Schulleitung

– Der Handlungsspielraum der Schulleitung soll erweitert, ihre Stellung als verantwortliche Vorgesetzte soll gestärkt werden. Die Schulleitung soll ihre Aufgaben so wahrnehmen, daß pädagogische Führung einer Schule zur gemeinsamen Angelegenheit der am Schulleben Beteiligten wird.

Unterschiedliche Formen der Schulleitung

– Die gesetzliche Rahmenregelung für die Struktur von Schulleitung soll es zulassen, daß neben der tradierten Form – Schulleiter/in und Stellvertreter/in – Schulleitung auch als Kollegialorgan realisiert werden kann.

Aufgaben und Verantwortlichkeit der Schulleitung

– Zum Verantwortungsbereich der Schulleitung sollen gehören:
  - die pädagogisch-organisatorische Entwicklungsplanung für die Schule, die Gestaltung des Schulprogramms und der schulspezifischen Lehrpläne. Die Schulleitung soll in diesen Bereichen Initiativen entfalten, auf Gemeinsamkeit hinwirken, die Partizipation der Beteiligten und die Beachtung der in den Rahmenvorgaben gesetzten Ziele sichern. Die Entscheidungen über das Schulprogramm sollen in dem gemeinsamen Mitwirkungsorgan von Lehrerinnen und Lehrern, Eltern und Schülerinnen und Schülern fallen;
  - die Vorbereitung der Beratungen in den Mitwirkungsgremien und im Schulbeirat;
  - die Verantwortung für die Entwicklung und Durchführung der schulinternen Evaluation sowie für die damit zusammenhängende Berichterstattung;

- die oben genannten Aufgaben im Bereich Personal, gegebenenfalls unter Beteiligung des Personalrates (→ Kapitel IV.7.4);
- Entscheidungen im Bereich der Mittelbewirtschaftung und die Aufstellung des Schuletats und des Stellenplanes (→ Kapitel IV.2.6, IV.7.4). Über den von der Schulleitung vorgelegten Schuletat und Stellenplan soll der Schulbeirat entscheiden, die Mitwirkungsgremien sollen ein Initiativrecht haben;
- Entscheidungen über die Kooperation mit externen Partnern;
- die Vertretung der Schule nach außen, das heißt insbesondere gegenüber dem Schulträger, dem Pädagogischen Dienst und dem Ministerium, aber auch gegenüber der Öffentlichkeit.

Mitwirkung

Gesetzliche Mindeststandards für die Mitwirkung

– Die Rahmenvorgaben für die Mitwirkung in den Schulen sollen gesetzlich geregelt sein. Sie sollen als Mindeststandards sichern, daß Schülerinnen und Schüler, Eltern, Lehrerinnen und Lehrer eigene Gremien der Willensbildung haben und daß auf der Ebene der Jahrgangsstufen und der gesamten Schule Orte gemeinsamer Willensbildung existieren. Darüber hinausgehende Formen der Partizipation und gegenüber dem derzeitigen Zustand erweiterte Mitwirkungsmöglichkeiten von Schülerinnen und Schülern und Eltern sollen gefördert werden. Die Einbeziehung von Beschäftigten, die Unterrichts- und Erziehungsaufgaben übernehmen, ohne selbst Lehrer zu sein, soll gewährleistet sein.

Entscheidungs- und Partizipationsrechte im Rahmen der Mitwirkung

– In dem Organisationsstatut der Schule sollen die Entscheidungs- und Beteiligungsrechte der Mitwirkungsorgane und die Verfahren der Beteiligung präzisiert werden. Zu den Beteiligungsrechten sollen neben Informationsrechten gegenüber der Schulleitung auch Initiativrechte gegenüber Schulleitung und Schulbeirat in bezug auf deren Entscheidungsbereich gehören.

- Schwerpunkt der Mitwirkung von Lehrerinnen und Lehrern, Eltern und Schülerinnen und Schülern soll der pädagogische Bereich sein. Die gesetzlich garantierte pädagogische Freiheit der Lehrerinnen und Lehrer als einzelne und ihrer Kollegialorgane soll durch entsprechende Ausgestaltung der Entscheidungsrechte geschützt werden. Die Entscheidungen über Schulprogramm, Schulprofil, schulspezifische Lehrpläne und Stundentafeln und gegebenenfalls über Initiativen zur strukturellen Weiterentwicklung der Schule sollen in den Mitwirkungsgremien der Beteiligten und durch die Schulleitung vorbereitet werden. Unter Berücksichtigung von Anregungen aus dem Schulbeirat sollen die Entscheidungen hierüber in die Zuständigkeit des gemeinsamen Mitwirkungsorganes auf der Ebene der gesamten Schule fallen.

- Unbeschadet möglicher Anhörungs-, Beratungs- und Initiativrechte der übrigen Mitwirkungsgremien soll das gemeinsame Mitwirkungsorgan auch an der Auswertung der Evaluationsergebnisse und an dem Verfahren zur Bestellung von Schulleitungsmitgliedern beteiligt sein.
- Vorbereitung, Durchführung und Auswertung der Evaluation sowie bestimmte Fragen der Personalentwicklung (zum Beispiel Fortbildungsplanung) bedürfen in besonderer Weise einer intensiven und vertrauensvollen Zusammenarbeit von Schulleitung und Kollegium. Diese Bereiche werden weitere Schwerpunkte der Mitwirkung von Lehrerinnen und Lehrern und ihrer Kollegialorgane sein.

Schulbeirat

Einrichtung eines Schulbeirates

– Der gesetzliche Rahmen für die teilautonome Schule soll die Einrichtung eines Schulbeirates vorsehen. Für Zusammensetzung, Funktionen und Arbeitsformen des Schulbeirates soll eine Rahmenregelung vorgegeben werden, die verschiedene Ausgestaltungsformen in den Statuten ermöglicht, deren Bewährung evaluiert werden soll.

Mitglieder des Schulbeirates

– Hinsichtlich der Besetzung des Schulbeirates wurden in der Kommission zwei Realisierungsmöglichkeiten erörtert, deren Bewährung erprobt werden soll:

Variante I

- Die Rahmenvorgaben sollen vorsehen, daß zu den entscheidungsberechtigten Mitgliedern Bürgerinnen und Bürger und Vertreter des Schulträgers gehören. Diese Mitglieder sollen jeweils zur Hälfte vom Schulträger und von dem gemeinsamen Mitwirkungsorgan der Schule berufen werden. Zu den weiteren ständigen Mitgliedern mit Beratungs- und Antragsrecht sollen gehören: die Schulleitung und durch die Mitwirkungsorgane berufene Vertreter von Lehrerinnen und Lehrern, Eltern und Schülerinnen und Schülern der jeweiligen Schule.

Variante II

- Als alternative Möglichkeit soll vorgesehen werden, daß zu den Mitgliedern des Schulbeirates Vertreter der Schulgemeinde, Vertreter des Schulträgers und Bürgerinnen und Bürger gehören. Die Mitglieder sollen zu einem Drittel von dem gemeinsamen Mitwirkungsorgan der Schule und zu einem weiteren Drittel von der Schulkommission des Schulträgers (→ Kapitel IV.2.3) bestimmt werden. Ein weiteres Drittel der Mitglieder soll von dem Mitwirkungsorgan der Schule und der Schulkommission gemeinsam bestimmt werden; diese Mitglieder sollen Bürgerinnen und Bürger sein, die weder als Lehrerinnen und Lehrer, Schülerinnen und Schüler oder Eltern der Schulgemeinde angehören, noch Mitglieder von Gremien der kommunalen Selbstverwaltung oder Mitarbeiter der jeweiligen Kommunalverwaltung sind.

Aufgaben des Schulbeirats

– Der gesetzliche Rahmen soll für den Schulbeirat Entscheidungsbefugnisse für Bereiche vorsehen, die an der Nahtstelle von Trägerverantwortlichkeiten und Einzelschulkompetenzen stehen, nicht jedoch in pädagogischen Fragen. Zu den Aufgaben des Schulbeirates sollen gehören

- die Verabschiedung des Schuletats und des Stellenplanes auf der Grundlage der Vorlagen der Schulleitung.
- die Entscheidung über das Organisationsstatut der Schule
- eine Beteiligung bei der Erstellung des Dreiervorschlages gegenüber dem Schulträger für die Besetzung von Schulleitungsstellen (→ Kapitel IV.7.3, IV.2.3); der Schulbeirat und das auf der Ebene der gesamten Schule eingerichtete Mitwirkungsorgan müssen einen gemeinsamen Vorschlag erstellen.
- die Erörterung von Berichten der Schulleitung, insbesondere über die Ergebnisse der internen und der externen Evaluation und über den allgemeinen Entwicklungsstand und die Entwicklungsabsichten der Schule
- ein Initiativrecht in allen grundlegenden Fragen der pädagogischen und strukturellen Weiterentwicklung der Schule.

Bedeutung und Funktionen des Schulbeirates

– Der Schulbeirat soll ein Gremium sein, das unterstützende, schützend-absichernde und in begrenztem Umfang auch kontrollierende Funktionen hat.

- Der Schulbeirat soll vor allem die Aufgaben eines Kuratoriums übernehmen. Durch Einbezug von Bürgerinnen und Bürgern, die nicht bereits als Eltern, Schülerinnen und Schüler oder Lehrerinnen und Lehrer Mitglieder der jeweiligen Schule sind, soll zusätzlicher Sachverstand in die Schule hineingeholt werden und so die Schule und insbesondere die Schulleitung bei ihren Aufgaben unterstützt werden. Zugleich soll so die Einbindung der Schule in das gesellschaftliche Umfeld verbessert werden. Die Beiratsmitglieder sollen dazu beitragen, die Belange und Vorhaben der Schule in das Umfeld hineinztragen. Das Interesse von Bürgerinnen und

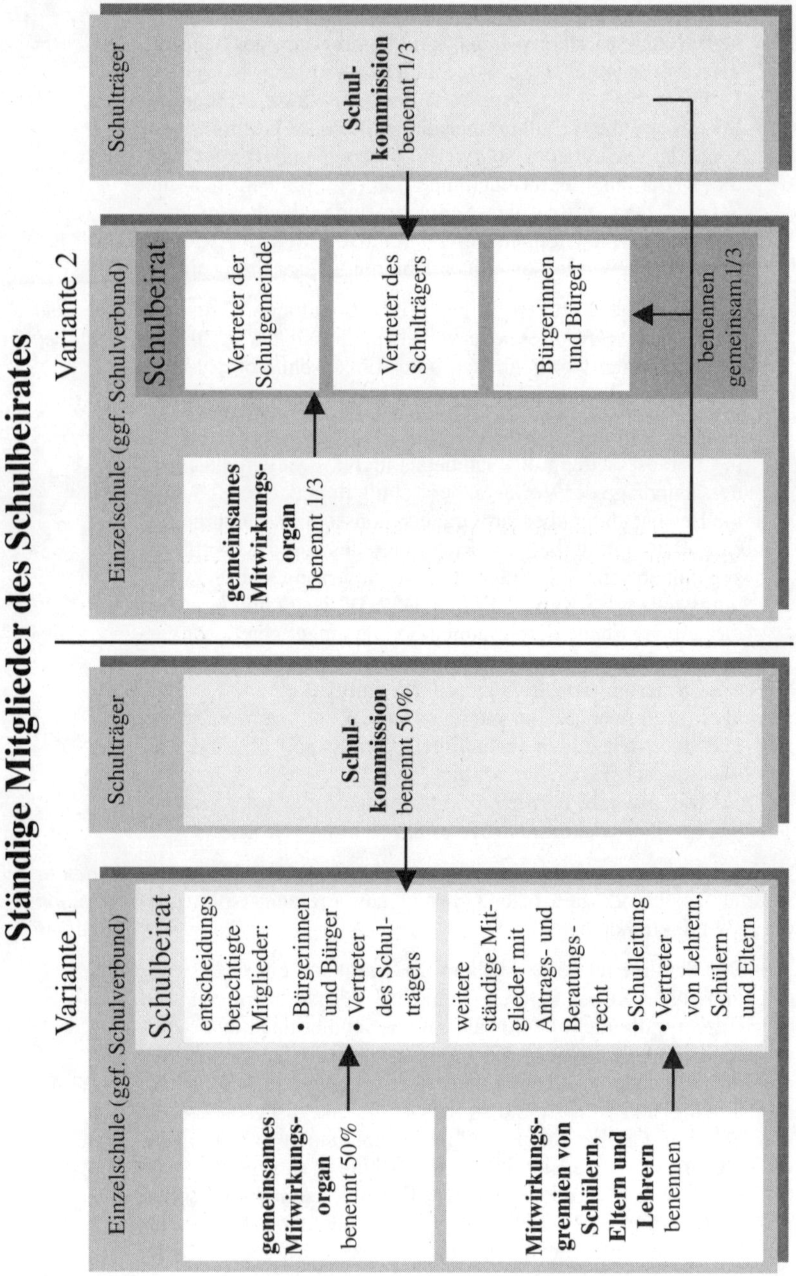
Ständige Mitglieder des Schulbeirates
Variante 1
Einzelschule (ggf. Schulverbund)
gemeinsames Mitwirkungsorgan benennt 50%
Mitwirkungsgremien von Schülern, Eltern und Lehrern benennen
Schulbeirat
entscheidungsberechtigte Mitglieder:
• Bürgerinnen und Bürger
• Vertreter des Schulträgers
weitere ständige Mitglieder mit Antrags- und Beratungsrecht
• Schulleitung
• Vertreter von Lehrern, Schülern und Eltern
Schulträger
Schulkommission benennt 50%
Variante 2
Einzelschule (ggf. Schulverbund)
gemeinsames Mitwirkungsorgan benennt 1/3
Schulbeirat
Vertreter der Schulgemeinde
Vertreter des Schulträgers
Bürgerinnen und Bürger
benennen gemeinsam 1/3
Schulträger
Schulkommission benennt 1/3

Bürgern, die nicht unmittelbar Beteiligte bzw. Betroffene sind, an einer Schule und die Identifikation mit ihr sollen gefördert werden. Entsprechend breit gefächert wird das Spektrum der Personen sein, die je nach den spezifischen Bedürfnissen der Schule in den jeweiligen Beirat berufen werden. Dabei muß darauf geachtet werden, daß es nicht zu Ungleichheiten zwischen Schulen kommt. Durch Einbezug von Personen, die seitens des Schulträgers benannt werden, soll die Identifikation des Trägers mit den besonderen pädagogischen Bedürfnissen der Einzelschule gefördert werden (→ Kapitel IV.2.3). Günstige Voraussetzungen für eine Delegation von Trägerkompetenzen auf die Einzelschule sollen geschaffen und die dort getroffenen Entscheidungen, gerade auch im finanziellen Bereich, abgestützt werden. Auch gegenüber der Öffentlichkeit kann der Beirat eine schützend-absichernde Funktion übernehmen, denn die Einzelschule wird angesichts ihrer erweiterten Gestaltungsrechte zunehmend Gegenstand öffentlicher Beurteilung werden.

- Im Hinblick auf die Kontrollfunktion soll der Schulbeirat gleichsam die Aufgaben eines Aufsichtsrates gegenüber der Schulleitung übernehmen. Über grundsätzliche Fragen des Schulbudgets zum Beispiel sollen nicht diejenigen entscheiden, die die Bewirtschaftung der Mittel verantworten. Für die Schulleitung und die Schule insgesamt soll der Beirat ein wichtiger Adressat für die Rechenschaftslegung sein. Der Schule wird so ein neuartiges Rechenschaftsinstrument zur Verfügung gestellt, das einerseits der Schule eng verbunden ist, andererseits aber mehr gewährleistet als eine reine Selbstkontrolle der in der Schule Tätigen. Der Schulbeirat ist damit auch ein Element des neuen Qualitätssicherungskonzeptes für den Schulbereich (→ Kapitel IV.2.5).

Diskutierte Alternative

In den Beratungen der Kommission wurde auch eine Alternative zu der empfohlenen Einrichtung von Schulbeiräten diskutiert. Diese geht davon aus, daß ein zusätzliches Gremium installiert und ein zu starker kommunaler Einfluß ermöglicht werde. Auch führe die große Zahl der zu findenden interessierten Bürgerinnen und Bürger zu praktischen Problemen. Statt der Einrichtung eines Schulbeirates solle die derzeitige Form der Schulkonferenz weiterentwickelt werden. Sie solle neben ihren bisherigen Zuständigkeiten auch die Entscheidungskompetenzen erhalten, die im empfohlenen Konzept dem Schulbeirat vorbehalten sind. Die Zusammensetzung der Schulkonferenz solle geändert werden: Sie könne zur Hälfte von Schülerinnen und Schülern und Lehrerinnen und Lehrern und zur anderen Hälfte von Eltern besetzt sein. Die Schulleiterin bzw. der Schulleiter könne das Recht zum Stichentscheid erhalten. Die Schulkonferenz solle um sachkundige Bürger aus dem gesellschaftlichen Umfeld oder aus wissenschaftlichen Einrichtungen erweitert werden, entweder mit Beratungs- und Antragsrecht oder – etwa bei berufsbildenden Schulen – mit Stimmrecht bei gleichzeitiger Verrechnung innerhalb des Stimmdeputats der Eltern. Experimente mit Modellen, bei denen die Schulleitung kein Stimmrecht und die sachkundigen Bürger volles Stimmrecht erhalten, sollten möglich sein. Eine Rechenschaftslegung bzgl. der Budgetfragen solle gegenüber der Schulkommission auf Trägerebene erfolgen.

Die Kommission spricht sich mehrheitlich für die Beiratskonzeption aus.

IV.2.3 Kommunale Verantwortung

Die Bedeutung der Schulträger für Sicherung und Weiterentwicklung des Schulwesens in Nordrhein-Westfalen ist immer groß gewesen. Dies hängt nicht nur zusammen mit den Verantwortlichkeiten, die den Schulträgern zugewiesen sind. Es ist auch Ergebnis des politischen Willens, zu einer bürgernahen und ortsbezogenen Ausgestaltung der Bildungsangebote zu kommen. Mancher Entwicklungsschritt, den das Schulwesen in Nordrhein-Westfalen in den letzten Jahren getan hat, wäre ohne die Initiativkraft und den zum Teil erheblichen Ressourceneinsatz der Schulträger nicht möglich gewesen. So wichtig es einerseits ist, daß die Schule der Zukunft aus der Eigenverantwortung der einzelnen Schule heraus ihre Entwicklungsdynamik erhalten soll, so wichtig ist es andererseits, daß zugleich auf der Ebene der Schulträger die Verantwortung für Ausgewogenheit und Tragfähigkeit des Gesamtangebotes an Schulen und Bildungseinrichtungen gestärkt wird.

Ausgangslage

Rechte und Pflichten der Gemeinden im Schulbereich

Die Landesverfassung garantiert den Gemeinden und Gemeindeverbänden als Gebietskörperschaften das Recht auf Selbstverwaltung durch ihre gewählten Organe. Ihnen steht nach dem Grundgesetz das Recht zu, »alle Angelegenheiten der örtlichen Gemeinschaft im Rahmen der Gesetze in eigener Verantwortung zu regeln«. Gemeinden, kreisfreie Städte und Kreise sind in der Regel die Träger der öffentlichen Schulen im Land Nordrhein-Westfalen. Sie sind damit für die Errichtung, Organisation und Verwaltungsführung der öffentlichen Schulen zuständig. Die Gemeinden sind zur Errichtung und Unterhaltung von Grund-, Haupt- und bestimmten Sonderschulen generell und von Realschulen, Gymnasien oder Gesamtschulen bei Vorliegen eines Bedürfnisses verpflichtet. Die Verpflichtung geht subsidiär auf den Kreis über, wenn eine Trägerschaft durch eine oder mehrere Gemeinden nicht zustande kommt. Für die berufsbildenden Schulen besteht eine Trägerschaftsverpflichtung der Kreise bzw. der kreisfreien Städte.

Das Land gibt für die schulorganisatorischen Entscheidungen der Schulträger nicht nur die Schulformen, sondern auch Größenordnungen (insbesondere Mindestzügigkeiten) sowie Schulbaurichtlinien bzw. Raumprogramme vor. Die Beschlüsse über die Errichtung, Änderung oder Auflösung von Schulen unterliegen schulaufsichtlicher Genehmigung. Das Schulverwaltungsgesetz verpflichtet die Kommunen zur Einrichtung von Schulausschüssen, in denen Vertreter der Kirchen mit beratender Stimme mitwirken und in die auch Vertreter der Lehrerschaft zur ständigen Beratung berufen werden können. Ein Vertreter der unteren Schulaufsicht soll auf Verlangen des Schulausschusses an den Sitzungen teilnehmen. Die Gemeinden sind zur Aufstellung eines Schulentwicklungsplanes verpflichtet, der mit den benachbarten Schulträgern abzustimmen ist. Die Schulen sind bei sie betreffenden Organisationsentscheidungen des Trägers zu beteiligen. Die Schulkonferenz hat ein Anregungsrecht.

Nachteile der Begrenzung auf äußere Schulangelegenheiten

Die Schulträger sind im derzeitigen Rechts- und Steuerungssystem in ihren Zuständigkeiten gegenüber der Schule begrenzt auf die sogenannten »äußeren Schulangelegenheiten«. Hierzu gehören u.a. die Standortplanung, die Bereitstellung von Schulbauten, die Ausstattung mit Lehr- und Lernmitteln, aber auch die Bereitstellung von Verwaltungspersonal. In der Praxis ist die tradierte Trennung von inneren und äußeren Angelegenheiten jedoch nicht aufrecht zu erhalten. Die Träger stellen in der Regel Unterstützungsangebote, zum Beispiel Silentien, psychologische Beratungsstellen, Arbeitsstellen zur Förderung ausländischer Kinder, bereit, ohne die viele Schulen ihrem Erziehungsauftrag nicht mehr gerecht werden können. Die Schulräumlichkeiten sind oft Orte des kulturellen und sportlichen Lebens der Gemeinden. Die Schulen öffnen sich aber auch selbst bei Unterrichtsvorhaben zunehmend dem Umfeld und kooperieren mit lokalen Institutionen.

Dieser Entwicklung versucht das Schulmitwirkungsgesetz Rechnung zu tragen, indem es den Trägern ein Beratungs- und Antragsrecht in den Schulkonferenzen einräumt. Der herausgehobenen Funktion der Schulleitung auch bei der Verknüpfung von inneren und äußeren Schulangelegenheiten entsprechend haben die Schulträger ein Vorschlagsrecht gegenüber der ernennenden Aufsichtsbehörde bei der Besetzung von Schulleitungsstellen, das weitaus gewichtiger ist als das Anregungsrecht der Schulkonferenz.

Die bisherigen Mitwirkungsformen und die Gestaltungsrechte der Träger reichen jedoch nicht aus, um den gewachsenen Beteiligungsansprüchen der Bürgerinnen und Bürger bei der Gestaltung ihrer unmittelbaren Lebensverhältnisse, zu denen auch und ganz wesentlich die Schule gehört, zu entsprechen. Die derzeitigen Vorgaben für Organisationsentscheidungen sind eng, sie eröffnen nur wenige Optionen, vor Ort eine Schullandschaft eigenverantwortlich entwickeln zu können, die auf die unterschiedlichen lokalen und regionalen Bedingungen abgestimmt ist und zugleich dem Erfordernis effizienten Ressourceneinsatzes Rechnung trägt.

Notwendige Ganzheitlichkeit der kommunalen Verantwortung

Die gegenwärtigen Regelungen behindern eine umfassende und ganzheitliche Wahrnehmung von kommunaler Verantwortung im Schulbereich. Sie basieren auf einem engen Verständnis von Schulträgerschaft, bei dem quantitative Fragen der Versorgung mit Schulplätzen und sächlicher Ausstattung im Vordergrund stehen. Planungen und Entscheidungen in diesem Bereich erfolgen ohne hinreichenden Einfluß auf die pädagogische Entwicklung der Einzelschulen und unabhängig von der personellen Besetzung. Schulträgerschaft bleibt so dem gegenüber, was in den Schulen qualitativ geschieht, äußerlich, erscheint als Schulträgerverwaltung, als zweite Bürokratie neben der Schulaufsichtsverwaltung. Das damit verbundene Bild der Einzelschule als nachgeordneter Institution wird einem modernen Verständnis von Verwaltungshandeln als unterstützender Dienstleistung nicht gerecht. Eine mit dem kommunalen Umfeld vernetzte, auf sie bezogene Entwicklung der Einzelschule kann so nicht genügend gefördert werden.

Die Begrenzung der Schulträgerkompetenzen auf die »äußeren Angelegenheiten« hat auch nachteilige Folgen für die Schulentwicklungsplanung. Ihr fehlt die pädagogische Perspektive der einzelschulischen Entwicklung ebenso wie die Verantwortung für die personelle Absicherung der angestrebten schulorganisatorischen Maßnahmen, die in die Zuständigkeit des Landes fällt. Zugleich werden die Probleme der Koordination zu wenig qualitativ in den Blick genommen. Gegenwärtig sind kleine Schulträger, insbesondere im ländlichen Raum, vielfach nicht in der Lage, aus eigener Kraft ein ausreichendes Mindestangebot an allgemeinbildenden Schulen auf Dauer und in ökonomisch effizienten Betriebsgrößen zu sichern. Schulentwicklungsplanungen, die sich aus ihnen ergebenden schulorganisatorischen Entscheidungen und die entsprechende Budgetsteuerung können in zu klein ausgelegten Räumen ohne regionale Koordinierung nicht mehr effektiv durchgeführt werden. Andererseits wird die notwendige Schulnähe bei großen Schulträgern, insbesondere im großstädtischen Raum, oft nicht erreicht. Ganzheitliche Verantwortung für die Einzelschule und unmittelbare Mitwirkung der Beteiligten können hier wegen der Vielzahl der Schulen kaum aufgebaut werden.

Leitvorstellungen

Die Identifikation der örtlichen Gemeinschaft mit ihren Schulen ist ein wichtiges Gut. Die Leitvorstellungen der Kommission zielen darauf ab, diese Identifikation zu stärken und zu fördern. Es geht dabei nicht um den Aufbau einer mit mehr Kompetenzen ausgestatteten ortsnahen Verwaltung, sondern um ein neues Verhältnis in den Beziehungen zwischen Schulträger und Schule, das unmittelbare Partizipation der Beteiligten und Betroffenen ermöglicht.

Erweiterung der kommunalen Rechte und Pflichten, Unterstützung der Einzelschule

- Schule soll stärker als bisher als Angelegenheit der örtlichen Gemeinschaft verstanden und gestaltet werden. Das neue Steuerungs- und Verantwortungskonzept für das öffentliche Schulwesen sieht eine Erweiterung der Rechte, Aufgaben und Pflichten vor, die in kommunaler Verantwortung wahrgenommen werden sollen. Dies bedeutet keine Kommunalisierung der Schule. Die Schulträger sollen vielmehr in die Lage versetzt werden, im gesetzlichen Rahmen eine den regionalen Bedingungen entsprechende Schullandschaft zu gestalten und vor allem die Entwicklung der Einzelschulen wirksam zu unterstützen. Deshalb ist die Nähe des Schulträgers zur Einzelschule grundlegend für das Konzept.

Mitwirkung bei der inneren Schulgestaltung

- Kommunale Verantwortung soll ganzheitlich wahrgenommen werden. Die Trennung von inneren und äußeren Schulangelegenheiten soll dadurch überwunden werden, daß die Schulträger im Binnenraum von Schule legitimiert mitwirken sollen, ohne ihn zu dominieren (→ Kapitel IV.2.2). Die Einzelschule soll dabei vor einem durchsteuernden Zugriff des Trägers und insbesondere vor parteipolitischer Einflußnahme geschützt werden.

Umfassende und stärker qualitativ orientierte Mittelbewirtschaftung

- Schulträgerentscheidungen sollen stärker qualitativen Charakter erhalten, indem sie aus beiden Perspektiven, der Förderung der pädagogischen Entwicklung der Einzelschule und der Aufgabe der Sicherung und Entwicklung des schulischen Angebotes, erwachsen. Sie sollen zugleich in Verantwortung nicht nur für die sächlichen, sondern auch für die personellen Ressourcen getroffen werden.

- Entscheidungen über den Einsatz von Mitteln sollen integriert erfolgen unabhängig davon, aus welchem öffentlichen Budget sie finanziert werden. Die Steuerung im Bereich der Sachmittel soll mit der Aufgabe der Personalbewirtschaftung verzahnt und durch stärkere Mitverantwortung für die Entwicklung der Einzelschule pädagogisch fundiert werden.

Flexible Größenordnungen

- Der räumliche Zuschnitt der Schulträgerschaft muß dem Gesichtspunkt der Schulnähe ebenso Rechnung tragen wie dem Erfordernis, ein bestimmtes Mindestangebot in bezug auf alle Abschlüsse des allgemeinbildenden Schulwesens auf Dauer zu sichern. Die Wahrnehmung dieser Sicherungsfunktion setzt ebenso wie die Unterstützungsaufgabe gegenüber den Einzelschulen eine ausreichende Verwaltungskraft voraus. Wann diese Voraussetzungen gegeben sind bzw. wie sie durch entsprechenden Zuschnitt von öffentlicher Trägerschaft am besten realisiert werden können, kann nur vor Ort entschieden werden. Die gewachsenen Strukturen von Schulträgerschaften sollen in kommunaler Verantwortung im Rahmen regionaler Koordinierung, das heißt durch die beteiligten Gemeinden, Städte und Kreise selbst, weiterentwickelt werden können.

Koordinierungsbedarf

- Das Land soll hierfür Rahmenvorgaben schaffen, die Mindestgrößen garantieren, einen flexiblen Zuschnitt schulnaher Trägerschaft ermöglichen und eine verpflichtende Kooperation der Schulträger bei der Planung und Weiterentwicklung des Schulangebots und entsprechenden Organisationsakten sichern. Eine generelle Neuordnung der Trägerschaft öffentlicher Schulen erscheint nicht notwendig, da wichtige planerische Zielsetzungen durch die Einrichtung von Gremien mit Koordinierungsaufgaben auf der Ebene von kreisfreien Städten und Kreisen verwirklicht werden können. Eine interkommunale Schulentwicklungsplanung ist notwendige Bedingung dafür, daß differenzierte regionale Schullandschaften entstehen können. Sie ist eine Aufgabe, die von den beteiligten Schulträgern gemeinsam wahrgenommen werden muß. Regionale Koordinierung soll zudem eine abgestimmte Planung zwischen den Trägern allgemeinbildender Schulen und den Trägern berufsbildender Schulen fördern (→ Kapitel IV.6.2).

Koordinierter Mitteleinsatz

- Zum Bereich gemeinsamer kommunaler Verantwortung im Rahmen regionaler Koordinierung gehört auch die Steuerung der Ressourcen, soweit es sich um zugewiesene Landesmittel und deren kriterienorientierte Verteilung auf die Schulträger handelt. Bezugsgröße und Adressat des Landes bei der Mittelzuweisung soll deshalb die Ebene des Kreises bzw. der kreisfreien Stadt sein, während die Schulträger für die Ressourcensteuerung in bezug auf die Einzelschule zuständig bleiben bzw. in erweiterter und veränderter Form verantwortlich werden (→ Kapitel IV.2.6.).

Flexible eigenverantwortliche Schulangebotsplanung

- Die Aufgabe, ein auf den lokalen und regionalen Bedarf abgestimmtes Angebot an Bildungsgängen langfristig zu sichern und bei effizientem Einsatz der Ressourcen zu realisieren, kann nur wahrgenommen werden, wenn die gegenwärtigen schulorganisatorischen Entscheidungsspielräume erweitert werden. Die vom Gesetzgeber vorgegebenen Bildungsgänge bzw. Schulformen sollen in verschiedenen Organisationsformen flexibel kombinierbar sein (→ Kapitel IV.6.1). Damit sollen zugleich bessere Voraussetzungen zum Erhalt bzw. zum Aufbau schulnaher Trägerschaft geschaffen werden.

Erweiterte Mitwirkungsmöglichkeiten in Schulkommissionen und Bildungskommissionen

- Kommunale Verantwortung wandelt sich in dem neuen Steuerungskonzept auch hinsichtlich der Formen ihrer Wahrnehmung. Durch die Einrichtung von Schulkommissionen auf Trägerebene und von Bildungskommissionen auf regionaler Ebene soll eine Mitwirkung der jeweils Beteiligten und ein Einbezug der Betroffenen und des gesellschaftlichen Umfeldes ermöglicht werden. Die Einbeziehung von sachverständigen Bürgern neben den Ratsmitgliedern soll die Basis für die Beratungen erweitern sowie die Akzeptanz der Entscheidungen bei den Betroffenen und in der Bürgerschaft und damit die Realisierungsbedingungen verbessern.

Vereinbarungen mit Schulen und zwischen den Schulträgern

- Das Zusammenwirken von Schulträger und Einzelschule sowie von Schulträgern im Rahmen regionaler Koordinierung soll innerhalb der rechtlichen Vorgaben von den Beteiligten durch Vereinbarungen und Satzungen ausgestaltbar sein und konkretisiert werden. Die Rechte und Kompetenzen der Beteiligten sollen in den Rahmenvorgaben und in den Ausgestaltungen vor Ort entsprechend dem Subsidiaritätsprinzip voneinander abgegrenzt werden. Die Rechte der Einzelschulen gegenüber dem Träger müssen dabei garantiert werden (→ Kapitel IV.2.2).

Evaluations- und Berichtspflicht

- Erweiterte kommunale Verantwortung im Schulbereich schließt neben zusätzlichen Gestaltungsrechten auch neue Formen der Rechenschaftslegung ein. Hierzu sollen neben einer kontinuierlichen Berichterstattung (→ Kapitel IV.2.5, IV.6.2) insbesondere eine regelmäßige Selbstevaluation des Schulangebotes und der Auswirkungen der in den Gremien getroffenen Entscheidungen gehören. Hinzu treten sollen Beratung und externe

Evaluation durch den Pädagogischen Dienst (→ Kapitel IV.2.5).

Empfehlungen

Gesetzlicher Rahmen

Gesetzlicher Rahmen für die örtliche Ausgestaltung der Schulträgerschaft

- Der gesetzliche Rahmen für die Trägerschaft öffentlicher Schulen soll so gestaltet werden,
  - daß auf Gemeindeebene Schulträger sein kann, wer in der Regel ein vollständiges Angebot an Abschlüssen des allgemeinbildenden Schulwesens auf Dauer sichern kann,
  - daß Schulträgerschaft von mehreren Gemeinden, die in einem Zweckverband zusammenarbeiten, wahrgenommen werden soll, sofern diese Voraussetzung nicht gegeben ist,
  - daß die Schulträgerschaft von den Gemeinden auch auf den Kreis übertragen werden kann,
  - daß große Kommunen – das heißt in der Regel kreisfreie Städte – innerhalb ihres Gebietes die Schulträgerschaft auf eine schulnähere Ebene, zum Beispiel die Stadtbezirke, übertragen können.
- Die konkrete Ausgestaltung der jeweiligen Schulträgerstruktur soll eine kommunale Angelegenheit sein, die im Rahmen regionaler Koordinierung auf der Ebene der Kreise oder der kreisfreien Städte erfolgt.
- In bezug auf die Rechte des Trägers gegenüber den Einzelschulen soll eine klare, vor Ort ausgestaltungsfähige Kompetenzabgrenzung erfolgen, welche die Selbstgestaltungsrechte der Einzelschule sichert (→ Kapitel IV.2.2).

Aufgaben des Schulträgers

Aufgaben des Schulträgers

- Die Schulträger öffentlicher Schulen sollen die im folgenden genannten Aufgaben wahrnehmen. Es handelt sich nicht um eine vollständige Auflistung der Schulträgeraufgaben. Die Schulträgerrechte in den Bereichen Schulstruktur/Schulangebot, Personal und Finanzen werden in anderen Kapiteln der Denkschrift genauer dargestellt (→ Kapitel IV.6.1, IV.6.2, IV.7.4, IV.2.6). Zu den Aufgaben des öffentlichen Schulträgers sollen gehören:

Schulentwicklungsplanung

- das schulische Angebot an Bildungsgängen bzw. Schulformen in seinem Bereich auf der Grundlage einer Schulentwicklungsplanung, gegebenenfalls in Abstimmung mit den übrigen Schulträgern der Region, zu sichern und zu fördern;
- an der Schulentwicklungsplanung und den Organisationsentscheidungen auf regionaler Ebene mitzuwirken;
- Vertreter in die regionale Bildungskommission zu entsenden,

Verwaltungssicherung

- die Voraussetzungen dafür zu schaffen, daß die Schulleitungen der Einzelschulen ihre Verwaltungsaufgaben wahrnehmen können. Dies kann durch Bereitstellung entsprechender Verwaltungskapazität in den einzelnen Schulen, für mehrere kleinere Schulen gemeinsam und durch Unterstützung durch die Schulträgerverwaltung geschehen;

Budgeterstellung für die Einzelschulen

- den Einzelschulen Schulbudgets zuzuweisen, die ihnen eigenverantwortliche Entscheidungen ermöglichen. Die Budgeterstellung und -zuweisung soll an Kriterien gebunden sein, die öffentlich bekannt sind und den Schulen ein gesichertes Grundbudget im Personal- und Sachmittelbereich über mehrere Jahre garantieren, unabhängig davon, ob es sich um zugewiesene Landesmittel oder um kommunale Mittel aus eigenem Aufkommen handelt (→ Kapitel IV.2.6);

Mitwirkung bei der pädagogischen Entwicklung der Schulen

- die Schulprogramme und die Berichte der Schulen zu erörtern und die pädagogische Entwicklung und die Kooperation der Einzelschulen – auch schulform- bzw. bildungsgangübergreifend – zu fördern. Im pädagogischen Bereich sollen die Schulträger gegenüber der Schule ein Anregungsrecht, jedoch keine Entscheidungskompetenz haben (→ Kapitel IV.2.2);

Förderung von Kooperation

- die Kooperation der Schulen mit außerschulischen lokalen Institutionen zu fördern und durch kommunale Einrichtungen die Erziehungs- und Bildungsarbeit der Schulen zu unterstützen;

Vereinbarung von Organisationsstatuten

- im Zusammenwirken mit dem Schulbeirat der Einzelschule ein Organisationsstatut zu vereinbaren, in dem grundlegende Organisationsfragen der Schule, die Ausgestaltung ihrer Leitungsstrukturen, die Rechte der Beteiligten, insbesondere auch die Rechte des Trägers gegenüber der Einzelschule, und die Formen des Zusammenwirkens näher geregelt werden; über das Organisationsstatut soll der Schulbeirat der Schule entscheiden (→ Kapitel IV.2.2);

Personalverwaltung

- im gesetzlichen, tarifvertraglichen und personalvertretungsrechtlichen Rahmen das Personal der Schulen auf Benennung durch die Einzelschulen einzustellen, zu versetzen, zu entlassen und sonstige Aufgaben der Personalverwaltung wahrzu-

Kommunale Schulkommission

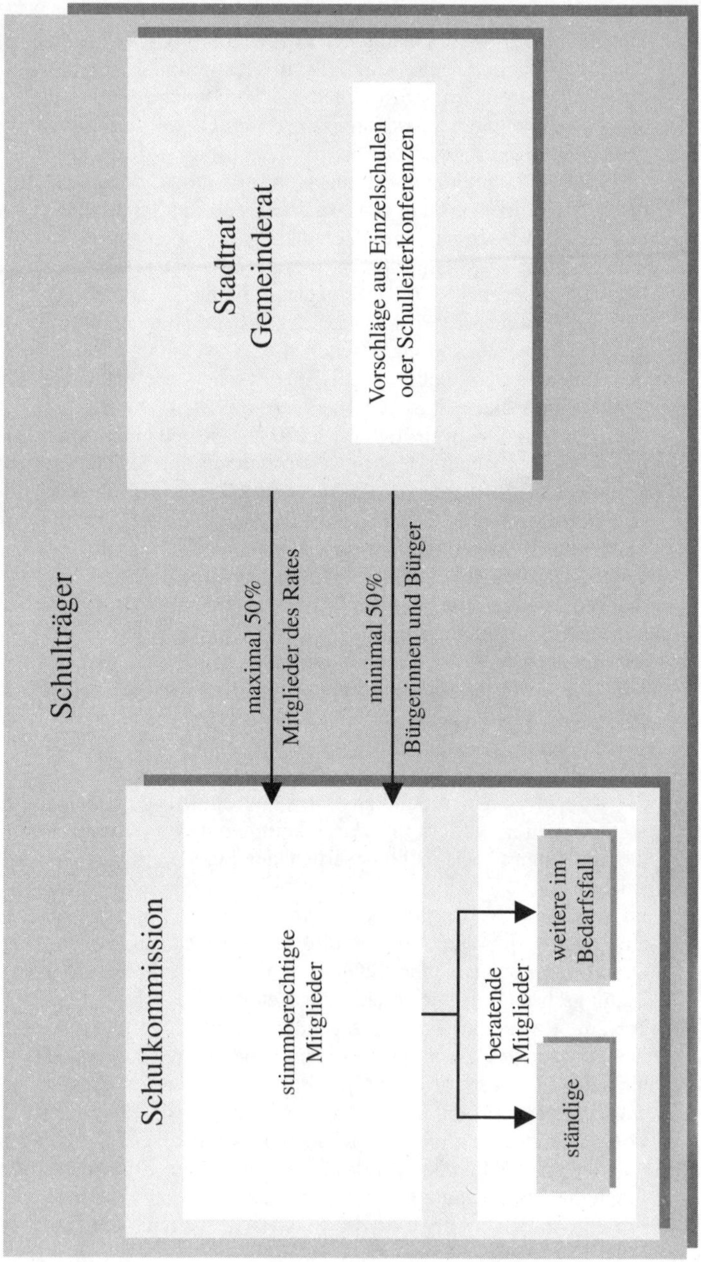

nehmen, die nicht an der Einzelschule bearbeitet werden können (→ Kapitel IV.7.4);

Mitwirkung bei der Personalentwicklung

- die Personalentwicklung durch Fortbildungsmaßnahmen in Kooperation mit den entsprechenden Institutionen und durch Förderung des personellen Austauschs zwischen den Schulen zu unterstützen. Die Schulträger sollen, soweit erforderlich in Kooperation mit anderen Schulträgern bzw. im Rahmen regionaler Koordinierung, einen personellen Ausgleich zwischen den Schulen herbeiführen, der auf die spezifischen Bedarfslagen der Schulen ausgerichtet ist (→ Kapitel IV.7.4);
- über die Besetzung der Schulleitungsstellen auf der Basis eines Dreivorschlags der Einzelschulen zu entscheiden (→ Kapitel IV.7.3, IV.2.2);

Mitwirkung in Schulbeiräten

- die vom Träger zu benennenden Mitglieder für die Schulbeiräte der Einzelschulen zu bestimmen (→ Kapitel IV.2.2);

Evaluation des Schulangebots

- das Schulangebot in seinem Bereich regelmäßig selbst zu evaluieren und gegenüber der regionalen Bildungskommission und dem Pädagogischen Dienst zu berichten (→ Kapitel IV.2.5);
- die Berichte des Pädagogischen Dienstes über die Ergebnisse der Evaluation des örtlichen Schulangebotes zu erörtern. Die Schulträger sollen das Recht erhalten, sich vom Pädagogischen Dienst beraten zu lassen (→ Kapitel IV.2.5).

Schulkommission auf Schulträgerebene

Errichtung von Schulkommissionen

– Zur Wahrnehmung dieser Aufgaben sollen auf der Ebene der öffentlichen Schulträger Schulkommissionen eingerichtet werden, die an die Stelle der bestehenden kommunalen Schulausschüsse treten soll. Die Schulkommission soll ein nach dem Vorbild des Jugendhilfeausschusses gebildeter Ausschuß der kommunalen Selbstverwaltungsorgane sein, der die für die Entscheidungen in Schulangelegenheiten auf der Ebene des Schulträgers zuständige Institution ist. Die Schulträgerverwaltung soll die Entscheidungen der Schulkommission vorbereiten und ausführen und Aufgaben des laufenden Geschäftes wahrnehmen.

Zusammensetzung der Schulkommission

– Für die personelle Zusammensetzung der Schulkommission soll folgender Rahmen gelten: Sie soll aus stimmberechtigten und beratenden Mitgliedern bestehen. Die stimmberechtigten Mitglieder sollen vom Stadt- bzw. Gemeinderat bestellt werden. Dabei sollen höchstens die Hälfte der Mitglieder gleichzeitig auch Mitglieder des Rates sein. Die übrigen Mitglieder sollen in Angelegenheiten des Schulwesens besonders erfahren sein. Die

Regionale Bildungskommission

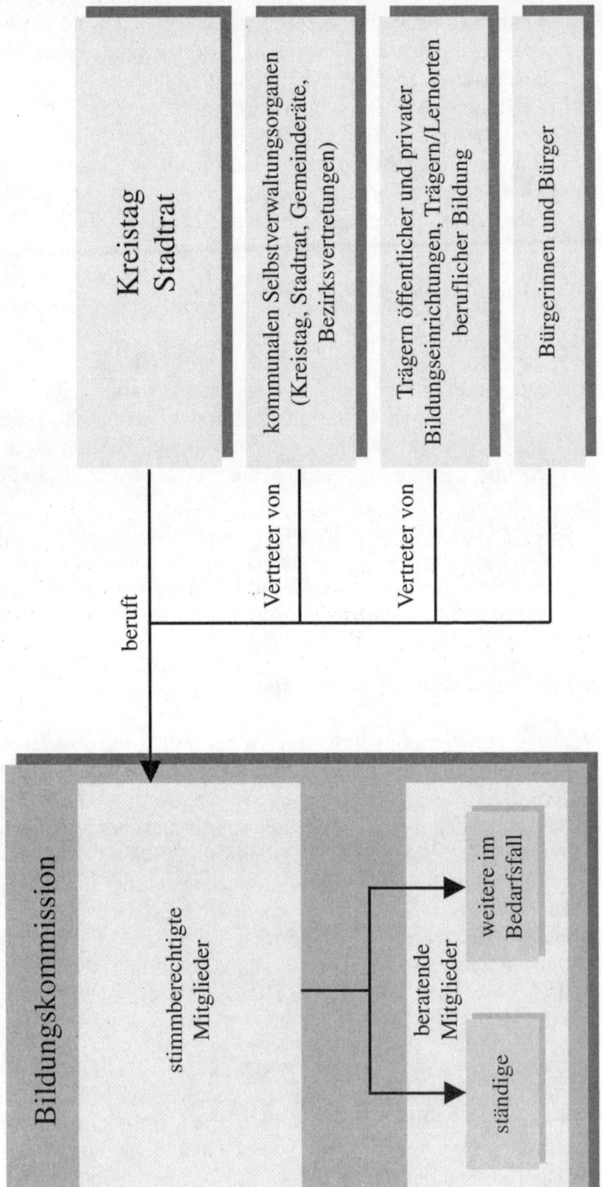

Schulkommission soll sich selbst um beratende Mitglieder ergänzen. Neben den ständigen Mitgliedern sollen im Bedarfsfall weitere Personen, zum Beispiel Vertreter des Pädagogischen Dienstes, beratend hinzugezogen werden.

Regionale Koordinierung: Bildungskommission

- Die regionale Koordinierung im Bildungswesen soll in kommunaler Verantwortung erfolgen und auf der Ebene der kreisfreien Städte und der Kreise wahrgenommen werden. Ziel ist es, eine regionale Bildungslandschaft zu entwickeln (→ Kapitel IV.6.2). Das Handeln der öffentlichen Schulträger der allgemeinbildenden Schulen soll untereinander abgestimmt, die Zusammenarbeit von allgemeinbildenden und berufsbildenden Schulen sowie die Kooperation von öffentlichen und privaten Schulen/Schulträgern soll gefördert werden. Für die berufliche Bildung und die Weiterbildung sollen die Kreise und die kreisfreien Städte Formen der freiwilligen Kooperation und Selbstkoordination zwischen den Trägern (Lernorten) der beruflichen Ausbildung untereinander und den öffentlichen und privaten Trägern der Weiterbildung entwickeln. *Regionale Koordinierung*
- Zur Wahrnehmung dieser Aufgaben soll der Kreis bzw. die kreisfreie Stadt eine Bildungskommission einrichten. Die Bildungskommission soll ein Ausschuß besonderen Rechtes der Selbstverwaltungsorgane des Kreises/der kreisfreien Stadt sein, der für die öffentlichen Schulen, für die berufliche Bildung und die Weiterbildung zuständig ist. Bereichsbezogene Unterausschüsse sollen gebildet werden können. *Errichtung von Bildungskommissionen*
- Für die personelle Zusammensetzung der Bildungskommission soll folgender Rahmen gelten: Die Mitglieder sollen vom Kreistag bzw. Stadtrat berufen werden. Neben Vertretern der kommunalen Selbstverwaltungsorgane sollen auch sachkundige Bürgerinnen und Bürger, Vertreter der Träger der öffentlichen und privaten Bildungseinrichtungen sowie Vertreter der Träger und der Lernorte der beruflichen Bildung und der Weiterbildung berufen werden. Sofern in der jeweiligen Region präsent, empfiehlt sich ein Einbezug der Hochschulen. Die Bildungskommission soll sich durch beratende Mitglieder ergänzen. Neben den ständigen Mitgliedern sollen im Bedarfsfall weitere Personen/Institutionen beratend hinzugezogen werden. Dies betrifft insbesondere Vertreter des Pädagogischen Dienstes. *Zusammensetzung der Bildungskommission*

Aufgaben im Schulbereich

– Die Aufgaben im Schulbereich, die im Rahmen regionaler Koordinierung durch die Bildungskommissionen wahrgenommen werden sollen, werden im folgenden Kapitel, die Aufgaben in anderen Bildungsbereichen in späteren Kapiteln dargestellt (→ Kapitel IV.6.2). Zu den Aufgaben im Schulbereich sollen gehören

Regionale Schulentwicklungsplanung

- die Schulentwicklungsplanung für die Region, das heißt die Planung des Angebotes in bezug auf alle Bildungsgänge und Schulformen mit dem Ziel, eine regionale Schulstruktur zu entwickeln, die ein möglichst umfassendes, der Nachfrage und der strukturellen Bedarfslage entsprechendes wohnortnahes Angebot an schulischen Bildungsgängen und Abschlüssen in flexiblen Organisationsformen gewährleistet. Die in der Verantwortung der Bildungskommission des Kreises/der kreisfreien Stadt liegende Rahmenplanung berücksichtigt die Entwicklungsvorstellungen der Schulen und die Planungen der Schulträger;

Weiterentwicklung der Trägerschaftsstruktur

- die Weiterentwicklung der Struktur der Trägerschaft öffentlicher Schulen in der Region. Die durch gemeinsame Schulentwicklungsplanung grundgelegten Errichtungs- und Ausbaumaßnahmen sollen in einer Art Lizenzverfahren an die in der Region kooperierenden Schulträger vergeben werden. Die beteiligten Gemeinden bzw. Stadtbezirke sollen ihre Realisierungsvorstellungen in der Bildungskommission zur Diskussion stellen, die auf dieser Basis über die Vergabe der Standorte bzw. der Trägerschaft entscheidet;

Evaluation des regionalen Angebots

- die regelmäßige Selbstevaluation des Schulangebotes in der Region und die Berichterstattung hierüber gegenüber dem Pädagogischen Dienst. Die Bildungskommission soll das Recht erhalten, Berichte des Pädagogischen Dienstes anzufordern und sich von ihm beraten zu lassen. Sie soll verpflichtet sein, die Berichte des Pädagogischen Dienstes über seine Evaluation des Bildungsangebotes zu erörtern (→ Kapitel IV.2.5);

Mittelverteilung

- die Verteilung der vom Land den Kreisen und kreisfreien Städten global zugewiesenen Ressourcen (Personal-/Sachmittel) auf die öffentlichen Schulträger. Die Budgetzuweisung soll an Kriterien gebunden sein, die öffentlich bekannt sind und als staatliche Rahmenvorgaben den Schulträgern ein gesichertes Grundbudget über mehrere Jahre garantieren (→ Kapitel IV.2.6);
- die Entscheidung über die Vergabe von Mitteln aus dem regionalen Entwicklungsfonds (→ Kapitel IV.2.6, IV.6.2).

IV.2.4 Staatliche Verantwortung und Gewährleistung

In der Schule der Zukunft soll der Anspruch auf Selbstgestaltung und Eigenverantwortung verbunden werden mit der Sicherung gleichwertiger Qualität der Zielerreichung und damit zugleich der Qualifikationen und Abschlüsse. Die Schulen sollen das Recht behalten, Berechtigungen zu vergeben. Dazu müssen sie Leistungsstandards garantieren. Die Kommission hält deshalb entsprechende Orientierungspflichten, Sicherungs- und Gewährleistungsrechte auf staatlicher Ebene weiterhin für notwendig. Diese sollen jedoch anders ausgestaltet sein als bisher, damit sich ein Gleichgewicht zwischen schulischer Eigenverantwortung und Gewährleistungsaufgabe des Staates ergibt.

Ausgangslage

Staatliche Rechte und Pflichten

Nach Artikel 7 des Grundgesetzes steht das »gesamte Schulwesen« in Deutschland »unter der Aufsicht des Staates«. Dies betrifft sowohl die öffentlichen als auch die privaten Schulen, deren Recht auf Errichtung gewährleistet wird. Im föderalen System der Bundesrepublik fällt die staatliche Schulaufsicht in die Zuständigkeit der Länder, die im Schulbereich eine weitgehende, nur durch übergeordnete Normen des Grundgesetzes begrenzte Gestaltungsfreiheit haben. Allerdings ergibt sich aus Art. 72 GG eine Verpflichtung zur »Wahrung der Einheitlichkeit der Lebensverhältnisse über das Gebiet eines Landes hinaus«, der die Länder u.a. durch die Vereinbarungen in der Kultusministerkonferenz nachkommen. Auch werden die Rahmenbedingungen für das Schulehalten durch weitere bundesgesetzliche Vorgaben, zum Beispiel im Bereich des Beamten- und des Besoldungsrechtes, mitbestimmt.

Vorgaben der Landesverfassung

Die Verfassung für das Land Nordrhein-Westfalen gibt für das Schulwesen grundlegende Bestimmungen vor: die wichtigsten Erziehungsziele werden genannt, der Anspruch jedes Kindes auf Erziehung und Bildung und das Recht der Eltern, die Erziehung und Bildung ihrer Kinder zu bestimmen, werden als Grundlage des Schulwesens garantiert; der staatlichen Gemeinschaft wird aufgetragen, dafür Sorge zu tragen, »daß das Schulwesen den kulturellen und sozialen Bedürfnissen des Landes entspricht«. Weitere Regelungen betreffen:

die Festlegung der allgemeinen Schulpflicht; die Pflicht des Landes und der Gemeinden, Schulen zu errichten und zu fördern; die

Schulgeld- sowie die Lehr- und Lernmittelfreiheit; das Recht der Erziehungsberechtigten auf Mitwirkung an der Gestaltung des Schulwesens; die Absicherung von Staatsbürgerkunde und des Religionsunterrichtes. Neben einer für alle Kinder verbindlichen Grundschule werden Haupt- und Berufsschulen explizit genannt; für Grund- und Hauptschulen werden als mögliche Schularten Gemeinschafts-, Bekenntnis- und Weltanschauungsschulen voneinander abgegrenzt.

Verständnis von Schulaufsicht, staatliche Schulhoheit

Die vergleichsweise umfangreichen Aussagen zum Schulbereich in der Landesverfassung sind einerseits Ausdruck des hohen Stellenwertes, den dieser Bereich für die Kulturhoheit des Landes hat, sie zeigen aber auch, daß »staatliche Schulaufsicht« nicht nur als »Aufsicht« im Sinne des allgemeinen Verwaltungsrechtes, sondern als »Schulhoheit« verstanden wird, die die Gesamtheit der staatlichen Befugnisse zur Planung, Organisation, Leitung und Beaufsichtigung des Schulwesens umfaßt. Die in einem besonderen Kapitel (→ Kapitel IV.2.5) thematisierte Schulaufsicht im engeren Sinne wird durch die entsprechenden Schulaufsichtsbehörden, die Schulaufsicht im Sinne von Schulhoheit vor allem durch den Landesgesetzgeber, teilweise auch von der Landesregierung, wahrgenommen.

Gestaltungsrecht des Staates

Zum staatlichen Gestaltungsbereich gehört nach höchstrichterlicher Rechtssprechung die Befugnis zur »Planung und Organisation des Schulwesens mit dem Ziel, ein Schulsystem zu gewährleisten, das allen jungen Bürgern gemäß ihren Fähigkeiten die dem heutigen gesellschaftlichen Leben entsprechenden Bildungsmöglichkeiten eröffnet.« Nicht nur die organisatorische Gliederung der Schule und die strukturellen Festlegungen des Ausbildungssystems, sondern auch die inhaltliche Bestimmung der Ausbildungsgänge und Unterrichtsziele sowie die Festlegung der Voraussetzungen für den Zugang zur Schule, für den Übergang von einem Bildungsweg zum anderen und für die Versetzung innerhalb des Bildungsweges gehören zum staatlichen Gestaltungsbereich.

Kein Schulmonopol des Staates

Trotz der grundsätzlichen Befugnis des Staates zur umfassenden Gestaltung des Schulwesens und zur Festlegung von Erziehungszielen und Unterrichtsgegenständen hat das Grundgesetz die Schule nicht zur ausschließlichen Staatsangelegenheit erklärt. Es hat sich mit dem Grundrecht der Privatschulfreiheit gegen ein staatliches Schulmonopol entschieden. Zudem ist die staatliche Bestimmungsgewalt durch die Grundrechte der Schülerinnen und Schüler und der Eltern begrenzt. Der staatliche Erziehungsauftrag ist dem Elternrecht nicht vor- oder nach-, sondern gleichgeordnet. Schulische Erziehung wird damit zur gemeinsamen Angelegenheit von Staat und Eltern, die ein Zusammenwirken erfordert und eine größtmögliche Offenheit für die Vielfalt der Anschauungen in Erziehungsfragen gebietet. Das Elternrecht äußert sich auch darin, zwischen den vom Staat zur Verfügung gestellten Schulformen bzw. Bildungsgängen wählen zu können. Andererseits wird das auf ihr jeweiliges Kind gerichtete Interesse der Eltern durch die staatliche Aufgabe modifiziert, gleiche Bildungschancen herzustellen.

Wesentliche Entscheidungen durch den Gesetzgeber

»Das Rechtsstaatsprinzip und das Demokratieprinzip des Grundgesetzes verpflichten den Gesetzgeber, die wesentlichen Entscheidungen im Schulwesen selbst zu treffen und nicht der Schulverwaltung zu überlassen« (Bundesverfassungsgericht). Dieser Parlamentsvorbehalt ergibt sich aus dem Umstand, daß die Grenzen zwischen staatlichem Erziehungsauftrag, Elternrecht und Persönlichkeitsrecht des Kindes fließend sind und ihre Markierung für die Ausübung dieser Rechte von maßgeblicher Bedeutung ist. Die Rechtsfigur eines »besonderen Gewaltverhältnisses« wurde durch diese Rechtssprechung überwunden, das Schulverhältnis als Rechtsverhältnis anerkannt, das Eingriffe in die Freiheitssphäre der Schülerinnen und Schüler nur durch Gesetz oder aufgrund eines Gesetzes zuläßt. Die Kehrseite dieses rechtsstaatlichen Fortschritts war eine zunehmende Verrechtlichung des Schulwesens.

Der Gesetzgeber des Landes Nordrhein-Westfalen ist seiner Verpflichtung durch die Vorgaben in der Landesverfassung sowie durch acht das Schulwesen unmittelbar betreffende Gesetze nachgekommen: Schulordnungsgesetz, Schulverwaltungsgesetz, Schulmitwirkungsgesetz, Schulpflichtgesetz, Schulfinanzgesetz, Ersatzschulfinanzgesetz, Lernmittelfreiheitsgesetz und Lehrerausbildungsgesetz.

Regelungsdichte

Aufgrund gesetzlicher Ermächtigung hat die Landesregierung durch Rechtsverordnungen die gesetzlichen Vorgaben weiter konkretisiert. Zu den wichtigsten Verordnungen zählen: die Allgemeine Schulordnung, die Ausbildungs-, Versetzungs- und Prüfungsordnungen für die Bildungsgänge sowie die für die Ressourcensteuerung im Personalbereich und die Lerngruppengrößen wichtige schuljahresbezogene Verordnung zu § 5 Schulfinanzgesetz. Die derzeitige Regelungsdichte wird jedoch insbesondere durch die Fülle ministereller Erlasse bewirkt, die die rechtlichen Vorgaben auf über 1000 Seiten haben wachsen lassen. Hinzu kommen die vom Ministerium aufgrund des Schulverwaltungsgesetzes erlassenen Richtlinien und Lehrpläne.

Zwar eröffnen die Vorgaben in unterschiedlichem Maße Freiräume, es bestehen gleichwohl starke Zweifel daran, ob die Regelungsdichte und -detailliertheit rechtlich notwendig ist. Unter

Steuerungsgesichtspunkten ist sie weder sinnvoll, noch ist sie hinsichtlich des Verhältnisses von Regelungsaufwand und Ertrag als effektiv zu beurteilen. Der Schulbereich ist unter diesen Bedingungen ohne spezialisiertes Expertenwissen selbst in Teilbereichen kaum noch erschließbar. Der Blick auf das Wesentliche, das heißt die vom Gesetzgeber gewollten Zielvorstellungen, wird verstellt. Es entsteht so der Eindruck einer Untersteuerung im Zielbereich, gerade weil im Verfahrensbereich überreguliert wird. Der Umfang der Regelungen ist teils Folge landesübergreifender Vereinbarungen, teils Reaktion auf die Rechtsprechung im Gefolge der Wahrnehmung von Rechtsmitteln durch Eltern. Sie ergibt sich aber auch aus der inneren Dynamik der Schulverwaltung selbst.

Begrenzte Wirksamkeit der zentralen Regelungen

Die Wirksamkeit der Regelungen, die durch ihre Detailliertheit Qualität und Effizienz sichern und Einheitlichkeit gewährleisten sollen, ist begrenzt. Sie entfalten trotz rechtlicher Verbindlichkeit eine immer geringere tatsächliche Bindungswirkung.

Die Fülle der Vorschriften, die Wesentliches und Unwesentliches regeln und dabei mit dem gleichen Geltungsanspruch auftreten, überfordert die Möglichkeiten der Adressaten, sie umzusetzen. Dies hängt damit zusammen, daß der Umfang der durch die Vorgaben den Schulen übertragenen Aufgaben ständig zustimmt, ohne daß die Realisierungsvoraussetzungen immer gegeben und die spezifischen Bedarfslagen hinreichend berücksichtigt sind. Es hängt auch damit zusammen, daß die Regelungen unabhängig von ihrer sachlichen Qualität den Betroffenen äußerlich bleiben. Als nicht selbst geschaffene und miteinander vereinbarte werden sie nicht ihr »Eigentum«, mit dem sie sich identifizieren können.

Die Partizipationsansprüche der Bürgerinnen und Bürger haben sich gewandelt. Sie wollen mehr als bisher unmittelbar Einfluß nehmen, selbst gestalten und Verantwortung übernehmen. Die gegenwärtigen Rahmenbedingungen tragen dem noch nicht genügend Rechnung. Sie entlasten vielmehr von Verantwortungsübernahme, indem sie diese auf die staatlichen Behörden konzentrieren.

Leitvorstellungen

Die Rolle von Gesetzgeber und Regierung soll in dem neuen Steuerungs- und Verantwortungskonzept nicht gemindert, sondern gestärkt werden. Die grundlegenden Richtungsentscheidungen und Zielvorgaben sollen ihre Funktion als unmittelbar handlungsorientierende Gestaltungsvorgaben und Legitimationsgrundlage zurückerhalten.

Kernbereiche staatlicher Verantwortung

- Die staatliche Verantwortung für das gesamte Schulwesen, die Landesgesetzgeber, Landesregierung und Schulbehörden aufgegeben ist, soll erhalten bleiben. Zum Kernbestand staatlicher Verantwortung sollen gehören
  - die Schaffung der Voraussetzungen für Aufbau und Erhalt eines leistungsfähigen und sozial gerechten Schulwesens in allen Landesteilen,
  - die Entscheidung über wesentliche Angelegenheiten des Schulwesens durch Gesetzgebung,
  - die Gewährleistung der religiös-weltanschaulichen und der partei- und verbandspolitischen Neutralität der öffentlichen Schulen,
  - die Gewährleistung des Rechts zur Errichtung von privaten Schulen.

Steuerung auf Distanz

- Staatliche Gesamtverantwortung soll in einem veränderten Steuerungs- und Verantwortungskonzept für den Schulbereich zum Teil anders wahrgenommen werden als bisher. An die Stelle der bisherigen Regelungskonzentration möglichst weit oben im System soll eine Steuerung auf Distanz treten, die eine Verantwortungsübernahme der jeweils vor Ort Beteiligten fördert und erfordert. Staatliche Verantwortung soll primär durch die Gestaltung von Rahmenvorgaben und Rahmenbedingungen wahrgenommen und ausbalanciert werden mit einer erweiterten dezentralen Gestaltungs-, Entwicklungs- und Ergebnisverantwortung.

Zurückhaltende Regelungen

- Nach einer Feststellung des Bundesverfassungsgerichtes geht es in erster Linie darum, »den Erziehungsauftrag der Schule durch eine parlamentarische Leitentscheidung mit hinreichender Bestimmtheit zu umschreiben. Bei der gesetzlichen Fixierung verbindlicher Zielbestimmungen und darauf ausgerichteter Anleitungen zur Durchführung des Unterrichts ist Zurückhaltung am Platze. Festlegungen müssen immer darauf überprüft werden, ob sie der pädagogischen Freiheit genügend Raum lassen …«, die Unterrichtsgestaltung müsse für situationsbedingte Anpassung offen bleiben. Da diese pädagogische Freiheit wirksamer wahrgenommen werden kann, wenn sie begleitet wird von einem größeren Maß an eigenverantwortlicher Gestaltungsmöglichkeit auch hinsichtlich der organisatorischen und ressourcenbezogenen Rahmenbedingungen, bedürfen die derzeitigen rechtlichen Vorschriften einer Überprüfung, ob in ihnen wirklich nur das verfassungsmäßig Notwendige festgelegt ist und ob es so festgelegt ist, daß Gestaltungsspielräume eröffnet und Innovationen gefördert werden.

Überprüfung der geltenden Vorschriften

– Die Überprüfung der gegenwärtigen Festlegungen vor dem Hintergrund der Kommissionsempfehlungen soll sich auf die schulrechtlichen, aber auch auf die dienst- und haushaltsrechtlichen Vorgaben erstrecken. Sie soll mit der Zielsetzung vorgenommen werden, die verfassungsmäßigen und gesetzlichen Grundlagen für die Handlungsfähigkeit und Verantwortlichkeit der Beteiligten auf den verschiedenen Handlungsebenen sichern. Dabei bedürfen auch die derzeitigen Formen der Beteiligung bei der Entwicklung der Rahmenbedingungen einer Überprüfung dahingehend, ob sie geeignet sind, frühzeitig Akzeptanz herzustellen.

Behutsame Entwicklung des neuen Steuerungskonzeptes

– Die Schaffung der neuen Rahmenvorgaben und -bedingungen muß sich schrittweise, unter Auswertung der bei der Umsetzung gewonnenen Erfahrungen vollziehen. Es geht um die Initiierung und Gestaltung eines Entwicklungsprozesses, der seine Grundlage in einem »Entwicklungsgesetz« haben kann. Die Empfehlungen der Kommission hierzu werden in einem besonderen Kapitel dargestellt (→ Kapitel V).

Staatliche Aufgaben

– Neben der Schaffung von Rahmenbedingungen, die eine Übernahme von Entwicklungs- und Ergebnisverantwortung durch Einzelschulen, Träger und Regionen ermöglichen, sollen auf der Ebene des Landes insbesondere folgende Aufgaben wahrgenommen werden

  - die Festlegung von Standards und Vorgaben, die Chancengleichheit fördern, Gleichwertigkeit der schulischen Arbeit gewährleisten sowie dazu beitragen, die Qualität schulischer Arbeit kontinuierlich zu verbessern,
  - die Bestimmung von Orientierungen, mit denen Parlament und Regierung für einen mittelfristigen Zeitraum bildungspolitische Prioritäten und planerisch-fachliche Schwerpunkte für die Weiterentwicklung des Schulwesens bekannt geben,
  - die Bereitstellung von Anreiz- und Unterstützungsmaßnahmen für innovative Entwicklungsprozesse.

Leitvorstellung ist ein orientierendes und fördernd-unterstützendes staatliches Handeln, das stärker als bisher auf Qualitätsverbesserung und Innovation als auf Sicherstellung und Vereinheitlichung ausgerichtet ist.

Empfehlungen

Staatliche Gestaltungsfelder

Im folgenden werden die Felder im Überblick dargestellt, in denen sich aufgrund der Kommissionsempfehlungen vordringlich staatliche Gestaltungs- und Entwicklungsaufgaben ergeben. Es handelt sich nicht um eine vollständige Auflistung staatlicher Aufgaben. Enthalten sind sowohl Bereiche, die zum bisherigen Aufgabenbestand gehören und die entsprechend den Leitvorstellungen weiterentwickelt bzw. umgestaltet werden sollen, und neu hinzukommende Aufgaben. Eine Konkretisierung der empfohlenen Zielrichtung der Gestaltung erfolgt an dieser Stelle nicht. Sie wird zum Teil in den übrigen Kapiteln vorgenommen. Eine Entscheidung darüber, was in den jeweiligen Bereichen als so wesentlich erscheint, daß es einer gesetzlichen Regelung bedarf, muß dem Parlament vorbehalten bleiben.

Schulstruktur/Schulorganisation/Schulverfassung

- *Bildungsgänge* — Definition und Aufbau der Bildungsgänge; u. a. Zielsetzung, Eingangsvoraussetzungen, innere Struktur, Abschlußqualifikationen (→ Kapitel IV.3.2)
- *Schulzeit* — Regelungen von Schulzeit- und Ausbildungsdauer (→ Kapitel IV.3)
- *Schulstrukturelle Gestaltung* — Festlegung der bestimmenden Gestaltungsprinzipien für die eigenverantwortliche Weiterentwicklung der Schulstruktur in Region und Gemeinden und Bestimmung der Basisstrukturen für eine plurale Organisation des Schulangebots (→ Kapitel IV.6.1)
- *Selbstgestaltungsrechte* — Rahmenvorgaben, die die Selbstgestaltungsrechte garantieren, die in Verantwortung der Einzelschulen oder in kommunaler Verantwortung wahrgenommen werden sollen, und die damit verbundenen Rechenschaftspflichten bestimmen (→ Kapitel IV.1.7, IV.2.2, IV.2.3, IV.2.5, IV.6.2)
- *Schulleitung und Mitwirkung* — Rahmenvorgaben für die Leitungsstrukturen und die Mitwirkung von Eltern, Lehrerinnen und Lehrern, Schülerinnen und Schülern und externen Personen in der Einzelschule, auf Schulträgerebene und in der Region (→ Kapitel IV.2.2, IV.2.3)
- *Evaluation* — Rahmenvorgaben für die Evaluation der regionalen/kommunalen Schulstruktur und der Bildungsangebote (→ Kapitel IV.2.5)
- *Schulaufsicht* — Neugestaltung der Struktur und Neubestimmung der Aufgaben der staatlichen Aufsicht (→ Kapitel IV.2.5)

Inhalte/Angebote schulischer Arbeit

Vorgabe von Basislehrplänen

- Rahmenvorgaben, die in Gestalt von Basislehrplänen verbindliche Regelungen zu fachbezogenen und fächerübergreifenden Lernzielen und Inhaltsbereichen enthalten (→ Kapitel IV.1.7)
- Rahmenvorgaben, die das erforderliche Zeitbudget für den Unterricht nach landesweiten Basislehrplänen auf ca. 60 % der zur Verfügung stehenden Unterrichtszeit begrenzen (→ Kapitel IV.1.7)

Stundentafeln

- Rahmenvorgaben, die die Zahl der Unterrichtsstunden für Fächer und Lernbereiche global für ein Schuljahr ausweisen und dabei Bandbreiten vorsehen (→ Kapitel IV.1.7)

Leistungsbeurteilung

- Rahmenvorgaben zur Neugestaltung der Leistungsbeurteilung in der Schule (→ Kapitel IV.1.7)

Evaluation

- Kriterien und Verfahrensvorgaben für die Evaluation der schulischen Arbeit (→ Kapitel IV.2.5)

Personal

Beschäftigungsbedingungen

- Abschluß aller für Schulen geltenden Tarifverträge (Rahmentarife und Gehaltstarife) und Neuregelung des Einstellungsverfahrens (→ Kapitel IV.7.4)

Lehrerbildung

- Umgestaltung der Rahmenregelungen zur Lehrerbildung (→ Kapitel IV.7.2)

Aufsicht

- Übertragung von Aufgaben der Dienst- und Fachaufsicht über das lehrende Personal auf staatliche oder kommunale Instanzen (→ Kapitel IV.2.5, IV.7.3, IV.7.4)

Personalvertretung

- Anpassung der Struktur der Personalvertretung an das neue Steuerungskonzept (→ Kapitel IV.7.4)

Finanzen

Grundfinanzierung

- Bereitstellung einer ausreichenden Grundfinanzierung (→ Kapitel IV.2.6)

Entwicklungsfonds

- Bereitstellung eines Landesanteils für die Entwicklungsfonds der Regionen (→ Kapitel IV.2.6, IV.6.2)
- Rahmenvorgaben für die Ressourcenbewirtschaftung (→ Kapitel IV.2.6)

IV.2.5 Evaluation, Berichterstattung, neugestaltete Schulaufsicht

Die Schule der Zukunft soll nach den Vorstellungen der Kommission mit erheblichen Entscheidungsmöglichkeiten in inhaltlichen, organisatorischen und personellen Fragen ausgestattet sein. Dies folgt aus den Aufgaben, die schulische Bildung in Zukunft zu erfüllen hat. Eine fundamentale Neugestaltung der staatlichen Aufsicht ist wichtiger Bestandteil dieser Stärkung von Selbstgestaltung und Selbstverantwortung in der einzelnen Schule vor Ort.

Die Aufsicht neuen Stils soll die Einzelschule im Rahmen gesetzlich festgelegter inhaltlicher Kriterien verpflichten zur systematischen Planung ihrer Arbeit und zu deren Offenlegung, zur Erarbeitung und Veröffentlichung von Berichten über die eigene Arbeit, zur Einbeziehung in ein offenes System von Beratung und Evaluation durch einen neu zu schaffenden staatlichen Pädagogischen Dienst.

Mit diesen Vorschlägen wird eine erhebliche Veränderung der jetzigen Schulaufsichtsstruktur angestrebt; andererseits kann dabei zurückgegriffen werden auf Entwicklungen, die sich in der Praxis der Schulaufsicht heute schon erkennen lassen.

Ausgangslage

Aufgaben der Schulaufsicht

Die Landesverfassung Nordrhein-Westfalens sieht neben der allgemeinen Festlegung der staatlichen Schulaufsicht vor, daß diese durch »hauptberuflich tätige, fachlich vorgebildete Beamte ausgeübt« wird. Das Schulverwaltungsgesetz konkretisiert deren Aufgaben dahingehend, »die pädagogische Selbstverantwortung zu pflegen, Schulträger, Schulleiter, Lehrer und Schüler zur Erfüllung der ihnen obliegenden Pflichten anzuhalten und das Interesse der kommunalen Selbstverwaltung an der Schule zu fördern«. Es wird unterschieden zwischen einer »allgemeinen Aufsicht«, die die staatliche Rechtsaufsicht über die Schulträger meint, und einer »Schulaufsicht«, die die Dienst- und Fachaufsicht umfaßt.

Schulaufsichtsbehörden

Die allgemeine Aufsicht wird derzeit durch die fünf Bezirksregierungen als auch für die Kommunalaufsicht zuständige Bündelungsbehörden wahrgenommen. Die Schulaufsicht im engeren Sinne wird durch das Ministerium als oberste Schulaufsicht, durch die Schulabteilungen der fünf Bezirksregierungen als obere Schulaufsichtsbehörden und durch 54 staatliche Schulämter, die als untere Schulaufsichtsbehörden bei den Kreisen bzw. kreisfreien Städten angesiedelt sind, wahrgenommen. Den Bezirksregierungen »obliegt insbesondere die Sicherung der fachlichen Anforderungen im Unterricht«. Die Schulämter sind nur für Grund-, Haupt- und einen Teil der Sonderschulen sowie für einige speziell übertragene allgemeine Aufgaben (zum Beispiel Suchtprävention, Verkehrserziehung) zuständig. Ihre Kompetenzen sind auch im beamtenrechtlichen Bereich begrenzt. Für die Genehmigung von Schulorganisationsakten bei Grund-, Haupt- und Sonderschulen sind die Bezirksregierungen, bei den übrigen Schulformen ist das Ministerium zuständig.

Dienst- und Fachaufsicht

Die Schulgesetze präzisieren Dienst- und Fachaufsicht nicht näher. Es gilt hier die für die Landesverwaltung allgemein geltende Definition des Landesorganisationsgesetzes: »Dienstaufsicht erstreckt sich auf den Aufbau, die innere Ordnung, die allgemeine Geschäftsführung und die Personalangelegenheiten der Behörde«. »Fachaufsicht erstreckt sich auf die rechtmäßige und zweckmäßige Wahrnehmung der Aufgaben«. Fachaufsicht schließt das Recht ein, Weisungen zu erteilen und aufgrund gesetzlicher Ermächtigung die Befugnisse der nachgeordneten Behörden selbst auszuüben. Faktisch sind dienst- und fachaufsichtliche Aufgaben in vielen Fällen derzeit nur schwer auseinanderzuhalten, die Übergänge sind fließend.

Enger Handlungsrahmen

Die gegenwärtige Situation ist nicht nur für die Schulen, sondern auch für die Schulaufsicht selbst oft unbefriedigend. Obwohl die fachaufsichtliche Aufgabe Schwerpunkt der schulaufsichtlichen Tätigkeit sein soll, ist sie derzeit überlastet durch dienstaufsichtliche Aufgaben, insbesondere im Bereich der Personalbeurteilung und Personalbewirtschaftung. Verwaltungsarbeit absorbiert einen Großteil der zur Verfügung stehenden Zeit.

Schulaufsicht erscheint gegenwärtig dominant als Schulverwaltung, wird mit ihr so weitgehend gleichgesetzt, daß die durch Schulträger und Einzelschulen selbst erbrachte Verwaltungsleistung in ihrem Umfang und ihren ausbaufähigen Möglichkeiten kaum wahrgenommen wird.

Die Mitarbeiterinnen und Mitarbeiter der unteren und oberen Aufsichtsbehörden sind zudem eingebunden in tief gestaffelte, zum Teil doppelte Hierarchien und die entsprechenden aufwendigen und langwierigen Verwaltungsabläufe. Die Erlaßvorgaben und die teilweise sehr direkte ministerielle Steuerung, insbesondere im Personalbewirtschaftungsbereich, setzen dem Handlungsspielraum enge Grenzen. Insgesamt erscheint die gegenwärtige Organisation der Schulaufsicht kaum geeignet, den vorrangigen Aufgaben einer Sicherung schulischer Selbstgestaltung durch Beratung und einer auf Verbesserung zielenden Qualitätssicherung gerecht zu werden.

Bedarf an Beratung und Unterstützung

Qualitätssicherung durch Schulaufsicht bezieht sich gegenwärtig vorrangig auf einzelne Lehrerinnen und Lehrer und noch zu selten auf die Schule als Handlungseinheit. Gewünscht wird in der Praxis eine Beratung der Schulen und der in ihnen Tätigen im Sinne einer Unterstützung der Schule bei den Erziehungs- und Bildungsaufgaben. Adressaten intensiverer schulaufsichtlicher Beratung sind derzeit in der Regel die Schulleitungen. Eine auf ganze Kollegien oder Teilkollegien (zum Beispiel Fachkonferenzen) bezogene Beratung findet – außer im Rahmen von Fortbildung – vergleichsweise selten statt, so insbesondere in der Aufbauphase neu gegründeter Schulen bzw. neuer Oberstufen oder im Anschluß an die Auswertung der Vorschläge für die schriftliche Abiturprüfung.

Tendenzen der Neugestaltung

Angesichts dieser Situation werden seit einigen Jahren in Nordrhein-Westfalen, aber auch in anderen Bundesländern, Schritte zu einer grundlegenden Reform unternommen.
Während in einigen Bundesländern mit neueren Schulgesetzen eine rechtliche Neubestimmung der Rolle der Schulaufsicht, auch in Abgrenzung ihrer Kompetenzen gegenüber erweiterten Selbstgestaltungsrechten der Einzelschulen, erfolgt ist, finden sich in Nordrhein-Westfalen bisher Bestrebungen einer Reform von unten, die von den Mitarbeiterinnen und Mitarbeitern der Schulaufsicht selbst getragen und vom Ministerium gestützt werden. So wird im Rahmen eines Projektes zur Qualitätsentwicklung und -sicherung von Schulen modellhaft erprobt, wie das Zusammenwirken von Schulaufsichtsbeamten, Schulleitungen und Kollegien im Kontext von Organisationsentwicklung und unter Aufbau eines Konzeptes schulbasierter und externer Evaluation verbessert werden kann. In Fortbildungsveranstaltungen für Schulaufsichtsbeamte wird diese Thematik aufgegriffen und überprüft, ob Konzepte aus dem Bereich der Wirtschaft, insbesondere in Fragen der Personalführung und -entwicklung, auch für den Schulbereich tragfähig sind. Auch in den Bezirksregierungen finden, in Übereinstimmung mit den allgemeinen Bestrebungen zur Verwaltungsreform, aufgabenkritische Selbstüberprüfungen statt. Versuche mit »Vor-Ort-Dezernenten« der Bezirksregierungen wurden durchgeführt. Hinzu kommt eine jüngst vorgelegte, im Auftrag der Landesregierung erstellte umfangreiche Organisationsuntersuchung einer Unternehmensberatungsgesellschaft, die Aufgaben, Aufbau- und Ablauforganisation der Schulaufsicht detailliert überprüft.

Die Reformbestrebungen konvergieren hinsichtlich der Zielsetzung, Schulaufsicht so zu ändern, daß sie in der Lage ist, ihrem vorrangigen Auftrag der Qualitätssicherung besser nachzukommen, und dabei besonders das Instrument der Beratung zu stärken. Es bestehen aber starke Zweifel daran, daß dies innerhalb der tradierten Verwaltungsstrukturen überhaupt möglich ist. Es steht zu befürchten, daß die Reformimpulse ohne grundlegende Veränderung der Strukturen und ohne Neudefinition, und das heißt auch: Begrenzung des bisherigen Aufgabenbestandes auf die Kernfunktion, im Sande verlaufen.

Bedarf an Offenlegung und Berichterstattung

Berichterstattung als notwendiges Element eines Qualitätssicherungssystems findet gegenwärtig noch kaum Beachtung. Sie erscheint tendenziell als nebensächlich in einem System, in dem alles Wichtige vorab geregelt und so festgelegt ist, daß berichtete Erfahrungen und deren Auswertung nur schwer zu Veränderungen führen.

Das veröffentlichte Bild von Schule ist derzeit dominant von Verlautbarungen von Interessengruppen, Verbänden und Parteien geprägt. Es fehlt eine regelmäßige Berichterstattung über das Schulwesen des Landes, die von einer unabhängigen Institution getragen wird; es fehlt vor allem eine lokale bzw. regionale Öffentlichkeit, die von den Einzelschulen selbst getragen wird und die Bürgerinnen und Bürger über die Leistungen ihrer Schulen informiert.

Leitvorstellungen

Hauptelemente eines neuen Systems der Qualitätssicherung

- Selbstevaluation, externe Evaluation durch einen neugeschaffenen staatlichen Pädagogischen Dienst und Berichterstattung sollen die Hauptelemente eines neuen Systems der Qualitätssicherung sein. Diese drei Elemente sollen so miteinander verknüpft werden, daß sie einander ergänzen und an die Stelle der derzeitigen Form staatlicher Fachaufsicht treten. Sie sind im Zusammenhang mit weiteren, in anderen Kapiteln der Denkschrift entfalteten Maßnahmen der Qualitätssicherung und -entwicklung zu sehen (→ Kapitel IV.1.7, IV.2.4, IV.7.2).

Qualitätssicherung und kontinuierliche Qualitätsverbesserung

- Qualitätssicherung soll als aktive Qualitätssorge aller Beteiligten ausgestaltet werden, bei der verschiedene Formen der Qualitätsüberprüfung in einen Prozeß kontinuierlicher Qualitätsverbesserung eingebunden sind. Dies ist wirksamer als Formen der Kontrolle, die sich auf die Einhaltung »sicherstellender« Vorschriften beschränkt.
- Prozeß- und Ergebnisverantwortung soll zunächst dort übernommen werden, wo alltäglich die Prozesse stattfinden, um deren willen Schule organisiert wird.

- Selbstevaluation ist das Kernelement des neuen Steuerungskonzeptes. Sie soll für die Beteiligten auf allen Ebenen verpflichtend sein. Selbstevaluation als Qualitätsüberprüfung soll sich in unterschiedlichen Formen vollziehen und sich auf alle Aspekte der pädagogischen Arbeit, der Schulkultur und der Organisations- und Ressourcenentscheidungen beziehen. In ihrem Mittelpunkt wird die Evaluation der Wirkungen des Lernens stehen müssen.

Externe Evaluation durch einen Pädagogischen Dienst

- Selbstevaluation bedarf der Ergänzung durch externe Bewertung, Beratung und Unterstützung. Externe Evaluation ist eine staatliche, das heißt eine Landesaufgabe, die durch einen neu einzurichtenden Pädagogischen Dienst wahrgenommen werden soll. Die externe Evaluation soll die Funktion der »Gegenspiegelung« haben, die der Bestätigung oder Korrektur der eigenen Einschätzung der vor Ort Beteiligten dient. Als schulbezogene Qualitätsüberprüfung soll sie sich auf die Schule als Ganzes, als pädagogische Handlungseinheit beziehen. Externe Evaluation soll zwar auch ein Instrument der Kontrolle sein, aber in einer Form, die auf Optimierung der Abläufe und Ergebnisse zielt. Sie eröffnet unterschiedliche, jeweils angemessene Möglichkeiten und Formen der Intervention, deren Regelfall Beratung und Zielvereinbarung sein soll. Sie soll zugleich die Daten und Erkenntnisse bereitstellen, die notwendig sind, damit nicht nur die Beteiligten vor Ort ihre, sondern auch das Land seine Steuerungsaufgaben wahrnehmen kann.

Trennung von Dienst- und Fachaufsicht

- Als grundlegende Organisationsempfehlung ist die Trennung der dienst- und rechtsaufsichtlichen Funktionen und Zuständigkeiten von den fachaufsichtlichen Aufgaben vorgesehen. Nur durch eine solche Trennung kann sich Fachaufsicht zu einem wirkungsvollen Instrument kontinuierlicher Qualitätsverbesserung wandeln.

Veränderte Wahrnehmung fachaufsichtlicher Aufgaben durch den Pädagogischen Dienst

- Die Einrichtung eines staatlichen, gleichwohl unabhängig arbeitenden Pädagogischen Dienstes steht im Zentrum der Leitvorstellungen zur Neugestaltung der Fachaufsicht unterhalb der Ebene der Landesregierung. Der Pädagogische Dienst soll keine unmittelbar steuernde Funktion haben. Er soll nicht die Kompetenz haben, selbst anstelle der Verantwortlichen vor Ort Entscheidungen zu treffen oder Weisungen zu erteilen. Insofern ist der Pädagogische Dienst nicht gleichzusetzen mit der bisherigen Schulaufsicht. Der Pädagogische Dienst soll die fachaufsichtliche Funktion übernehmen, allerdings in veränderter Form und in einem anderen als dem derzeitigen Verständnis von Fachaufsicht. Die im Ausnahmefall notwendigen anweisenden oder sanktionierenden Interventionen sollen den jeweils zuständigen dienst- bzw. rechtsaufsichtlichen Institutionen obliegen.

Delegation dienstaufsichtlicher Aufgaben

– Der größte Teil der bisher von den Schulaufsichtsbehörden wahrgenommenen dienstaufsichtlichen Aufgaben in den Bereichen Personalführung, Personalbewirtschaftung und Verwaltung soll zum Teil auf die Schulträger, zum Teil auf die Schulleitungen delegiert werden. Sie werden dort als staatliche Aufgaben wahrgenommen. Die Bezirksregierungen sollen im wesentlichen die Aufgabe der Rechtsaufsicht über die mit erweiterten Kompetenzen ausgestatteten Schulträger wahrnehmen.

Berichterstattung

– Neben der Selbst- und Fremdevaluation soll Rechenschaftslegung in Gestalt von regelmäßiger Berichterstattung das dritte Element von Qualitätssicherung und -entwicklung sein. Berichterstattung ist grundsätzlich Aufgabe aller beteiligten Institutionen. Sie soll sich an unterschiedliche Adressaten (Schulbeirat, Schulträger, Pädagogischer Dienst, Ministerium, Öffentlichkeit) richten und sich dementsprechend in jeweils zweckmäßigen, unterschiedlichen Formen vollziehen. Berichterstattung soll auch dazu dienen, den Steuerungsebenen oberhalb der Schule notwendige Daten für ihre Planungen und Entscheidungen unmittelbar zu übermitteln.

In Gestalt öffentlicher Berichterstattung soll sie zugleich ein Mittel des Qualitätswettbewerbs sein. Sie soll den Beteiligten in den Schulen und auf der Träger- bzw. regionalen Ebene die Möglichkeit zu Qualitätsvergleichen zwischen den Schulen in und außerhalb der Region eröffnen und so Impulse zur Verbesserung geben. Sie soll zugleich den Bürgerinnen und Bürgern Vergleiche des Angebotes und der Qualität schulischer Arbeit ermöglichen.

Empfehlungen

Selbstevaluation

Selbstevaluation betrifft die Einzelschulen und die Schulträger ebenso wie den Pädagogischen Dienst. Die folgenden Empfehlungen beziehen sich auf die Einzelschule; sie gelten in ähnlicher Weise auch für die anderen Institutionen.

Verpflichtung zur Selbstevaluation durch Gesetz

– Alle Schulen, die erweiterte Selbstgestaltungsrechte wahrnehmen wollen, sollen durch Landesgesetz zu einer regelmäßigen Selbstevaluation verpflichtet werden. Sie sollen bei der Entwicklung ihres Evaluationskonzeptes und der dazu erforderlichen Instrumentarien durch den Pädagogischen Dienst oder andere staatliche und private Institutionen beraten und durch geeignete Fortbildungsmaßnahmen unterstützt werden.

- Selbstevaluation soll der Selbstaufklärung der Schule und der Reflexion der eigenen Ziele und Leistungen dienen (interne Rechenschaft). Hierzu sollen Informationen über die Prozesse und Ergebnisse schulischer Arbeit, einschließlich der ungewollten Wirkungen, systematisch gesammelt und bewertet werden. *Selbstaufklärung der Schule*
- Über die Funktion der Rechenschaftslegung hinaus soll Selbstevaluation ein Instrument der schrittweisen und kontinuierlichen Verbesserung der schulischen Arbeit sein. Ihre Ergebnisse sollen Impulse für die Weiterentwicklung des Schulprogramms geben. Bezugspunkt für die Evaluation sollen deshalb neben den staatlichen Rahmenvorgaben die spezifischen Entwicklungsziele sein, die die Schule in ihrem Schulprogramm für sich festgelegt und in Planungsdokumenten zur Operationalisierung der Ziele und der Zeitplanung konkretisiert hat (→ Kapitel IV.1.7, IV.2.2). *Verbesserung der Arbeit*
- Selbstevaluation soll sich grundsätzlich auf drei Kernbereiche schulischer Arbeit beziehen: *Kernbereiche*
  - die Qualität der Bildungs- und Erziehungsarbeit
  - die Wirksamkeit der Binnenorganisation, der Ressourcenentscheidungen und der personellen Besetzung
  - die Funktionalität und Wirksamkeit der staatlichen Rahmenvorgaben
- Für die Durchführung der Selbstevaluation in diesen Bereichen sollen staatliche Rahmenvorgaben Kriterien und Mindestanforderungen definieren. Ausgehend von ihrer besonderen Situation sollen die Schulen in diesem Rahmen nach eigener Entscheidung inhaltliche Schwerpunkte für die regelmäßige Selbstevaluation oder für weitere, ergänzende Überprüfungen setzen. Evaluation soll sich auch auf das Schulklima, die gleichberechtigte Berücksichtigung von Frauen und Männern bei der Übertragung von Aufgaben und Funktionen und die Kooperation in der Schule beziehen. *Staatliche Rahmenvorgaben*
- In die Planung, Durchführung und Auswertung der Evaluation sollen – je nach Themenfeld – nicht nur Lehrerinnen und Lehrer, sondern auch Schülerinnen, Schüler und Eltern einbezogen werden. Ihre Beurteilungen sowie gegebenenfalls auch solche aus dem gesellschaftlichen Umfeld und dem Kreis der »Abnehmer« von Schule (zum Beispiel weiterführende Bildungseinrichtungen, Betriebe) und solche ehemaliger Schülerinnen *Beteiligungen*

und Schüler können für spezifische Qualitätsaspekte von großem Wert sein.

Bericht an den Schulbeirat alle zwei Jahre

- Die Ergebnisse der internen Evaluation sollen Gegenstand der Erörterung in den Mitwirkungsgremien sein und in einem Rechenschaftsbericht der Schulleitung alle zwei Jahre dem Schulbeirat zur Beratung vorgelegt werden (→ Kapitel IV.2.2).

Grundlage für externe Evaluation

- Der im Schulbeirat erörterte Bericht, das Schulprogramm und gegebenenfalls weitere Planungsdokumente sollen die Elemente einer regelmäßigen Berichterstattung gegenüber dem Pädagogischen Dienst sein. Sie bilden eine Grundlage für die externe Evaluation. Sie dienen insbesondere auch der Vorbereitung, Durchführung und Auswertung von Schulinspektionen und der in diesem Zusammenhang stattfindenden Beratung durch den Pädagogischen Dienst.

Andere Evaluationsformen

- Neben der regelmäßig durchzuführenden Evaluation sollen an den Schulen kontinuierlich vielfältige kleinere, auch informelle Evaluationsformen praktiziert werden. Hierzu gehören zum Beispiel die gemeinsame Reflexion von Unterricht in Lehrerteams oder die gemeinsamen mit Schülerinnen und Schülern vorgenommene Auswertung von Lernsequenzen (→ Kapitel IV.1.2).

Selbstevaluation sollte grundsätzlich so angelegt werden, daß sie Anreize zur Optimierung der eigenen Arbeit, das heißt möglichst konkrete Hinweise auf Verbesserungsnotwendigkeiten und -möglichkeiten gibt. Die Nützlichkeit von Evaluation und der in sie investierten Arbeit, ihr Beitrag zum Aufbau einer auf Vertrauen basierenden Schulkultur gemeinsamer Verantwortung, die von Offenlegung und konstruktiver Kritik geprägt ist, muß von den Beteiligten im alltäglichen Handeln erfahren werden können. Nur so wird die Bereitschaft zu einer Selbstevaluation gefördert, die mehr ist als nur die Absolvierung einer formalen Pflicht.

Externe Evaluation, Beratung, staatliche Aufsicht

Neben der regelmäßigen Selbstevaluation als Instrument interner Qualitätssicherung sieht das neue Steuerungskonzept die Einrichtung eines landesweiten externen Qualitätssicherungssystems vor, dessen wesentliche Aufgabe darin bestehen soll, die Einhaltung der staatlich vorgegebenen Mindeststandards und die Gleichwertigkeit der pädagogischen Arbeit und der schulischen Angebote im Land zu gewährleisten.

Staatlicher Pädagogischer Dienst

- Empfohlen wird die Einrichtung eines staatlichen Pädagogischen Dienstes, der landesweit organisiert ist, aber schulnah bzw. mit Blick auf Schulträgerangelegenheiten: ortsnah tätig wird. Die Organisationsform kann mehrere Standorte im Land vorsehen. Der Pädagogische Dienst soll jedoch nicht in die derzeitige Behördenstruktur der allgemeinen Verwaltung eingegliedert sein.

- Der Pädagogische Dienst soll fachaufsichtliche Funktionen der derzeitigen unteren und oberen Schulaufsichtsbehörden übernehmen. Er soll darüber hinaus eine Instanz sein, die aufgrund ihrer Unabhängigkeit auch die Interessen der Betroffenen, insbesondere der Schülerinnen und Schüler und der Eltern, gegenüber den Schulen und der Schulverwaltung zur Geltung bringt.

Zuordnung zum Ministerium

- Der Pädagogische Dienst soll dem Ministerium direkt zugeordnet sein. Auch die dienstrechtlichen Angelegenheiten (zum Beispiel Berufung der Mitarbeiter Kapitel IV.7.3) sollen vom Ministerium wahrgenommen werden. Unbeschadet der Dienstaufsicht durch das Ministerium soll der Pädagogische Dienst in dem vom Gesetz- bzw. Verordnungsgeber vorgegebenen Rahmen und auf der Grundlage einer Jahresplanung unabhängig von unmittelbaren staatlichen Weisungen arbeiten.

  Relative Unabhängigkeit

  Diese Freiheit ist erforderlich, um den Pädagogischen Dienst in die Lage zu versetzen, eigenverantwortlich Arbeitsschwerpunkte zu setzen und entsprechend flexible Arbeitsformen zu wählen. Vor allem soll sie ihm die Unabhängigkeit garantieren, die notwendig ist, um Sachverhalte primär unter pädagogischen Gesichtspunkten beurteilen zu können.

- Die Unabhängigkeit des Pädagogischen Dienstes soll es ermöglichen, die Schulrealität möglichst unverfälscht zu erfassen und gegenüber Regierung und Öffentlichkeit darzustellen. Deshalb soll zwischen den Schulen bzw. Trägern einerseits und dem Pädagogischen Dienst andererseits kein hierarchisches Verhältnis der Weisungsgebundenheit bestehen.

Aufgaben des Pädagogischen Dienstes

- Aufgabe des Pädagogischen Dienstes soll es sein, die Leistungen der Schulen als Ganzes zu beurteilen und durch Beratung zur Verbesserung ihrer Leistungsfähigkeit beizutragen. Ähnliches gilt für das örtliche bzw. regionale Schulangebot mit der Zielrichtung, gleichwertige Bildungsmöglichkeiten in allen Landesteilen zu erreichen. Zu den Aufgaben des Pädagogischen Dienstes sollen gehören:

  Auswertung von Berichten der Schulen

  - die kontinuierliche Auswertung der Schulprogramme und der Berichte der Schulen, einschließlich von gegebenenfalls notwendigen unmittelbaren Rückmeldungen;

Inspektionen

- die periodische Durchführung und Auswertung von Schulinspektionen in mehrjährigem, zum Beispiel fünfjährigem Abstand;

Entwicklungsberatung der Schulen

- die Durchführung von Beratungsgesprächen in den Schulen im Vorfeld, im Verlauf und vor allem im Anschluß an die Schulinspektionen mit dem Ziel, zu einer gemeinsamen Beurteilung zu gelangen und gegebenenfalls Vereinbarungen (zum Beispiel in bezug auf Veränderungen des Schulprogramms, der Verfahrensabläufe und der Schulpraxis) zu treffen, eine solche Vereinbarung darf in der Regel nicht ohne entsprechende Entscheidung der Schule zustandekommen;
- die Überprüfung der Realisierung der Zielvereinbarungen auf der Grundlage von Berichten oder durch weitere Inspektionen;
- die Beratung von Schulen in allen pädagogischen, organisatorischen und schulrechtlichen Fragen, sofern die Schulen dies wünschen;

Abitur

- die Genehmigung der Aufgabenstellungen für die schriftliche Abiturprüfung und die Auswertung der Prüfungsergebnisse, einschließlich gegebenenfalls erforderlicher Beratung hierzu;

Sonderevaluationen

- die Planung, Durchführung und Auswertung von Evaluationsvorhaben zu besonderen schulübergreifenden Fragestellungen;

Schulträgerberatung

- die Beratung von Schulträgern und Regionen auf deren Nachfrage hin, zum Beispiel durch Teilnahme an den Beratungen der Schulkommissionen bzw. Bildungskommissionen oder durch angeforderte spezielle Berichte des Pädagogischen Dienstes (→ Kapitel IV.2.3);

Auswertung der Evaluationsberichte und der regionalen Angebotsentwicklung

- die Auswertung der Evaluationsberichte von Schulträgern und Regionen über die Entwicklung des örtlichen bzw. regionalen schulischen Angebotes im Vergleich mit den Schulentwicklungsplanungen und gegebenenfalls Rückmeldungen hierzu (→ Kapitel IV.2.3, IV.6.2);

Berichterstattung an das Ministerium

- die regelmäßige Berichterstattung an das Ministerium über die Ergebnisse der Evaluation, gegebenenfalls mit Handlungsvorschlägen;

Berichterstattung gegenüber der Öffentlichkeit

- die regelmäßige zusammenfassende und vergleichende Berichterstattung über die Ergebnisse der schulbezogenen Evaluationen gegenüber der Öffentlichkeit;

Besondere Evaluationsvorhaben

- die Planung, Durchführung und Auswertung von besonderen Evaluationsvorhaben (zum Beispiel zu Schulversuchen) im Auftrag der Landesregierung bzw. die Kooperation mit den hierzu beauftragten wissenschaftlichen Institutionen; die Beauftragung mit Aufgaben darf die Jahresarbeitsplanung nur zu einem Teil, zum Beispiel 30 %, binden;

- die Pflege von Kontakten mit ähnlichen Institutionen im Ausland;
- im erforderlichen Fall die Mitteilung von gravierenden Mängeln an die jeweils zuständigen Dienst- bzw. Rechtsaufsichtsinstanzen, sofern eine Abhilfe auf dem vorrangigen Weg der Beratung und Zielvereinbarung nicht möglich ist bzw. ohne Erfolg blieb oder sofern eine unmittelbare Intervention zwingend geboten ist.

Interventionsveranlassung

– Externe Evaluation soll auf einer Vertrauensbasis erfolgen, die das Zugeständnis, Fehler machen zu dürfen, einschließt. Die notwendige Grundhaltung der Offenheit und Offenlegung wird sich auf Seiten der Betroffenen nur einstellen, wenn externe Evaluation durch den Pädagogischen Dienst nicht mit negativen Sanktionen, sei es in bezug auf Einzelpersonen, sei es in Gestalt befürchteter Ressourcenkürzungen, verbunden ist.

Beratung

– Dem Pädagogischen Dienst sollen als vorrangige Interventionsinstrumente Beratung und Zielvereinbarung zur Verfügung stehen. Bei der Beratung soll unterschieden werden zwischen einer Beratung, die auf Wunsch und Nachfrage von Schulen oder Schulträgern geschieht, und einer Beratung, die im Zusammenhang mit externer Evaluation erfolgt und für den Pädagogischen Dienst wie für die beurteilten Institutionen verpflichtend sein soll. Für die im Zusammenhang mit externer Evaluation stattfindende Beratung soll der Pädagogische Dienst ausschließlich zuständig sein, während er in bezug auf sein sonstiges Beratungsangebot mit anderen staatlichen oder privaten Anbietern von Beratung konkurrieren soll. Die Schulen sollen das Recht erhalten, aus ihrem Budget private Beratungsleistungen einzukaufen.

Arbeitsformen

– Die Komplexität der neuen Aufgaben des Pädagogischen Dienstes erfordert veränderte Arbeitsformen. An die Stelle der bisherigen schulaufsichtlichen Praxis – Zuständigkeit eines einzelnen Schulaufsichtsbeamten für die jeweiligen Schulen in einem Bereich – sollen Arbeitsteams treten, in denen in flexibler Form der für die jeweilige Evaluations- oder Beratungsaufgabe erforderliche fachliche Sachverstand zusammengeführt wird.

Personal des Pädagogischen Dienstes

– Das Personal des Pädagogischen Dienstes soll aus hauptberuflichen, aber auf Zeit berufenenen Mitarbeiterinnen und Mitarbeitern bestehen. Sie sollen durch für besondere Aufgaben ad hoc berufene Personen unterstützt werden. Auf das Personal des Pädagogischen Dienstes wird in einem anderen Kapitel näher eingegangen (→ Kapitel IV.7.3).

– Der Pädagogische Dienst soll im mehrjährigen Abstand selbst durch eine von der Landesregierung zu ernennende unabhängige Sachverständigengruppe evaluiert werden. Die Ergebnisse sind offenzulegen.

Verlagerung dienstrechtlicher Zuständigkeiten

– Die dienstrechtlichen Maßnahmen sollen
  - hinsichtlich des Personals an Schulen von der Einzelschule allein oder im Zusammenwirken mit dem Schulträger,
  - hinsichtlich der Mitglieder der Schulleitung durch den Schulträger

  wahrgenommen werden (→ Kapitel IV.2.2, IV.2.3, IV.7.3, IV.7.4).

Rechtsaufsicht und Beschwerdeinstanz

– Die Rechtsaufsicht über die Schulträger üben die Bezirksregierungen aus. Sie sind gleichzeitig Beschwerdeinstanz für alle dienstrechtlichen Entscheidungen, die das Personal betreffen.

Berichterstattung

Berichterstattung soll einerseits Mittel der Rechenschaftslegung sein und sich auf die Evaluationsergebnisse beziehen. Sie soll auch dazu dienen, die für die laufenden Steuerungsaufgaben auf kommunaler und auf Landesebene notwendigen Daten zu übermitteln.

Periodische Evaluationsberichte der Schulleitung

– Neben der laufenden Unterrichtung soll die Schulleitung auf der Grundlage der Ergebnisse der Selbstevaluation im zweijährigen Abstand dem Schulbeirat zur Erörterung einen Bericht vorlegen. Im Vordergrund sollen qualitative Fragen der Schulentwicklung stehen, die sich auf die Realisierung des Schulprogramms und dessen Fortschreibung beziehen.

– Der im Schulbeirat beratene Bericht soll dem Schulträger und dem Pädagogischen Dienst zugeleitet werden. Rückmeldungen sollen in den Gremien der Schule beraten werden.

Bildungsstatistik

– Daneben sollen bildungsstatistische Daten und quantifizierbare Informationen, u.a. über das Unterrichtsangebot, erhoben werden. Die hierzu erforderlichen Vorgaben sollen landeseinheitlich festgelegt werden. Die Daten sollen der Landesregierung für ihre Planungs- und Steuerungsaufgaben, aber auch dem Pädagogischen Dienst und den Schulträgern und Regionen für deren Aufgaben zur Verfügung stehen.

Öffentlichkeitsinformation

– Die Schulen sollen in geeigneter Form in der Öffentlichkeit über ihr Schulprofil und Schulprogramm, über dessen Umsetzung, die erzielten Ergebnisse und über ihren Beitrag zur Verbesserung der örtlichen bzw. regionalen Schullandschaft informieren.

- Die Schulträger und die regionalen Bildungskommissionen sollen dem Pädagogischen Dienst ihre Schulentwicklungsplanungen zur Kenntnis geben und über die Ergebnisse der Evaluation des lokalen bzw. regionalen Bildungsangebotes berichten. Rückmeldungen sind in den Schulkommissionen bzw. Bildungskommissionen zu erörtern.

Berichte der Schulträger

- Der Pädagogische Dienst soll in regelmäßigen und in themenbezogenen speziellen Berichten dem Ministerium die auf der Auswertung der Selbstevaluation und der externen Evaluation basierenden Erkenntnisse übermitteln. Der Pädagogische Dienst stellt den Schulträgern bzw. den regionalen Gremien die zur Wahrnehmung ihrer Aufgaben erforderlichen Evaluationsergebnisse, insbesondere Ergebnisse von Vergleichsuntersuchungen zur Entwicklung in verschiedenen regionalen Schullandschaften, zur Verfügung. Er erstellt auf Nachfrage spezielle Evaluationsberichte über eine Schulregion.

Berichte des Pädagogischen Dienstes

- Der Pädagogische Dienst soll in geeigneter Form die Öffentlichkeit über die Entwicklung des Schulwesens im Lande informieren. Dabei sollen nicht nur landesweite Daten, Ergebnisse von schul- bzw. regionenübergreifenden vergleichenden Auswertungen und festgestellte Probleme benannt, sondern auch nachahmenswerte Projekte und Entwicklungen dargestellt werden.

Information der Öffentlichkeit

IV.2.6 Finanzierung und Bewirtschaftung

Die Zielvorstellungen der Kommission zur Neugestaltung der Schule sind auf eine langfristige Entwicklungsperspektive angelegt. Dies könnte zu dem Mißverständnis führen, daß die seit einigen Jahren verstärkt geführte bildungsökonomische Diskussion allenfalls mittelfristig eine Rolle spielen werde und in diesem Zusammenhang übergangen werden könne. Die Kommission ist anderer Auffassung. Sie geht davon aus, daß auch der Bildungsbereich sich künftig grundsätzlich stärker als bisher den Fragen eines verantwortbaren und effektiven Mitteleinsatzes stellen muß. Die Aussageakzente der Kommission sind eindeutig: Wie sie an der öffentlichen Verantwortung für das Schulwesen festhält, so hält sie auch fest an der staatlich-kommunalen Finanzierung. Andererseits betrachtet sie die jetzt geltenden Bewirtschaftungsformen als nicht angemessen und dringend reformbedürftig. Die Empfehlungen der Kommission hierzu sind nicht nur und nicht vorrangig vor dem Hintergrund der gegenwärtigen und zukünftigen Finanzierungsprobleme der öffentlichen Haushalte zu sehen, sondern sie ergeben sich auch unabhängig davon aus den Leitvorstellungen zur Neugestaltung der Verantwortlichkeiten im Schulystem, sind notwendiges Element des neuen Steuerungskonzeptes. Eine Schule, in der Selbstgestaltung und Selbstverantwortung im Vordergrund stehen, sollte auch im Bereich der Mittelverwendung verantwortlich handeln können und müssen.

Ausgangslage

Bildungsausgaben als Investition

»Bildungsinvestitionen sind Zukunftsinvestitionen von entscheidender Bedeutung«. Diese – hier in einer Formulierung der Kultusministerkonferenz von 1992 wiedergegebene – Bewertung wird von der Kommission nachdrücklich unterstützt. Das darin enthaltene Grundverständnis vom investiven Charakter von Bildungsausgaben ist wissenschaftlich in Einzelstudien hinreichend nachgewiesen und wird gegenwärtig auch von den politischen Entscheidungsträgern auf allen Ebenen als zutreffend anerkannt.

Es handelt sich dabei aber um eine Grundüberzeugung, aus der sich bestimmte Handlungsnotwendigkeiten nicht unmittelbar und zwingend ergeben, da sich aus ihr Aussagen über die Höhe der jeweils angemessenen bzw. erforderlichen Bildungsausgaben nicht ableiten lassen. Neben dem Investitionswert für das Individium stehen die positiven und unverzichtbaren gesellschaftlich-sozialen Effekte, insbesondere aber die Auswirkungen von Bildungsausgaben auf die wirtschaftliche Entwicklung im Vordergrund der bildungsökonomischen Argumentation. Allgemein wird von einem Bedeutungszuwachs des »Humankapitals« in Zukunft ausgegangen.

Orientierung an finanzwirtschaftlichen Rahmenbedingungen

Allerdings orientieren sich die politischen Entscheidungen zum Umfang der öffentlichen Bildungsausgaben in der Bundesrepublik zur Zeit weniger an langfristigen Wachstumsaspekten als an den aktuellen und zukünftigen finanzwirtschaftlichen Rahmenbedingungen. Diese sind nicht nur durch die konjunkturelle Lage bestimmt, sondern auch durch den Schuldenstand und – wegen des sehr hohen Personalkostenanteils in den öffentlichen Haushalten allgemein und am Bildungsbudget insbesondere – durch die finanziellen Folgewirkungen der Personalstruktur. Die langfristigen Bindungswirkungen einmal getroffener Personalentscheidungen erschweren eine flexible Gestaltung des größten Teils der Bildungsausgaben.

Umfang der öffentlichen Bildungsausgaben

Im Jahr 1993 beliefen sich die öffentlichen Bildungsausgaben in der Bundesrepublik auf ca. 154 Mrd.DM, von denen 52 % auf das Schulwesen und 27 % auf die Hochschulen entfielen. Zu den Gesamtausgaben trugen die Länder mit 112 Mrd.DM fast drei Viertel bei, während auf die Gemeinden mit ca. 30 Mrd. rund 19 % und auf den Bund mit 11,9 Mrd.DM rund 8 % entfielen. Das öffentliche Bildungsbudget entsprach 1993 4,9 % des Bruttosozialproduktes. Dieser Wert ist allerdings durch die Einbeziehung der neuen Bundesländer statistisch verzerrt. 1990 lag die Sozialproduktsquote bei 4,2 % und damit um 1 % unter dem Wert von 1980 und um 1,3 % unter dem Wert von 1975, so daß insgesamt von einem kontinuierlichen Rückgang des Anteils am Sozialprodukt auszugehen ist.

Es wäre jedoch voreilig, daraus auf eine generelle Verschlechterung der Ressourcenausstattung des Bildungswesens zu schließen. Anders als im Hochschulbereich ist im Schulbereich das Gegenteil der Fall: Betrugen 1975 die öffentlichen Ausgaben pro Schüler an allgemeinbildenden Schulen knapp 3.000 DM, so waren sie 1990 mit knapp 6.700 DM mehr als doppelt so hoch. Geht man von einer jährlichen Preissteigerungsrate von 3 % aus, dann betrug der reale Zuwachs der Ausgaben pro Schüler allgemeinbildender Schulen immer noch fast 65 %. Daß dieser Zuwachs nicht nur das Ergebnis eines Struktureffekts (Trend zu höherwertigen, kostenintensiven Bildungsgängen) ist, sondern substantielle Verbesserungen in der personellen Ausstattung anzeigt, ist an der Entwicklung der Schüler-Lehrer-Relation zu erkennen. Obwohl 1992 die Zahl der Schülerinnen und Schüler an allgemeinbildenden Schulen um 30 % niedriger lag als 1975, waren 10 % mehr Lehrkräfte beschäftigt. Die Personalausgaben für die Schulen stiegen von 1980 bis 1992 um 49 %, der Aufwand für Sachmittel um 32 %.

Bedeutung internationaler Vergleiche

Der Zusammenhang von wirtschaftlicher Leistungsfähigkeit eines Landes einerseits und Bildungsausgaben andererseits wird grundsätzlich nicht bestritten. Dies legitimiert seit jeher das Vorgehen, von der Höhe des Ausgabenanteils für Bildung auf das Wachstumspotential eines Landes zu schließen. Schon in den 60er Jahren haben internationale Ausgabenvergleiche für die Expansion des Bildungswesens und seine Begünstigung bei der Ressourcenzuweisung eine wichtige Rolle gespielt. In jüngster Zeit werden solche Vergleiche im Kontext der Debatte um die Sicherung des »Wirtschaftsstandortes Deutschland« zur Abwehr von Mittelkürzungen im Bildungsbereich herangezogen.

So stand nach der jüngsten OECD-Analyse die Bundesrepublik 1992 hinsichtlich des Anteils der direkten öffentlichen Bildungsausgaben an den gesamten öffentlichen Ausgaben am unteren Ende der berücksichtigten Nationen, gemeinsam mit den Niederlanden. Allerdings spielen hier die nationalen Unterschiede der Bildungssysteme, das heißt insbesondere die finanzielle Trägerschaftsstruktur, zum Beispiel die unterschiedliche Bedeutung des privaten Sektors, und die verschiedenen Beschäftigungsformen sowie der unterschiedliche Umfang des staatlichen Sektors insgesamt in den verschiedenen Volkswirtschaften eine die tatsächlichen Verhältnisse verzerrende Rolle. In bezug auf den Anteil der Bildungsaufwendungen am Bruttoinlandsprodukt lag die Bundesrepublik, gemeinsam mit Japan, ebenfalls im unteren Bereich – sowohl hinsichtlich der öffentlichen wie auch der öffentlichen und privaten Ausgaben. Vor dem Hintergrund der wirtschaftlichen Leistungsfähigkeit der genannten Länder erscheinen solche internationalen Vergleiche als nur begrenzt aussagefähig. Von einem linearen Zusammenhang von Bildungsinvestitionen und Wirtschaftswachstum kann nicht ausgegangen werden.

Ressourcenwirksamkeit als entscheidender Gesichtspunkt

Ungeachtet der damit verbundenen Fragen externer Effizienz steht in der aktuellen Diskussion der Aspekt der internen Wirksamkeit der eingesetzten Ressourcen im Mittelpunkt des Interesses. Im Hinblick auf die Schulqualität scheinen vorliegende Studien zu belegen, daß Unterschieden in den generellen materiellen Rahmenbedingungen von Schulen eine geringere Bedeutung zukommt als bisher angenommen. Allerdings ist hier vor Generalisierungen zu warnen. Denn welche Effekte bei einschränkenden oder ausweitenden Maßnahmen tatsächlich eintreten, ist abhängig von den spezifischen Situationen vor Ort und den genutzten Finanzierungs- bzw. Bewirtschaftungsformen. Diese müssen daraufhin beurteilt werden, ob sie einen zielgerichteten Einsatz der knappen Mittel zulassen. Überlegungen zur Verbesserung der Bewirtschaftungsformen und zur Erhöhung der Wirtschaftlichkeit und Effektivität des Mitteleinsatzes gewinnen daher an Bedeutung. Die Empfehlungen der Kommission konzentrieren sich deshalb auf diesen Bereich.

Schwache Position des Bildungssektors in den zukünftigen Verteilungsauseinandersetzungen

Ohne den Nachweis effizienter und effektiver Ressourcenverwendung muß die Stellung des Bildungssektors in den argumentativen Auseinandersetzungen im Vorfeld zukünftiger Verteilungsentscheidungen als eher schwach eingeschätzt werden, trotz der allseitigen generellen Anerkennung von Bildung als notwendiger Investition in die Zukunft des Landes. Unabhängig von möglichen günstigen konjunkturellen Entwicklungen sind die zukünftigen Handlungsspielräume durch langfristig wirksame und kaum beeinflußbare Rahmenbedingungen markiert. Dies betrifft zum einen die Zinsbelastung aufgrund des Schuldenstandes der öffentlichen Haushalte, gravierender aber noch die Folgen des demographischen Wandels, die eine Prioritätensetzung zugunsten der Alterssicherungssysteme und des Gesundheitswesens als wahrscheinlich erscheinen lassen.

Zwänge der Haushaltskonsolidierung gefährden gesellschaftlichen Grundkonsens

Vor diesem Hintergrund ist eine dominante finanzwirtschaftliche Bestimmung des Bildungsbudgets in Zukunft zu erwarten, bei der eine an Sacherfordernissen orientierte Mittelzuweisung weiter an Bedeutung verliert. Die absehbaren Finanzierungsengpässe der öffentlichen Hand sind so gravierend, daß unter dem Zwang der Haushaltskonsolidierung der noch bestehende pädagogisch, sozialpolitisch und bürgerrechtlich begründete gesellschaftliche Grundkonsens über die Notwendigkeit einer ausreichenden öffentlichen Finanzierung des Bildungswesens zerbrechen könnte.

Fehlende Langfristperspektive bisheriger Maßnahmen im Schulbereich

Das Bildungswesen als wesentliches Element des Sozialstaates wird zunehmend in die Anstrengungen zur langfristigen Sicherung des Sozialstaates insgesamt einbezogen werden. Die derzeit im Schulbereich bereits vollzogenen oder diskutierten Maßnahmen sind allerdings durch den kurzfristigen Handlungsdruck bestimmt und bewegen sich in Gestalt einer Beeinflussung der wichtigsten bedarfsbestimmenden Parameter – Klassengrößen, Stundentafeln, Lehrerpflichtstunden – innerhalb der bestehenden Grundstrukturen der Finanzierung und Bewirtschaftung.

Intelligente Lösungen werden durch ein Agieren mit solchen pauschal wirkenden Maßnahmen nicht ermöglicht. Maßnahmen, die geeignet wären, langfristig die Systemstrukturen zu verändern und das System durch erhöhte Flexibilität zu sichern, finden sich erst in Ansätzen. Im Vordergrund stehen bisher als Motive die Haushaltskonsolidierung und die Bewältigung des mittelfristigen zusätzlichen Bedarfs. Um welche Größenordnungen es dabei geht und welche Hauptprobleme, insbesondere im Bereich der derzeitigen Bewirtschaftungsstrukturen, die Finanzierungssituation im Schulwesen kennzeichnen, wird im folgenden für Nordrhein-Westfalen dargestellt.

Schulbudget des Landes Nordrhein-Westfalen

Für die Finanzierung seines Schulwesens stellt das Land Nordrhein-Westfalen erhebliche Anteile seines Landeshaushaltes zur Verfügung. Der Haushalt des Ministeriums, der bisher auch die Bereiche Kultur und Sport, nicht aber den Hochschulbereich umfaßt, beläuft sich nach dem Ansatz für das Jahr 1995 auf ca. 14,6 Mrd. DM. Davon entfallen auf die Schulen im engeren Sinne, das heißt ohne Aufwendungen für Studienseminare, Prüfungsämter, Landesinstitute, untere Schulaufsicht u.a., ca. 13 Mrd. DM, von denen ca. 1,4 Mrd zur Refinanzierung der privaten Ersatzschulen vorgesehen sind. Hinzu kommen Ausgaben für den Schulbau im Umfang von ca. 357 Mio. DM im Rahmen des Gemeindefinanzierungsgesetzes. Die Ausgaben im Geschäftsbereich des Ministeriums sind überwiegend Personalausgaben: 85,7 % des Kultusetats sind hierfür vorgesehen; insgesamt sind ca. 12,5 Mrd. DM für ca. 152.000 Beschäftigte (Stellenzahl) eingeplant, von denen wiederum ca. 138.000 Lehrerstellen sind.

Der Anteil des Kultusetats am gesamten Landeshaushalt 1995 beträgt 16,9 %. Bei Betrachtung des Zeitraums 1980 bis 1995 liegt der aktuelle Anteil der Ausgaben des Kultusetats an den bereinigten Gesamtausgaben, das heißt ohne Tilgung von Kreditmitteln u.a., mit 17,15 % um 2 % unter dem Höchstwert des Jahres 1983 mit 19,48 %, bei einem durchschnittlichen Anteil von 18,11 % in diesem Zeitraum.

Zukünftige Belastungen des Landeshaushalts

Mittel- und langfristig werden auf den Landeshaushalt wachsende Belastungen durch Beamtenpensionen und Beihilfeaufwendungen zukommen, die den finanziellen Handlungsspielraum zusätzlich zu den hohen Aufwendungen für den Zinsdienst weiter einengen werden. Auch bei einem wirtschaftlichen Erholungsprozeß wird durch diese Rahmenbedingungen der Druck zur Haushaltskonsolidierung durch Verringerung des Staatskonsums, das heißt vor allem: Begrenzung der Personalausgaben, auch in Zukunft unvermindert bestehen bleiben. Ohne Reaktion im Personalhaushalt würden im Jahr 2020 über 61 % der Steuereinnahmen für Personal ausgegeben werden. Die Landesregierung hat sich darauf verständigt, den Anteil der Personalausgaben an den Steuereinnahmen des Landes zukünftig auf einen Richtwert von 50 % zu begrenzen.

Kommunale Finanzsituation

Nicht weniger prekär stellt sich die Situation der Kommunalfinanzen dar. Neben tendenziell weiter steigenden Sozialausgaben (1995: ca. 18,5 Mrd DM = 25 % der gesamten Kommunalausgaben) werden auch die Kosten im Kindergartenbereich zu Buche schlagen. Zugleich wird sich im Bereich der Schulgebäude ein erheblicher Erneuerungs-/Renovierungsbedarf ergeben.

Belastungszuwachs im Schulbereich

Den eingeengten finanziellen Möglichkeiten steht auf der anderen Seite eine in den nächsten Jahren weiter ansteigende Schülerzahl gegenüber. Nach einer Modellrechnung, bei welcher die derzeitige Struktur des Schulsystems und die derzeitige Bildungsbeteiligung im wesentlichen fortgeschrieben werden, wird das nächste Jahrzehnt von einem stetigen Anstieg der Schülerzahl auf knapp 3 Mio. im Jahr 2004 geprägt sein. Sie wird dann um 420.000 (16,5 %) über der Zahl des Schuljahres 1992/93 liegen. Ab dem

Jahr 2005 wird die Schülerzahl zurückgehen und etwa im Jahr 2013 wieder den gegenwärtigen Stand erreichen.

Auf der »Angebotsseite« wird eine zunehmende Zahl von Berufsaustritten von Lehrerinnen und Lehrern (im Jahr 1995: ca. 3.500, 2000: ca. 5.000, 2005: ca. 5.800, 2010: ca. 6.200) dazu führen, daß im Jahr 2005 noch 60 % und im Jahr 2010 noch 40 % der im Jahr 1994 vorhandenen Lehrerinnen und Lehrer im Dienst sein werden. Der Ersatzbedarf und die steigende Schülerzahl werden zu erheblichen Neueinstellungen führen, deren Umfang davon abhängig ist, ob die derzeit gültigen Berechnungsgrößen konstant gehalten oder verändert werden. Der Lehrkräftebedarf ist in Nordrhein-Westfalen weitgehend durch die Schüler-Lehrer-Relationen direkt an die Schülerzahlen gebunden. Die Relationen werden jeweils für ein Schuljahr durch Verordnung festgesetzt. Bei Konstanthalten der Relationen würde der Lehrkräftebedarf bis zum Jahr 2005 stetig ansteigen und dann um 20.000 (14 %) über dem Wert für 1994 liegen, bevor er wieder zurückgeht und im Jahr 2013 den Stand von 1994 erreicht.

Bisherige Maßnahmen

Eine Lösung für diese Schere zwischen mittelfristigem Mehrbedarf und finanziellen Möglichkeiten ist zur Zeit noch nicht erkennbar. Die bisherigen Maßnahmen zielten darauf, die zuvor bestehenden Unstimmigkeiten zwischen bedarfsauslösenden Vorgaben und den Lehrer-Schüler-Relationen zu beseitigen. Die hier gegebenen Möglichkeiten sind aber weitgehend erschöpft. Bisher wurde aus pädagogischen Gründen auf eine Erhöhung der Obergrenzen für die Klassenbildung verzichtet. Im Bereich der Stundentafeln gab es kleinere Kürzungen, und es wurden Bandbreitenregelungen aufgenommen, die den Schulen kleinere Gestaltungsspielräume eröffnen. Erkennbar ist gegenwärtig die Tendenz, die nicht unmittelbar auf die quantitative Abdeckung des Unterrichts/der Stundentafeln bezogenen Bedarfe zu reduzieren. Auch wurde die Stellenreserve für Vertretungen verringert und die Altersermäßigung reduziert. Eine generelle Veränderung der Pflichtstundenzahlen der Lehrerinnen und Lehrer ist in Nordrhein-Westfalen im Unterschied zu anderen Bundesländern bisher nicht vorgenommen worden.

Vor dem Hintergrund von Haushaltssituation und mittelfristigem Zusatzbedarf einerseits und den langfristigen Folgen einmal getroffener Personaleinstellungsentscheidungen andererseits wird zur Zeit in Nordrhein-Westfalen als grundlegend neues Instrument ein »Geld statt Stellen«-Programm ausgebaut, das Geldmittel zur Beschäftigung von Aushilfskräften oder zur Vergütung von nebenamtlichen Tätigkeiten oder von Mehrarbeit bereitstellt. Ansätze zu neuen Bewirtschaftungsformen werden auch auf der Ebene der Schulträger gesucht, die verstärkt dazu übergehen, den Schulen in mehr oder weniger großem Umfang Sachmittelbudgets zur eigenen flexibleren Bewirtschaftung zur Verfügung stellen.

Mangelndes Kostenbewußtsein und fehlende Anreize

Mit diesen Ansätzen wird, wenn vorerst auch in Randbereichen, ein Weg beschritten, der zu einem effektiveren und zugleich effizienteren Mitteleinsatz führen und dazu beitragen könnte, bei den Beteiligten ein Kostenbewußtsein entstehen zu lassen. Gegenwärtig kann dies nicht gelingen, da die in bezug auf die Einzelschulen überwiegend externe und in bezug auf die Personalbewirtschaftung weitgehend zentrale Steuerung der Ressourcen sich im Rahmen eines Systems bewegt, das Anreize zur sparsamen Verwendung der Mittel nicht kennt. Bei fast allen Beteiligten, insbesondere aber bei den in den Einzelschulen selbst Handelnden und bei den Bürgerinnen und Bürgern vor Ort sind Kenntnisse über die anfallenden Kosten und die aufgewandten Steuermittel so gut wie nicht vorhanden

Getrennte Steuerung von Personal- und Sachmitteln

Eine Gesamtbetrachtung wird auch deshalb erschwert, weil derzeit die Bereiche Personal (durch das Land) und Sachmittel (durch die Kommunen als Schulträger) getrennt gesteuert werden, wobei allerdings die Schulträgerausgaben zu Unrecht ausschließlich als »Sachmittel« bezeichnet werden, denn sie enthalten auch Personalkosten für Verwaltungspersonal. Diese gegenwärtige Form der Bewirtschaftung behindert nicht nur Überlegungen zu möglichen Substitutionen, sondern sie führt auch zu Verwerfungen und läßt Gesamtverantwortlichkeit für die eingesetzten Ressourcen nicht entstehen. Schulorganisationsentscheidungen auf Schulträgerebene müssen ohne gleichzeitige Verantwortung für die personelle Absicherung getroffen werden.
Damit sie nicht zu Lasten des Landes, ohne dessen Einflußnahmemöglichkeit, geschehen, sollen relativ enge Vorgaben dies verhindern. Diese engen wiederum den Gestaltungsspielraum vor Ort erheblich ein.

Übersteuerung durch unflexible Vorgaben

Generell ist eine »Übersteuerung« durch bis ins Detail gehende Verordnungen und unflexible Vorgaben festzustellen, etwa bei der Festlegung der Klassenbildung/Klassenbildungsobergrenzen und den Betriebsgrößenvorgaben. Die Strukturvorgaben lassen flexible und gegebenenfalls effizientere Organisationsformen im Regelfall nicht zu. Instrumente einer situationsbezogenen Nachsteuerung sind auf regionaler Ebene nicht und in den Schulen kaum vorhanden. Die als Berechnungsgrundlagen für die Haushaltsfestlegungen genutzten Elemente werden faktisch bis auf die Ebene der Einzelschule heruntergegeben, was u.a. dazu führt, daß schon kurzfristige Schülerzahlschwankungen und andere Bedarfe zu Ansprüchen und Forderungen aufgerechnet werden. Bereits auf der Ebene des Landeshaushaltes erfolgen Festlegungen, die Flexibilität behindern. Dies betrifft nicht nur die relativ enge Bestimmung von Sonderbedarfen, sondern auch die schulformbezogene Ausweisung der Lehrerstellen, die Verlagerungen zwischen den Schulformen nur schwer zulassen. Generell behindert fehlende Budgetflexibilität erforderliche Umschichtungen und Prioritätensetzungen, wobei dies sowohl den Bereich der Personal- wie den der Sachmittel betrifft.

Leitvorstellungen

- Ein verändertes Bewirtschaftungssystem für den Schulbereich soll integraler Bestandteil des neuen Steuerungskonzeptes sein, das darauf abzielt, durch Eigenverantwortung die Leistungsfähigkeit des Schulsystems zu erhöhen. Das gegenwärtige Finanzierungs- und Bewirtschaftungssystem soll zu einem System dezentraler Ressourcensteuerung im Rahmen eines Pauschalfinanzierungskonzeptes umgestaltet werden. *Dezentrale Ressourcensteuerung*
- Grundgedanke des neuen Bewirtschaftungskonzeptes ist es, die Verantwortung für den Einsatz der Ressourcen nach unten – auf die Ebene der Regionen und Schulträger einerseits und der Einzelschulen andererseits – zu verlagern und übersteuernde zentrale Regulierungen so weit zurückzunehmen, daß vor Ort eine Binnenoptimierung ermöglicht wird. Ein effektiver und zugleich sparsamer Mittelansatz kann in kleineren, »kundennäheren« Einheiten besser erreicht werden als in großen Organisationseinheiten. *Binnenoptimierung vor Ort*
- Die derzeitige getrennte Steuerung der Bereiche Personal und Sachmittel soll überwunden werden zugunsten eines Systems der Bewirtschaftung aus einer Hand, unabhängig davon, ob es sich um eingesetzte Landesmittel oder kommunale Mittel handelt. *Bewirtschaftung aus einer Hand*
- Es ist Aufgabe des Parlamentes, den Anteil der für das Bildungswesen vorgesehenen Haushaltsmittel im Verhältnis zu anderen Politikbereichen festzulegen sowie innerhalb des Bildungswesens Prioritäten entsprechend den bildungspolitischen Zielsetzungen zu setzen. Vermieden werden soll aber eine Festlegung von Bedarfen, Sonderbedarfen und Zweckbestimmungen, die das Handeln der Verantwortlichen vor Ort durch detaillierte Vorschriften bindet. *Staatliches Budgetrecht*

Aufgaben des Staates und öffentliche Finanzierung

– Die Aufgaben des Staates, eine Grundversorgung mit Geld sicherzustellen, einheitliche Finanzierungsvoraussetzungen für öffentliche und private Schulen und Schulträger zu schaffen und Mindeststandards zu garantieren, sollen als ökonomische Basis des Schulwesens genauso erhalten bleiben wie eine primär öffentliche Finanzierung durch den Landeshaushalt und die kommunalen Haushalte.

Keine reine Marktsteuerung,Sicherung einer Grundfinanzierung

– Die Entscheidung für eine primär öffentliche Finanzierung des Schulwesens, die auf eine langfristige Sicherung seiner Funktionsfähigkeit ausgerichtet ist, beinhaltet auch eine Absage an eine echte Marktsteuerung der Ressourcen.
Die zugewiesenen Mittel dürfen nicht ausschließlich an die Schülerzahl gekoppelt sein und mit den Schülerinnen und Schülern und deren Anmeldeverhalten von Schule zu Schule wandern. Das Land und die Kommunen müssen vielmehr eine ausreichende Grundfinanzierung sicherstellen, die die Arbeit aller Schulen garantiert.

Prioritätengeleitete Mittelverwendung

– Das Finanzierungs- und Bewirtschaftungssystem soll Möglichkeiten und Anreize zu einem effizienteren Ressourceneinsatz enthalten. Es zielt nicht ausschließlich auf die Höhe des Mitteleinsatzes, sondern vorrangig auf die Relation von Kosten und Qualität. Es soll Möglichkeiten vorsehen, die Mittel vor Ort prioritätengeleitet – zum Beispiel im Hinblick auf besondere soziale Gegebenheiten – und innovationsorientiert einzusetzen, um so die Effektivität des Mitteleinsatzes zu erhöhen.

Kostenbewußtsein und Transparenz

– Eine Grundvoraussetzung für die Entstehung von Kostenbewußtsein ist Transparenz. Die Beteiligten auf allen Ebenen sollen wissen, in welchem Umfang Mittel für welche Zwecke und Leistungen vorgesehen und verausgabt worden sind. Insbesondere sollen die Handelnden vor Ort und die Bürgerinnen und Bürger Kenntnis über die vom Land und den Kommunen bereitgestellten Mittel für das Schulwesen in der Region und für ihre jeweilige Schule haben.

Empfehlungen

Pauschalbudgets

– Grundlegend für das neue Bewirtschaftungssystem soll die Zuweisung von Pauschalbudgets sein, die innerhalb der gesetzlichen und tariflichen Rahmenvorgaben weitestgehend eigenverantwortlich bewirtschaftet werden. Das Handeln innerhalb von engen Titeln läßt kein Kostenbewußtsein entstehen, und es fehlt so der Anreiz, kostengünstige Lösungsmöglichkeiten zu finden.

- Das den Verantwortlichen vor Ort zugewiesene Budget soll sich aus bestimmten Komponenten zusammensetzen, so daß die Zwecke, für die die Mittel veranschlagt sind (zum Beispiel Gehälter, Schulbau, Förder- und Betreuungsmaßnahmen, Medien), klar erkennbar sind. Die Mittel sollen aber innerhalb von Rahmenvorgaben, zum Beispiel Bandbreiten, und begründet auch anders verwendet werden können, das heißt gegenseitig dekkungsfähig sein.

Relative Freiheit bei der Mittelverwendung

- Ermöglicht werden soll eine partielle Substituierung von Personal- und Sachmitteln. Die Einzelschulen und Träger sollen – die Sicherung des Grundbedarfs, vereinbarte Ziele und Grundstrukturen vorausgesetzt – eine relative Freiheit haben zu entscheiden, ob Mittel für Personal oder für sächliche Ausgaben, zum Beispiel Medien, verwendet werden.

Möglichkeit der Substituierung von Personal- und Sachmitteln

- Als Instrument des Anreizes zum sparsamen Mitteleinsatz soll vorgesehen werden, daß eingesparte Mittel ganz oder doch größtenteils bei der Einzelorganisation – das heißt den Schulen bzw. Trägern und Regionen – verbleiben. Deshalb soll das Jährlichkeitsprinzip aufgegeben werden, die Mittel sollen auf Folgejahre übertragen werden können.

Anreize zum sparsamen Mitteleinsatz

- Um mehr Flexibilität vor Ort zu ermöglichen, soll im Landeshaushalt an die Stelle der heutigen Ausweisung nach Schulformkapiteln und Lehrerstellen ein nach Regionen strukturierter Ansatz von Mitteln – regionale Schulkapitel – treten.

Regionale Schulkapitel im Landeshaushalt

- Die Mittel sollen künftig den Regionen, das heißt den Kreisen und kreisfreien Städten, zugewiesen werden, die sie – mit Ausnahme eines Anteils für einen regionalen Entwicklungsfonds (→ Kapitel IV.6.2) – entsprechend den getroffenen Organisationsentscheidungen auf die Schulträger verteilen. Die Budgetzuweisung soll an Kriterien gebunden sein, die öffentlich bekannt sind und als staatliche Rahmenvorgaben den Schulträgern ein gesichertes Grundbudget über mehrere Jahre garantieren.

Aufgabe der Regionen

- Aufgabe der Schulträger soll es sein, den Einzelschulen Schulbudgets zuzuweisen, die ihnen eigenverantwortliche Entscheidungen ermöglichen (→ Kapitel IV.2.2). Auch hier sollen Budgeterstellung und -zuweisung an Kriterien gebunden sein, die öffentlich bekannt sind und den Schulen ein gesichertes Grundbudget im Personal- und Sachmittelbereich über mehrere Jahre garantieren, unabhängig davon, ob es sich um zugewiesene Landesmittel oder um kommunale Mittel aus eigenem Aufkommen handelt.

Aufgabe der Schulträger, Schulbudgets

Aufgabe der Schulleitung

– Die Kompetenz für die Bewirtschaftung der Mittel in der Einzelschule soll – innerhalb der gesetzlichen und tarifvertraglichen Vorgaben sowie in einem Rahmen, dem der Schulbeirat zugestimmt hat – auf die Schulleitung übertragen werden (→ Kapitel IV.2.2).

Freier Anteil im Budget der Einzelschule

– Das Budget der Einzelschule soll einen freien Anteil gegenseitig deckungsfähiger Mittel enthalten, über deren tatsächliche Verwendung die Schule entscheiden können soll. Zu den notwendigen Komponenten des freien Anteils sollen Mittel gehören, die der Fortbildung des Personals, der Beratung, der Profilbildung und Innovation dienen, insofern also Bestandteile eines »Entwicklungsbudgets« sind.

Regionaler Entwicklungsfonds

– Auch für die kommunale Ebene soll ein ähnliches Prinzip gelten. Die pauschal zugewiesenen Landesmittel und die eingebrachten kommunalen Mittel sollen einerseits den Schulen als Budgets zur Sicherung ihres Grundbedarfs zugewiesen werden. Ein freier Anteil soll aber in Gestalt eines regionalen Entwicklungsfonds verbleiben (→ Kapitel IV.6.2). Die Mittel sollen für Personal- oder Sachausgaben verwendbar sein. Auch auf Landesebene soll ein Teil des Gesamtbudgets für Entwicklungsvorhaben und Forschungsprojekte zur Verfügung stehen.

Ausgleich besonderer Belastungen und Innovationsförderung

– Mit dem regionalen Fonds soll den Trägern und Regionen ein Instrument zur Verfügung gestellt werden, das dem Ausgleich besonderer Belastungen, zum Beispiel bei einem hohen Anteil von Kindern und Jugendlichen aus ausländischen Familien oder einer Arbeit in sozialen Brennpunkten, und der Förderung von bildungspolitisch gewünschten Entwicklungen dient und zugleich materielle Anreize zur Verbesserung der Qualität des schulischen Angebots ermöglicht.

Wettbewerb der Schulen um zusätzliche öffentliche Mittel

– Gefördert werden soll ein Wettbewerb der Schulen um zusätzliche öffentliche Ressourcen. Sie sollen sich mit Schulentwicklungsprojekten um Mittel aus dem regionalen Entwicklungsfonds bewerben können.

Möglichkeiten zur Erschliessung zusätzlicher privater Mittel

– Neben diesen Änderungen in bezug auf die öffentliche Finanzierung soll das neue Finanzierungskonzept auch vorsehen, daß es den Einzelschulen ermöglicht wird, sich zusätzliche Finanzmittel zu erschließen, zum Beispiel durch Sponsoring oder durch »Verkauf« pädagogischer Leistungen auf dem Bildungsmarkt. Die Schulen sollen im Rahmen ihres Budgets auch Leistungen Dritter kaufen können. Insgesamt dienen diese Formen aber eher dazu, ein Finanzierungs- und Kostenbewußtsein in den Schulen entstehen zu lassen, als daß sie geeignet wären, größenordnungsmäßig wirklich relevante zusätzliche, private

Finanzierungsquellen zu erschließen. Ein neues Finanzierungssystem läßt sich auf Drittmitteln nicht aufbauen, zumal die Finanzierung auch nicht von Zufälligkeiten – wie etwa beim Sponsoring – abhängig werden darf.

- Notwendig ist der Aufbau eines Controlling- und Berichtswesens, das der Rechenschaftslegung über die Verwendung der Mittel dient. Dabei sollen nicht nur die Höhe der verausgabten Mittel, sondern auch die Zwecke und die erbrachten Leistungen berücksichtigt werden. Das Instrument soll zugleich einen interschulischen und interkommunalen Vergleich und den Aufbau eines Systems der Kosten-Leistungsrechnung ermöglichen, das an die Stelle des derzeitigen kameralistischen Systems treten soll. *Controlling- und Berichtswesen*

- Die Landesplanungen sollen sich im Bereich des Personals von dem Grundmuster des stop and go lösen, das auf mittelfristige Schülerzahlschwankungen mit Stellenauf- und -abbau reagiert. Sie sollen vielmehr darauf ausgerichtet sein, die Funktionsfähigkeit der Schulen langfristig durch Sockelfinanzierungen so zu sichern, daß innerhalb von Bandbreiten kurzfristige Schwankungen vor Ort selbst ausgeglichen werden können. *Langfristig angelegte Rahmenplanung auf Landesebene*

- Eine langfristig angelegte landesbezogene Personalstrukturplanung, die eine Grundversorgung sicherstellt, muß auch auf Verstetigung der Einstellungsmöglichkeiten zielen. Eine solche Planung ist nicht nur für Personalentwicklung in den Schulen selbst günstiger, sondern schafft auch den Trägern und Regionen sowie den Institutionen der Lehrerbildung bessere Voraussetzungen für ihre mittelfristigen Struktur- und Kapazitätsplanungen. *Verstetigung der Einstellungspolitik*

IV.3 Schulzeit, Bildungsgänge, Abschlüsse

IV.3.1 Schulzeit und Bildungszeit

Die Fähigkeit zu einer individuellen Zeitnutzung wird vor dem Hintergrund zunehmender Selbstverantwortung in Arbeit und Lebensgestaltung immer mehr gefordert, sie muß auch in der Schule gelernt werden und dort wirksam sein.

Zeit gehört zu den knappen, nicht erneuerbaren Ressourcen. Sie wird individuell unterschiedlich gebraucht, um Bildung aufzubauen. Dies erzwingt den verantwortlichen Umgang mit ihr. Der individuelle Umgang mit Zeit und die vorgegebenen Zeitverwendungsmuster stehen dabei in einem Spannungsverhältnis zueinander.

In der bildungspolitischen Diskussion ist darüber hinaus der Umgang des Systems Schule mit dem Faktor »Zeit« ein zentrales Thema. Im Mittelpunkt der öffentlichen Aufmerksamkeit steht dabei weniger die sinnvolle Zeitnutzung im Schulallltag, sondern vor allem die Dauer der Schulzeit bis zum Abschluß.

Ausgangslage

Zeit für Bildung/ schulisch organisierte Lernzeiten

Mit Einführung der Schulpflicht wurde ein Prozeß in Gang gesetzt, der bis heute zu einer kontinuierlich gesteigerten Inanspruchnahme von Lebenszeit durch öffentliche, institutionalisierte Erziehung führt. Die zunehmend für Bildung reservierte Zeit wurde zu Recht als Fortschritt, als Emanzipation begriffen, denn die in der Schule verbrachte Zeit trat zunächst neben die Kinderarbeit und verdrängte diese schließlich. Teilhabe an Bildung wurde zur Voraussetzung persönlicher Freiheit und Selbstbestimmung.

Verlängerung der Lern- und Bildungszeiten

Die Notwendigkeit, immer differenzierteren Bildungsanforderungen zu entsprechen, führt nicht nur zu einer Verbreitung und Verdichtung der Bildungseinrichtungen, sondern zugleich zur Ausdehnung der Bildungszeiten.
Es zeigt sich aber, daß die Probleme der Weitergabe des wachsenden Wissens und der Grundlegung von Bildung auf Dauer nicht allein, nicht einmal in der Hauptsache, durch eine Verlängerung der Schul- und Unterrichtszeiten lösbar sind.

Die Verlängerung der Ausbildungszeiten ist dennoch ein internationales Phänomen. Zum Teil ist sie ein langfristig sich abzeichnender Trend, dessen Ursachen nur ansatzweise erforscht sind. In einer Reihe von Ländern ist sie erklärtes Ziel nationaler Bildungspolitik.

In Deutschland hat sich das Berufseintrittsalter in den letzten 40 Jahren kontinuierlich verzögert, ohne daß sich die Schulzeitregelungen verändert hätten. Es ist also kaum zu erwarten, daß eine Schulzeitverkürzung allein die erwünschte Wirkung eines früheren Berufseintritts hätte.

Zeitanteile und Bildungseinflüsse

Im alltäglichen Umgang von Kindern und Jugendlichen mit Zeit bildet die durch öffentliche Erziehung und Bildung – Schulzeit – in Anspruch genommene Zeit einen relativ konstanten Anteil, wogegen andere Zeitanteile und damit Bildungseinflüsse variieren.

Während die Zuwendungszeiten innerhalb der Familie und des traditionellen sozialen Umfeldes tendenziell abnehmen, nehmen die Peer-Group, außerschulisch organisierte Bildung und Freizeitgestaltung sowie die Mediennutzung in ihrer Bedeutung zu, ihre unterschiedlichen Zeitanteile wechseln je nach Altersstufe und sozialer Situation.

Weil viele, insbesondere neue Freizeitbetätigungen auf Technik und professionalisierte Dienstleistungen anderer angewiesen sind und ihren Preis kosten, dringen auch bei Kindern und Jugendlichen Elemente von Effizienz und Zweckrationalität in den Umgang mit Zeit ein. Die Schulzeit bildet einen festen Teil der Zeitkalkulation, ist aber nicht mehr Hauptbezugspunkt.

Auf Unterrichtszeit verengtes Verständnis von Bildungszeit

In der Öffentlichkeit wird Bildungszeit in einem verengten Sinne weitgehend noch mit den durch die Schule organisierten und verpflichtenden Lernzeiten identifiziert.
Die möglichst vollständige Ausschöpfung dieses Zeitbudgets, gewährleistet zum Beispiel durch die Vermeidung von Unterrichtsausfall, gerät nur zu leicht zum Maßstab für die Intensität von Bildungsprozessen und für die Qualität eines Schulsystems.

Unterschiedliche »Zeiten« innerhalb der »Schulzeit«

Schulisches Lernen hat es mit unterschiedlichen »Zeiten« zu tun, die von den Beteiligten unterschiedlich wahrgenommen und in unterschiedlicher Weise wirksam werden:

- Zeit ist Unterrichtszeit, die sich aus der Perspektive von Schülerinnen und Schülern hauptsächlich als verpflichtende Präsenzzeit darstellt,
- Zeit ist individuelle Lernzeit, sei es als Teilnahme am Unterricht in der Großgruppe, als Lernen in tutoriell gestützten Klein-

gruppen oder als selbstgesteuertes Lernen in Einzelarbeit innerhalb und außerhalb der Schule,
- Zeit ist Angebotszeit, die von allen am Schulleben Beteiligten als Summe der schulischen Programmangebote wahrgenommen wird,
- Zeit ist Öffnungszeit der Schule, wahrgenommen als Summe der Betreuungsangebote und der außerunterrichtlichen Nutzungsmöglichkeiten der schulischen Einrichtungen,
- Zeit ist Arbeitszeit der Lehrerinnen und Lehrer, des übrigen Personals der Schule und der Experten von außerhalb der Schule mit Lehraufgaben.

Die Vielfalt der Perspektiven, aus denen die Größe »Zeit« jeweils eine andere Qualität hat, kann nicht ohne Auswirkung auf den Umgang mit Zeit in der Schule bleiben, wenn dieser bewußt und verantwortlich sein soll.

Ganztagsschule Ganztagsbetreuung

Ein beträchtlicher Teil der durch die Halbtagsschule organisierten Lernzeit wird bislang in den häuslichen Bereich verlagert. Hierzu gehören die mittelbar durch Unterricht und durch Vor- und Nachbereitung des Unterrichts in Form von »Hausaufgaben« in Anspruch genommenen Zeiten. Diese Tradition einer starken Privatisierung von Schularbeitszeit stellt im Vergleich zu ausländischen Bildungssystemen eine Besonderheit des Schulwesens in Deutschland dar.
Die »Ganztagsschule« ist weltweit die vorherrschende Organisationsform schulischen Lernens; in den jeweiligen Schultraditionen spielen unterschiedliche Begründungen eine Rolle, unter anderem die Erziehung zum demokratischen Zusammenleben, der Ausgleich ungleicher Bildungschancen und die Erwerbstätigkeit von Müttern und Vätern.

Erfahrungen mit Zeitverwendung in der Schule

Das Bildungssystem geht mit der Zeit junger Menschen nicht immer genügend bewußt und sorgsam um. Dabei ist in der Forschung gut belegt, wie sehr Lernprozesse durch das Verhältnis von Zeitaufwand und effektiver Zeitverwendung beeinflußt werden und wie sehr hierbei individuelle Unterschiede eine Rolle spielen. Die reale Bildungszeit ist die eigentliche Ressource des Betriebs Schule, kostbarer als der Einsatz von Lehrpersonal, Gebäuden und Lehrmitteln.

Aus der Sicht von Schülerinnen und Schülern und deren Eltern stehen in der Schule Zeiten hoher Anspannung – meist in engem zeitlichem Bezug zu Terminen von Leistungsnachweisen und Abschlüssen – Zeiten unterrichtlichen »Leerlaufs« gegenüber. Häufig wird Unterricht auch deshalb mit »Langeweile« assoziiert. Im Kern bezieht sich dieser Vorwurf erkennbar auf die immergleiche

Stückelung der Befassung mit den Gegenständen und die immergleichen Ablaufmuster in – je nach Schulform und Abschluß – insgesamt rund 10.500 bis knapp 14.000 Unterrichtsstunden.

Die für produktive geistige Arbeit so wichtigen Wechsel zwischen Phasen hoher und niedrigerer Intensität, des Sich-intensiv-Einlassens und der beiläufigen Kenntnisnahme, der Empathie und des distanzierten Betrachtens werden – oft mit ausdrücklichem Bezug auf die Erfordernisse des vorgeschriebenen Zeittaktes – auf ein mittleres Gleichmaß reduziert. Lehrerinnen und Lehrer, Schülerinnen und Schüler unterwerfen sich dieser Praxis, deren subjektive Erlebnisform aber die strukturlose, mittelmäßig erfüllte Zeit, die Langeweile ist.

Starre Zeitraster

Die Organisation der Schule und ihr Erscheinungsbild nach außen legen die Auffassung nahe, daß Schule aus »Stunden« bestehe.
Die Grenzen der Regelbarkeit der Zeitverwendung mit Hilfe starrer Zeitraster werden aber durch das »Aufweichen« im System selbst belegt. Ein Großteil der konzentrierten Anstrengung von Schulleitungen besteht darin, jeden Tag auf's Neue den »Normal«-Schultag in seiner zeitlichen Struktur durchzusetzen. Dabei erweisen sich Schulzeiten aus vielfältigen Gründen als in der Realität kaum einzulösende Soll-Werte. Die Stundentafeln, die die Anteile der einzelnen Fächer am Zeitbudget der Schule regeln und das Erreichen von fachspezifischen Lernzielen in zeitlicher Ordnung gewährleisten sollen, erhalten durch die Widrigkeiten des Schulalltags die Qualität eines unerreichbaren Ideals.

Verhinderung von Lernen durch Zerlegen in Zeittakte

Lehr- und Lernvorgänge in der Schule sind nach wie vor durch das Prinzip des Zerlegens charakterisiert, das sich in seinen Auswirkungen gegen die Qualität des Lernens richtet.
Das Verharren in den starren Zeitverwendungsmustern schulischen Lehrens und Lernens ist wesentlich mit dafür verantwortlich, daß der Umgang mit produktiven Methoden des Lernens auf der Grundlage lernpsychologischer Erkenntnisse kaum Eingang in die Schulwirklichkeit findet. Schon die Angewohnheit, Arbeitsformen, die die Selbsttätigkeit der Schülerinnen und Schüler betonen, unter dem Begriff »freie Arbeit« zu fassen, läßt Ausmaß und fatale Auswirkungen der überwiegend »gebundenen«, wenn nicht gar »unfreien« Arbeit als Normalfall erahnen.

Das sinnvolle Prinzip der Auswahl unterschiedlicher Lernformen scheitert am häufigsten und am gründlichsten an der zeitlichen Zerstückelung des Schultages, der Schulwoche, des Schuljahres. Damit wird zugleich die Vollständigkeit von Lernprozessen, die von der Problemformulierung über die bewußte Entscheidung hinsichtlich der Verfahren bis zur Überprüfung der eingeschlagenen Lernwege reicht, beständig verhindert.

Beim Wechsel von einem Fachinhalt zum anderen und einer sozialen Interaktion zur anderen, wie sie durch das Zeitraster fast erzwungen werden, bleibt leicht auf der Strecke, was noch mehr an die Substanz der Schule geht: das Fehlen von Zeit für die Befassung mit den Problemen der gegenwärtigen und zukünftigen Welt, ausgehend vom Unterricht in den Fächern oder jenseits der Fächergrenzen.

Gleiche Schulzeiten für alle?

Die geltenden Schulzeitregelungen sind von der Annahme getragen, daß bei Anwendung von Stichtagsregelungen und generellen Vorgaben für die Durchlaufdauer durch einzelne Bildungsgänge gleiche Lernbedingungen und vergleichbare Lernresultate für alle gewährleistet werden.

Die Erziehungswissenschaft ist jedoch längst zu der Auffassung gelangt, daß gleiche äußere Bedingungen für alle zu ungleichen Ergebnissen führen, die dann der einzelnen Schülerin und dem einzelnen Schüler zugerechnet werden. Entscheidend ist die Tatsache, daß unterschiedliche Menschen unterschiedliche Zeiten zur Erreichung ähnlicher Ziele benötigen. Dies anzuerkennen und in pädagogische Praxis umzusetzen, ist Aufgabe des Bildungssystems, nicht die Angleichung der Menschen an vorgegebene Normen.

Die Schulpflicht beginnt für Kinder in dem Jahr, in dem sie bis zum 30. Juni das sechste Lebensjahr vollenden. Das tatsächliche Einschulungsalter kann also von Kind zu Kind um bis zu zwölf Monate differieren. Von der Möglichkeit, Kinder in die Grundschule aufnehmen zu lassen, die in der Zeit vom 30. Juni bis zum 31. Dezember sechs Jahre alt werden, machen Eltern nur in einer geringen Zahl von Fällen Gebrauch. Der Prozentsatz dieser Kinder lag Anfang der 70er Jahre (in Nordrhein-Westfalen) bei 11 %, heute beträgt er nur noch knapp 2 % eines Einschulungsjahrgangs. Etwa 8 % der aufgrund ihres Alters schulpflichtigen Kinder werden parallel dazu als nicht schulreif befunden und für ein Jahr zurückgestellt. Das durchschnittliche Einschulungsalter liegt bei 6,7 Jahren.

Ist die altershomogene Jahrgangsklasse somit schon zu Beginn der Schullaufbahnen nicht die Regel, so vergrößert sich die individuelle Streubreite durch andere Faktoren in den Folgejahren. Zwar ist der Anteil von Wiederholern eines oder mehrerer Schuljahre in den letzten Jahrzehnten in allen Schulformen kontinuierlich zurückgegangen, aber für einen Teil der Schülerinnen und Schüler – insgesamt 3,2 %, je nach Schulform zwischen rund 2,3 und 5%

pro Schuljahr – verlängert sich durch die Wiederholung eines Schuljahres oder mehrerer Schuljahre die Durchlaufzeit durch die jeweilige Schulstufe bzw. Schulform. Ob das »Sitzenbleiben« ein sinnvoller Umgang mit der Zeit und Arbeitskraft von Lernenden und Lehrenden ist, wird vielfach infragegestellt.

Unter den Seiteneinsteigern – darunter Ausländer und Aussiedler – befindet sich eine zusätzliche Zahl von Schülerinnen und Schülern, deren Durchlaufzeit sich durch den Wechsel der Schule oder des Bildungssystems verlängert. Schülerinnen und Schüler, die ein Schuljahr im Ausland verbringen, wiederholen zum Teil die nicht in einer deutschen Schule verbrachte Jahrgangsstufe, zum Teil überspringen sie diese.

Bei ihrem Schulabschluß sind Abiturientinnen und Abiturienten in Deutschland durchschnittlich 20,6 Jahre alt, haben also im Durchschnitt rund ein Lebensjahr länger in der Schule zugebracht, als im Hinblick auf Einschulungsalter und Regelschulzeitdauer zu erwarten wäre. In der Praxis wird deutlich, daß – parallel zum Weiterbestehen der Sollvorgaben – eine Individualisierung von Bildungszeiten stattfindet.

Veränderung der Regelzeiten?

Schwerpunkt der Diskussion über Schul- und Bildungszeiten ist das Berufseintrittsalter der akademisch Ausgebildeten. Die Diskussion zur Veränderung von Schul- und Bildungszeiten erstreckt sich vor allem auf die Regelzeiten im Sekundarbereich II und das Studiensystem mit seinen Übergängen in das Beschäftigungssystem. Die Schulzeitdiskussion ist auch international an eine Diskussion über eine Studienreform gekoppelt.

Die Diskussion über eine Verkürzung der Schulzeit bis zum Abitur ist nur selten zu den Kernfragen und den Folgewirkungen, zum Beispiel in Form einer notwendigen Neugestaltung der Stundentafeln und einer grundsätzlichen Flexibilisierung der Lernzeiten oder einer Einbeziehung individueller mediengestützter Lernverfahren, vorgestoßen.

Im Verlauf des Jahres 1994 hat die Diskussion über die Schulzeitverkürzung offensichtlich an Aktualität verloren. Die Kultusministerkonferenz einigte sich auf eine Verlängerung des gegenwärtig praktizierten Mischsystems – 13 Jahre in den alten, 12 Jahre in inzwischen nur noch drei der fünf neuen Länder – bis zum Jahr 2000. Damit ist die Chance eröffnet, daß die fachlichen und bildungspolitischen gegenüber den finanzpolitischen Überlegungen wieder an Gewicht gewinnen und Flexibilisierungen möglich werden.

Schulzeit im internationalen Vergleich

Der internationale Vergleich von Schulzeiten bis zur Aufnahme eines Hochschulstudiums hat sich als unergiebig und irreführend erwiesen. Nicht nur beruhen die Binnenstrukturen der nationalen Bildungssysteme auf unterschiedlichen Voraussetzungen, sondern auch die jeweiligen nationalen Erhebungsverfahren sind ohne komplizierte Verrechnungsmodelle nicht vergleichbar – zum Beispiel wegen der im Ausland üblichen Ganztagsschule. Strukturelle Einzelelemente sind nicht beliebig aus den jeweiligen Zusammenhängen zu lösen und für Reformfragen in der Bundesrepublik als Argument heranzuziehen.

Leitvorstellungen

Die Bedingungen des Lernens in der Schule, die Gestaltung der Organisation und der Abläufe, aber auch die Vorgaben für die Zeitverwendungen im Schul- bzw. Bildungssystem müssen überdacht und weiterentwickelt werden:

Schulzeit ist Lebenszeit

– Schulzeit muß als Lebenszeit verstanden werden. Schule trägt Verantwortung dafür, einen reflektierten und aktiven Umgang mit Zeit, auch im Sinne von Lebenszeit, zu vermitteln. Von der Schule beanspruchte Zeit sollte so organisiert werden, daß eine sinnvolle Zeitgestaltung möglich wird. Dabei gewinnen Phasen einer ausgewogenen Arbeitsrhythmik, die auf das »Zeit haben« statt auf das »Zeit sparen« und bloße Temposteigerung angelegt ist, für Lern- und Erziehungsprozesse zunehmend an Bedeutung. Die Halbtagsschule bietet hierfür nicht den geeigneten Organisationsrahmen.

Eigenes Zeitmanagement

– Der einübende Umgang mit eigener Zeitplanung ist wichtige Voraussetzung für die Gestaltung effektiver Bildungsprozesse. Schülerinnen und Schülern sollen individuelle Lehr- und Lernwege eröffnet werden. Sie sollen deshalb ermutigt werden, im Unterricht ihre Lern- und Bildungsprozesse selbständig und selbstverantwortlich zu strukturieren, bestimmte Lernziele, Qualifikationen und Abschlüsse anzustreben und für die Erreichung mit Unterstützung und Beratung der Lehrkräfte eigene Wege zu gehen. Schulische Arbeitsformen sind unter dem Gesichtspunkt bewußter Zeitplanung und Zeitnutzung zu bewerten und gegebenenfalls durch andere zu ersetzen.

Flexibler Abschlußerwerb

– Schulische Abschlüsse sollen grundsätzlich zeitlich flexibel erworben werden können. Bestimmte Bausteine sollen nachgeholt, ergänzt bzw. im voraus erworben werden können. Die Abschlußsystematik soll daher neu überdacht werden (→ Kapitel IV.3.2).

- Lernvorgänge sollen, wie die anderen Lebenszuschnitte in der modernen Gesellschaft, stärker durch Individualisierung in der Wahl der Lernorte und der Lernverfahren gekennzeichnet sein. *Außerschulische Lernzeiten*
  Die modernen Medien und die Angebotsvielfalt auf dem Bildungsmarkt erlauben es dem einzelnen tendenziell in einem größeren Ausmaß als je zuvor, zwischen Anbietern, Inhalten und Vermittlungsformen auszuwählen. Die Bedingungen, unter denen Schülerinnen und Schüler auch de facto die Möglichkeit einer solchen Auswahl haben, müssen hergestellt werden.
  Es muß im Interesse der Schule liegen, in diesen Angeboten keine Konkurrenz zu sehen, sondern Lernzeiten außerhalb der Schule als Bereicherung ihrer eigenen Bildungs- und Erziehungsanstrengungen zu sehen und zu einem über die Schule und die Schulzeit hinausgehenden Lernen zu ermutigen. Die außerhalb der Schule und unabhängig von ihr investierten Lernzeiten und ihre Ergebnisse in Form von erworbenen Kenntnissen und Fähigkeiten sollen langfristig von der Schule als erbrachte Leistung anerkannt und als Teilvoraussetzung für Abschlüsse und Berechtigungen berücksichtigt werden.

Empfehlungen

- Die Entscheidung über die zeitliche Ausgestaltung des Schultages, der Schulwoche und umfangreicherer Perioden des Schullebens ist im Rahmen globaler Vorgaben der Schule selbst zu überlassen; die curricularen und organisatorischen Vorgaben für die Bildungsgänge sollen dementsprechend im Sinne einer modularen Struktur (→ Kapitel IV.1.3) gegliedert sein. *Gestaltungsspielraum der Schulen*
- Die herkömmlichen und verbindlichen Zeitvorgaben und -einteilungen für den Unterricht sollen flexiblen Zeitmustern Platz machen, die zum Beispiel begrenzte Lehrgangssequenzen, Epochalunterricht und individualisierte Arbeitsformen ermöglichen. Gleichzeitig sollen verläßliche Öffnungs- und Betreuungszeiten mit unterrichtsergänzenden und außerunterrichtlichen Angeboten vorgesehen werden. *Flexible Zeitmuster*
- Die organisatorischen und verfahrensmäßigen Abläufe in der Schule sollen »ökonomisch« ausgerichtet werden, die Unterrichts- und Erziehungsprozesse pädagogisch effizient gestaltet *Ökonomische Zeitverwendung*

sein. Dabei soll die Zeitplanung auf unterschiedlichen Ebenen – mit Tages-, Wochen-, Monats-, Jahresplanungen – ansetzen.

Bandbreiten beim Erwerb von Abschlüssen

– Bildungsgänge müssen so gestaltet werden, daß sie innerhalb eines flexiblen Zeitrahmens durchlaufen werden können. Die zeitlichen Vorgaben für den Erwerb von Abschlußqualifikationen sind entsprechend als Durchschnittswerte, nicht als Soll-Werte anzusetzen.
Mit den Schülerinnen und Schülern sollen im Rahmen einer kontinuierlichen Lernberatung Zielvereinbarungen für das Erreichen von Abschlußqualifikationen innerhalb von zeitlichen Bandbreiten abgeschlossen werden können. Diese Zielvereinbarungen können sowohl zu einer Verkürzung als auch zu einer Verlängerung gegenüber der durchschnittlich aufzuwendenden Schulzeit führen. Dies gilt u.a. auch hinsichtlich der Frage, ob das Abitur nach 12 oder 13 Schuljahren erreicht wird. Hier sollen der Aufbau der Sekundarstufe II und eine in den Verfahren vereinfachte Abitur- bzw. Abschlußprüfung individuelle Zielerreichungen ermöglichen.

Differenzierter Ausstieg

– Es sollen Möglichkeiten eines differenzierten »Ausstiegs«, insbesondere aus den zum Abitur führenden Bildungsgängen, geschaffen werden, die mit einem Leistungszeugnis den Übergang in andere Bildungsgänge oder in das Beschäftigungssystem erlauben.

– Außerschulisch oder in anderen Bildungsgängen erworbene Kenntnisse und aufgewandte Bildungszeiten sollen anerkannt werden. Es sollen Modelle für die Kreditierung selbständig oder andernorts erbrachter Leistungen in Prüfungen und Abschlüssen entwickelt werden.

IV.3.2 Bildungsgänge, Übergänge, Abschlüsse

Es ist Eigenart und Kernstück des deutschen Schulwesens, daß Abschlüsse immer auch Berechtigungen umfassen, die Zugänge zu weiterführenden Bildungswegen eröffnen. Durch einen erfolgreichen Abschluß bestätigte Leistungen werden als Voraussetzungen für den Übergang in die nächste Stufe oder in andere Bereiche des Bildungswesens anerkannt. Dieses System macht es erforderlich, daß die zu den gleichen Abschlüssen führenden Bildungsgänge trotz der notwendigen Unterschiedlichkeit ihrer Ausgestaltung so angelegt sind, daß gleichwertige Ergebnisse erreicht werden. Die Kommission hält an dieser Verknüpfung von Bildungsgangstrukturen, Abschlußanforderungen und Berechtigungsvergabe fest. Sie ist aber der Auffassung, daß die Gleichwertigkeit zwischen den Abschlüssen, insbesondere zwischen denen des studienbezogenen und des berufsbezogenen Bereichs, umfassender verwirklicht werden sollte, als es heute der Fall ist.

Ausgangslage

Allgemeine Grundsätze und Gegebenheiten

Strukturierung, Differenzierung, Durchlässigkeit

Klare Strukturierung, Differenzierung und Durchlässigkeit gelten als Prinzipien für die Gestaltung von Bildungsgängen, Übergängen und Abschlüssen. Durchlässigkeit soll die Anschlußfähigkeit von Bildungsgängen gewährleisten und verhindern, daß individuelle Bildungsentscheidungen nicht mehr korrigierbar oder nicht ausbaufähig sind. Differenzierung soll die Unterschiedlichkeit in den Lernvoraussetzungen, Neigungen, Leistungsschwerpunkten, Ausbildungs- und Berufswünschen von Kindern und Jugendlichen auffangen.

Allgemeine und berufliche Bildung

Für die Struktur des Bildungswesens hat die Unterscheidung von allgemeiner und beruflicher Bildung traditionell eine konstitutive Bedeutung, allerdings mit der Folge, daß zwischen den berufsqualifizierenden Bildungswegen und Abschlüssen und den Bildungswegen und Abschlüssen des allgemeinbildenden Schulwesens bis heute ein starkes Defizit an Durchlässigkeit und Anschlußfähigkeit besteht.

Gleichwertigkeit und Vergleichbarkeit

Weil schulische Abschlüsse in der Regel auch Zugangsvoraussetzungen für weiterqualifizierende Bildungswege sind und somit Zugangsrechte begründen, ist die Forderung nach Gleichwertigkeit und Vergleichbarkeit der Abschlüsse zur Sicherung von Chancengleichheit und Mobilität von großer Bedeutung.

Zuständigkeiten von Bund und Ländern

Um die wechselseitige Anerkennung der Abschlüsse zu sichern und in den Grundbereichen des Schulwesens eine einheitliche, mindestens vergleichbare Entwicklung zu wahren, treffen die Länder Vereinbarungen im Rahmen der Ständigen Konferenz der Kultusminister der Länder der Bundesrepublik Deutschland (KMK).
Die Abschlüsse der beruflichen Bildung im dualen System sind durch Bundesrecht, vor allem durch das Berufsbildungsgesetz und die Handwerksordnung, geregelt.

Zugangsberechtigungen

Zum Hochschulzugang und zur Hochschulzugangsberechtigung enthält das Hochschulrahmengesetz des Bundes Regelungen (§ 27 HRG). Diese Bestimmungen sehen vor, daß zu dem gewählten

Hochschulstudium berechtigt ist, wer die für das Studium erforderliche Qualifikation nachweist. Dieser Nachweis wird nach dem Hochschulrahmengesetz durch eine »auf das Studium vorbereitende Schulbildung« erbracht.

In einigen Bereichen setzt der Zugang zu Bildungseinrichtungen und Bildungsgängen nicht einen bestimmten Bildungsabschluß, sondern eine Qualifikationsüberprüfung der aufnehmenden Bildungseinrichtung voraus.

Der Zugang zur beruflichen Ausbildung im Dualen System und in erheblichem Umfang auch in der beruflichen Weiterbildung setzt – schulrechtlich – keinen bestimmten Abschluß voraus und ist ohne Qualifikationsnachweis möglich.

Bildungswege, Übergänge und Abschlüsse der Schulstufen

Die Struktur des nach Schulstufen aufgebauten und nach Schulformen gegliederten Schulwesens in Nordrhein-Westfalen baut auf dem gemeinsamen Sockel des vierjährigen Bildungsganges der Primarstufe/Grundschule auf, dem sich die weiteren, in Schulformen organisierten Bildungsgänge der Sekundarstufe I mit ihren unterschiedlichen Abschlüssen und Berechtigungen anschließen. Die Verlängerung der Vollzeitschulpflicht auf zehn Jahre hat die Voraussetzung dafür geschaffen, daß auch über den Bildungsweg in der Hauptschule der mittlere Bildungsabschluß/die Fachoberschulreife und die Berechtigung zum Besuch einer gymnasialen Oberstufe erreicht werden können. Damit hat sich insgesamt – über Hauptschule, Realschule, Gymnasium und Gesamtschule hinweg – der mittlere Bildungsabschluß als überwiegend erreichter Abschluß der Sekundarstufe I herausgebildet. In der Sekundarstufe II teilt sich das Schulwesen in allgemeinbildende und berufsbildende Bildungswege mit charakteristischen Abschlüssen und Berechtigungen für Studium, berufliche Tätigkeit und Aus- und Weiterbildung.

Primarstufe

Aufnahme

Die Aufnahme in die Grundschule erfolgt in der Regel mit sechs Jahren. Kinder können unter bestimmten Verfahrensvoraussetzungen auf Antrag der Eltern auch vorzeitig in die Grundschule eintreten. Kinder, die das Schulpflichtalter erreicht haben, aber noch nicht als schulreif gelten, können vom Schulbesuch zurückgestellt werden und einen Schulkindergarten besuchen.

Die Schülerinnen und Schüler treten mit unterschiedlichen Voraussetzungen in die Grundschule ein. Ein Unterschied ergibt sich daraus, daß etwa 20 % der Schülerinnen und Schüler keine vorschulische Einrichtung – Kindergarten, Kindertagesstätte – besuchen. Insbesondere entstehen durch die unterschiedlichen familiären Voraussetzungen, die zum Beispiel in der Sprachentwicklung und der Lernmotivation zum Ausdruck kommen können, spezifische Anforderungen an die Eingangsphase der Grundschule.

Unterschiedliche Lernvoraus-

Vor allem die ersten beiden Grundschuljahre sind durch eine große Bandbreite in Entwicklungsstand und Leistungsfähigkeit der Schülerinnen und Schüler gekennzeichnet. Nicht immer ist in der Praxis die Eingangsphase der Grundschule so flexibel und differenziert aufgebaut, daß sie den verschiedenen Entwicklungsbedingungen und Lernvoraussetzungen der Kinder gerecht wird.

Übergang in die Sekundarstufe I

Im Anschluß an eine insgesamt vierjährige Grundschulzeit erfolgt der Übergang in die Erprobungsstufe der verschiedenen Schulformen der Sekundarstufe I. Die Übergangsentscheidung ist am Ende der Klasse 4 der Grundschule zu treffen.

Für den Übergang wird von der Grundschule ein Gutachten erstellt. Dieses Eignungsgutachten der Grundschule hat stark an Bedeutung verloren. Für viele Eltern spielt es bei ihrer Entscheidung für den Übergang in die Sekundarstufe I kaum noch eine Rolle. Durch den allgemein zunehmenden Übergang in Schulformen mit gymnasialer Oberstufe entsteht aber für einen Teil der Eltern ein früher und hoher Entscheidungsdruck schon während der Grundschulzeit der Kinder. Die meisten Eltern bemühen sich darum, bereits während der ersten beiden Grundschuljahre, spätestens aber im dritten Grundschuljahr den Leistungsstand ihrer Kinder so zu fördern, daß er den Übergang in Bildungswege ermöglicht, die zu möglichst hohen schulischen Abschlüssen führen.

Sekundarstufe I

Gemeinsame Grundstruktur, differenzierte Bildungsgänge

Die Bildungsgänge der Sekundarstufe I kennzeichnet eine gemeinsame Grundstruktur aus allgemeiner Grundbildung und individueller Schwerpunktsetzung. Die Jahrgangsstufen 5 und 6 haben als eine Phase besonderer Förderung, Beobachtung und Erprobung die Aufgabe, unabhängig von ihrer schulformbezogenen organisatorischen Zuordnung, auf den weiteren Bildungsgang vorzubereiten. Weil die strukturelle Reform dieser Jahrgangsstufen bislang nicht gelungen ist, wird diese Aufgabe gegenwärtig nur unzureichend erfüllt. Schon in der Erprobungsstufe gewinnen Eigenständigkeit und Differenzierung der Bildungsgänge zunehmend an Bedeutung.

Während Hauptschule, Realschule und Gymnasium den jeweils spezifischen Bildungsgang anbieten, umfaßt die Gesamtschule diese Bildungsgänge der Sekundarstufe I als pädagogische und organisatorische Einheit.

Abschlüsse

Am Ende der Jahrgangsstufe 9 kann ein erster allgemeinbildender Schulabschluß – Hauptschulabschluß – erworben bzw. zuerkannt werden. Dieser Abschluß wird überwiegend zur Aufnahme einer dualen Berufsausbildung bzw. zum Eintritt in das Berufsgrundbildungsjahr genutzt. Am Ende der Jahrgangsstufe 10 kann neben dem Hauptschulabschluß nach Klasse 10 über alle Bildungsgänge der Sekundarstufe I der mittlere Bildungsabschluß, in Nordrhein-Westfalen die Fachoberschulreife, erworben werden. Hauptschule, Realschule und Gesamtschule können diesen Abschluß bei einem bestimmten Leistungsbild mit einem Qualifikationsvermerk vergeben, der zum Besuch der gymnasialen Oberstufe berechtigt. Die Fachoberschulreife ist in den letzten Jahren zur überwiegenden Qualifikationsgrundlage für die Aufnahme einer dualen Berufsausbildung geworden.

Konkurrenz der Bildungsgänge

Obwohl in Nordrhein-Westfalen mit seinem dichten Schulangebot an Schulen aller Schulformen mit dem 10. Schuljahr an Hauptschulen und einem etwa 15 %igen Schüleranteil an Gesamtschulen das Gefälle an Chancengleichheit und Durchlässigkeit innerhalb der Sekundarstufe I deutlich verringert worden ist, hat sich an der Prestigeskala der Schulformen wenig geändert. Die prinzipielle Gleichwertigkeit der in der Sekundarstufe I angebotenen Bildungsgänge und Schulformen findet bei den Bildungswahlentscheidungen von Eltern und Jugendlichen nicht die ihr angemessene Berücksichtigung: Obwohl alle weiterführenden Schulen alle Abschlüsse der Sekundarstufe I und eine Zugangsberechtigung zur gymnasialen Oberstufe vergeben können, werden die Schulformen Gymnasium und Gesamtschule in den letzten Jahren immer stärker gewählt, weil sie direkt zum höchsten Abschluß führen, der im Schulwesen vergeben wird.

Aufgrund der anhaltenden Tendenz der Bildungswahlentscheidungen zu höherwertigen Abschlüssen ist die Stellung des Hauptschulabschlusses geschwächt und die Fachoberschulreife weitgehend zur allgemein vorausgesetzten Grundqualifikation geworden.

Sekundarstufe II

Teilsysteme in der Sekundarstufe II

Das in sich sehr differenzierte System der Bildungsgänge, Übergänge und Abschlüsse der Sekundarstufe II umfaßt die gymnasiale Oberstufe, die beruflichen Vollzeitschulen, die Kollegschulen und das duale System.

Gymnasiale Oberstufe

- Der Bildungsgang der gymnasialen Oberstufe bietet ausschließlich Abschlüsse an, die auf den Übergang in das Studiensystem hin angelegt sind, auf die allgemeine Hochschulreife und – in gestiegenem Umfang – die Vergabe der Fachhochschulreife.
  Zwei Fragen stehen bei der Diskussion über die Weiterentwicklung der gymnasialen Oberstufe für die Kommission im Vordergrund:
  - die studienpropädeutische Leistungsfähigkeit vor dem Hintergrund der Studienanforderungen,
  - die Offenheit für die Anforderungen der Berufs- und Arbeitswelt und berufliche Bildungselemente.

Studierfähigkeit

Charakteristisch für die immer wieder neu geführte Diskussion über eine mangelnde Studierfähigkeit der Abiturientinnen und Abiturienten ist die Forderung nach Wiederherstellung eines verpflichtenden Kernbestandes an Fächern, die sowohl während der gesamten Sekundarstufe II zu belegen als auch Gegenstand der Abiturprüfung sein sollen.
Während der Begriff der »Hochschulreife« immer noch auf den Entwicklungsstand der ganzen Person hin orientiert ist, richtet »Studierfähigkeit« das Interesse auf Qualifikationen, die für die Anforderungen des Studierens vorausgesetzt werden.
Die Sekundarstufe II ist demgegenüber als eine Ausbildungsstufe anzusehen, die über die Vermittlung von basalen Komponenten der Studierfähigkeit hinaus ihr eigenes Ziel verfolgt, das auf mehr abzielt. Das Konzept der »Studierfähigkeit« allein ist zu beschränkt, um das ausschließliche Ziel der Oberstufe auch in gymnasialer Form zu sein.
Als Fächer bzw. Fachbereiche, die für ein Hochschulstudium vorrangige Bedeutung haben, werden in der Diskussion Deutsch, Mathematik und eine Fremdsprache benannt, auch Geschichte und eine Naturwissenschaft:

- Deutsch im Sinne von »sprachlichen Fähigkeiten«, weniger im Sinne von literatur- und sprachwissenschaftlichen Kenntnissen,
- Englisch hauptsächlich im Sinne des Vermögens, englischsprachige Texte zu lesen,
- Mathematik im Sinne von Rechentechnik und elementaren Funktionen, Wahrscheinlichkeitsrechnung und Statistik.

Der erstaunlich kleine gemeinsame Nenner macht deutlich, daß keinesfalls die Bildungsziele und -inhalte der entsprechenden Schulfächer oder Fachbereiche gemeint sind, sondern basale Fähigkeiten, die auch schon vor Eintritt in die gymnasiale Oberstufe erreichbar wären.
Verhaltensdispositionen werden durchweg als bedeutsamer gegenüber einem bestimmten Fachwissen eingeschätzt. Vor Ele-

menten des Fachwissens werden vor allem genannt: Studien- und Fachmotivation, Gewißheit in der Fachwahl, Selbständigkeit im Lernverhalten und soziale Kompetenz, zum Beispiel Kommunikations-, Kontakt-, Kooperationsfähigkeit.

Vor allem fehlt, was den Wert einer Verpflichtung auf Fächer oder Sachbereiche – zum Beispiel im Sinne einer Profilbildung – ausmachen könnte: die Vertrautheit mit unterschiedlichen Zugangsweisen und Denkansätzen sowie die Einübung von fachspezifischen Methoden als tragende Elemente einer wissenschaftspropädeutischen Grundbildung.

Es ist aber festzuhalten, daß allgemeine Bildung, die auch zum Studium befähigt, in der Sekundarstufe II nur in einem ausgewogenen Verhältnis von fachlichem und fächerübergreifendem Lernen erreicht wird (→ Kapitel IV.1).

Die Erwartungen, daß sich bei einer Rückkehr zu den Verhältnissen vor der Oberstufenreform, also zum Klassenverband und zu einem festen Fächerkanon, eine erhöhte Studierfähigkeit einstellen würde, wird durch empirische Erhebungen nicht unterstützt. Die Untersuchungen lassen keinen Rückschluß auf Unterschiede in der Studierfähigkeit von Abiturienten zu, die die reformierte gymnasiale Oberstufe durchlaufen haben bzw. im Klassenverband oder mit einem festen Fächerkanon unterrichtet worden sind.

Angesichts der von Hochschulen häufig vertretenen Auffassung, die Studierenden würden nicht mehr genügend auf das Studium vorbereitet, muß darauf hingewiesen werden, daß die Hochschulen der gymnasialen Oberstufe die Übergangsaufgabe voll überlassen und dabei zu wenig anerkennen, daß hier auch eine ihrer eigenen zentralen Aufgaben in der ersten Studienphase liegt.

Der Bildungsgang der gymnasialen Oberstufe wird auch in Zukunft der Hauptweg in das Studiensystem sein, auch wenn der jetzige Trend, nach Erwerb der Hochschulreife eine Berufsausbildung aufzunehmen, sich stabilisiert bzw. zunehmen wird.

Beruflichkeit

Angesichts der Gesamtentwicklung der Sekundarstufe II, insbesondere der Aufwertung der beruflichen Bildung und der Entwicklungen im Studien- und Beschäftigungssystem ist grundsätzlich zu fragen,

- wie eine für ein Studium und eine entsprechende Berufsausbildung tragfähige Grundbildung, die individuelles und selbstgesteuertes Lernen in Schwerpunkten einschließt, geschaffen werden kann,
- wie die bisherige Ausschließlichkeit einer studienpropädeutischen Interpretation der Bildungsziele in Richtung auf Be-

ruflichkeit und berufliche Bildungselemente erweitert werden kann.

Berufliche Vollzeitschulen

- Die beruflichen Vollzeitschulen konzentrieren sich auf berufsvorbereitende bzw. -qualifizierende Bildungsgänge und Abschlüsse, haben aber ihr Angebot an Bildungsgängen und Abschlüssen in erheblichem Umfang erweitert.
  In den letzten Jahren ist auf diese Weise für Absolventen der Sekundarstufe I, die nicht in eine duale Ausbildung eintreten oder eine gymnasiale Oberstufe besuchen, ein differenziertes und durchlässiges System von vollzeitschulischen beruflichen Bildungsgängen geschaffen worden, die gleichzeitig zu beruflichen Qualifikationen/Abschlüssen und weiterführenden, auch studienqualifizierenden Schulabschlüssen führen.
  In der zweijährigen Berufsfachschule werden eine berufliche Grundbildung und der Sekundarabschluß I – Fachoberschulreife – vermittelt. Die zweijährige höhere Berufsfachschule vermittelt berufliche Kenntnisse und den schulischen Teil der Fachhochschulreife. Die dreijährige höhere Berufsfachschule vermittelt den Abschluß in einem Beruf nach Landesrecht und gleichzeitig die Fachhochschulreife. Die dreijährige höhere Berufsfachschule mit gymnasialer Oberstufe führt zu beruflichen Qualifikationen und zur allgemeinen Hochschulreife. Dieser Bildungsgang, der bislang nur für den kaufmännischen Bereich angeboten wurde, ist auf alle großen Berufsfelder ausgedehnt worden.

Kollegschulen

- Kollegschulen können alle Bildungsgänge und Abschlüsse der Sekundarstufe II anbieten.
  Die Kollegschulen des Landes Nordrhein-Westfalen haben im Schulversuch eine curriculare Integration bzw. Verknüpfung von studien- und berufsqualifizierenden Elementen, Ausbildungsgängen und Abschlüssen erprobt. In allen Bildungsgängen der Kollegschule wird eine berufliche Grundbildung vermittelt, darüber hinaus können Berufsabschluß und Hochschulzugangsberechtigung einzeln und als Doppelqualifikation erworben werden.
  Die Kollegschule in Nordrhein-Westfalen bietet somit die Möglichkeit, die Nachfrage nach umfassender weiterführender Bildung mit dem Anspruch beruflicher Qualifizierung zu verbinden. Durch diese Verknüpfung hat das Kollegschulkonzept perspektivische Antworten auf Fragen der inhaltlichen Gestaltung und auch der Struktur der Sekundarstufe II gegeben und einen maßgeblichen Beitrag zur Anerkennung der Gleichwertigkeit von allgemeiner und beruflicher Bildung geleistet.

Das Konzept der Kollegschule ist bereits zu einem frühen Zeitpunkt von einer tendenziellen Konvergenz der didaktisch-curricularen Entwicklungen in Bildungsgängen ausgegangen, die zur allgemeinen Studierfähigkeit einerseits und zu einer Berufsfähigkeit andererseits führen. Folgerichtig erfolgt in der Kollegschule die Vorbereitung auf ein Studium unter Berücksichtigung spezieller Berufsausbildung und die Berufsausbildung unter dem Anspruch von allgemeinen Kriterien der Studierfähigkeit.

Berufsausbildung im dualen System

– Die berufliche Bildung im dualen System beschränkt sich bisher auf Bildungsgänge und Abschlüsse, die auf den unmittelbaren Übergang in das Beschäftigungssystem vorbereiten, wenn auch seit den achtziger Jahren durch Vereinbarungen der Kultusministerkonferenz die Grundlage dafür geschaffen wurde, unter bestimmten Voraussetzungen zugleich mit einem Berufsabschluß auch einen allgemeinbildenden Abschluß bis zur Fachoberschulreife und damit einen mittleren Bildungsabschluß zuzuerkennen.
Nach Abschluß einer beruflichen Ausbildung im dualen System ist der Übergang in einen vollzeitschulischen Bildungsgang der Fachoberschule – Klasse 12 – möglich. Mit dem erfolgreichen Abschluß dieses Bildungsganges ist die Vergabe der Fachhochschulreife verbunden.

Starke berufliche Spezialisierung

Die berufliche Bildung im dualen System ist in Betrieb und Schule überwiegend auf spezifische berufsfachliche Elemente ausgerichtet. Sie läßt noch zu sehr überfachliche Qualifikationen, zum Beispiel in den Bereichen Methodenkompetenz, Sozialkompetenz, Lernkompetenz, Fremdsprachenkenntnis, außer acht. Es überwiegt noch eine manchmal extreme berufliche Spezialisierung mit der Folge einer verringerten Anpassungsfähigkeit der Auszubildenden an veränderte Entwicklungen im Beschäftigungssystem. Die in den neugeordneten Ausbildungsberufen des Metall- und Elektrobereichs angelegten Ausbildungsstrukturen sind noch nicht auf alle dafür geeigneten Berufe und Berufsfelder übertragen worden.

Wenig Differenzierung

Es fehlt generell an zeitlichen, curricularen und methodischen Differenzierungsmaßnahmen in Berufsschule, Betrieb und überbetrieblichen Ausbildungsstätten. Neue Ausbildungsmöglichkeiten mit konkreter Verwertbarkeit auf dem Arbeitsmarkt für jene, die im Rahmen einer dreijährigen beruflichen Ausbildung keine Berufsausbildung abschließen können, sind bislang kaum entwickelt worden, so daß Jugendlichen mit geringeren Eingangsvoraussetzungen zu wenig Berufsperspektiven eröffnet werden

Geringe Durchlässigkeit

Trotz eines hohen allgemeinen Bildungsstandards, den Jugendliche in einer Reihe von Ausbildungsgängen des dualen Systems erreichen, führt die Ausbildung in der Regel nicht direkt zu einem Studium an einer Hochschule. Von vielen Jugendlichen wird diese Tatsache als eine Einschränkung von Bildungsoptionen empfunden; sie bedeutet darüber hinaus die Vernachlässigung eines in besonderer Weise aus der Praxis kommenden Studierendenpotentials.

Bedeutung der überbetrieblichen Ausbildung

Angesichts des Rückgangs der Ausbildungsbereitschaft in Teilen der Wirtschaft werden ein Aus- und Aufbau und eine Modernisierung überbetrieblicher Ausbildungsstätten zur Ergänzung und Unterstützung der einzelbetrieblichen Ausbildung immer notwendiger. Gleichzeitig ist die Notwendigkeit der Kooperation zwischen den Lernorten der beruflichen Bildung ständig gewachsen.

Wechselwirkungen zwischen studien- und berufsqualifizierenden Bildungsgängen

Die Wechselwirkungen zwischen studienbezogenen und beruflichen Bildungsgängen haben sich in den letzten Jahren verstärkt. In der gymnasialen Oberstufe hat das Element Beruflichkeit – wenn auch nur in begrenztem Umfang – Berücksichtigung gefunden, und in den beruflichen Bildungsgängen haben sich vor allem in den Ausbildungsordnungen und Lehrplänen für die neugeordneten Berufe die nicht berufsspezifischen Ausbildungsanteile verstärkt, so daß in einer Reihe von Fällen die Bildungsgänge beider Bereiche inzwischen inhaltliche und methodische Gemeinsamkeiten und Affinitäten aufweisen.

Unterschiedliche Wertigkeit der Abschlüsse

Die Bewertung der Abschlüsse und Berechtigungen in den beiden Bildungsbereichen der Sekundarstufe II ist trotz dieser Entwicklungen unterschiedlich geblieben: die Gleichstellung von Qualifikationen beruflicher Bildung mit denen allgemeiner bzw. studienbezogener Bildung entwickelt sich nur langsam. Dies gilt insbesondere für das duale System.

Attraktivität der Bildungsgänge

Weil die berufsqualifizierenden Bildungsgänge strukturell zu wenig auf Anschlüsse und eine Fortsetzung in anderen Bildungsbereichen angelegt sind, wird das duale System oft als inattraktiv für leistungsstärkere Jugendliche eingeschätzt. Eine der Folgen ist, daß sich beim Übergang in die Sekundarstufe II die Bildungswahlentscheidungen besonders stark auf die gymnasiale Oberstufe bzw. die beruflichen Vollzeitschulen konzentrieren. Die Potentiale der beruflichen Bildungsgänge und Abschlüsse vor allem im dualen System sind nicht ausreichend entwickelt.

Einseitige Betonung theoretischer bzw. praxisorientierter Bildung

Die traditionelle Trennung zwischen »allgemeinbildenden« und »berufsbildenden« Inhalten, die einerseits dem Gymnasium und andererseits den berufsbildenden Schulen zugeschrieben werden, wird dem zunehmenden Bedarf an einer sowohl theoretischen als auch praxisorientierten Bildung und Ausbildung nicht mehr gerecht.

Die allgemeine Orientierung an einem vor allem wissenschaftspropädeutisch geprägten Bildungsbegriff hat zu lange den Blick auf die bildenden Kräfte beruflichen Lernens und die damit verbundenen Befähigungen verstellt.

Auf der anderen Seite hat die oft enge Orientierung an einer unmittelbar berufspraktischen Bildung die gerade auch für eine Berufstätigkeit notwendigen allgemeinbildenden Inhalte zu wenig betont.

Besonderer Förderungsbedarf

Lernschwächere und benachteiligte Gruppen können sich im Qualifizierungsprozeß immer weniger behaupten. Noch zu viele Jugendliche beginnen nach der Schule keine Ausbildung, und mehr als 10 % der Jugendlichen bleiben ohne abgeschlossene berufliche Qualifizierung. Abbrecher erhalten keine Anerkennung der von ihnen bereits erbrachten Leistungen.

Der Anteil Jugendlicher ausländischer Herkunft bleibt bei der Wahrnehmung schulischer und beruflicher Ausbildungsangebote deutlich hinter den Vergleichszahlen deutscher Jugendlicher zurück. Nur etwa ein Drittel eines Altersjahrgangs dieser Jugendlichen beginnt eine praktische Berufsausbildung.

Übergänge in den Hochschulbereich

Hochschulzugang aus der Sekundarstufe II

Entwicklung der Zugangsvoraussetzungen

Für den Besuch der Fachhochschule ist die Fachhochschulreife oder alternativ die allgemeine Hochschulreife Voraussetzung, für den Besuch der Universität die allgemeine Hochschulreife.

Der überwiegende Anteil der Studienanfänger an Fachhochschulen und Universitäten erwirbt die Studienberechtigung an gymnasialen Oberstufen und entsprechend gestalteten beruflichen Vollzeitschulen.

Faktisch sind die Voraussetzungen und Fähigkeiten, die die Absolventinnen und Absolventen mitbringen, höchst unterschiedlich. Fachhochschulen und Universitäten haben bisher unzureichend mit einer differenzierten Gestaltung der Eingangsphase auf diese Ausgangssituation reagiert. Hierdurch kommt es für viele Studierende und in den Hochschulen selbst zu erheblichen Schwierigkeiten bei der Studiengestaltung in den ersten Semestern.

Hochschulzugang über den Zweiten Bildungsweg

Für die beruflich Qualifizierten gibt es traditionell den Zweiten Bildungsweg zum Erwerb der Hochschulzugangsberechtigung. Die Einrichtungen des Zweiten Bildungsweges, Abendgymnasium und Kolleg, vermitteln die Fachhochschulreife und die allgemeine Hochschulreife.

Hochschulzugang für Berufstätige

Es können darüber hinaus Möglichkeiten genutzt werden, nach Abschluß einer Berufsausbildung oder nach längerer Berufstätigkeit eine Hochschulzugangsberechtigung zu erwerben.

Die Möglichkeiten für den Hochschulzugang ohne schulisch erworbene Hochschulzugangsberechtigung haben sich erheblich erweitert. Es lassen sich zwei Verfahren unterscheiden:

- die Einstufungsprüfung
- der Direktzugang nach abgeschlossener Weiterbildung.

Seit 1984 können im Land Nordrhein-Westfalen Berufstätige ohne vorherigen Erwerb der Hochschulreife/Fachhochschulreife über eine Einstufungsprüfung an Universitäten und Fachhochschulen ein Studium aufnehmen.

Die Zulassungsvoraussetzungen sind 1993 vereinfacht worden. Die erforderliche fünfjährige berufliche Tätigkeit – dazu können auch die Führung eines Familienhaushaltes oder eine ehrenamtliche Tätigkeit gehören – muß nicht mehr einschlägig sein und kann zeitlich bereits vor der Berufsausbildung liegen. Die Bewerbung um die Zulassung zur Einstufungsprüfung muß deutlich machen, daß die Studienbewerberin oder der Studienbewerber aufgrund der Vorbildung über einschlägige für das Studium in dem angestrebten Studiengang erforderliche Kenntnisse verfügt und zu erwarten ist, daß die entsprechenden wissenschaftlichen Studieninhalte eigenverantwortlich erarbeitet werden können.

Das Verfahren der Zulassung wird in eigener Zuständigkeit der Hochschulen durchgeführt.

Die zum Studium zugelassenen Bewerber erhalten eine studiengangbezogene, hochschulgebundene Studienberechtigung.

Die Hochschulreife wird durch die Zulassung zur Einstufungsprüfung oder durch die erfolgreiche Einstufungsprüfung nicht zuerkannt.

Im Rahmen eines auf fünf Jahre angelegten Modellversuches können ab 1995

- Meisterinnen und Meister im Sinne des Berufsbildungsgesetzes und der Handwerksordnung,
- Absolventinnen und Absolventen von zweijährigen Fachschulen des Landes Nordrhein-Westfalen sowie
- Pflegekräfte, die die Weiterbildungsbezeichnung gem. § 2 des Weiterbildungsgesetzes Alten- und Krankenpfleger führen dürfen,

ohne Fachhochschulreife und ohne Einstufungsprüfung zu einem Studium in fachlich entsprechenden Studiengängen zugelassen werden.

Soweit eine Studienbewerberin oder ein Studienbewerber ein Studium aufnehmen möchte, das nicht der Fachbindung entspricht, kann auf der Grundlage einer Einstufungsprüfung das gewünschte Studium aufgenommen werden.

Die zum Studium zugelassenen Bewerber erhalten eine studiengangbezogene, hochschulgebundene Studienberechtigung. Die Fachhochschulreife wird durch die Zulassung zur Einstufungsprüfung oder durch die erfolgreiche Einstufungsprüfung nicht anerkannt.

Der Direktzugang auf der Grundlage einer abgeschlossenen beruflichen Weiterbildung trägt zur Gleichwertigkeit von beruflicher und allgemeiner Bildung bei. Hiermit öffnet sich neben der Option für betriebliche Karrieren auch die des direkten Hochschulzugangs.

Leitvorstellungen

Allgemeine Grundsätze

Generelle Gestaltungsprinzipien

- Die Prinzipien einer klaren Strukturierung, Differenzierung und Durchlässigkeit von Bildungsgängen, Übergängen und Abschlüssen sollen für alle Bereiche des Bildungswesens gelten.

Prinzipielle Gleichwertigkeit allgemeiner und beruflicher Bildung

- Allgemeine und berufliche Bildung sollen prinzipiell gleichwertig sein. Sie sollen als eigenständige, aber aufeinanderbezogene Elemente eines einheitlichen Bildungsverständnisses verwirklicht werden und sich gleichermaßen an der Vermittlung von Methoden-, Fach- und Sozialkompetenz orientieren.

- Vielfalt und Vergleichbarkeit sollen leitende Kriterien für die Weiterentwicklung der einander entsprechenden Bildungsgänge im Interesse der Gewährleistung von Chancengleichheit und vor dem Hintergrund der Zusammenarbeit zwischen den Ländern sein. *Vielfalt und Vergleichbarkeit*
- Staat und Wirtschaft sollen zu ihrer Verpflichtung stehen, ein differenziertes Angebot von Bildungsgängen und Ausbildungsplätzen bereitzustellen. *Angebotspflicht von Staat und Wirtschaft*
- Abschlüsse und Berechtigungen sollen auf Bildungsgänge bezogen und nicht an Schulformen gebunden sein.
- Abschlüsse sollen auch weiterhin Zugangsrechte begründen und Voraussetzung für die Aufnahme in eine Bildungseinrichtung mit einem weiterführenden Bildungsangebot bleiben. *Berechtigungsvergabe*
- Die Bildungsgänge der Sekundarstufe II sollen in ihrer Struktur modularisiert werden, damit die mit ihnen verbundenen Berechtigungen flexibel erworben werden können. Dies gilt auch für einen zeitlich unterschiedlichen Erwerb der Abschlüsse. *Modularisierung der Bildungsgänge der Sekundarstufe II*

Bildungsgänge, Übergänge und Abschlüsse der Schulstufen

Primarstufe

- Durch eine Verlängerung der Grundschulzeit auf sechs Jahre sollen die Entwicklungsmöglichkeiten der Kinder und die Erziehungs- und Sozialfunktion der Grundschule weiter gestärkt werden. *Verständnis der Grundschule*
- Die Grundschule soll stärker als bisher Lern- und Sozialraum sein. Sie soll durch eine flexible und differenzierte Ausgestaltung prinzipiell allen Kindern offenstehen und deren Verbleib in einem gemeinsamen Bildungsgang länger als bisher ermöglichen, damit ein von der Entwicklung der Kinder her gerechtfertigter Übergang in weiterführende Bildungsgänge möglich ist.
- Die Grundschule soll sich auch für die Übernahme sonderpädagogischer Aufgaben weiterentwickeln können.

Sekundarstufe I

- Zentrale Kriterien für den Übergang in die Bildungsgänge der Sekundarstufe I und für deren Gestaltung sollen sein *Erprobung und Bewährung*
    - Möglichkeiten der Erprobung,

- eine leistungsbezogene Bewährung,
- die Offenheit der Entscheidung für den Wechsel des Bildungsganges,
- die Möglichkeit der Wahrnehmung verschiedener Bildungsmöglichkeiten nach Abschluß der Sekundarstufe I.

– Regelabschluß der Sekundarstufe I soll der mittlere Bildungsabschluß sein, der in sich differenziert sein soll.

– Jugendliche, die ihren schulischen Bildungsweg nicht mit einem Abschluß beenden, sollen ein Zeugnis über die erbrachten Leistungen erhalten, das bei dem Wiedereintritt in einen Bildungsgang angerechnet werden kann.

Sekundarstufe II

Gleichstellung von Abschlüssen

– Die gegenwärtige Diskrepanz zwischen den Berechtigungen, die mit den Abschlüssen beruflicher Bildung vergeben werden und den Berechtigungen, die mit den Abschlüssen studienvorbereitender Bildungsgänge verbunden sind, soll abgebaut werden. Bei den Entscheidungen über die prinzipielle Gleichstellung von Abschlüssen des allgemeinbildenden und des berufsbildenden Schulsystems soll vom Grundsatz der Gleichwertigkeit und nicht vom Grundsatz der Gleichartigkeit der Bildungsgänge ausgegangen werden.

Allgemeine Bildung und Berufsbezug

– Alle Bildungsgänge der Sekundarstufe II sollen sowohl allgemeine Bildung als auch Voraussetzungen für den Übergang in Berufsausbildung und Berufstätigkeit sichern.

Berufsausbildung und Studierfähigkeit

– Die unmittelbar auf die Erwerbs- und Berufsarbeit gerichteten Ausbildungsgänge sollen so ausgebaut werden, daß sie auch Kompetenzen zur Entwicklung von Studierfähigkeit vermitteln.

Studierfähigkeit und Berufsbezug

– Die studienbezogenen Bildungsgänge der gymnasialen Oberstufe sollen auch auf die Vermittlung berufsbezogener bzw. berufsqualifizierender Fähigkeiten hin gestaltet werden.

Übergang in den Hochschulbereich

Studierfähigkeit

– Studierfähigkeit setzt fachliche Anforderungen voraus, muß aber immer stärker im Sinne einer überfachlichen Kompetenzentwicklung verstanden werden.
Nicht in erster Linie an Wissenschaftsdisziplinen und Fachbereichen orientierte spezifische inhaltliche Anforderungen, sondern Schlüsselqualifikationen verbunden mit Methoden- und Sozialkompetenz sollen die didaktische Gestaltung der Bildungsgänge der Sekundarstufe bestimmen. Dies soll den Hoch-

schulzugang auch für Absolventen beruflicher Bildungsgänge in allen Fällen, in denen die berufliche Bildung diese Standards realisiert, möglich machen. Die volle Studierfähigkeit soll sich im Verlauf des Studiums erweisen.

Berufsbildung und Studienberechtigung

- Die Berufsbildung im dualen System soll ihre Möglichkeiten aktivieren, Kompetenzen für ein erfolgreiches Studium zu schaffen. Sie enthält in Teilbereichen ein Bildungspotential, das den Aufbau von Studienqualifikationen in der Erstausbildung ermöglicht. Die Reformen bei der Neuordnung der Bildung für die Metall- und Elektroberufe, die auch auf andere berufliche Bildungsgänge ausgedehnt werden sollen, stellen einen wichtigen Schritt in diese Richtung dar.

Empfehlungen

Bildungswege, Übergänge und Abschlüsse der Schulstufen

Primarstufe

Sechsjährige Grundschule

- Der Bildungsgang der Grundschule soll stufenweise auf eine sechsjährige Dauer gemeinsamen Lernens aller Kinder erweitert werden.
  Im internationalen Vergleich gehört Deutschland zu den wenigen Ländern mit einer nur vierjährigen Primarschule. Die Erfahrungen mit sechsjährigen Primarschulen in anderen Ländern und in den Bundesländern Berlin und Brandenburg zeigen, daß die Zuverlässigkeit der Entscheidungen über die angemessene Schulwahl nach Abschluß der Grundschulzeit bei sechsjährigem Grundschulbesuch, wie auch im Anschluß an zweijährige, schulformunabhängige Förder- bzw. Orientierungsstufen, deutlich steigt im Vergleich zu Übergangsentscheidungen, die am Ende des vierten Grundschuljahres getroffen werden. Im Vergleich mit schulformunabhängigen Förder- bzw. Orientierungsstufen hat die sechsjährige Grundschule den Vorzug, daß der zweimalige Schulwechsel im Abstand von zwei Jahren vermieden wird. In den 5. und 6. Klassen sechsjähriger Grundschulen soll eine Umstellung auf die Anforderungen und Arbeitsweisen der weiterführenden Schulen in der Sekundarstufe I kontinuierlich vorbereitet werden.
  Kinder können sich die Fähigkeiten, zunehmend selbständiger und kooperativ zu lernen, umso erfolgreicher aneignen, je länger sie dazu unter relativ konstanten personellen und institutionellen Bedingungen angeleitet werden.

Der Übergang vom weitgehend vorfachlichen Unterricht der ersten Grundschuljahre zum Unterricht in herkömmlichen »Fächern« in den an die Grundschule anschließenden Schulen, erfolgt bisher größtenteils abrupt. Das 5. und 6. Schuljahr sechsjähriger Grundschulen birgt gute Möglichkeiten in sich, diese Überleitung so zu gestalten, daß Brüche in der kognitiven Entwicklung der Kinder, die das Verstehen des Sinnes und der Grenzen fachlicher Ausdifferenzierungen erschweren, verhindert werden.

Wenngleich das Lernen im Klassenverband den überwiegenden Teil des Unterrichts während der gesamten Zeit der sechsjährigen Grundschule bilden muß, kann es – über zeitweilige äußere Differenzierungen in Form von Wahl- und Wahlpflichtangeboten hinaus und unter geschlechterbezogenen Gesichtspunkten – notwendig werden, im 5. bzw. 6. Schuljahr in begrenztem Umfang Niveaukurs-Differenzierungen vorzunehmen.

Die sechsjährige Grundschule ermöglicht den Kindern Lernprozesse in heterogen zusammengesetzten Lerngruppen bzw. Klassen zwei Jahre länger als die vierjährige Grundschule. Insbesondere für Kinder, die in ihrem familiären bzw. außerschulischen Sozialisationsumfeld relativ geringe Lernanregungen erhalten, hat das Lernen zusammen mit kognitiv, sprachlich und sozial bereits weiter entwickelten Kindern hohe Bedeutung.

Keine Notenzeugnisse

– Die Grundschule soll darauf verzichten, die Leistungen der Kinder zu benoten. An die Stelle der bisherigen Zeugnisse soll eine schriftliche Äußerung der Schule an Kinder und Eltern über die Entwicklung des Kindes treten.

Elternentscheidung beim Übergang in die Sekundarstufe I

– Über die Wahl des Bildungsgangs bzw. der Schulform nach Abschluß der Grundschulzeit sollen die Eltern entscheiden. Die bisherige Form der Grundschulempfehlung soll entfallen. Die Eltern sollen eine ausführliche schriftliche Beurteilung erhalten, die keine Empfehlung zur Wahl einer weiterführenden Schule enthält. Auf der Basis dieser Beurteilung werden die Eltern von der abgebenden Schule bei der Entscheidung für eine weiterführende Schule beraten. Das Gutachten kann im Einvernehmen mit den Eltern bei der Kooperation zwischen der aufnehmenden und der abgebenden Schule im Interesse der optimalen Förderung des Kindes herangezogen werden.

Nutzung moderner Technologien und Medien

– Weil auch die Grundschule sich mehr als bisher auf Kinder mit unterschiedlichem Entwicklungsstand und Erziehungshintergrund einstellen muß, sind offene und vielfältige Formen des Unterrichts, einschließlich altersgerechter Nutzung moderner Medien und Technologien in die Arbeit jeder Grundschule einzubeziehen.

Sekundarstufe I

- Die Bildungsgänge und Abschlüsse sind so anzulegen und zu differenzieren, daß möglichst alle Jugendlichen einen förmlichen Abschluß der Sekundarstufe I erreichen können. Schülerinnen und Schülern, die dieses Ziel nicht erreichen, werden die erbrachten Leistungen zertifiziert, so daß eine spätere Anrechnung möglich ist.

Abschlüsse für alle Schüler

- Schülerinnen und Schüler mit besonderen Begabungen, Neigungen und Interessen sollen stärker als bisher gefördert werden. Hierzu sollen die Einzelschulen im Rahmen ihrer neuen Gestaltungsmöglichkeiten, die sich insbesondere im inhaltlich-curricularen und unterrichtsorganisatorischen Bereich und durch die Flexibilisierung der Bildungszeiten ergeben, spezifische Förderangebote entwickeln.

Begabten- und Interessenförderung

- Berufsorientierende und berufsbezogene Bildungselemente bzw. Lernbereiche sollen in allen Bildungsgängen und Schulformen der Sekundarstufe ausgebaut bzw. eingeführt werden.

Berufsbezogene Elemente

- Die heute in Nordrhein-Westfalen nach dem Besuch der 10. Klasse vergebenen Abschlüsse bieten prinzipiell hinreichende Möglichkeiten für eine differenzierte Fortsetzung des Bildungsweges in der Sekundarstufe II.
  Die Abschlüsse und Berechtigungen sollen aber so weiterentwickelt und gestaltet werden, daß auch für die Schülerinnen und Schüler des gymnasialen Bildungsweges beim Übergang in die Sekundarstufe II eine differenzierte Übergangsentscheidung getroffen wird.

Eignungsentscheidung zum Übergang in die Sekundarstufe II

Sekundarstufe II

- Die Sekundarstufe II soll in zwei eigenständige und gleichwertige Oberstufensysteme – das gymnasiale und das berufliche – gegliedert sein, die strukturell und organisatorisch mit dem System der Weiterbildung, dem Studiensystem und dem Beschäftigungssystem in enger Verbindung stehen.

Zwei Oberstufensysteme

Gymnasiale Oberstufe

- Die gymnasiale Oberstufe soll weiterentwickelt werden. Sie soll neben einem festen obligatorischen Lernfeld für etwa die Hälfte der gesamten Pflichtlernzeit eine obligatorische individuelle Profilbildung mit individuellen Leistungs- und Arbeitsschwerpunkten vorsehen.

Obligatorische Lernfelder und individuelle Profilbildung

Die individuelle Profilbildung soll nicht an die Größe und das Zustandekommen von Lerngruppen gebunden sein, sondern durch verbindliche Vereinbarungen und Betreuungsabsprachen zwischen Schule und Lernenden abgesichert werden können. Damit werden auch die Differenzierungsmöglichkeiten an kleineren Oberstufen erheblich erweitert. Die Einbeziehung neuer Fächer und Inhaltsbereiche wird möglich, weil sie nicht an Gruppengrößen gebunden sind. Dabei geht es zum Beispiel um Elemente und Themen aus den Wirtschafts-, Rechts-, Technik- und Medizinwissenschaften.

Weiterentwicklung der Struktur

– Das Kurssystem der gymnasialen Oberstufe soll in diesem Zusammenhang zu einem Kombinationssystem von obligatorischen Lehrgängen zur Sicherung der methodischen, kommunikativen und sozialen Kompetenzen, des Grund- und Orientierungswissens einerseits und gruppenorientierten und individuell ausgelegten Lernverpflichtungen in Leistungs- und Arbeitsschwerpunkten andererseits weiterentwickelt werden.
Dabei soll sich der obligatorische Bereich in seinem Aufbau an den mathematisch-naturwissenschaftlich-technischen, sprachlich-literarisch-künstlerischen und gesellschaftlichen Aufgabenfeldern orientieren. Eine Begrenzung der Obligatorik auf eine enge Zahl von Einzelfächern leistet den Aufbau der angestrebten Kompetenzen nicht. Eine systematische Verstärkung der Anteile von selbständigem Lernen unter Einbeziehung von Gruppenarbeit und Selbstlernverfahren und der Nutzung moderner Medien soll erfolgen.

Einbeziehung berufsbezogener Lernelemente

– Schrittweise sollen in die gymnasiale Oberstufe berufsbezogene Lernelemente, Lernfelder und Praktika aufgenommen werden, um eine Stärkung der unmittelbaren Berufsorientierung sowie die Durchlässigkeit zu beruflichen Ausbildungsgängen zu erreichen. Dabei geht es auch um die Förderung von Möglichkeiten zur schulischen Profilbildung und die Kooperation mit Schulen der beruflichen Bildung (→ Kapitel IV.1.7).

Leistungsanforderungen

– Im Abitur soll vor allem der Nachweis einer durchgängigen fachlich-methodischen Grundbildung gefordert werden. Zugleich sollen für die Zuerkennung der Hochschulreife die Leistungen im Bereich der individuellen Profilbildung mit gleichem Gewicht einbezogen werden.

Berufliche Oberstufe

Mittelfristig: berufliche Oberstufe

– Die berufliche Oberstufe soll mittelfristig als Zusammenfassung der beruflichen Bildungswege entwickelt werden. Sie muß nicht in jeder einzelnen Institution alle jetzigen Schulformen und Bildungsgänge des berufsbildenden Schulwesens umfassen. Die Einbeziehung der Berufsschulen soll eine enge Verbindung zur betrieblichen und überbetrieblichen Ausbildung im dualen System sichern.

- Die beruflichen Oberstufen sollen auf der Grundlage berufsbezogener Kompetenzen, Qualifikationen und Lernbereiche durch Weiterentwicklung des dualen Systems und der beruflichen Vollzeitschulen einen eigens profilierten studienbezogenen Bildungsgang entwickeln, der ein Charakteristikum dieser Institution sein soll und über den Berufsabschluß hinaus den Zugang zu weiterführenden Bildungsgängen und Abschlüssen einschließlich des Abiturs ermöglicht. Auf diese Weise soll ein Bildungsgang angeboten werden, der eine attraktive Variante zum Bildungsgang der gymnasialen Oberstufe darstellt.

- Die Ausbildung im Rahmen einer beruflichen Oberstufe für möglichst viele Bildungsgänge soll so konzipiert werden, daß auf der Grundlage eines »Baustein-Modells« Abschlüsse vergeben werden können, die auch Abschlüssen im allgemeinbildenden Schulwesen äquivalent sind.
  Bei Aufbau und Ausweitung der beruflichen Oberstufen sollen die Kollegschulen einbezogen werden. Sie sollen – wie andere berufliche Schulen – als Pilotschulen zur curricularen Weiterentwicklung der beruflichen Bildung genutzt und gestärkt werden.

Langfristig: Berufsbildungszentren

- Die heutigen beruflichen Schulen sollen sich in Kooperation mit den Kammern und Trägern der Weiterbildung in einer weiteren Entwicklungsstufe längerfristig zu »Berufsbildungszentren« entwickeln, in denen verpflichtende Grundangebote, Wahlpflichtfächer und Module der Erstausbildung sowie Ausbildungsgänge und/oder Module der beruflichen Weiterbildung bis hin zu Bildungsangeboten, die zur Meister- und Technikerprüfung führen oder eine Hochschulzugangsberechtigung enthalten, angeboten werden.
  Die Berufsbildungszentren sollen insbesondere folgende Aufgaben erhalten:
  - Sicherung eines praxisnahen Ausbildungangebotes im Rahmen des dualen Systems mit flexiblen und differenzierten Bildungsgängen,
  - Ausbau der schulischen Ausbildungsgänge bzw. Elemente mit einem differenzierten Optionsangebot, einschließlich Studienberechtigung und Doppelqualifikation, und Durchlässigkeit zu anderen Bildungsgängen,
  - Abstimmung zwischen der betrieblichen und der schulischen Ausbildung,

Struktureller Ausbau, Übergänge

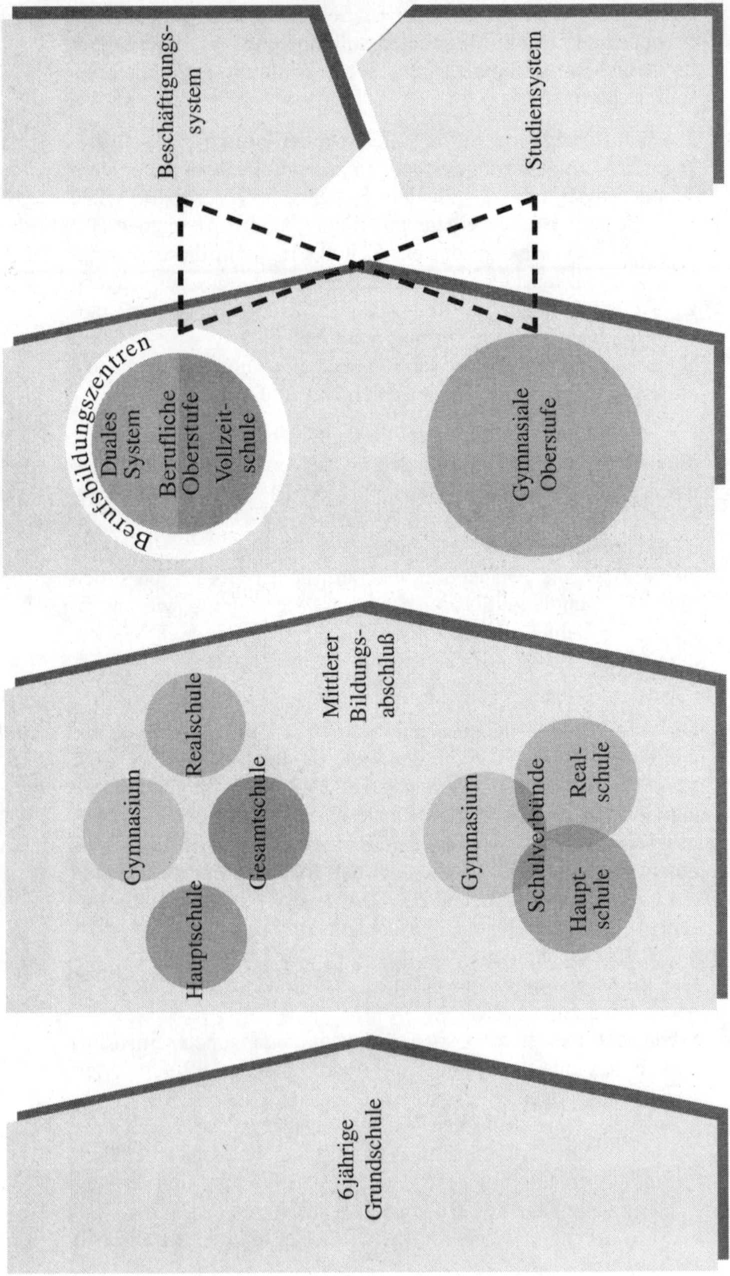

- Kooperation mit den allgemeinbildenden Schulen,
- Organisation eines Weiterbildungsangebots in Kooperation mit der Wirtschaft, den Hochschulen und anderen privaten Einrichtungen und Trägern.

Verzahnung von Erstausbildung und beruflicher Weiterbildung

Berufliche Erstausbildung und berufliche Weiterbildung sollen so strukturell, inhaltlich und personell stärker miteinander verzahnt werden.

Differenzierung des Bildungsangebotes

– Für Jugendliche ohne Schulabschluß sind im Bereich der Weiterbildung, der berufsbildenden Schulen und der betrieblichen Ausbildung verstärkt kompensatorische Bildungsangebote zu schaffen. Der Differenzierungsgrad der Bildungsangebote muß zu diesem Zweck weiter gesteigert werden.

Neuordnung des Hochschulzugangs

Hochschulzugang aus der Sekundarstufe II

Die Empfehlungen der Kommission zur Neuordnung des Hochschulzugangs orientieren sich an dem Ziel, im Interesse von Chancengerechtigkeit und Durchlässigkeit die berufliche Oberstufe und die gymnasiale Oberstufe hinsichtlich ihrer Bildungsgänge, Abschlüsse und Berechtigungen gleichwertig zu gestalten. Ausgehend von einer weiter zunehmenden inhaltlichen und methodischen Annäherung zwischen Bildungsgängen in der Sekundarstufe II und ihrer strukturellen Gleichwertigkeit schlägt die Kommission vor, im Rahmen eines systematischen Entwicklungsprozesses der beruflichen Bildung bei Vergleichbarkeit der Bildungsstandards die Möglichkeit zu geben, studienbezogene Abschlüsse und Berechtigungen zu vermitteln. Sie geht davon aus, daß auf die Differenzierung der Hochschulreife in Fachhochschulreife und allgemeine Hochschulreife und die damit verbundenen unterschiedlichen Hochschulzugangsberechtigungen in Zukunft verzichtet werden kann.

Studienqualifikation auch über berufliche Bildung

Im einzelnen enthält der Vorschlag der Kommission folgende Empfehlungen:

Die Hochschulreife wird in der Regel erworben

- über das Abitur in der gymnasialen Oberstufe,
- über einen mit überdurchschnittlichem Erfolg abgeschlossenen Vollzeitbildungsgang von mindestens dreijähriger Dauer in der beruflichen Oberstufe,
- über eine überdurchschnittlich gute Abschlußprüfung in einem Ausbildungsberuf von mindestens dreijähriger Dauer.

Weitere Reform der beruflichen Bildung

Die Kommission geht davon aus, daß die Umsetzung dieser Empfehlungen an einen Entwicklungsprozeß gebunden ist, in dessen Verlauf sich die beruflichen Bildungswege neuen Qualifikationsanforderungen und Leistungsstandards angleichen, die bereits jetzt in den neugeordneten Ausbildungsberufen Gültigkeit haben. Die Vergabe der Berechtigung zum Hochschulzugang setzt auch eine neue Bewertung und Einbeziehung des schulischen Anteils der Ausbildung in die Vergabe der Berufsabschlüsse voraus.

Die Kommission ist davon überzeugt, daß mit diesen Empfehlungen zusätzliche Anreize dafür geschaffen werden, die in den noch nicht neugeordneten Berufen insgesamt notwendigen Reformen zügig zu verwirklichen. Die Kommission hebt aber auch hervor, daß es bei diesen Empfehlungen nicht darum geht, den Blick auf die beruflichen Bildungsgänge einseitig unter dem Angebot des Hochschulzugangs zu richten. Die Bildungsgänge und Abschlüsse sollen weiterhin vorrangig an Breitenansprüchen ausgerichtet bleiben und den Jugendlichen im Rahmen eines differenzierten Bildungsangebotes eine anschlußfähige und am Arbeitsmarkt verwertbare Ausbildung ermöglichen.

Neugestaltung der Eingangsphase des Studiums

Die Kommission ist sich darüber im klaren, daß die Empfehlung, an Absolventen eines dreijährigen anerkannten Ausbildungsberufs und von Vollzeitbildungsgängen der beruflichen Oberstufe die Hochschulreife zu vergeben, die Unterschiedlichkeit der Eingangsvoraussetzungen für die Aufnahme des Studiums weiter vergrößert. Dies wird den schon heute vorhandenen Druck auf eine Neugestaltung der Studieneingangsphase verstärken.

Die Studieneingangsphase des ersten und zweiten Semesters an den Fachhochschulen und an den Universitäten soll grundlegend reformiert werden. Es geht darum, Inhalte, Aufbau und Prüfungen der ersten Phase des Studiums so auszugestalten, daß Studierende mit unterschiedlicher, aber gleichwertiger Studienqualifikation ihr Studium im Hinblick auf den gewünschten Studienabschluß erfolgreich beginnen können. Da die Bedingungen in den verschiedenen Hochschultypen, Fächern und Studiengängen unterschiedlich sind, müssen die erforderlichen Maßnahmen auf die jeweils spezifische Situation abgestimmt werden. Ein systematisches und zugleich differenzierendes Studienangebot mit kompensatorischen Elementen soll hierfür kennzeichnend sein.

Eine Unterstützung für die Studienanfänger wird darin gesehen, daß im Rahmen der Studienberatung Beratungs- und Einschätzungsgespräche über bestehende Studiengangprofile und persönliche Studienvoraussetzungen angeboten und verpflichtend gemacht werden. Die verbindlichen Beratungsgespräche sind regelmäßig bis zum Vordiplom/zur Zwischenprüfung fortzusetzen.

In der beruflichen Oberstufe sind Vorbereitungskurse einzurichten, die berufsbegleitend vor der Aufnahme des Studiums kompensatorische Angebote vorhalten. In den Hochschulen sind Zusatzangebote zu entwickeln, mit denen mögliche – auch durch den beruflichen Bildungsgang bedingte – Defizite ausgeglichen werden können. Wenn das Studium in einer der beruflichen Ausbildung ähnlichen Fachrichtung aufgenommen wird, müssen Voraussetzungen dafür geschaffen werden, im beruflichen Bildungsgang erbrachte Vorleistungen auf das Studium anrechnen zu können.

Zur Verbesserung der Orientierung vor Aufnahme des Studiums und in der Studieneingangsphase und der didaktischen Qualität der Lehre sollen im einzelnen folgende Maßnahmen ergriffen werden:
- Verbesserung der Zusammenarbeit von Schulen und Hochschulen, Berufsberatung und Studienberatung im Sekundarbereich II auf örtlicher bzw. regionaler Ebene.
- Verpflichtung der Hochschulen zur Bereitstellung strukturierter und kommentierter Studienpläne für alle Studiengänge mit klaren Informationen über den Aufbau des Studiums und der Prüfungen.
- Ausweitung des Angebots an orientierenden Veranstaltungen für Eingangssemester und Ausweitung der allgemeinen und fachlichen Studienberatung und Unterstützung der Studierenden durch Bildung von Lerngruppen und den Einsatz von Tutoren.
- Abbau der inhaltlichen Überfrachtung der Studiengänge und Vermeidung von nicht studiengangbezogenen zusätzlichen Zugangsvoraussetzungen. Die Inhalte der Studiengänge und die materiellen Prüfungsanforderungen müssen der Funktion und den Zielen der Studiengänge entsprechen. In der Studieneingangsphase sind zu weitreichende Spezialisierungen zu vermeiden und die inhaltlichen Grundanforderungen klar zu definieren. Eine klare Strukturierung der Studiengänge, eine stimmige Abfolge der Lehrveranstaltungen (Studienplan) und die inhaltliche und zeitliche Abstimmung von Studium und Prüfungen müssen gewährleistet werden.
- Stärkung der Funktion der Zwischenprüfung/Diplom-Vorprüfung als Indikator für die Studienerfolgskontrolle und
- Verbesserung der didaktischen und methodischen Kompetenz der Lehrenden
- Ausstattung der Hochschulen.

Hochschulzugang für Berufstätige

Berufstätige mit abgeschlossener Berufsausbildung ohne formale Hochschulzugangsberechtigung sollen nach mindestens dreijähriger Berufspraxis eine Zulassung zum Hochschulstudium erhalten können. Zur Verbesserung des Übergangs in ein Studium sind in den Hochschulen geeignete Angebote zur Vorbereitung von Studienleistungen zu entwickeln. Die Hochschulen stellen Beratung und Betreuung in der Studieneingangsphase zur Verfügung.

IV.4 Sonderpädagogische Förderung

Ein Schwerpunkt des bildungspolitischen Interesses und der fachlichen Bemühungen war in den vergangenen Jahrzehnten die Verbesserung der Bildungssituation behinderter Kinder und Jugendlicher. Dabei hat sich ergeben, daß der Ausbau spezieller Bildungseinrichtungen die Situation zwar entschieden verbessert hat, aber nicht ausreicht, um der sehr unterschiedlichen Lernsituation der Kinder und Jugendlichen gerecht zu werden. Einfache Lösungen gibt es in diesem schwierigen Feld der Förderung nicht. Die Schule der Zukunft soll – als allgemeine Schule und als Sonderschule – alle Kinder von ihren Voraussetzungen her zu der ihnen möglichen Lernkompetenz führen. Sie soll entsprechend den Grundsätzen differenzierter Förderung dazu beitragen, daß behinderte Kinder und Jugendliche ihren Platz im »Haus des Lernens« finden.

Ausgangslage

Besuch der Sonderschule

Behinderte Kinder und Jugendliche erfüllen in Nordrhein-Westfalen ihre Schulpflicht in der Regel in Sonderschulen. Als behindert gelten Schülerinnen und Schüler, die am Unterricht einer allgemeinen Schule nicht teilnehmen können oder durch ihn nicht hinreichend gefördert werden. Ihre Behinderung wird durch Gutachten der Sonderschule und des Gesundheitsamtes festgestellt. Nach Anhörung der Eltern entscheidet die obere Schulaufsicht, ob die Behinderung eine Aufnahme oder Überweisung in eine Sonderschule erforderlich macht. Sonderschulen sind differenziert nach neun Schultypen mit behinderungsspezifischen Schwerpunkten. In Nordrhein-Westfalen besuchen etwas mehr als 4 % aller schulpflichtigen Kinder und Jugendlichen eine Sonderschule, im Schuljahr 1994/95 waren es 91.414 Schülerinnen und Schüler.

Mehr als die Hälfte besucht die Schule für Lernbehinderte, die vor den Schulen für Geistigbehinderte (13 %), für Sprachbehinderte (9,6 %) und für Erziehungshilfe (7,7 %) der mit Abstand größte Sonderschultyp ist. Es ist eine Pflichtaufgabe der Gemeinden bzw. Kreise, diese Schulen für die häufigsten Behinderungen zu errichten und fortzuführen. Träger der anderen Sonderschulen – Schule für Blinde, für Gehörlose, für Körperbehinderte, für Schwerhörige, für Sehbehinderte und für Sprachbehinderte in der Sekundarstufe I – sind die Landschaftsverbände.

Gemeinsamer Unterricht

Die Förderung von behinderten Kindern und Jugendlichen im gemeinsamen Unterricht mit ihren Altersgefährten an allgemeinen Schulen ist – abgesehen von der Integration einzelner behinderter Kinder, die den Lehrplananforderungen der allgemeinen Schulen entsprechen können (zielgleicher Unterricht) – in Nordrhein-Westfalen zur Zeit im Rahmen von Schulversuchen möglich. Im Schuljahr 1993/94 nahmen etwa 2.500 behinderte Kinder am gemeinsamen Unterricht an Grundschulen und etwa 500 Schülerinnen und Schüler an verschiedenen Integrationsmaßnahmen in der Sekundarstufe I teil.

Modelle der Förderung

In der Bundesrepublik Deutschland haben sich in den letzten 20 Jahren vielfältige Organisationsformen sonderpädagogischer Förderung entwickelt. Grundtypen sind die Förderung in Sonderschulen, im gemeinsamen Unterricht an allgemeinen Schulen, in Formen der Kooperation zwischen Sonderschulen und allgemeinen Schulen und im Rahmen von sonderpädagogischen Förderzentren.

Sonderschulen als notwendige Förderungsform

Die Sonderschulen haben bei der Durchsetzung des Rechts auf Bildung von Behinderten und bei der Entwicklung pädagogischer und didaktischer Innovationen eine wichtige Rolle gespielt. Die Auffassung, daß alle behinderten Kinder und Jugendlichen ausschließlich oder in der Regel nur dort angemessen gefördert werden könnten, ist jedoch angesichts von Erfahrungen mit Integrationsschulen und entsprechenden Forschungsergebnissen in Pädagogik und Medizin nicht mehr haltbar. Ursachen dafür sind vor allem

- ein sich veränderndes Verständnis vom Umgang mit Behinderten, das nicht auf Trennung, sondern auf ihre möglichst weitgehende Integration gerichtet ist,
- eine veränderte Sichtweise von Behinderungen, die die Individualität des Einzelfalls stärker in den Blick nimmt, und
- die Verwirklichung differenzierender Formen der Unterrichtsgestaltung in den allgemeinen Schulen, vor allem in der Grundschule, die eine Voraussetzung für den gemeinsamen Unterricht von behinderten und nichtbehinderten Kindern ist.

Sonderschulen werden auf lange Sicht aber notwendige Formen sonderpädagogischer Förderung bleiben, weil

- viele Kinder und Jugendliche mit schweren Behinderungen auf Dauer oder auf Zeit nur in speziellen Einrichtungen angemessen gefördert werden können und
- die didaktischen und organisatorischen Probleme einer zieldifferenten Förderung nach den Lehrplananforderungen der Sonderschule in den weiterführenden Schulen der Sekundarstufe noch ungelöst sind.

Gemeinsamer Unterricht als Alternative

Die strukturelle Alternative zur Sonderschule, der gemeinsame Unterricht, hat an Akzeptanz gewonnen. Für die Annahme, daß sich dieser Prozeß zumindest für den Unterricht in der Primarstufe fortsetzen wird, sprechen insbesondere

- die zunehmende Akzeptanz bei Lehrerinnen und Lehrern an Sonder- und Regelschulen und bei den Eltern nichtbehinderter Kinder,
- die positiven Erfahrungen aus Schulversuchen zur Gruppenintegration in der Primarstufe,
- die gestiegene Nachfrage von Eltern behinderter Kinder nach integrativen Förderangeboten und
- die fortschreitende Entwicklung behinderungsspezifischer technischer und apparativer Hilfsmittel sowie der Einsatz moderner informations- und kommunikationstechnischer Medien, die für die sonderpädagogische Förderung Behinderter im gemeinsamen Unterricht erhebliche Chancen bieten.

Sonderpädagogische Förderzentren mit umfassenden Aufgaben

Konzepte für sonderpädagogische Förderzentren, die in verschiedenen Bundesländern seit einigen Jahren erprobt werden, sind ein Versuch, sonderschulische Aufgaben und Organisationsformen weiterzuentwickeln. Gemeinsame Merkmale der verschiedenen Konzepte sind, daß sie

- in Prävention und Frühförderung tätig werden,
- als Diagnose- und Beratungszentrum in allen Fragen sonderpädagogischer Förderung fungieren,
- die verschiedenen kommunalen und regionalen Dienste in ihre Arbeit einbeziehen,
- Kinder verschiedener Behinderungsarten auf Zeit oder für die gesamte Dauer ihrer Schulpflicht unterrichten und therapeutisch betreuen, und
- die sonderpädagogische Förderung von behinderten Kindern in den allgemeinen Schulen koordinieren.

Förderzentren haben als regionale oder überregionale Einrichtungen mehrere oder einzelne Förderschwerpunkte. Sie sind kein neuer Sonderschultyp. Förderzentren werden zum Beispiel aus einer bestehenden Sonderschule im Gebiet eines Schulträgers entwickelt. Dafür kommen vor allem jene Sonderschultypen in Betracht, die in den Kreisen und kreisfreien Städten in der Regel vorhanden sind (Schulen für Lernbehinderte, für Sprachbehinderte/Primarstufe und für Erziehungshilfe).

Leitvorstellungen

Langfristiges Entwicklungskonzept

Notwendig ist auf Landesebene ein langfristig angelegtes Entwicklungskonzept, das die Grundstrukturen des zukünftigen sonderpädagogischen Fördersystems und dessen pädagogische, didaktische und materielle Rahmenbedingungen bestimmt und Grundlage der Ausbauplanung sein soll.

- Ein gewandeltes Verständnis von Behinderung und seit mehr als einem Jahrzehnt erprobte Konzepte für gemeinsamen Unterricht von behinderten und nichtbehinderten Schülerinnen und Schülern vor allem in der Primarstufe haben die Voraussetzungen dafür geschaffen, daß eine sonderpädagogische Förderung grundsätzlich sowohl in Sonderschulen als auch in allgemeinen Schulen möglich ist und realisiert werden soll.

Personenbezogene Förderentscheidung

- Die Entscheidung über Formen und Orte sozialpädagogischer Förderung soll sich primär an den individuellen Möglichkeiten des behinderten Kindes orientieren.
  Die Stellung der Eltern im Verfahren zur Feststellung sonderpädagogischen Förderbedarfs soll deshalb gestärkt werden.

Pluralität der Fördermöglichkeiten

- Für den gemeinsamen Unterricht von behinderten Schülerinnen und Schülern sollen vielfältige Formen entwickelt werden. Er soll grundsätzlich in allen Schulstufen möglich sein und sowohl zielgleich als auch zieldifferent erteilt werden können. Die pädagogischen und organisatorischen Konzepte für den gemeinsamen Unterricht sollen mit dem Ziel weiterentwickelt werden, eine qualifizierte behinderungsspezifische Förderung in den allgemeinen Schulen zu gewährleisten und für behinderte Kinder der Primarstufe eine sonderpädagogische Förderung in der Grundschule ihres Wohngebietes zu ermöglichen.
- Für schwerer und mehrfach behinderte Schülerinnen und Schüler wird auch künftig die sonderpädagogische Förderung in speziellen schulischen Einrichtungen für die gesamte Dauer ihrer Schulpflicht oder in bestimmten Phasen notwendig bleiben.

Entwicklung der Sonderschule

- Die Weiterentwicklung des Sonderschulwesens soll sich vor allem darauf konzentrieren,
  - die Aufgaben der Sonderschule, die wegen der manchmal negativen Bewertung dieses Begriffs künftig als Förderschule bezeichnet werden sollte, neu zu bestimmen und pädagogisch-organisatorische Konzepte für ihre künftigen Funktionen zu entwickeln und zu erproben,

- das bestehende System der behinderungsspezifischen Schultypen flexibler zu machen, um orts- und regionalspezifische Förderangebote zu ermöglichen.

Empfehlungen

- Die Kommission empfiehlt die grundsätzliche Entscheidung für ein System sonderpädagogischer Förderung, das zwei miteinander verbundene Grundstrukturen aufweist: ein nach Förderschwerpunkten gegliedertes Sonderschulwesen und ein in den Organisationsformen vielfältiges, gegenüber heute quantitativ erweitertes Angebot an gemeinsamem Unterricht in allgemeinen Schulen der Primarstufe und der Sekundarstufe I. *Duales Fördersystem*

- Die Kommission empfiehlt, das Konzept der Förderzentren zum zentralen Entwicklungsmodell des Landes für die künftigen Aufgaben sonderschulischer Einrichtungen zu machen. Die bildungspolitischen und fachlichen Vorzüge eines Verbundes von fachrichtungsübergreifenden regionalen und fachrichtungsgebundenen überregionalen Förderzentren bestehen nach Auffassung der Kommission darin, daß dieses Konzept *Förderzentren als Entwicklungsmodell*

  - die Präsenz der gesamten sonderpädagogischen Kompetenz in einer Region verbessert,
  - mehr Flexibilität in der sonderpädagogischen Förderung ermöglicht,
  - den Sonderschulen neue, zukunftsbezogene Aufgaben im Bereich von Diagnose, Beratung, Prävention und Frühförderung gibt und
  - eine bessere Koordinierung der verschiedenen Dienste und interdisziplinäre Zusammenarbeit in einer Region ermöglicht.

  Zur Erprobung des Konzepts der Förderzentren in unterschiedlichen Regionen des Landes und in verschiedenen organisatorischen Varianten sollen regionale Modelle aufgebaut werden. Die regionalen Erprobungen sollen u.a. Aufschluß darüber geben, welche Organisationsformen am besten geeignet sind, die konzeptionellen Vorzüge von Förderzentren zu verwirklichen und zugleich der möglichen Gefahr zu begegnen, daß mit ihnen eine Zentralisierung der sonderpädagogischen Kompetenz in einer Region verbunden ist. *Regionale Modelle*

- Wohnortnähe und Wirtschaftlichkeit der sonderschulischen Bildungsangebote sollen verbessert werden. Zu diesem Zweck sollen Schulträger und Regionen das Recht erhalten, Varianten der bestehenden sonderschulischen Organisationsformen und *Gestaltungsfreiheit der Schulträger*

Verbünde zwischen einander entsprechenden Sonderschultypen zu erproben. Zu diesen Varianten gehören auch die Zusammenführung der Sonderschule für Lernbehinderte, für Erziehungshilfe und für Sprachbehinderte (Primarstufe) und die Einrichtung einer Sonderschulklasse an einer allgemeinen Schule bzw. einer sonderpädagogischen Förderklasse als Teil einer allgemeinen Schule.

Schwerst- und Mehrfachbehinderungen

- Zur Förderung von Kindern und Jugendlichen mit Schwerst- und Mehrfachbehinderungen, deren Zahl in den letzten Jahren gestiegen ist, sollen neue pädagogische und organisatorische Konzepte entwickelt und erprobt werden.

Entwicklung des gemeinsamen Unterrichts

- Der gemeinsame Unterricht von behinderten und nichtbehinderten Kindern und Jugendlichen soll langfristig quantitativ und qualitativ so weiterentwickelt werden, daß

  - in der Primarstufe wohnortnahe integrative Angebote in allen Regionen des Landes der Nachfrage entsprechend zur Verfügung stehen und
  - in der Sekundarstufe I die Voraussetzungen für die Fortsetzung der Bildungswege in Integrationsklassen an den allgemeinen Schulen geschaffen werden.

  Die Möglichkeiten des Einsatzes moderner Informations- und Kommunikationstechniken in der sonderpädagogischen Förderung sollen verstärkt genutzt werden, weil diese – abgesehen von ihren allgemeinen didaktischen und methodischen Chancen – mehr behinderten Kindern und Jugendlichen helfen können, am Unterricht in Regelklassen der allgemeinen Schulen mit Erfolg teilzunehmen.

- In der Sekundarstufe I sollen die bestehenden Förderangebote für zielgleichen Unterricht an den allgemeinen Schulen ausgeweitet werden. Um möglichst vielen behinderten Kindern bei fortschreitender Integration in der Primarstufe die Möglichkeit zu geben, ihren Bildungsweg in der Sekundarstufe an den allgemeinen Schulen fortzusetzen, kommt es darauf an, Angebote mit zieldifferentem gemeinsamen Unterricht zu entwickeln. Die Erfahrungen mit solchen Angeboten sind gegenwärtig noch gering. Daher empfiehlt die Kommission, zieldifferenten gemeinsamen Unterricht in der Sekundarstufe I vorerst im Rahmen von Schulversuchen weiter zu erproben. Dabei soll eine Beteiligung aller Schulformen der Sekundarstufe I vorgesehen werden.

Wahlrecht der Eltern als Ziel

- Es soll angestrebt werden, daß Eltern das Recht erhalten, nach eingehender Beratung mit Sonderpädagogen und medizinischen Diensten zwischen der sonderpädagogischen Förderung in speziellen Bildungseinrichtungen (»Förderschulen«) oder in Regelklassen der allgemeinen Schulen zu wählen, wenn Land und Schulträger dafür in der Region die materiellen Voraussetzungen geschaffen haben.

IV.5 Berufliche Bildung und Weiterbildung

Es geht in Zukunft darum, eine neue Qualität im Verhältnis von Erstausbildung und Weiterbildung zu schaffen, die insgesamt auch zu einer Aufwertung der beruflichen Bildung führen wird. Die bisherige Trennung der verschiedenen Weiterbildungsbereiche wird dieser Perspektive nicht gerecht. Die künftige Gestaltung der Weiterbildung muß von dem Zusammenhang der beruflichen, allgemeinen, kulturellen und politischen Aspekte dieses zunehmend wichtiger werdenden Aufgabenfeldes ausgehen.

Die Dynamik der Entwicklung in Wirtschafts- und Arbeitswelt wird auch weiterhin zu einer tiefgreifenden Umstrukturierung von Ausbildungszielen und Qualifikationsprofilen führen. In der Erstausbildung wird die Nachfrage nach einer in der Regel höheren Qualifikation, die der Veränderung von Arbeitsprozessen flexibel Rechnung trägt, anhalten. Zunehmend werden sich Lernaufgaben auf spätere Lernphasen verlagern, die in der Regel tätigkeitsbegleitend, aber nicht nur berufsbezogen sind: die erste Ausbildungsphase konzentriert sich zunehmend auf Grundbefähigungen, während spezielle und allgemeinbildende Akzentuierungen in die Phase der Weiterbildung hineinrücken.

Die Schule der Zukunft setzt Weiterbildung voraus, und Weiterbildung als Phase lebenslangen Lernens setzt eine Schule der Zukunft voraus, in der die Entfaltung der Lernkompetenz als zentrale Aufgabe angesehen wird.

Die Kommission bezieht den Weiterbildungsbereich nicht in seiner gesamten Gestaltungsbreite in ihre Betrachtungen ein. Sie betont die Entwicklungen, die sich aus dem veränderten Zusammenhang zwischen der Erstausbildung in Schule und Berufsbildung und der Weiterbildung ergeben.

Ausgangslage

Berufliche Erstausbildung

Stärkung des dualen Systems

Eine Analyse der Probleme und Entwicklungen der dualen beruflichen Bildung macht deutlich, daß das duale System seinen Potentialen nach auch in Zukunft einen geeigneten Rahmen nicht nur für begrenzte Modernisierungen, sondern auch für neue konzeptionelle Lösungen bieten kann.

Auch wenn berücksichtigt werden muß, daß es häufig nach Abschluß einer beruflichen Erstausbildung zu einem fachfremden Einsatz im Beschäftigungssystem kommt, ist davon auszugehen, daß das duale System seiner Struktur nach junge Menschen effizient in den Arbeitsmarkt bringen kann. Im europäischen Vergleich haben Länder, in denen Jugendliche direkt von der Schule in das Beschäftigungssystem wechseln, hohe Jugendarbeitslosigkeitsquoten.

Qualifizierte und interessierte Absolventen einer dualen Ausbildung haben traditionell gute betriebliche Aufstiegschancen.

Das duale System und die berufliche Weiterbildung, eine hohe Standardisierung der Ausbildungsinhalte und der Ausbildungsqualität vorausgesetzt, verschaffen den Betrieben ein Qualifikationspotential, das ihnen auch in Form von aktuellem Wissen zufällt und damit ihre Wettbewerbsfähigkeit stärkt.

Wirtschaftssysteme mit einem hohen praxisbezogenen Erstausbildungssockel verfügen über effektive Voraussetzungen für eine systematische berufliche Weiterbildung und können sich daher den wandelnden Qualifikationsanforderungen besonders gut anpassen.

Die Verbindung von Arbeiten und Lernen in einem Ausbildungssystem, das dem Prinzip von praktischem Tun und theoretischer Fundierung Raum gibt, ist für viele Jugendliche motivierend und attraktiv. Die gegenwärtigen Entwicklungen in der Wirtschafts- und Arbeitswelt eröffnen dem Lernen am Arbeitsplatz, das heißt der Kompetenzentwicklung im Betrieb, zusätzlich attraktive Perspektiven.

Gestaltung, Weiterentwicklung und Modernisierung der Ausbildungsberufe erfolgen im Dialog zwischen den Sozialpartnern und in Abstimmung zwischen dem Bund und den Ländern. Die Ergebnisse, die im Rahmen dieses Konsensprinzips erzielt werden, haben einen hohen Anerkennungsgrad und leisten zur inneren Stabilität der Wirtschafts- und Arbeitswelt einen wichtigen Beitrag.

Aktuelle und strukturelle Probleme

Die Funktionsfähigkeit des dualen Systems ist aber durch verschiedene Faktoren gefährdet, die sich einerseits aus der Entwicklung der beruflichen Bildung selbst und andererseits aus Tendenzen und Entwicklungen von außen ergeben haben.

Rückgang der Ausbildungsbeteiligung der Betriebe

Die Zahl der Ausbildungsplätze ist seit einigen Jahren drastisch zurückgegangen. Die Ausbildungsaufwendungen werden zunehmend als Kostenfaktor eingeschätzt. Es gibt eine abnehmende Tendenz der Betriebe, in Ausbildung zu investieren. Besonders Großbetriebe haben ihre Ausbildungskapazität stark abgebaut; nur noch jeder dritte Betrieb bildet aus. Nach Umfragen haben ca. 40 Prozent der Betriebe mit über 500 Beschäftigten und ca. 60 Prozent der Unternehmen mit mehr als 2000 Beschäftigten bei der Ausbildung gespart. Demgegenüber ist im Handwerk die Zahl der abgeschlossenen Ausbildungsverträge gewachsen.

Segmentierungen innerhalb des dualen Systems

Es findet eine Ausdifferenzierung der betrieblichen Berufsausbildung statt. Die Betriebe selbst entwickeln neue Ausbildungsgänge nach ihrem Bedarf, die nicht mehr im Rahmen des Berufsbildungsgesetzes angesiedelt sind und die im Kern eine weitere Privatisierung der beruflichen Bildung bedeuten. Der Attraktivitätsverlust der Berufsausbildung klassischer Prägung wird somit auch von den Betrieben selbst vorangetrieben.

Die Differenzierung der Berufsausbildung geschieht auch am unteren Rand. Für Jugendliche mit Lernschwierigkeiten werden seit längerem zweijährige Ausbildungsgänge mit konkreter und dauerhafter Verwertbarkeit auf dem Arbeitsmarkt gefordert. Die zweijährigen Ausbildungsgänge gewinnen jetzt eine andere Legitimation, indem sie mit der Anhebung der Ausbildungsanforderungen in den neugeordneten Berufen sozialpolitisch begründet werden für den Teil von Jugendlichen, der diesen Anforderungen nicht mehr entsprechen kann. Soweit diese Argumentation auf die Rückkehr zur alten Stufenausbildung zielt, wird sie von der Kommission als unvereinbar mit der Konzeption einer durchlässigen und chancengerechten Ordnung der beruflichen Ausbildungsgänge gewertet.

Frauen in der Berufsausbildung

Während im allgemeinbildenden Schulwesen eine gleiche Beteiligung der Geschlechter weitgehend erreicht ist, gilt dies nicht für die berufliche Bildung und Weiterbildung von Frauen. Insgesamt hat sich in den zurückliegenden Jahren zwar das allgemeine Qualifikationsniveau der Frauenberufe und der Frauen deutlich erhöht; die Trennlinien der beruflichen Segmentierung zwischen den Geschlechtern konnten jedoch nicht überwunden werden. Der Bildungseffekt wird durch den Arbeitsmarkt aufgesogen, so daß eine indirekte und strukturelle Benachteiligung von Frauen fortbesteht. Erhebliche Unterschiede in der beruflichen Bildung von Frauen und Männern sind vor allem hinsichtlich der quantitativen und qualitativen Beteiligung und der Konzentration auf unterschiedliche Bereiche beruflicher Bildung und Tätigkeit vorhanden.

Die geschlechtsspezifische Segmentierung der Berufsbereiche hat sich kaum verändert. Die Mehrzahl der Frauen konzentriert sich traditionell auf ein enges Spektrum von Ausbildungsberufen und Berufstätigkeiten: 80 Prozent der Frauen werden in 20 Berufen ausgebildet. Insgesamt hat sich der Anteil der Frauen an betrieblichen Ausbildungen in den letzten Jahren aber stark erhöht (ca. 40 %).

Mädchen und junge Frauen konzentrieren sich auf Ausbildungsberufe der Verkaufs-, Friseur-, Arzthelferinnen- und der Bürotätigkeiten. Während sich die männlichen Jugendlichen in den Kernberufen der Elektro- und Metalltechnik konzentrieren, werden Mädchen in die als weiblich typisierten Berufsfelder mit schlechter Bezahlung und geringen Weiterbildungs-, Aufstiegs- und Wiedereinstiegschancen gelenkt. Die Modellversuche zur Korrektur dieser geschlechtsspezifischen Segmentierung haben bisher keine wesentlichen Veränderungen gebracht, da die Integration in ausbildungsadäquate Beschäftigungsverhältnisse nur unter großen Schwierigkeiten gelingt. Es bestehen allseits noch große Vorbehalte gegen die Ausbildung, vor allem gegen die Beschäftigung von Frauen in den industriellen und gewerblich technischen Berufen.

Verschiebungen hat es nur in den Bereichen gegeben, in denen sich männliche Jugendliche nicht mehr ausbilden lassen, weil sich Berufsperspektiven verschlechtert haben. Im Kernbereich der zukunftsträchtigen qualifizierten Ausbildungsberufe insbesondere im Metall- und Elektrobereich ist kaum eine Erhöhung des Frauenanteils gelungen.

Deutlich mehr Mädchen als Jungen besuchen als Zwischenschritte zur beruflichen Ausbildung vollzeitschulische Einrichtungen, die keinen Berufsabschluß vermitteln, sondern berufsvorbereitenden Charakter haben bzw. Warteschleifen vor der eigentlichen Berufsausbildung sind. Vollzeitschulische Berufsbildungsgänge mit und ohne Berufsabschluß sind die Sozial-, Gesundheits- und Pflegeberufe, zum Beispiel Kinderpflegerin, Erzieherin, Altenpflegerin, Krankengymnastin, und die Assistentenberufe, zum Beispiel pharmazeutisch-technische Informatik-Assistentin.

Das schulische Berufsbildungssystem, in dem Mädchen eine überwältigende Mehrheit haben, ist mit erheblichen Problemen belastet. In diesen Ausbildungen werden keine Ausbildungsvergütungen gezahlt.

Da viele Einrichtungen in privater Hand liegen, muß oft Schulgeld bezahlt werden. Die Ausbildungsdauer entspricht meist derjenigen des dualen Systems, ist häufig sogar länger, und die verlangten Vorqualifikationen liegen oberhalb der Voraussetzungen für die üblichen Lehrlingsausbildungen. Die Einstiegsbedingungen für die 'Frauenberufe' sind hoch, ihr arbeitsmarktpolitischer Wert jedoch eher gering. Beispiele hierfür sind die ein- und zweijährigen Berufsfachschulen für Hauswirtschaft, aber auch die Berufsfachschulen für Sozialwesen sowie die Berufsfachschulen für Wirtschaft und Verwaltung (Handelsschulen). Besonders in Phasen großer Knappheit an Ausbildungsplätzen werden Mädchen in die Schulberufe und Moratorien gedrängt.

Expansion der Allgemeinbildung

Die Expansion der Allgemeinbildung und der Trend zu höherwertigen Abschlüssen, das heißt die Orientierung des Bildungsverhaltens an allgemeinbildenden und akademischen Bildungsgängen und Abschlüssen einschließlich besonderer betrieblicher Ausbildungsangebote für Abiturienten, setzen im Rahmen der beruflichen Bildung insbesondere das duale System einer wachsenden Konkurrenz aus.

Die Kombination eines qualifizierten Berufsabschlusses mit der Hochschulreife wird angesichts gestiegener Erwartungen an Berufsausbildung und der Chancen im Beschäftigungssystem zunehmend wichtiger und attraktiver. Andererseits führt die Attraktivität moderner Ausbildungen und die Zunahme an Durchlässigkeit im Bereich beruflicher Bildung dazu, daß die Unterschiede zwischen betrieblicher Ausbildung und der Ausbildung in Akademien und Fachhochschulen geringer werden, so daß sich zunehmend Abiturienten gleichzeitig um Lehrstellen und um Studienplätze an Fachhochschulen und Universitäten bewerben.

Modernisierungsrückstand der Ausbidungsordnungen

Die ordnungspolitischen Verfahrensregelungen sind dringend veränderungsbedürftig. Es bestehen immer noch erhebliche Schwierigkeiten, die Bildungsgänge zügig auf ihre Funktionalität hin zu prüfen und die Ausbildungsinhalte an die rapiden Veränderungen in Technik und Gesellschaft kontinuierlich anzupassen. Überfällig ist die weitere Durchforstung der offiziell registrierten Ausbildungsberufe daraufhin, in welchen Berufen nicht mehr ausgebildet wird, welche Berufe mit anderen zusammengelegt werden können. Zu langwierig und kompliziert ist auch das Verfahren, nach dem bestehende Ausbildungsgänge reformiert und neue geschaffen werden.

Die Gefahr ist groß, daß sich die duale Ausbildung einseitig auf die »alten« Industrien und auf das Handwerk konzentriert. In den modernen Dienstleistungsbereichen bestehen im dualen System Ausbildungsdefizite: Der Gesundheits- und Pflegebereich, die Kommunikationsbranche und der Umweltbereich gehören dazu. Erst spät ist auch damit begonnen worden, über neue Ausbildungswege, zum Beispiel im Tourismus und in den Medien nachzudenken.

Geringe Zugangsmöglichkeiten zu anderen Bildungswegen

Die mangelnde Attraktivität der dualen Berufsausbildung gegenüber weiterführenden allgemeinen und hochschulischen Bildungsgängen ist in besonderem Maße dadurch bestimmt, daß auch bei äquivalenten Leistungen die Zugangsmöglichkeiten zu weiterführenden Bildungswegen und Abschlüssen gering sind.

Wertigkeit der Abschlüsse und Zertifikate

Abschlüsse und Zertifikate beruflicher Bildungswege verleihen keine den Abschlüssen des schulischen Systems vergleichbare Berechtigungen. In der beruflichen Weiterbildung endet die weitaus überwiegende Anzahl der Bildungsmaßnahmen ebenfalls ohne Abschluß und Zertifizierung der Lernleistung. Die Qualifikationen, die durch berufliche Weiterbildung und Berufserfahrung gewonnen werden, spielen für betriebliche Karrieren im Beschäftigungssystem und die Weiterqualifizierung im Studiensystem nicht die ihnen gebührende Rolle.

Kooperations- und Koordinationsdefizite der verschiedenen Lernorte

Es fehlt an kooperationsoffenen Formen der Ausbildungsorganisation. Die Lernorte sind untereinander eher isoliert, eine offene und flexible Kooperation mit anderen Bereichen des Bildungswesens ist die Ausnahme.

Veränderungen der Lernbedingungen am Arbeitsplatz und wachsende theoretische Ausbildungsanforderungen infolge komplexer und hochtechnisierter Arbeitsprozesse stellen nicht nur traditionelle Lernmethoden, sondern auch bisherige Organisationsformen der Ausbildung in Frage. Die beiden traditionellen Lernorte Arbeitsplatz und Berufsschule verlieren jeweils an Bedeutung, wenn an ihrer bisherigen Trennung und Isolierung festgehalten wird. Theoretische und praktische Ausbildungsphasen können bei einer modern konzipierten Ausbildung nicht mehr eindeutig getrennt und den beiden Ausbildungsträgern Berufsschule und Betrieb gesondert zugewiesen werden.

Qualifikationswandel

Die gegenwärtige Situation der beruflichen Erstausbildung ist insbesondere durch ihre immer noch zu starke Betonung berufsfachlicher Einzelelemente gekennzeichnet.

Fach- und Spezialwissen bleibt zwar unverändert wichtig, gefordert werden aber

- mehr Breitenqualität und Übersichtswissen,
- mehr Phantasiefähigkeit, Organisationskönnen und Entscheidungsbereitschaft,
- mehr Selbständigkeit und Verantwortlichkeit,
- mehr Teamgeist und Kommunikationsfähigkeit sowie

- die Fähigkeit, komplexe Vorgänge und Zusammenhänge zu durchschauen.

Die überfachlichen Qualifikationsdimensionen, die in Zukunft immer mehr an Bedeutung gewinnen, haben im dualen System der Berufsausbildung noch nicht den ihnen zukommenden Stellenwert erhalten. Zwar sind bei Neuordnungen der Ausbildungsberufe die notwendigen Kompetenzen in den Katalog der zu vermittelnden Qualifikationen aufgenommen worden, zur Zeit fehlt es aber daran, daß diese Bestimmungen in der Ausbildungspraxis flächendeckend umgesetzt werden. Dies ist vor allem notwendig, weil der Trend zu übergreifenden Ausbildungsinhalten und höheren Anforderungen an die fachlichen und die allgemeinen Kompetenzen der Berufstätigen sich auch in Zukunft fortsetzen wird. Die Entwicklungen in der Wirtschafts- und Arbeitswelt führen dazu, daß sich Qualifikationsanforderungen in verschiedenen Berufen angleichen. Dies bedeutet auch, daß der Erwerb dieser Anforderungen berufsübergreifend gestaltet und organisiert werden kann.

Wandel des Gestaltungsprinzips der Ausbildung über den Einzelberuf

Berufliche Ausbildung soll auch deshalb weniger auf einen spezifischen Beruf allein zugeschnitten werden, weil sie zu Qualifikationen und Abschlüssen führen muß, die bei einem zwischenbetrieblichen Wechsel ihren Wert behalten und damit die Mobilität der Arbeitnehmer fördern. Diese Entwicklungen werden das zentrale Organisationsprinzip der dualen Ausbildung, die Orientierung an Erwerbsberufen, verändern.

Mangelnde Perspektiven nach der Ausbildung

Für die Auszubildenden ist die Lehre attraktiv, soweit sie sich darauf verlassen können, daß sie im Anschluß an die Lehre eine ausbildungsadäquate Beschäftigung mit Entwicklungsmöglichkeiten finden, wenn sie vom Ausbildungsbetrieb oder einem anderen Betrieb übernommen werden.

Die Aufstiegsmöglichkeiten von beruflich qualifizierten Fachkräften im Betrieb haben sich aber eher negativ entwickelt. Die Gefahr eines Attraktivitätsverlustes beruflicher Ausbildung entsteht auch dadurch, daß die Zuweisung von beruflichen Positionen und sozialem Status primär auf der Basis schulischer Leistungen und Abschlüsse erfolgt. Die Aufstiegswege verlaufen heute vornehmlich über die Bildungswege der allgemeinbildenden Schulen und der Hochschulen.

Zunehmend werden Hochschulabsolventen zu Quereinsteigern in den Betrieben. Attraktive Arbeitsplätze und Aufstiegspositionen für dual ausgebildete Fachkräfte werden immer häufiger mit betrieblich nachqualifizierten Hochschulabsolventen besetzt. Davon wird die Attraktivität beruflicher Aus- und Weiterbildung nachhaltig negativ beeinflußt.

Da sich das Ausbildungsniveau der Ausbildungsberufe in vielen Bereichen deutlich erhöht hat, werden zunehmend höhere Schulabschlüsse vorausgesetzt. Dadurch werden die Chancen von Jugendlichen mit Abschlüssen geringeren Niveaus und ohne Schulabschluß zunehmend schlechter. Dieser Entwicklung kommt eine besondere Bedeutung zu, weil in den letzten Jahren der Anteil der Arbeitsplätze für Ungelernte ständig gesunken ist. Arbeitskraft allein reicht für berufliche Tätigkeiten nicht mehr aus.

Qualitätsprobleme der Berufsschulen

Die Arbeitssituation an den Berufsschulen ist unterschiedlich. Sie ist zum Teil gekennzeichnet durch effektive Reformen in Unterrichtszielen und Arbeitsformen; sie leidet zum Teil unter einer Überalterung des Lehrpersonals, Stundenausfall, überarbeitungsbedürftigen Lehrplänen und zu wenig Kontakt zu den Betrieben. Die häufig traditionell ausgeprägte Professionalität der ausbildenden Personen in Berufsschule und Betrieb stellt ein besonders gravierendes Problem der gegenwärtigen dualen Ausbildung dar.

Das Konzept der Berufsschule ist einseitig an der Schulpflicht und dem Prinzip der Jugendbildung orientiert und daher in der Regel ohne strukturellen Bezug zur Weiterbildung. Die beruflichen Schulen berücksichtigen in ihrer didaktisch-curricularen und methodisch-organisatorischen Ausgestaltung nicht konsequent genug, daß sie junge Erwachsene ausbilden. Die Kooperation zwischen Berufsschule und Ausbildungsbetrieb sollte intensiver sein. Die Verpflichtung zu Kooperation und Koordination reicht hierzu nicht aus.

Da sich immer mehr Jugendliche mit einem hohen allgemeinen Bildungsabschluß für eine Lehre entscheiden, wird in der Tendenz die schulische Seite der dualen Ausbildung geschwächt, wenn sich die schulische Ausbildung nicht auf diese Entwicklung einstellt. Die Entwicklung wird von einer betrieblichen Ausbildung unterstützt, die allgemeine Qualifizierungen in die Ausbildung einbezieht.

Berufliche Weiterbildung

Berufliche Erstausbildung und Weiterbildung sollen gemeinsam dazu befähigen, dem gesellschaftlichen, wirtschaftlichen, technologischen und ökologischen Wandel gewachsen zu sein und diesen mitzugestalten. Sie sind entscheidende Elemente für die persönliche Entwicklung des einzelnen, seine soziale Integration und seine kritische Mitwirkung an der gesellschaftlichen und politischen Entwicklung.

Der beschleunigte Wandel der Berufsstrukturen und Qualifikationsanforderungen sowie erhöhte Mobilitätsanforderungen auf dem Arbeitsmarkt werden eine Gewichtsverlagerung von der Erstausbildung zur Weiterbildung besonders in den ersten Berufsjahren nach sich ziehen. Eine Entsprechung von Ausbildungsberuf und Erwachsenenberuf wird immer seltener, und der Verlauf der Berufskarriere insbesondere auch die Rückkehr in den Beruf werden zunehmend durch die spätere Weiterbildung beeinflußt.

Bedeutung und Definition

Weiterbildung als Fortsetzung oder Wiederaufnahme organisierten Lernens nach Abschluß einer unterschiedlich ausgedehnten ersten Bildungsphase und in der Regel nach Aufnahme einer Erwerbs- oder Familientätigkeit ist der Teilbereich des Bildungswesens, der in den letzten Jahren die stärksten Veränderungen erfahren hat.

Organisation

Die berufliche Weiterbildung ist weniger geregelt als die berufliche Erstausbildung. Auf Bundesebene enthalten das Berufsbildungsgesetz im Hinblick auf die Normierung von Zertifikaten und das Arbeitsförderungsgesetz im Hinblick auf die individuelle Förderung durch Maßnahmen der beruflichen Fortbildung, Umschulung und Einarbeitung Rahmenvorgaben.

Berufliche Weiterbildung ist plural organisiert. Zu den Trägern gehören Betriebe, Arbeitgeber- und Arbeitnehmerorganisationen, Handwerkskammern, Industrie- und Handelskammern, freie Träger, kommerzielle Anbieter, Fachschulen, Volkshochschulen und Hochschulen, deren Bedeutung allerdings marginal ist. Als Träger von beruflichen Weiterbildungsangeboten dominiert der Betrieb mit ca. 51 % der Angebote.

Qualitätssicherung

Die Weiterbildung stellt das wichtigste Instrument dar, um die Qualifikationen dem technologischen und arbeitsorganisatorischen Wandel anzupassen. Das Weiterbildungssystem ist aber in seiner gegenwärtigen Form diesem Anspruch noch nicht gewachsen.

Es fehlt an der Festlegung von curricularen und inhaltlichen Standards und an einer systematischen Qualitätssicherung in der beruflichen Weiterbildung. Aufgrund der hohen Heterogenität des Weiterbildungsmarktes sind die Zertifikate häufig anbieterspezifisch und kaum vergleichbar. Damit ist ihre Anerkennung auf dem Arbeitsmarkt gefährdet.

Beteiligung an Weiterbildung

Diejenigen Arbeitnehmer, die eine Qualifizierung besonders benötigen, beteiligen sich nur zu einem geringen Teil an beruflichen Weiterbildungsmaßnahmen.

Unterschiedliche Aufgabenerfüllung

Es gibt deutliche Unausgewogenheiten hinsichtlich der Beteiligung, der Angebote und der Möglichkeiten lebenslangen Lernens.

Jüngere Personen nehmen häufiger an Weiterbildung teil als ältere, und Männer sind in allen Berufspositionen an weiterbildenden Maßnahmen stärker beteiligt als Frauen. Mit steigender Schulbildung nimmt auch die Weiterbildungsbeteiligung zu und mit steigender beruflicher Qualifikation wächst die Teilnahmequote. Es nehmen deutlich Angehörige des öffentlichen Dienstes am meisten teil, am wenigsten Arbeiter. Weiterhin gibt es deutliche Unterschiede zwischen einzelnen Branchen und zwischen Regionen.

Allgemeine Weiterbildung

Grundlagen in Nordrhein-Westfalen

Berufliche Weiterbildung ist Teil des Weiterbildungssystems insgesamt. Dessen Struktur ist in Nordrhein-Westfalen durch das »Erste Weiterbildungsgesetz« von 1974 festgelegt, das den »Gesamtbereich der Weiterbildung« als gleichberechtigten Teil des Bildungswesens definiert.

Es besteht ein Recht, »die zur freien Entfaltung der Persönlichkeit und zur freien Wahl des Berufs erforderlichen Kenntnisse und Qualifikationen zu erwerben«. Es wird die »Sicherstellung eines bedarfsdeckenden Angebots an Lehrveranstaltungen zur Weiterbildung«, eine »Grundversorgung« mit einem »Mindestangebot« den Kommunen zur Auflage gemacht.

Finanzierungsaufwand

Mit dem Gesetz entstand ein deutlicher Entwicklungsschub, und ein Grundgedanke des Gesetzes, nämlich ein erheblich stärkeres finanzielles Engagement sowohl des Landes als auch der Träger anzuregen, ist zum Teil realisiert worden.

Die Hochschulen erfüllen ihre gesetzlichen Aufgaben im Rahmen der wissenschaftlichen Weiterbildung. Ebenso sind Telekolleg, Funkkolleg, die Bildungsprogramme des Hörfunks und Fernsehens, der Fernunterricht sowie das Fernstudium zu berücksichtigen. Darüber hinaus gibt es eine Vielzahl von Institutionen der Weiterbildung, die kommerzielle Angebote machen.

Personalsituation

Nur wenige große Institutionen und Einrichtungen verfügen über einen breiten Personalstamm, gleichzeitig sind die Aufgaben von Leitung, Planung, Unterricht und Verwaltung oft wenig differenziert. Weil die Zahl der hauptberuflichen Stellen nach wie vor relativ gering ist, gibt es eine Professionalisierung nur in Ansätzen, zumal das Hauptgewicht der Tätigkeit bei Honorarkräften bzw. nebenberuflich oder ehrenamtlich tätigen Personen liegt.

Neben der Beteiligungslücke gibt es auf der anderen Seite Angebotslücken. Es ist keineswegs so, daß für alle Bedürfnisse auch entsprechende Programme und Kurse bereitgestellt werden. Vor allem gibt es angesichts der Menge der Einzelanlässe, für die jeweils besondere, zweckgerichtete Weiterbildungsangebote geschaffen worden sind, kein stabiles System lebenslanger Bildung. Die Leistungsverwerfungen und Systemlücken sind kennzeichnend für das jetzt erreichte Zwischenstadium im langfristigen Prozeß der Herausbildung eines besonderen Bereichs Weiterbildung.

Einerseits erfolgt eine Systematisierung von Weiterbildung als eigenständiger Bildungsbereich; andererseits tendiert das System zu einer verstärkten Funktionalisierung durch Indienstnahme bei aktuellen gesellschaftlichen Aufgaben und wird so Teil anderer Zusammenhänge.

Wahrung der Vielfalt der Möglichkeiten

Aus dieser Situation entsteht – verglichen mit anderen Bildungsbereichen – andererseits ein größeres Maß von Vielfalt, von Spontanität im institutionellen und curricularen Wandel, von Möglichkeiten, unterschiedliche Interessen und Optionen von Lernenden aufzunehmen und von Offenheit gegenüber pluralen Zwecksetzungen und Kombinationen bei Mittelaufbringungen.

Ansätze zur Systematisierung

Erst schrittweise präzisiert sich die Diskussion in Richtung auf systematische und vergleichbare Verfahren der Begutachtung von Trägern und Einrichtungen, von Durchführung und Erfolg. Dabei sind nicht nur die Kriterien problematisch: es fehlt auch ein transparenter Prozeß der Qualitätssicherung.

Ansätze zu einer integrierten Weiterbildung

Die Ansätze für die Verknüpfung von Zielen und Inhalten auf der Ebene von Programmen und Kursen scheinen sich zu mehren. Bereits in der weiterbildungspolitischen Debatte der siebziger Jahre war eine Verzahnung, Verbindung, Integration oder Synthese reklamiert worden. Neue Anstöße für eine Koordination gingen vom Konzept der »Schlüsselqualifikation« aus. Anstöße zu einem integrativen-ganzheitlichen Lernen kommen immer öfter auch aus der betrieblichen Weiterbildung.

Je komplexer Arbeitssituationen werden, desto mehr sind sie für die arbeitenden Personen interpretationsbedürftig, desto unabweisbarer wird eine arbeitsorientierte Weiterbildung, die über instrumentelle Aspekte hinaus ganzheitliche Wahrnehmung und Orientierung ermöglicht. Gleichzeitig befindet sich »politische Weiterbildung« in einem Umbruchstadium. Die traditionellen Konzepte und Programme, welche sich hauptsächlich auf das politische Institutionensystem bezogen, erreichen immer weniger Teilnehmende. Insofern gibt es auch hier eine Entgrenzung von Politik auf Interessen und Konflikte in breiteren Feldern der Arbeits- und Lebenswelt. Bemerkenswert ist, daß von unterschiedlichen Positionen her – sowohl aus der Sicht der unternehmerischen Bildungsarbeit, als auch von politischen Parteien und Verbänden die Frage nach dem Verhältnis »allgemeiner« zu »beruflicher« Bildung neu aufgeworfen wird. Sowohl aufgrund von Veränderungen in der Arbeitswelt als auch im politischen System werden daher Konzeptionen und Programme »integrierter« Weiterbildung realisierbar.

Leitvorstellungen

Berufliche Ausbildung ist Bildung

Der Bildungsauftrag der beruflichen Bildung geht über eine berufs- und tätigkeitsbezogene Qualifizierung hinaus. Berufliche Bildung ist zugleich auch allgemeine Bildung. Berufliche Bildung muß daher auch nach dem Beitrag beurteilt werden, den sie zur personalen Entwicklung des einzelnen leistet.

Selbstverantwortetes Lernen

- Berufsbildung setzt die Bereitschaft und Fähigkeit zu selbstverantwortetem Lernen als Element eines lebenslangen Prozesses voraus. Die Herausbildung der entsprechenden Fähigkeiten muß Element der Erstausbildung sein.

Schule und Arbeitswelt

- Veränderungen in der Berufsbildung und in der Arbeitswelt müssen auf das allgemeinbildende Schulwesen zurückwirken. Den Schülerinnen und Schülern soll dort eine Hinführung zur Arbeits-, Wirtschafts- und Berufswelt auf allen Schulstufen ermöglicht werden. Zur Wahrnehmung aller Ausbildungschancen ist die Bereitschaft junger Menschen zu Flexibilität und Mobilität zu fördern. Nicht jede Ausbildung kann an jedem Ort angeboten und nicht jeder Ausbildungswunsch erfüllt werden.

Ordnungspolitische Grundsätze

- Gestaltung und Weiterentwicklung der beruflichen Bildung sind an die gemeinsame Verantwortlichkeit von Wirtschaft und Staat gebunden.
  Die Verantwortung und Verpflichtung der Wirtschaft im Bereich der Erstausbildung sowie in der beruflichen Weiterbildung muß auch weiterhin eingefordert und eingelöst werden. Dazu gehört auch die Bereitstellung und Finanzierung eines hinreichenden und auswahlfähigen Ausbildungsangebotes für alle Jugendlichen. Die Finanzierung der beruflichen Bildung soll von dem Grundsatz ausgehen, daß alle Betriebe und Unternehmen gehalten sind, sich an der Ausbildung zu beteiligen. Betrieb und Berufsschule sind auch weiterhin Träger der Berufsausbildung. Die Bedeutung der Selbstverwaltung bei der Regulierung des dualen Systems ist zu sichern.

Berufsübergreifende und weiterbildungsbezogene Berufsausbildung

– Die Neuordnung der Berufe in Richtung breit angelegter Ausbildungsberufe mit Bezug zur Weiterbildung und die Orientierung der beruflichen Bildung an berufsübergreifenden Schlüsselqualifikationen sollen im Vordergrund der Modernisierung stehen.

Gleichwertigkeit allgemeiner und beruflicher Bildung

– Gleichwertigkeit allgemeiner und beruflicher Bildung erfordert, die Berufs- und Qualifizierungschancen für Absolventen einer beruflichen Ausbildung zu erweitern.

Steigende Bedeutung der Weiterbildung

– Berufliche Weiterbildung darf nicht allein als Qualifizierung im Hinblick auf berufliche und ökonomische Verwertung gesehen werden. Sie enthält ebenso den individuellen Anspruch auf allgemeine, kulturelle und politische Bildung.

Verzahnung von Erstausbildung und Weiterbildung

– Die Weiterbildung soll ihre Beziehung zu anderen Bildungsbereichen deutlicher herstellen und eindeutiger klären. Weiterbildung und Erstausbildung sollen aufeinander bezogen und strukturell, inhaltlich und personell stärker miteinander verzahnt werden.
Die öffentliche Verantwortung soll in Richtung auf eine stärkere Systematisierung der Weiterbildung ausgedehnt werden mit dem Ziel, eine Abstimmung der Angebote auf die Erstausbildung zu erreichen. Betriebsbezogene Weiterbildung soll von den Unternehmen eigenständig und eigenverantwortlich durchgeführt werden.

Bildungsdifferenzierung

– Für eine weitere Differenzierung der Bildungsgänge soll ein rechtlicher und fachlich-organisatorischer Rahmen geschaffen werden, damit strukturelle Benachteiligungen für unterschiedliche Gruppen und Interessen vermieden werden. Grundsätzlich soll jeder Jugendliche in einen Bildungsweg eintreten können und diesen mit einem verwertbaren und anschlußfähigen Abschluß beenden.
Vergleichbare Ergebnisse in Erstausbildung und Weiterbildung sollen zu anerkannten Leistungsnachweisen gebündelt werden können, auch wenn sie an unterschiedlichen Orten und in verschiedenen Institutionen erzielt worden sind.

Gruppenspezifische Fördrungsmaßnahmen

– Jugendlichen und jungen Erwachsenen, die ohne Berufsausbildung geblieben sind, soll durch geeignete Hilfen ein Abschluß in einem anerkannten Ausbildungsberuf ermöglicht werden.

Neue Arbeitsformen und Inhalte der Weiterbildung

– Die Programme der Erwachsenenbildung sollen die veränderten Einstellungen der Teilnehmer berücksichtigen. In den Veranstaltungen sollen Eigenaktivitäten der Teilnehmer das traditionell vorherrschende Konsumverhalten gegenüber dem Angebot ablösen.

Inhalte sollen stärker auf eine Verbindung zwischen verschiedenen Bereichen und auf Ganzheitlichkeit abzielen. Die Inhalte dessen, was als »politische Bildung« gefaßt wird, sollen überprüft und mit anderen Themen verbunden werden. Die Auseinandersetzung mit zentralen gesellschaftlichen Entwicklungsproblemen soll systematisch aufgenommen werden. Wichtig ist es, die Erfahrungen der Teilnehmer in sozialen Konflikten einzubeziehen und einzubinden in historische und gesellschaftswissenschaftliche Bezüge. Auch hier ist Ganzheitlichkeit naheliegend.

Beteiligung der Hochschulen

- Die Beteiligung der Hochschulen an der Weiterbildung ist im Interesse des Innovationstransfers zwischen Wirtschaft, Forschung und Lehre zu verstärken und in flexibler Weise den jeweiligen Anforderungen entsprechend und auch betriebsorientiert zu gestalten.
  In Zukunft sollen auch die Hochschulen in Kooperation mit den Einrichtungen der beruflichen Weiterbildung für einen weiter zunehmenden Bedarf aus dem Beschäftigungssystem offen sein. Es sollen Modelle zur Verknüpfung von betrieblicher Ausbildung und von Ausbildung im tertiären Bereich erprobt werden.

Information und Beratung

  Information und Beratung über berufliche Bildung und Weiterbildung müssen moderner Technologien regional angeboten und genutzt werden können.

Empfehlungen

Verbesserung der Entwicklungschancen für Fachkräfte

- Die beruflichen Entwicklungschancen für Fachkräfte sollen gezielt verbessert werden:
  - Die Möglichkeiten der Ausbildung, betrieblichen Personalentwicklung und der Tarifpolitik, zum Beispiel durch Flexibilisierung des öffentlichen Dienstrechtes, müssen für den Nachwuchs an Fachkräften eingesetzt und genutzt werden. Die Personalentwicklung ist durch den Ausbau des Weiterbildungsangebotes und verbesserte Chancen, durch Qualifizierung über Weiterbildung höhere Positionen im Betrieb zu erreichen, zu unterstützen. Eine erfolgreiche Meisterausbildung soll bei den Einstellungsvoraussetzungen im öffentlichen Dienst mit dem Fachhochschuldiplom gleichgestellt werden.
  - Die Aufstiegsfortbildung für Fachkräfte muß ausgebaut werden. Die berufliche Weiterbildung muß leistungsfähigen Fachkräften gleiche Entwicklungschancen wie in anderen Bildungswegen, auch des tertiären Bereichs, vermitteln. Die

Bildungswege, Abschlüsse und Berechtigungen, die im Rahmen beruflicher Weiterbildung erreicht werden können, sollen in und neben der Berufstätigkeit so gestaltet werden, daß sie konstituierender Bestandteil der Bildungs- und Berufslaufbahnen sein können.

- Die beruflichen Bildungswege und Abschlüsse sollen im Sinne der Gleichwertigkeit beruflicher und allgemeiner Bildung äquivalent und durchlässig gestaltet werden.

Neuordnung der Ausbildungsberufe

– Das Verfahren zur Neuordnung der Ausbildungsberufe muß effektiver gestaltet werden und jeweils innerhalb von zwei Jahren abgeschlossen sein. Die Ausbildungsberufe sind weiter zu modernisieren und um neue, zukunftsgerichtete Berufsbilder zu erweitern.

– Bei der Reform bestehender Ausbildungsberufe und bei der Entwicklung neuer Ausbildungsberufe muß sichergestellt werden, daß ein breites Spektrum von Berufen mit konkreten Arbeitsmarktchancen für benachteiligte und lernschwächere Jugendliche zugänglich ist.

Förderung benachteiligter Gruppen

– Das Spektrum der Ausbildungsberufe und die Möglichkeiten zur differenzierten Förderung individueller Begabungen und Fähigkeiten im dualen System sollen genutzt werden, um den Anteil der Jugendlichen weiter zu veringern, die keine Berufsausbildung beginnen oder eine Berufsausbildung ohne Abschluß beenden. Auch die Erhöhung der Ausbildungsbeteiligung ausländischer Jugendlicher ist dabei ein zentrales Anliegen.

- Für Jugendliche, die trotz besonderer Förderung keine Berufsausbildung abschließen, ist die Entwicklung neuer anerkannter Ausbildungsberufe mit konkreter und dauerhafter Verwertbarkeit auf dem Arbeitsmarkt voranzutreiben, die für diese Zielgruppe besonders zugänglich sind und das Scheitern in der Ausbildung verhindern. Die Einführung von theoretisch weniger anspruchsvollen Ausbildungsgängen unterhalb des Facharbeiter/Fachangestelltenniveaus ist umstritten. Mit dieser Möglichkeit sollen aber Erfahrungen gesammelt werden.
- Es müssen mehr Betriebe für eine Berufsausbildung von Jugendlichen mit bisher geringeren Ausbildungschancen gewonnen werden. Hierzu soll das Instrument methodischer Differenzierung in Betrieb, Berufsschule und überbetrieblicher Ausbildungsstätte weiter entwickelt und intensiv genutzt werden.

- Die Förderangebote für ausländische Jugendliche zum Abbau von Sprachdefiziten in Schule, Berufsvorbereitung und Berufsausbildung sollen ausgebaut werden.
- Jugendliche ohne Ausbildungsvertrag sollen an Berufsschulen weiterführende Abschlüsse erwerben können. Für Erwachsene ohne Ausbildungsabschluß ist die Option für eine Berufsausbildung offenzuhalten. Hierfür sind Konzepte für Nachqualifizierungsangebote zu entwickeln.

Ausbildungsverbünde

– Es werden neue Formen der Ausbildungsorganisation und der Abstimmung zwischen den Ausbildungsträgern, einschließlich der überbetrieblichen Ausbildungsstätten, erforderlich: die Ausbildungsfunktionen der einzelnen Ausbildungsträger müssen neu überdacht werden. Über Ausbildungsverbünde und überbetriebliche Ausbildungsstätten müssen die Betriebe entlastet werden, ohne daß die betriebliche Anbindung und Verantwortung aufgegeben wird. Dies bedeutet einen Bedeutungszuwachs von überbetrieblichen Ausbildungsstätten und -verbünden einschließlich der Berufsschulen, Berufsfachschulen und Hochschulen.

Finanzierung der beruflichen Bildung

– Angesichts wachsender Anforderungen an die Ausbildungsqualität und steigender Ausbildungskosten sollen betriebsübergreifende Formen der Finanzierung der Berufsausbildung ausgebaut werden.

Qualitätssicherung der Berufsschulen

– Für die Berufsschule ist eine Qualitätsverbesserung und damit die Aufwertung dieses zweiten Lernortes der dualen Auswertung dringend erforderlich. Eine Qualitätssteigerung soll mit der allgemeinen Einführung eines zweiten Berufsschultages einhergehen.

– Die berufsbildende Schule soll ein stärkeres Gewicht für die Sicherung von Qualitätsansprüchen in der Ausbildung erhalten. Dies muß zu einer Reform der Abschlußvergabe führen.

– Die Qualifizierung des Berufsbildungspersonals soll durch verstärkte Weiterbildung, die Entwicklung eines Evaluationsdienstes und die Modernisierung der Lehrerausbildung gesichert werden. Berufsschullehrer sollen über eine abgechlossene Berufsausbildung möglichst in einem anerkannten Ausbildungsberuf als Voraussetzung für eine Berufsschullehrertätigkeit verfügen.

Verstärkte Angebote für Mädchen und junge Frauen

– Es sollen Möglichkeiten geschaffen werden, daß sich mehr Frauen für eine qualifizierte Berufsausbildung im Anschluß an die Schulbildung entscheiden. Hierzu soll zum einen der Zugang zu den heute vernachlässigten Berufen im technischen Bereich weiter geöffnet werden.

- Status und Bezahlung der sozialen, pädagogischen und pflegerischen Berufe mit hohem Frauenanteil sollen systematisch gestärkt werden.
  Die Vereinbarkeit von Familie und Beruf, einschließlich der Weiterbildung und der Neuqualifizierung nach einer Berufsunterbrechung, soll durch die Schaffung geeigneter Rahmenbedingungen stärker als bisher gefördert werden. Der bereits beschrittene Weg der gezielten Förderung von Mädchen und jungen Frauen muß verstärkt fortgesetzt werden.

Europäische Dimension

- Die europäische Dimension der Berufsausbildung soll durch verstärkte berufsbezogene Fremdsprachenangebote und gezielte Austauschmaßnahmen für Auszubildende und Beschäftigte unterstützt und gefördert werden. In den Fällen, in denen die Beherrschung von Fremdsprachen unverzichtbarer Bestandteil der Berufsausübung ist, sollen Fremdsprachen verpflichtender Bestandteil der Ausbildungsordnung sein. Neue Methoden des Spracherwerbs bzw. des Sprachtrainings sind einzuführen.

Qualitätssicherung in der Weiterbildung

- Die Qualität der Weiterbildung ist Voraussetzung für ihre Akzeptanz und eine Erhöhung der Beteiligung. Es ist notwendig, zu vereinheitlichenden Qualitätsstandards zu kommen, um eine Vergleichbarkeit der Abschlüsse und damit auch höhere Durchlässigkeit von Bildungswegen zu ermöglichen. Dies bedeutet die Entwicklung eines Kriteriensystems bezogen auf die Qualität von Trägern und Einrichtungen, auf Durchführung und Erfolg der Veranstaltungen. Ein Prozeß der Qualitätssicherung muß institutionalisiert werden, welcher die Interessen der verschiedenen Beteiligten aufnimmt. Hierzu gehört der Aufbau - einer Personalqualifizierung in den Betrieben.
- Bezogen auf die Gesamtheit des Bildungswesens könnte ein wichtiger innovativer Impuls darin bestehen, das geltende System von Berechtigungen zu verändern.

Einheitliches Zertifikatssystem

Es bietet sich an, ein träger- und einrichtungsübergreifendes Zertifikatsystem zu installieren, welches die Teilnahme- und Leistungsnachweise unterschiedlicher Angebote zeit- und ortsunabhängig miteinander vereinbar macht. Ein Baukastenmodell ist nur dann realistisch, wenn die einzelnen Module anerkannt und übertragbar sind.

Kooperation auf regionaler Ebene

- Institutionenvielfalt und knappe Mittel für die Weiterbildung legen die Kooperation von Trägern und Einrichtungen auf regionaler Ebene und eine Bündelung der Kräfte durch Ressourcensharing nahe. Die gemeinsame Nutzung von Räumen und Ausstattungen, der Austausch von Dozenten, die gemeinsame Entwicklung und Nutzung von Unterrichtsmitteln, neuen Medien und Informationstechniken sollen gefördert werden, um zugleich zu neuen Lernortkombinationen und Methodenansätzen zu kommen.

Regionale Informations- und Beratungszentren

– Die vielfältigen Informations-, Beratungs- und Orientierungshilfen der öffentlichen und privaten Beratungsdienste und Datenbanken mit Weiterbildungsangeboten, die Prognosen und Projektionen über die künftige Bedarfsentwicklung und Qualifikation der Fachkräfte und die regelmäßig erscheinenden Berufsverlaufsuntersuchungen und Bildungsstatistiken sollen im Interesse einer Optimierung vorhandener Ressourcen nachfrage- und berufsorientiert in regionalen Informations- und Beratungszentren verfügbar gemacht werden.

– Wenn Weiterbildungsinstitutionen sich vom Programmanbieter hin zu Dienstleistungszentren entwickeln sollen, werden die einzelnen Träger und Einrichtungen ihr eigenes Profil deutlich entwickeln und dazu Verfahren der Bedarfsanalyse, der Programmplanung und der Qualitätssicherung verstärkt anwenden müssen. Eine Verzahnung mit Einrichtungen der Erstausbildung ist unerläßlich.

Kooperation

Neue Formen des Zusammenwirkens zwischen Unternehmen, berufsbildenden Schulen, Weiterbildungseinrichtungen, Fachhochschulen und Universitäten sollen entwickelt werden.

Hochschulen und berufliche Weiterbildung

– Die berufsbegleitende Weiterbildung soll künftig zu einer wichtigen Aufgabe der Hochschulen werden. Dazu ist es erforderlich, daß die Hochschulen bedarfs- und nachfrageorientiert in Kooperation mit Unternehmen und Betrieben regional und überregional gezielt Angebote für die Weiterbildung von Berufstätigen machen.

– Gemäß den verschiedenen beruflichen Anforderungen sollen Hochschulen

  - Weiterbildungskurse von geringer zeitlicher Dauer,
  - Weiterbildungsstudien von höchstens zwei Jahren mit Zertifikat und
  - Weiterbildungsstudiengänge mit Diplom

anbieten.

Wissenschaftstransfer

– Die Weiterbildungsangebote sollen inhaltlich an den Schwerpunkten der Hochschulen ausgerichtet sein. Weiterbildungsangebote der Hochschulen sollten sich auch an Forschung, Entwicklung und Technologietransfer orientieren und damit an die Berufstätigen neue Forschungs- und Entwicklungsergebnisse weitergeben. Weiterbildung an Hochschulen soll Wissenschaftstransfer zur Realisierung innovativer Produkte, Verfahren und Dienstleistungen sein.

Teilzeitstudium

- Weiterbildungsstudiengänge mit Diplomabschluß sollten durch eine »intelligente« Verbindung von Studium und Beruf geprägt sein. Hochschulen sollten daher für Berufstätige mit abgeschlossener beruflicher Ausbildung ein Studium anbieten, das in Teilzeitform realisiert werden kann und insofern den Charakter einer Weiterbildung hat.
  Bei der konzeptionellen und inhaltlichen Gestaltung des Studiengangs sollen die für das Studium verwertbaren Kenntnisse der Berufstätigen berücksichtigt werden. Dies bedeutet, daß gegenüber einem inhaltlich gleichen Studiengang für Studienanfänger ohne vorhergehende Berufsausbildung und ohne gleichzeitige Berufstätigkeit die Studiendauer spürbar kürzer sein kann. Weiterhin könnte das Studium mit den beruflichen Aufgaben verzahnt werden, so daß derartige Studiengänge auch zugleich aus der Sicht der Praxis Personalentwicklungsmaßnahmen sind.

Durchlässigkeit zum dualen System

Um zwischen der dualen beruflichen Ausbildung und der Hochschulausbildung mehr Durchlässigkeit zu erreichen, sollten die »berufsintegrierenden Studiengänge« insbesondere auch für Berufstätige ohne formale Hochschulzugangsberechtigung geöffnet werden. Darüber hinaus ist es im Sinne der Durchlässigkeit und im Sinne einer besseren Verzahnung von Beschäftigungssystem und Bildungssystem sinnvoll, berufliche Weiterbildung, zum Beispiel Meisterbildung bzw. Fachwirteausbildung, und Studium miteinander zu verbinden und Studium und berufliche Weiterbildung konzeptionell als Einheit und inhaltlich aufeinander bezogen zu planen.

Eine besondere Form von Weiterbildungsangeboten für Berufstätige bzw. der Verbindung von Studium und Beruf sind derzeit bereits angebotene »ausbildungsintegrierende Studiengänge«. Hieran kann angeknüpft werden. In der Zukunft sollen ausbildungsintegrierende und berufsintegrierende Studiengänge vermehrt entwickelt und angeboten werden. Zugleich trägt dies dazu bei, daß berufliche Ausbildung und Hochschulausbildung als gleichwertig angesehen werden und die berufliche Ausbildung um weitere Optionen angereichert wird.

IV.6 Strukturen und Koordination des Bildungsangebotes

IV.6.1 Struktur und Organisationsformen im Schulwesen

Schulorganisation und Bildungschancen

Die Organisation des Schulwesens hat erheblichen Einfluß auf die Bildungschancen und Bildungsmöglichkeiten von Kindern und Jugendlichen. Schulorganisationen sind historisch gewachsen und ändern sich als Folge des gesellschaftlichen Wandels. Deshalb muß die Frage nach der Weiterentwicklung der Schulorganisation auch heute neu gestellt werden. Es gehört zu den wichtigsten fachlichen und politischen Aufgaben, notwendige Weiterentwicklungen einzuleiten, auch wenn andere Themen – zum Beispiel Fragen der Qualität schulischer Bildung und der Entwicklung der Einzelschule oder Probleme der Steuerung im Schulwesen – zu Recht in den Vordergrund der bildungspolitischen Diskussion getreten sind.

Ausgangslage

Strukturelles Grundmuster

Das deutsche Schulsystem hat bis heute an seinem Grundmuster

- der Trennung nach bildungsgangbezogenen Schulformen in der Sekundarstufe I,
- der curricularen und organisatorischen Trennung von studienvorbereitenden und berufsqualifizierenden Bildungsgängen in der Sekundarstufe II und
- der separaten Unterrichtung von behinderten Kindern und Jugendlichen in Sonderschulen

festgehalten und den internationalen Trend zu übergreifenden und integrativen Organisationsformen verschiedener Ausprägung nur im Primarbereich – seit 1920 ist die vierjährige Grundschule eingeführt – nachvollzogen.

Wichtige Reformen

Diese strukturelle Orientierung hat jedoch in den letzten Jahrzehnten Prozesse der Anpassung an neue gesellschaftliche Rahmenbedingungen und der Modernisierung nicht ausgeschlossen. Indizien für den Wandel und die strukturelle Reformfähigkeit im Rahmen der Grundstruktur des deutschen Schulsystems sind u.a.

Grundschulreform

– die Entwicklung der Grundschule zu einer Schulform, deren pädagogisches Profil sich primär an den Fähigkeiten und Lernbedürfnissen der Kinder orientiert,

Erweiterung der Bildungschancen

– die Öffnung des Zugangs zu Schulformen der Sekundarstufe mit höheren Abschlüssen für bis dahin benachteiligte Gruppen, die gleiche Bildungschancen für Jungen und Mädchen, eine gestiegene Bildungsbeteiligung von Kindern und Jugendlichen in ländlichen Regionen sowie eine Abschwächung der schichtenspezifischen Auslese bewirkt hat,

Entkoppelung von Schulform und Abschluß

– die zunehmende Entkoppelung der Abschlüsse von Schulformen im traditionell gegliederten Schulwesen, so daß in Nordrhein-Westfalen an der Hauptschule auch der mittlere Abschluß (Fachoberschulreife) erreichbar ist, an Hauptschule und Realschule die Berechtigung zum Übergang in die gymnasiale Oberstufe erworben und die Hochschulreife auch über andere als gymnasiale Bildungsgänge erreicht werden kann,

Neue Bildungsgänge und Schulformen

– die Einführung neuer Schulformen, Bildungsgänge und Abschlüsse, zum Beispiel der Gesamtschule als zusätzlicher Regelschule, mit der Folge, daß eine größere Angebotspluralität erreicht worden ist,

Kollegschule

– die Erprobung bzw. Einführung von Bildungsgängen und Schulformen, in denen die Trennung von studienvorbereitenden und berufsqualifizierenden Bildungsgängen in der Sekundarstufe II aufgehoben ist, zum Beispiel im Schulversuch Kollegschule,

Sonderpädagogische Förderung

– umfangreiche Schulversuche mit integrativen Formen sonderpädagogischer Förderung in Regelklassen der Primarstufe.

Neue Planungssituation

Schulstruktur und Schulplanung stehen heute vor neuen Herausforderungen, weil der Wandel in den Bildungs- und Ausbildungsentscheidungen von Eltern und Jugendlichen, demographische Entwicklungen, veränderte Qualifikationserwartungen der Wirtschaft oder neue pädagogische Sichtweisen die Legitimation und Leistungsfähigkeit überkommener Organisationsformen in Frage stellen oder Stabilität und Gleichwertigkeit der schulischen Angebote in den Gemeinden und Regionen gefährden.

Primarstufe Sonderpädagogische Förderung

Die Auswirkungen dieser Prozesse auf die Primarstufe und auf die berufliche Bildung finden sich in Kapitel IV.3.2, auf die Organisationsformen sonderpädagogischer Förderung in Kapitel IV.4 dargestellt.

Sekundarstufe I

Sie bestimmen auch die Entwicklungssituation der Sekundarstufe I, die in den letzten Jahren im Mittelpunkt der strukturellen Kontroversen stand:

- Alle Schulformen haben in den letzten Jahren eine Veränderung ihrer Zielsetzungen und Arbeitsweisen erfahren. Sie sehen sich zudem aufgrund ihrer von Ort zu Ort sehr unterschiedlichen Schülerschaft und der unterschiedlichen kommunalen Rahmenbedingungen vor je andere pädagogische und schulorganisatorische Aufgaben gestellt.

- Die gestiegene Nachfrage nach höheren Bildungsabschlüssen hat zusammen mit demographischen Entwicklungen gravierende Auswirkungen auf die Breite schulischer Angebote in den Gemeinden. Vor allem Gemeinden mit einer Wohnbevölkerung unter 20.000 Einwohnern sind nur schwer in der Lage, ein differenziertes Angebot an weiterführenden Bildungsgängen und Abschlüssen wohnortnah anzubieten. Die empirischen Daten belegen, daß mit den traditionellen Organisationsmustern des dreigliedrigen Schulwesens – rechtlich und organisatorisch eigenständige Schulen einer bestimmten Schulform vielfach an separaten Standorten – ein umfassendes Bildungsangebot in vielen Gemeinden nicht mehr zu gewährleisten ist.

Keine Systementscheidung

- Die politische Debatte der letzten Jahre über die »richtige« Schulstruktur hat gezeigt, daß keiner der Vorschläge für eine neue und einheitlich verbindliche Schulstruktur in Gesellschaft und Politik hinreichend konsensfähig ist. Es kommt hinzu, daß landesweit gültige Modelle den unterschiedlichen Situationen in Gemeinden und Regionen in der Regel nicht gerecht werden können. Planungen auf dieser Grundlage haben in den letzten Jahren zunehmend an Akzeptanz verloren, weil sie das Bedürfnis nach Eigenverantwortung, die Interessen und die Kompetenzen der vor Ort Beteiligten nicht genügend berücksichtigen. Neue Strukturmodelle können gegen den Willen von Eltern und Schulträgern nicht durchgesetzt werden.

Leitvorstellungen

Die langjährige Fixierung der Schulstrukturdebatte auf Systemgegensätze, zum Beispiel zwischen

- traditionell gegliedertem Schulwesen und Gesamtschule,
- studienvorbereitenden und berufsqualifizierenden Bildungsgängen,
- Sonderschulen und einem gemeinsamen Unterricht in allgemeinen Schulen,

hat zu einer Blockade der Schulstrukturentwicklung geführt.

Entwicklungskonzept

Die Kommission schlägt deshalb ein Entwicklungskonzept vor, das die schulischen Angebote in Gemeinden und Kreisen konsolidieren und die Entwicklungsoffenheit, Gestaltbarkeit und Bürgernähe von Schulstruktur und Schulplanung sicherstellen will. Das Konzept hat zwei Schwerpunkte: Vorschläge zur Fortführung der Schulstrukturentwicklung auf kommunaler bzw. regionaler Ebene durch die Anerkennung der Gestaltungsentscheidung vor Ort und Vorschläge zur Neuordnung bestehender Strukturen durch die Verständigung auf substantielle Reformschritte.

Intelligente Lösungen vor Ort

– Konsolidierung und Weiterentwicklung des Schulangebots vor Ort setzen einen fachlichen und politischen Perspektivenwechsel voraus: Nicht die generellen Systemfragen, sondern die Entwicklung der Einzelschulen und der Gesamtheit der Angebote in den Gemeinden und Kreisen sollen in den Mittelpunkt gestellt werden. Es sollen vielgestaltige Reform- und Entwicklungsprozesse und intelligente Lösungen für die Schulangebote vor Ort ermöglicht werden.

Staatliche Vorgaben und örtliche Gestaltung

– Rechte und Pflichten des Staates und der kommunalen Schulträger sollen neu definiert werden mit dem Ziel, eine Balance zwischen der staatlichen Gesamtverantwortung und der eigenverantwortlichen Entwicklung vor Ort, zwischen der Sicherung von Gleichwertigkeit und unterschiedlichen Formen der schulischen Angebote in Gemeinden und Regionen zu erreichen. Die allgemeinen Grundsätze, die die Empfehlungen der Kommission zu Steuerung und Verantwortung im Schulwesen (→ Kapitel IV.2) bestimmen, sind

  • die Begrenzung der staatlichen Regulierung auf Rahmenvorgaben,
  • die Ermöglichung unterschiedlicher Entwicklungsprozesse vor Ort,
  • die Sicherung von Standards und die qualitative Weiterentwicklung durch Evaluation und Berichterstattung.

  Sie sollen auch für Schulstruktur und Schulplanung Geltung erhalten.

Kriteriengebundene Planung

– Die staatlichen Rahmenvorgaben und die lokale und regionale Schulentwicklungsplanung sollen von den gegebenen Schulstrukturen ausgehen. Zugleich muß aber die Perspektive einer langfristigen Orientierung offengehalten werden. Deshalb ist eine an Kriterien gebundene Weiterentwicklung erforderlich. Planungen und Entscheidungen auf staatlicher und kommunaler Ebene sollen sich auch künftig an übergreifenden gesellschaftspolitischen, pädagogischen und planerischen Normen messen lassen. Dazu gehören

- gleiche Bildungschancen für Kinder und Jugendliche, unabhängig von unterschiedlichen sozialen und regionalen Rahmenbedingungen und Voraussetzungen,
- das Recht von Eltern und Jugendlichen auf ein plurales, möglichst umfassendes und wohnortnahes Angebot an Bildungsgängen und Abschlüssen,
- die Förderung von Durchlässigkeit zwischen den Bildungsgängen und von Organisations- und Arbeitsformen, die pädagogische Zusammenarbeit und effektiven Ressourceneinsatz begünstigen,
- eine Flexibilität von Schulen gegenüber demographischen Entwicklungen und Veränderungen in Bildungs- und Ausbildungsentscheidungen von Eltern und Jugendlichen.

Überprüfung von Organisationsmöglichkeiten

– Die bestehenden Organisationsmöglichkeiten für die Bildungsgänge müssen angesichts der sich verändernden Rahmenbedingungen und Anforderungen auf ihre Leistungsfähigkeit überprüft und korrigiert werden. Nach Auffassung der Kommission sollen in nächster Zeit die Voraussetzungen dafür geschaffen werden, daß

- die individuellen Entwicklungsmöglichkeiten der Kinder und die soziale Integrationsfunktion der Schule durch längeres gemeinsames Lernen in der Primarstufe gestärkt werden,
- die Organisationsmöglichkeiten der Schulträger in bezug auf die Bildungsgänge der Sekundarstufe des allgemeinbildenden Schulwesens erweitert werden,
- Eigenständigkeit und Gleichwertigkeit der studienvorbereitenden und der berufsqualifizierenden Bildungsgänge in der Sekundarstufe II in geeigneten Organisationsformen realisiert werden,
- ein plurales und flexibles System sonderpädagogischer Förderung aufgebaut wird.

Empfehlungen

Staatlich verantwortete Basisstrukturen

– Staatliche Regulierung in schulstrukturellen Fragen soll auf Rahmenvorgaben beschränkt werden. Diese sollen Basisstrukturen sichern, den kommunalen Schulträgern aber zugleich erhebliche Spielräume bei ihren Entwicklungsplanungen und Organisationsentscheidungen geben.

– Zur Sicherung der Gleichwertigkeit der schulischen Angebote in Gemeinden und Regionen sollen auf Landesebene verbindliche Festlegungen getroffen werden zu

- Aufbau und Gliederung des Schulwesens nach Schulstufen, Bildungsgängen und Bildungsbereichen
- den Übergängen zwischen schulischen Bildungsgängen und
- den Abschlüssen von Bildungsgängen und ihren Berechtigungen.

Zukunftsdialog zur langfristigen Entwicklung

– Die Weiterentwicklung der staatlich verantworteten Basisstrukturen soll Resultat eines kontinuierlichen und offenen gesellschaftlichen Dialogs vor Ort und auf Landesebene sein.
Die Auswirkungen des raschen gesellschaftlichen Wandels (→ Kapitel III.1) und der Veränderungen in den Bildungsentscheidungen von Eltern und Jugendlichen auf die langfristige Organisation des Schulwesens sind nicht eindeutig zu prognostizieren. Die Weiterentwicklung der Basisstrukturen im Schulwesen muß deshalb dialogisch und als Prozeß gestaltet werden, in dem langfristige Ziele und konkrete Reformschritte gemeinsam definiert und vereinbart werden. Zu den Grundlagen eines solchen »Zukunftsdialogs« sollen nach Auffassung der Kommission gehören

Auswertung der regionalen Schulberichte

- die Auswertung der regelmäßigen kommunalen bzw. regionalen Schulberichte, die den Aufbau eines Systems der Selbst- und Fremdevaluation der von den Schulträgern verantworteten strukturellen Entwicklung vor Ort voraussetzen (→ Kapitel IV.6.2),

Berichte der Landesregierung

- regelmäßige Berichte der Landesregierung, in denen sie auf der Grundlage der Entwicklungen vor Ort über die Entwicklung der Basisstrukturen im Schulwesen informiert und ihre mittel- und langfristigen Entwicklungsziele zur Diskussion stellt,

Entwicklung in anderen Ländern

- die Berücksichtigung der strukturellen Weiterentwicklung in anderen Ländern der Bundesrepublik Deutschland und in vergleichbaren Industriestaaten.

Kommunales Gestaltungsrecht

– Während die Entwicklung der Basistrukturen (→ Kapitel V.3.2) eine Aufgabe des Landes bleiben muß, sollen die Gestaltungsrechte und Verantwortlichkeiten der kommunalen Schulträger für die Organisationsformen von Bildungsgängen erheblich erweitert werden. Schulträger sollen in die Lage versetzt werden, ihre spezifische Bildungslandschaft zu entwickeln, indem sie schulische Bildungsgänge im allgemein- und berufsbildenden Schulwesen und in der sonderpädagogischen Förderung in jeweils unterschiedlichen, ihrer Situation angemessenen Organisationsformen anbieten.

- Planung und Gestaltung der lokalen und regionalen Bildungsangebote sollen jedoch an gemeinsame Kriterien gebunden sein. Ihre Gleichwertigkeit und qualitative Weiterentwicklung sollen durch ein System von Beratung, Evaluation und Berichterstattung gesichert werden. *Bindung an Kriterien*
  Die Kommission hat ihre Vorschläge zu einer kriteriengeleiteten Entwicklung von Schulstruktur und Schulplanung auf kommunaler und regionaler Ebene für das allgemeinbildende Schulwesen in Kapitel IV.6.2 konkretisiert. Die Vorstellungen zur Steuerung der Entwicklungsprozesse in der Region werden in Kapitel IV.2.3 dargelegt.
- Die Kommission empfiehlt darüber hinaus mittelfristige Reformen zur Weiterentwicklung der Schulstruktur und der schulischen Organisationsformen. Die Empfehlungen zielen auf Korrekturen der strukturellen Grundlinien des bestehenden Schulwesens durch *Entwicklungsschwerpunkte*
  - die Einführung der sechsjährigen Grundschule,
  - flexible Organisationsformen für die Bildungsgänge in der Sekundarstufe I,
  - Konzentration auf eine berufliche und eine gymnasiale Oberstufe in der Sekundarstufe II,
  - ein flexibles System sonderpädagogischer Förderung.

Primarstufe

Die Kommission empfiehlt die Einführung der sechsjährigen Grundschule. Die längere Dauer gemeinsamen Lernens in der Grundschule des Wohngebiets verbessert nach Auffassung der Kommission die Chancen der Schule in der Primarstufe, ihre spezifischen pädagogischen Aufgaben und ihre gesellschaftliche Funktion der sozialen Integration zu erfüllen. Diese Empfehlung wird in Kapitel IV.3.2 im einzelnen begründet. *Sechsjährige Grundschule*

Die Kommission ist sich bewußt, daß die Verwirklichung ihrer Empfehlung weitreichende Konsequenzen haben wird *Konsequenzen für …*

- auf die Arbeit in der Grundschule, weil für die neuen Jahrgangsstufen ein pädagogisches und didaktisches Konzept entwickelt werden muß, *Grundschule*
- auf die weiterführenden Schulen in der Sekundarstufe, weil die Abgabe ihrer Erprobungsstufen pädagogische, didaktische und schulorganisatorische Auswirkungen haben wird, *weiterführende Schulen*
- auf die Lehrerbildung, *Lehrerbildung*

Planungen auf Gemeindeebene

– auf die Planung der schulischen Angebote in den Gemeinden, weil die Schülerzahlen im Primarbereich bis etwa zum Jahre 2000 steigen und die Grundschulen mit ihren Gebäuden bis dahin nur begrenzt in der Lage sein werden, zwei weitere Jahrgänge aufzunehmen.

Vor diesem Hintergrund spricht sich die Kommission dafür aus, daß

Bemühen um gesellschaftlichen Konsens

– sich die Landespolitik um eine möglichst breite Zustimmung zu dieser Weiterentwicklung der vorhandenen schulischen Basisstrukturen in Gesellschaft und Parlament, auf Landesebene und vor Ort bemüht,

Einführung als mittelfristiger Entwicklungsprozeß

– die Einführung der sechsjährigen Grundschule in Nordrhein-Westfalen das Resultat eines mittelfristigen Entwicklungsprozesses sein soll, dessen zeitliche und planerische Gestaltung in den Regionen vor allem von den dortigen Gegebenheiten bestimmt wird,

Unterstützung regionaler Initiativen durch das Land

– Initiativen von Regionen, in ihrem Bereich die Auswirkungen der sechsjährigen Grundschule auf den Investitionsbedarf der Schulträger und auf die Angebotsstruktur der Sekundarstufe zu erproben, vom Land durch materielle Anreize und fachliche Beratung nach Kräften unterstützt werden.

Sekundarstufe I

Eigenverantwortliche Entscheidungen vor Ort

Die Kommission empfiehlt, daß die Schulträger unter Beachtung der Elternnachfrage künftig eigenverantwortlich über die Organisationsformen entscheiden können, in denen sie die staatlich vorgebenen Bildungsgänge der Sekundarstufe I vor Ort anbieten.

Zusätzliche Organisationsmöglichkeiten

Sie sollen das Recht erhalten, neben Hauptschulen, Realschulen, Gymnasien und integrierten Gesamtschulen auch Schulen einzurichten, in denen verschiedene Bildungsgänge organisatorisch zusammengeführt sind und die gegebenenfalls die personell und curricular miteinander kooperieren.

Schulen dieser Art sind in anderen Ländern der Bundesrepublik seit längerer Zeit entweder Regelschulen der Sekundarstufe I oder fakultative Angebote an Schulträger. Die Kultusministerkonferenz hat sie in ihrer Vereinbarung vom 03.12.1993 als Variante von »Schularten mit mehreren Bildungsgängen« anerkannt. Sie sollen auch in Nordrhein-Westfalen – ohne einschränkende Vorgaben durch das Land – schulorganisatorische Optionen für die Schulträger sein können. Vorzüge und Chancen einer solchen Pluralisierung der Angebotsformen sind nach Auffassung der Kommission:

- Die verschiedenen Schul- und Organisationsformen, die im lokalen bzw. regionalen Schulangebot nebeneinander stehen und einander ergänzen können, helfen Schulträgern, ein umfassendes Angebot an Bildungsgängen und Abschlüssen in stabilen, flexibel organisierten und wirtschaftlichen Schulen aufzubauen oder zu erhalten.

Pluralität und Flexibilität

- Schulen mit verschiedenen Bildungsgängen erlauben unterschiedliche Formen der Kooperation. Diese kann sich auf die gemeinsame Schulleitung, gemeinsame Mitwirkungsgremien und den übergreifenden Lehrereinsatz beschränken; sie kann aber auch die Bildung gemeinsamer Lerngruppen in einzelnen Fächern, die bildungsgangübergreifende Abstimmung der Lehrpläne und andere gemeinsame Bildungsangebote einbeziehen.

Durchlässigkeit zwischen Bildungsgängen durch mehr Kooperation

- Verbundschulen haben strukturell gute Voraussetzungen, die Durchlässigkeit zwischen den Bildungsgängen zu verbessern. Sie bieten die Möglichkeit, eine Konzentration von Problemgruppen an bestimmten Schulstandorten zu verhindern, da der Bildungsgang der Hauptschule nicht mehr an eigenständigen Hauptschulen angeboten werden muß, wenn diese zu Orten der gesellschaftlichen Ausgrenzung von Minderheiten zu werden drohen.

Keine Konzentration von Problemgruppen an einzelnen Schulstandorten

- Schulen mit verschiedenen Bildungsgängen erleichtern auch die planerischen Aufgaben der Schulträger bei Einführung der sechsjährigen Grundschule. Diese können das dichte Netz wohnungsnaher Grundschulen nur dann ohne größeren Investitionsaufwand erhalten, wenn einige Schulen der Sekundarstufe I zu Standorten von Grundschulen werden und in anderen weiterführenden Schulen die durch den Wegfall der Jahrgangsstufen 5 und 6 freiwerdenden Kapazitäten zur Aufnahme anderer Bildungsgänge genutzt werden können.

Günstige Rahmenbedingung für lokale und regionale Schulplanung

Sekundarstufe II

- Die Kommission empfiehlt, aus dem berufsbildenden Schulwesen heraus eine berufliche Oberstufe zu schaffen, die gleichwertig neben der gymnasialen Oberstufe steht, und diese langfristig zu Berufsbildungszentren weiterzuentwickeln.

Berufliche Oberstufe

- Beide Oberstufen sollen durch Eigenständigkeit, aber auch durch gemeinsame Qualifikationselemente sowie äquivalente Abschlüsse und Berechtigungen gekennzeichnet sein.

Diese Empfehlung wird in Kapitel IV.3.2 im einzelnen begründet.

Sonderpädagogische Förderung

Sonderpädagogische Förderung

- Die Kommission empfiehlt, langfristig ein flexibles System sonderpädagogischer Förderung aufzubauen, das aus regionalen und überregionalen Förderzentren und integrativen Förderangeboten an den allgemeinen Schulen besteht.
- Diese Empfehlung wird in Kapitel IV.4 im einzelnen begründet.

Entwicklungsoffenheit statt Zielmodelle

Die Kommission sieht in ihren Vorschlägen keine Zielmodelle, die durch politische Entscheidungen zu unmittelbaren Vorgaben für staatliches und kommunales Handeln werden sollten. Sie versteht sie als Vorschläge, deren Implementation den Dialog und ein möglichst hohes Maß an gesellschaftlichem Konsens voraussetzt. Mit ihren Empfehlungen, die eigenverantwortliche Entwicklung in den Gemeinden und Regionen zu stärken und durch die Verständigung auf substantielle Reformschritte bestehende Basisstrukturen weiterzuentwicklen, will sie die öffentliche und politische Diskussion von einer neuen Grundlage aus beleben. Sie möchte die Schulträger ermutigen, für ihren Bereich die Akzeptanz für die Erprobung der von der Kommission vorgeschlagenen Reformschritte zu gewinnen und die vielfältigen Möglichkeiten zu nutzen, die sich aus den Empfehlungen der Kommission für die Organisation der Bildungsgänge in der Sekundarstufe, im berufsbildenden Schulwesen und in der sonderpädagogischen Förderung ergeben.

IV.6.2 Regional gestaltete Bildungslandschaften

Für die Städte und Gemeinden des Landes haben die Schwierigkeiten zugenommen, Bildungsangebote so zu planen und zu entwickeln, daß sie für ihre Bürgerinnen und Bürgern eine umfassende, koordinierte und auf die lokalen und regionalen Rahmenbedingungen abgestimmte Versorgung mit schulischen Bildungsgängen und Abschlüssen, beruflicher Bildung und Weiterbildung gewährleisten können.

Die Kommission möchte mit ihrem Vorschlag »Regional gestaltete Bildungslandschaften« dazu anregen, in den Regionen eine Infrastruktur miteinander vernetzter Bildungsangebote zu entwickeln und zu sichern, die für die Nutzer transparent und als System ökonomisch ist.

Dabei geht es um

- die Aufgabe, die verschiedenen Bereiche von Bildung, die sich nach Aufgaben, Trägerschaften, Strukturen und Organisationsformen unterscheiden, zusammenzusehen und aufeinander zu beziehen,
- Entwicklungskonzepte, die dezentral gesucht, verabredet und verantwortet werden,
- die Vielfalt der Angebotsformen, um spezifische Konturen und Profile, um verschiedene Möglichkeiten und Lösungen für je unterschiedliche Situationen und Bedürfnisse,
- die langfristige Entwicklung.

Ausgangslage

Schulversorgung auf Gemeindeebene

Der Wandel in den Bildungsentscheidungen von Eltern und jungen Erwachsenen, die demografische Entwicklung und die traditionellen Muster der Schulorganisation für die Bildungsgänge der Sekundarstufe I haben dazu geführt, daß viele Gemeinden, insbesondere kleinere Gemeinden im ländlichen Raum, die Versorgung mit einem differenzierten Angebot an Bildungsgängen und Abschlüssen nicht mehr dauerhaft gewährleisten können. Auch in den größeren Gemeinden und Städten erschweren diese Faktoren eine flexible innerörtliche Anpassung der schulischen Bildungsangebote (→ Kapitel IV.6.1).

Interkommunale Abstimmung

Die gegenwärtigen Regelungen zur Schulentwicklungsplanung ermöglichen insbesondere im ländlichen Raum eine nur unzureichende Koordinierung der Planungen benachbarter kommunaler Schulträger. Außerdem bewirken die unterschiedlichen Regelungen zur Trägerschaft etwa für allgemeinbildende und berufliche Schulen, daß die Entwicklung dieser beiden Bereiche des Schulwesens vor Ort häufig separat und ohne wechselseitigen Bezug geplant wird.

Quantitative Schulentwicklungsplanung

Die Zuständigkeiten der Träger der öffentlichen Schulen sind im derzeitigen Rechts- und Steuerungssystem auf die sogenannten »äußeren Schulangelegenheiten« begrenzt. Ihre Schulentwicklungsplanungen müssen sich deshalb auf Fragen der quantitativen Versorgung mit Schulen beschränken. Dieser planerische Ansatz greift zu kurz, da die qualitativen Aspekte der Schulentwicklung an Bedeutung gewinnen (zur weiteren Begründung Kapitel IV.2.3). Die kommunalen Schulträger benötigen Instrumente zur qualitativen Gestaltung der Bildungsangebote und zur Unterstützung von pädagogischen Innovationen in den Einzelschulen.

Veränderte Zusammenhänge, spezielle Rahmenvorgaben

Die allgemeinbildenden Schulen, der schulische und betriebliche Teil der beruflichen Ausbildung, die sonderpädagogische Förderung und die Weiterbildung sind relativ eigenständige Komponenten des Bildungswesens, deren funktionaler Zusammenhang sich wandelt. Ihre Bezüge können am besten vor Ort organisiert werden. Einer dezentral verantworteten Gestaltung der Bildungsangebote, die die verschiedenen Bereiche schulischer und außerschulischer Bildung umfaßt, sind jedoch vor allem in der beruflichen Bildung und in der Weiterbildung Grenzen gesetzt: durch ordnungspolitische Vorgaben, zwischen Bund und Land geteilte Kompetenzen, durch andere räumliche Bezüge als in der allgemeinen Bildung und durch Beratungsgremien auf jeweils unterschiedlich definierten »regionalen« Ebenen.

Sondersituation der beruflichen Ausbildung im dualen System

Berufliche Ausbildung findet überwiegend im dualen System statt; vollzeitschulische Ausbildungsgänge an berufsbildenden Schulen sind insgesamt nur von sektoraler Bedeutung.

Das duale System der Berufsausbildung basiert nach dem Berufsbildungsgesetz von 1969 auf den Prinzipien der Vertragsfreiheit, was das Zustandekommen von Ausbildungsverhältnissen betrifft, und der öffentlichen Verantwortung für die Qualität der Berufsausbildung, insbesondere hinsichtlich der Normierung von Mindeststandards für die Ausbildung in anerkannten Ausbildungsberufen. Das Angebot an Ausbildungsplätzen hängt entscheidend von der regionalen Wirtschaftsstruktur und auch der Beschäftigungslage ab. Die Durchführung der Berufsausbildung ist durch bundesweite Vorgaben normiert. Sowohl die Bereitstellung von Ausbildungsplätzen nach Zahl und beruflicher Zuordnung als auch die Normierung von Ausbildungszielen und -inhalten einschließlich der Aufgabenverteilung zwischen Ausbildungsbetrieb und Berufsschule entziehen sich dem Einfluß regionaler Planungs- und Entscheidungsinstanzen.

Regionale Disparitäten

Trotz bundes- und landesweiter Rahmenvorgaben sind die Ausbildungsmöglichkeiten und -bedingungen zwischen den Regionen sehr unterschiedlich. Das Angebot an betrieblichen Ausbildungsplätzen und die betriebliche Ausbildung variieren in ihrer Durchführung nach örtlicher Situation, Berufsfeld, Ausbildungsberuf und Ausbildungsbetrieb.

Als Folge haben sich Disparitäten ergeben, die sich zum Beispiel ausdrücken in

- unterschiedlichen Chancen des Zugangs zu beruflichen Ausbildungsmöglichkeiten,
- unterschiedlicher Quantität, Breite (Berufsfelder, Ausbildungsberufe) und Qualität der Ausbildungsangebote.

Notwendigkeit interegionaler Kooperation

Angebots- und Nachfragestrukturen sind in der beruflichen Bildung deutlich differenzierter als im Bereich der allgemeinen Bildung. Für den Aufbau leistungs- und anpassungsfähiger Bildungsangebote ist die Zusammenarbeit über Kreisgrenzen hinweg oftmals erforderlich.

Funktionen der Kammern

In der beruflichen Ausbildung haben die Kammern entscheidende Funktionen für Organisation, Qualitätssicherung und Abschlußprüfungen. Die Grenzen der Kammerbezirke sind in der Regel mit den politisch-administrativen Grenzen von Gemeinden, Städten und Kreisen nicht identisch, sondern weiträumiger angelegt. Die Kammern verfügen mit den Berufsbildungsausschüssen über Gremien, die im Rahmen ihrer Zuständigkeiten koordinierende Aufgaben wahrnehmen und von Arbeitgeber- und Arbeitnehmerseite paritätisch besetzt sind. Die berufsbildenden Schulen sind nur mit beratender Stimme vertreten.

Weiterbildung

Differenzierte Verantwortungsstrukturen

Während für die außerschulische berufliche Weiterbildung die Kompetenzen beim Bund liegen, hat das Land die Zuständigkeiten für die allgemeine und politische Weiterbildung sowie für die schulische berufliche Weiterbildung. Weiterbildung ist weit weniger geregelt als die berufliche Bildung. Berufsbildungsgesetz und Arbeitsförderungsgesetz des Bundes, das Weiterbildungs- und Arbeitnehmerweiterbildungsgesetz des Landes setzen Rahmenvorgaben, die für Organisation und Gestaltung der Weiterbildung auf dezentraler Ebene wirksam sind, aber für die öffentlichen und anderen Träger erhebliche Handlungsspielräume lassen.

Rolle der Kommunen

Gemeinden, Zweckverbände und Kreise sind als Träger der öffentlichen Weiterbildungseinrichtungen zur Planung der Angebote in Abstimmung mit den anerkannten, in ihrem Bereich tätigen anderen Trägern der Weiterbildung verpflichtet. Insofern hat die Kommune im Weiterbildungsbereich eine Doppelrolle: Über ihre Volkshochschule hat sie ein Grundangebot vorzuhalten, sie hat zugleich ein Forum zu einer freiwilligen Abstimmung der Planungen der anderen staatlich geförderten Einrichtungen am Ort zu schaffen. Die Angebote der öffentlichen und der anderen Träger von Weiterbildung weisen nach Umfang und thematischen Schwerpunkten regionale Unterschiede auf. Insgesamt ist jedoch in Nordrhein-Westfalen eine vielfältige Weiterbildungslandschaft entstanden mit einem umfassenden Angebot in allen Regionen.

Berufliche Weiterbildung

Als Träger der beruflichen Weiterbildung dominiert der Betrieb. Das quantitative Gewicht beruflicher Weiterbildung in den Angeboten der öffentlichen Bildungseinrichtungen ist unterschiedlich, im Vergleich zu den anderen Aufgabenbereichen aber in der Regel gering. Während Veränderungen in der betrieblichen Weiterbildung vor allem Gegenstand von Vereinbarungen zwischen den Sozialpartnern sein müssen, ist die Entwicklung der außerbetrieblichen beruflichen Weiterbildung eine gemeinsame Aufgabe der privaten und öffentlichen Träger. Wirksame Konzepte setzen jedoch voraus, daß die beteiligten regionalen Anbieter Formen der Selbstkoordination und der institutionalisierten Zusammenarbeit entwickeln.

Regionale Verbünde

Dies geschieht seit einigen Jahren zum Beispiel in Qualifizierungsnetzwerken und Weiterbildungsverbünden, in denen sich Unternehmen, Weiterbildungseinrichtungen verschiedener Träger, Berufsschulen und andere Institutionen zusammengeschlossen haben. Sie stellen in ihren unterschiedlichen Organisationsformen den Versuch dar, in einer Kooperation zwischen Markt und Staat eine Vernetzung in der beruflichen Bildung auf den Weg zu bringen, die den zunehmenden Erfordernissen an Abstimmung einerseits, Flexibilisierung und Spezialisierung andererseits gerecht werden soll.

Berufliche Qualifizierung als Aufgabe der Strukturregionen des Landes

Bildung und Qualifikation sind auch Gegenstände der Beratungen und Planungen im Rahmen der regionalisierten Strukturpolitik des Landes. In einigen der fünfzehn Strukturregionen in Nordrhein-Westfalen haben sich Arbeitskreise gebildet, um die Erfordernisse in der regional orientierten Bildung zu identifizieren, die vorhandenen Potentiale der Region besser zu nutzen und mittelfristige Entwicklungskonzepte zu erarbeiten. Die räumlichen Bezüge der Netzwerke und Verbünde und der Arbeitskreise in den Strukturregionen des Landes sind unterschiedlich, weisen in der Regel aber über die Grenzen von Gemeinden und Kreisen hinaus.

Leitvorstellungen

Koordinierung der Bildungsangebote in der Region

Die Leitvorstellungen und Empfehlungen der Kommission verfolgen das Ziel, die Kommunen des Landes in die Lage zu versetzen, ihre kulturelle und wirtschaftliche Infrastruktur durch umfassende, ortsbezogene Angebote an schulischer und außerschulischer Bildung zu stärken.

Eine Voraussetzung dafür ist vor allem im ländlichen Raum eine regionale Kooperation. Deshalb empfiehlt die Kommission die Schaffung von Bildungsregionen. Als Bildungsregionen sollen in der Regel die Kreise und kreisfreien Städte gelten (→ Kapitel IV.2.3).

Die Entwicklung gleichwertiger, aber differenzierter Bildungslandschaften in den Bildungsregionen soll ein entscheidender Beitrag sein zur Verbesserung der Bildungschancen der Bürgerinnen und Bürger, der Gleichwertigkeit der Lebensverhältnisse, aber auch der Anerkennung lokaler und regionaler Eigengestaltung.

Bildungschancen, regionale Eigengestaltung, Gleichwertigkeit der Lebensverhältnisse

Um dieses Ziel zu erreichen, ist es nach Auffassung der Kommission notwendig, durch Kooperation zwischen den öffentlichen und privaten Trägern der schulischen Bildungseinrichtungen, den verschiedenen Trägern der beruflichen Bildung und der Weiterbildung eine bessere Verständigung über Entwicklungsvorstellungen und Planungen zu ermöglichen. Zentrale Elemente dieses Konzepts sollen sein:

Elemente des Konzeptes »Regional gestaltete Bildungslandschaften«

- die Erweiterung der Entscheidungskompetenzen und der schulorganisatorischen Optionen der kommunalen Schulträger,
- im Bedarfsfalle eine interkommunale, das heißt regionale Rahmenplanung für die Schulentwicklung,
- die Ergänzung der Entwicklungsplanungen der kommunalen Schulträger um qualitative Elemente und deren Verknüpfung mit anderen kommunalen Gestaltungsbereichen,
- ein Arbeitsverbund der öffentlichen Träger mit der Wirtschaft als Träger von betrieblicher Ausbildung und beruflicher Weiterbildung und den öffentlichen und privaten Trägern der Weiterbildung.

Schulische Bildungsangebote

Regional verantwortete Planung der Bildungsangebote

- Gemeinden, Zweckverbände und Kreise als Träger der öffentlichen Schulen sollen ihre schulischen Bildungsangebote im allgemeinbildenden Schulwesen und im Bereich der sonderpädagogischen Förderung eigenverantwortlich planen und, sofern erforderlich, untereinander koordinieren.

  Leitziel

  Leitziel der dezentralen schulorganisatorischen Entwicklungsplanung ist es, unter den spezifischen lokalen und regionalen Bedingungen

  ... im allgemeinbildenden Schulwesen

  - die Bildungsgänge und Abschlüsse der Sekundarstufe möglichst vollständig und wohnortnah in unterschiedlichen Organisationsformen anzubieten, die in pädagogischer Hinsicht entwicklungsoffen sind, auf wechselnde Rahmenbedingungen flexibel reagieren können und einen ökonomischen Einsatz der finanziellen Ressourcen erlauben,

  ... in der sonderpädagogischen Förderung

  - eine wohnortnahe Förderung von Kindern und Jugendlichen mit sonderpädagogischem Förderbedarf zu ermöglichen und

Bildungsregionen

Regionales Gesamtprogramm der Bildungs- und Weiterbildungsangebote

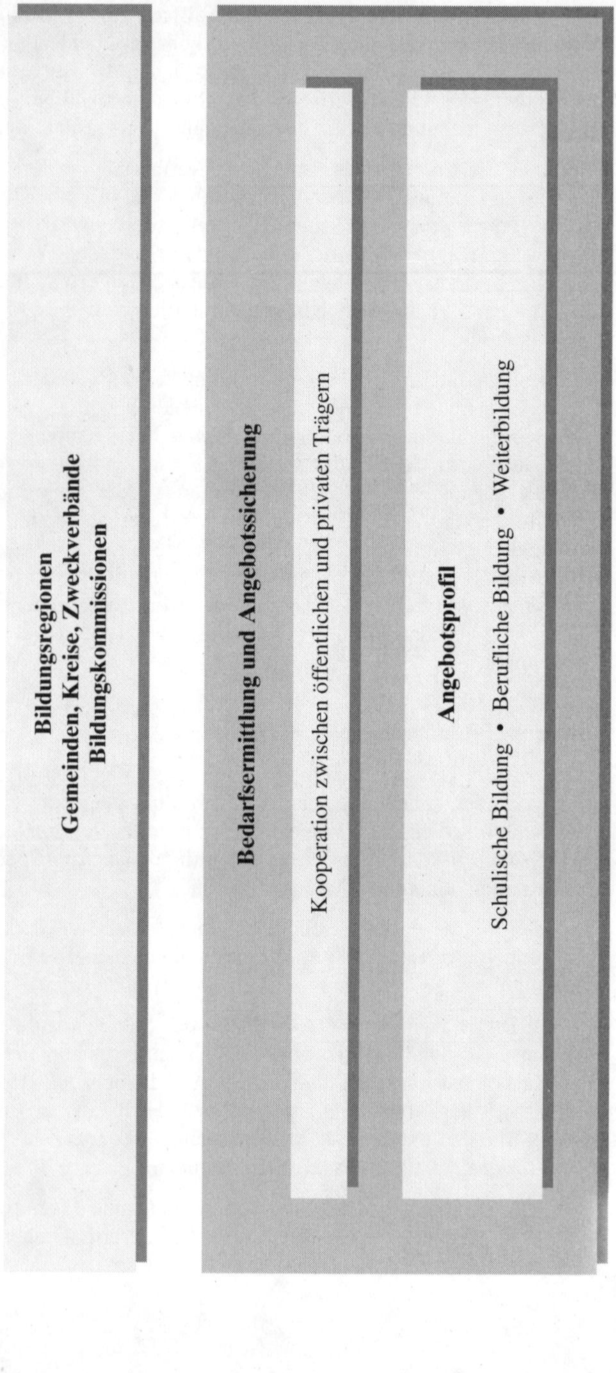

die gemeinsame Unterrichtung von behinderten und nichtbehinderten Kindern und Jugendlichen weiterzuentwickeln.

Überregionale Gestaltungsprinzipien

Planung und Entwicklung der lokalen und regionalen Schulversorgung sollen an gemeinsame Gestaltungsprinzipien gebunden sein und regelmäßig evaluiert werden.

Qualitative Schulentwicklungsplanung

– Die kommunale Schulentwicklungsplanung in Gemeinden und Regionen soll Aufgaben der qualitativen Gestaltung von Schullandschaften übernehmen, indem sie

  • Initiativen und Planungen von Einzelschulen zur pädagogischen und fachlichen Profilbildung aufgreift und im Bedarfsfall aufeinander abstimmt,
  • Möglichkeiten zur finanziellen Förderung von Schulen an besonders problembelasteten Standorten und von innovativen pädagogischen Projekten an Einzelschulen erhält,
  • die Schulentwicklung mit anderen kommunalen Gestaltungsbereichen (zum Beispiel Jugend-, Kultur-, Gesundheits-, Arbeits- und Wirtschaftspolitik) und kommunalen Diensten verknüpft.

Berufliche Bildung

Kooperation und Selbstkoordination in der beruflichen Bildung

– Angesichts der Bedeutung beruflicher Qualifizierung für die ökonomische Modernisierung, den Strukturwandel und die individuelle berufliche Förderung hält die Kommission eine Regionalisierung der Berufsbildungsplanung für erforderlich.

Regional verantwortete Berufsbildungsplanung

Ziel einer regional verantworteten Berufsbildungsplanung soll sein, in Kooperation der verschiedenen öffentlichen und privaten Träger ein Bildungs- und Qualifizierungssystem aufzubauen, das sich vor allem durch ein hohes Maß an Flexibilität und Reaktionsfähigkeit auf sich verändernde zukünftige Anforderungen auszeichnet.

Flexible Formen der Organisation und Kooperation

Innerhalb der bestehenden Systemstrukturen sollen systematisch flexible Formen der Organisation beruflicher Aus- und Weiterbildung entwickelt und die Voraussetzungen für eine intensive Kooperation zwischen den Lernorten der beruflichen Ausbildung sowie den öffentlichen und nichtöffentlichen Einrichtungen der beruflichen Weiterbildung geschaffen werden.

Prinzip der Einheitlichkeit in der beruflichen Ausbildung bewahren

Eine regional gestaltete Berufsbildungsplanung steht nicht im Gegensatz zum Prinzip der Einheitlichkeit in der beruflichen Ausbildung, da sie nicht die qualitative Ausgestaltung aufgrund der vorgegebenen Normen berührt, sondern die Angebotsstruktur und den Mitteleinsatz verbessert.

Weiterbildung

Regionale Präsenz und Durchsichtigkeit der Weiterbildungsangebote

– Weiterbildung soll in enger Zusammenarbeit zwischen ihren öffentlichen und privaten Trägern so ausgebaut werden, daß ihre Angebote transparent und für alle gut erreichbar sind und ihre inhaltlichen Profile wechselnden Anforderungen und Nachfragen gerecht werden.

Aufgaben des Landes

Das Land soll durch angemessene finanzielle Förderung sicherstellen, daß die Kommunen ihre Pflichtaufgabe, mit ihren Volkshochschulen eine Grundversorgung an Weiterbildung zu gewährleisten, auch weiterhin erfüllen können.

Aufgaben der kommunalen Träger

Die kommunalen Träger sollen die Zusammenarbeit mit den anderen Trägern der Weiterbildung fördern, Gelegenheit zu gemeinsamer Beratung und zur Selbstkoordination schaffen und sich an interkommunalen Initiativen mit dieser Zielsetzung (zum Beispiel an Weiterbildungsverbünden oder Qualifizierungsnetzwerken) aktiv beteiligen.

Empfehlungen

Schulische Bildungsangebote

Regional verantwortete Schulstruktur: Pluralität der Strukturen und Organisationsformen

– Voraussetzung für die eigenverantwortliche und ortsbezogene Planung der lokalen und regionalen Schulstruktur durch die kommunalen Schulträger ist die Erweiterung der vorhandenen schulorganisatorischen Optionen auf der Grundlage struktureller Pluralität. Die Kommission hat dazu in Kapitel IV.6.1 »Struktur und Organisationsformen im Schulwesen« Empfehlungen gegeben.

Gemeinsame Gestaltungsprinzipien für das allgemeinbildende Schulwesen

– Um die Gleichwertigkeit der schulischen Angebote in und zwischen den Regionen zu sichern und der Gefahr der Beliebigkeit in der Entwicklung der schulischen Organisationsformen zu begegnen, empfiehlt die Kommission, Planung und Entwicklung der lokalen und regionalen Schulstruktur an gemeinsame Gestaltungsprinzipien zu binden, die übergreifenden gesellschaftspolitischen Zielsetzungen und pädagogischen Leitvorstellungen verpflichtet sind sowie planerische und ökonomische Kriterien erfüllen. Für das allgemeinbildende Schulwesen hält die Kommission folgende Gestaltungsprinzipien für wichtig:

  - Priorität des Angebotes an Bildungsgängen und Abschlüssen vor Schulformen,

- Orientierung des örtlichen und regionalen Gesamtangebotes am Prinzip der Wahlmöglichkeit zwischen Bildungsgängen und Abschlüssen,
- Berücksichtigung der Nachfrage nach Schulformen: Schulen der Schulformen des dreigliedrigen Schulwesens (Hauptschule, Realschule, Gymnasium als Schule der Sekundarstufen I und II) und Gesamtschulen (Schule der Sekundarstufen I und II) sollen angeboten werden, wenn die Nachfrage der Eltern eine Stabilität für mehr als fünf Jahre annehmen läßt,
- Einhaltung einer hinreichenden Zügigkeit von Schulen und hinreichender Jahrgangsbreiten, um Wahlmöglichkeiten und Abschlußchancen sowie einen ökonomischen Mitteleinsatz sicherzustellen,
- keine Konzentration von Schülerinnen und Schülern aus »Benachteiligtengruppen« (das heißt von lernschwachen und verhaltensauffälligen Kindern und Jugendlichen oder von Schülerinnen und Schülern anderer Nationalität) an einzelnen Schulstandorten,
- Förderung der Kooperation zwischen gleichen oder unterschiedlichen Schulformen und Schulstufen,
- Unterstützung bei der Profilbildung an Schulen im Zusammenhang eines örtlichen oder regionalen Gesamtangebots,
- Koordinierte Standort- und Verkehrsplanung unter Berücksichtigung der Kooperation zwischen Schulen und zwischen Schulen und außerschulischen Einrichtungen,
- gemeinsame Nutzung ausstattungsintensiver Einrichtungen durch mehrere Schulen.

Ausbau der Betreuungsangebote

Zur lokalen und regionalen Schulstruktur sollen im Primarbereich Halbtagsschulen mit gleichbleibender Schulzeit bis mittags, im Primar- und Sekundarbereich I Ganztagsschulen oder Schulen mit Ganztagsangeboten gehören. Land und Schulträger sollen mittelfristig die Voraussetzungen dafür schaffen, daß solche schulischen Angebote in den Kommunen der Nachfrage entsprechend zur Verfügung gestellt werden können.

Schul- und Bildungskommissionen als Gremien der regionalen Kooperation und Koordination

– Bei den kreisangehörigen Gemeinden und Zweckverbänden als den Trägern von allgemeinbildenden Schulen und Sonderschulen sollen Schulkommissionen, bei den Kreisen und kreisfreien Städten als den Trägern von allgemein- und berufsbildenden Schulen, von Sonderschulen und von öffentlichen Einrichtungen der Weiterbildung sollen Bildungskommissionen eingerichtet werden.

Schul- bzw. Bildungskommission sollen Instrumente der Kooperation und Selbstkoordination für die lokal und regional verantwortete Schul- und Bildungspolitik sein. Sie sollen an die Stelle der bei den kommunalen Selbstverwaltungsorganen bestehenden Schulausschüsse treten und Ausschüsse besonderen Rechts sein (zur Zusammensetzung und zu den Aufgaben von Schul- und Bildungskommission Kapitel IV.2.3).

Bewertung der regionalen Schulstrukturen

- Die erweiterten Gestaltungsrechte der Schulträger sollen verbunden werden mit der gesetzlichen Verpflichtung der Gemeinden, Zweckverbände und Kreise zur Evaluation ihrer lokalen bzw. regionalen Schulstrukturen und Bildungsangebote. Die Evaluation soll umfassen

  • die jährliche Bewertung der Entwicklung der Bildungsangebote,

Regionaler Schulbericht

  • die regelmäßige Berichterstattung gegenüber dem Pädagogischen Dienst und damit dem Land über Ausbaustand und Entwicklungsplanungen sowie deren Bewertungen auf lokaler/regionaler Ebene,
  • die periodische Bewertung der lokalen/regionalen Schulstrukturen und Bildungsangebote durch den Pädagogischen Dienst bzw. das Land.

  Kriterien und Verfahrensweisen der Selbst- und Fremdevaluation sollen zwischen Land und Gemeinden in einvernehmlich erarbeiteten staatlichen Rahmenvorgaben festgelegt werden.

Regionale Entwicklungsfonds

- Die Kommission empfiehlt die Einrichtung regionaler Entwicklungsfonds in den Kreisen und kreisfreien Städten als Instrumente einer qualitativen Schulentwicklungsplanung (→ Kapitel IV.2.6).
  Der regionale Entwicklungsfonds soll dafür verwandt werden, einen Ausgleich zwischen Schulen, die unter unterschiedlichen Standortbedingungen arbeiten, herzustellen und Profilbildungen und innovative Projekte an Einzelschulen zu unterstützen.

Aufgaben der Förderung

- Schulen an Standorten, die im besonderen Maße mit den Problemen von Kindern und Jugendlichen aus schwierigen Verhältnissen konfrontiert sind, sollen zusätzliche Hilfen bekommen.

  Schulträger sollen die Initiativen von Einzelschulen, besondere Akzente in der Gestaltung von Unterricht, Erziehung und Schulleben zu entwickeln, gegebenenfalls zeitlich begrenzt unterstützen und koordinieren. Eine Förderung aus Mitteln des Entwicklungsfonds verdienen aus der Sicht der Kommission u.a.

  • Initiativen zur organisatorischen und pädagogischen Zusammenarbeit zwischen allgemeinen Schulen und Sonderschulen, zwischen Schulen unterschiedlicher Bildungsgänge in der

Sekundarstufe I und zwischen gymnasialen und beruflichen Oberstufen in der Sekundarstufe II,
- Initiativen zur besonderen Förderung von lernschwachen Kindern und Jugendlichen, die das Ziel haben, deren Chancen auf einen Schulabschluß, auf berufliche Ausbildung und auf einen Berufsabschluß zu verbessern,
- Projekte zur überregionalen und internationalen Zusammenarbeit zwischen Schulen, insbesondere auch berufsbildenden Schulen, die an Programmen dieser Art zur Zeit noch zu wenig beteiligt sind.

Berufliche Bildung

Regionaler Berufsbildungsbericht

– Die Kommission empfiehlt, daß auf der Ebene von Kreisen und kreisfreien Städten oder im Verbund benachbarter Kreise eine regelmäßige Berichterstattung über die Entwicklung der regionalen beruflichen Ausbildung eingeführt wird. Die organisatorischen Grundlagen, inhaltlichen Schwerpunkte und methodischen Konzepte der Berufsbildungsberichterstattung sollen von den beteiligten öffentlichen und privaten Trägern im Konsens entwickelt werden.

Grundlagen für Beratungen in der regionalen Bildungskommission

Diese regelmäßige Berichterstattung soll in der örtlichen bzw. regionalen Bildungskommission Grundlage sein für Beratungen und Maßnahmen für

- eine verbesserte Abstimmung, Kooperation und Koordinierung zwischen den verschiedenen Trägern beruflicher Ausbildung,
- die Ermittlung des Ausbildungsbedarfs,
- die Verbesserung des quantitativen Angebots und der Qualität von beruflichen Ausbildungsmöglichkeiten, zum Beispiel durch Koordinierung von Kapazitäten, Lernphasen und Lernorten, Verbünde von Ausbildungsbetrieben, Einrichtung überbetrieblicher Ausbildungsstätten, ein abgestimmtes Angebot an vollzeitschulischen Ausbildungsgängen,
- Analysen des Übergangsverhaltens von Absolventen allgemeinbildender Schulen in die berufliche Ausbildung und in die Berufstätigkeit,
- die Entwicklung differenzierter Ausbildungsgänge und zielgruppenorientierter Maßnahmen zur Qualifizierung in Abstimmung mit den vorhandenen schulischen und sonstigen Bildungsangeboten,
- die Abstimmung der Berufsbildungsplanung mit anderen regionalen Politikfeldern, zum Beispiel der Jugendarbeit und

Sozialpolitik, der Schulentwicklungsplanung oder der Wirtschaftsförderung.

Aufbau eines differenzierten Systems beruflicher Ausbildung

– Die berufsbildenden Schulen und ihre kommunalen Träger, Betriebe, Kammern und Arbeitsverwaltung sollen auf diese Weise in die Lage versetzt werden, die Angebote an beruflicher Ausbildung zu koordinieren und sich darüber zu verständigen, wie diese differenziert gestaltet und zwischen den Lernorten flexibel organisiert werden können. Ziel dieser Abstimmung zwischen den Beteiligten soll sein, eine regionale Struktur der betrieblichen und schulischen Ausbildung aufzubauen, die differenzierte Übergangs- und Abschlußchancen bietet. Methoden und Instrumente der Koordinierung sollen zwischen den Beteiligten in der Region frei vereinbart werden. Als sinnvoll erscheinen

Formen der Koordinierung

- die direkte Abstimmung zwischen den ausbildenden Betrieben und der Berufsschule,
- die Einbeziehung der Berufsbildungsausschüsse bei den Kammern, die bereits jetzt mit einigen relevanten Teilaspekten einer dezentralen Koordination befaßt sind,
- Beratungen in den Bildungskommisionen der Kreise und kreisfreien Städte für die konzeptionellen und schulplanerischen Fragen.

Grundangebot an Bildungsgängen und Abschlüssen im berufsbildenden Schulwesen

– Basis des regionalen Berufsausbildungssystems soll ein Grundangebot an Bildungsgängen und Abschlußchancen im berufsbildenden Schulwesen sein, das in jeder Region vorhanden sein sollte. Da die Empfehlungen der Kommission zur Weiterentwicklung der Organisationsformen beruflicher Ausbildung in Schulen (berufliche Oberstufe, Berufsbildungszentrum; s. Kapitel IV.3.2) von der Landespolitik erst mittel- und langfristig verwirklicht werden könnten, orientieren sich die nachfolgenden Vorschläge an den heute bestehenden Angebotsformen und Abschlußregelungen:

Vollständigkeit der Schulformen in der Sekundarstufe II

- Für die einzelnen Regionen soll Vollständigkeit des im Regelsystem vorgesehenen Angebots an Schulformen und Abschlüssen in der Sekundarstufe II angestrebt werden. Nur auf diese Weise ist es möglich, den Anspruch auf Chancengleichheit und die Forderung nach Durchlässigkeit zwischen allgemeiner und beruflicher Bildung einzulösen.

Berufsfachliche Breite der dualen Ausbildungsangebote

- Das regionale Angebot an Bildungsgängen der Berufsschule im Rahmen des dualen Systems soll sich durch eine erhebliche berufsfachliche Breite auszeichnen, auf die Entwicklung der regionalen Wirtschafts- und Arbeitsmarktstruktur abgestimmt sein und damit den Jugendlichen berufliche Mobilität ermöglichen. Um ein breit gefächertes Grundangebot von unterschiedlichen Fachklassen zu sichern, sollen die Spielräume der Berufsschule in der Gestaltung von schulspezifischen Lehrplänen und der Unterrichtsorganisation erweitert werden; zum Beispiel sollen sie eigenverantwortlich entscheiden können, ob sie Elemente des Fachunterrichts benachbarter Berufe und die allgemeinbildenden Fächer in berufsübergreifenden Lerngruppen unterrichten wollen.

Überbetriebliche Ausbildungsstätten

- Überbetriebliche Ausbildungsstätten in verschiedenen Formen der Trägerschaft sollen als ergänzende Lernorte zur Verfügung stehen, wenn dies zum Beispiel im Hinblick auf die eingeschränkten Ausbildungsmöglichkeiten kleiner Betriebe im Interesse einer vorausschauenden Berufswahl der Jugendlichen und ihrer späteren beruflichen Mobilität notwendig ist.

Vollzeitschulische Bildungsgänge

- Vollzeitschulische Bildungsgänge, die in verschiedenen Schultypen eine volle Berufsqualifikation oder eine berufliche Teilqualifikation vermitteln, sowie den Erwerb eines höheren allgemeinbildenden Abschlusses bis zur allgemeinen Hochschulreife ermöglichen, sollen Komponenten im Angebot jeder Region sein.
  Das Angebot soll so geplant werden, daß einerseits in öffentlicher Verantwortung für die berufliche Bildung der Jugendlichen ein breitgefächertes, unter Umständen auch marktkompensatorisch wirksames Angebot bereitgestellt wird. Andererseits muß vermieden werden, am Bedarf des Beschäftigungssystems vorbeizuplanen und damit die Probleme auf zeitlich nachgelagerte Phasen des Bildungs- und Berufsweges zu verschieben.

Doppeltqualifizierende Bildungsgänge

- Zum regionalen Grundangebot sollen Bildungsgänge gehören, die mit einem Berufsabschluß zugleich einen schulbezogenen Abschluß vermitteln, der zum Übergang in weiterführende Bildungsgänge im allgemeinbildenden Schulwesen oder in hochschulische Studiengänge berechtigt.

Spezielle Förderprogramme

- In jeder Region sollen schulische Angebote für Schülerinnen und Schüler vorhanden sein, die ihre Vollzeitschulpflicht ohne schulischen Abschluß beendet und/oder keinen Ausbildungsvertrag erhalten haben. Spezielle Förderprogramme für lern- und leistungsschwächere Jugendliche und für ausländische Jugendliche sollen in jeder Region entwickelt werden.

Weiterentwicklung der berufsbildenden Schulen und Kollegschulen in der Region

– Die Kommission empfiehlt, die rechtlichen Voraussetzungen dafür zu schaffen, daß Regionen – im Rahmen ihrer Berufsbildungsplanung und nach Absprache mit den Partnern in der beruflichen Bildung – ihre berufsbildenden Schulen bzw. Kollegschulen zu beruflichen Oberstufen bzw. Berufsbildungszentren weiterentwickeln können.

Weiterbildung

Regionale Gestaltung der Weiterbildung

– Vor dem Hintergrund der geltenden rechtlichen Rahmenbedingungen und der Strukturen der Weiterbildung zeichnen sich für Planungen in den Regionen Gestaltungsmöglichkeiten in folgenden Bereichen ab:

- Vorrangig ist die Erstellung und kontinuierliche Fortschreibung regionaler Bedarfsanalysen (Weiterbildungsentwicklungsplanung) in Abstimmung zwischen den Kreisen und kreisfreien Städten als Trägern öffentlicher Weiterbildungseinrichtungen und den in der Region tätigen anerkannten anderen Trägern,
- Angestrebt werden sollen Planung und Entwicklung von Bildungsangeboten durch die Träger auf der Grundlage der gemeinsamen Bedarfsanalysen sowie die Abstimmung der Angebote mit dem Ziel, ein regionales Gesamtprogramm zu entwickeln.

Notwendig sind darüber hinaus

- Maßnahmen zur Verbesserung der Transparenz der Angebote und zur unabhängigen Information und Beratung, zum Beispiel durch kommunale Beratungszentren oder kooperative Verbünde der regionalen Träger in unterschiedlichen Organisationsformen und durch Einrichtung bzw. Vernetzung bestehender regionaler Datenbanken,
- Maßnahmen zur Entwicklung zielgruppenspezifischer Angebote und zum Abbau ungleicher Teilnahmechancen,
- Vereinbarungen zwischen den Trägern über Maßnahmen zur Qualitätssicherung,
- Vereinbarungen über die Öffnung betrieblicher Weiterbildungsmaßnahmen für andere Interessenten,
- Verknüpfung der Wirtschaftsförderung mit Maßnahmen der Qualifizierung.

Informations-, Beratungs- und Maßnahmenverbund

– Die Kommission empfiehlt, in den Bildungsregionen (Kreisen, kreisfreien Städten) oder in anderen überkommunalen Bezügen (zum Beispiel auf der Ebene der Kammern) die Voraussetzungen für die Entwicklung eines Informations-, Beratungs- und

Maßnahmenverbunds zu schaffen, den sie als das wichtigste Element der Selbstkoordination und der gemeinsamen Planung von öffentlichen und nichtöffentlichen Trägern der Weiterbildung ansieht. Sie hält es für zweckmäßig, ein solches Netzwerk unter Beteiligung der Kommunen zu institutionalisieren. Dies soll in Organisationsformen geschehen, die die Beteiligten vor Ort selbst für effektiv und konsensfähig halten.

Weiterbildung als Aufgabe der regionalen Bildungskommission

- Die Kommission empfiehlt die Einbeziehung der Weiterbildung in den Aufgabenbereich der Bildungskommissionen bei Kreisen und kreisfreien Städten und schlägt vor, daß Vertreter von Arbeitgebern und Gewerkschaften, Arbeitsverwaltung, Kammern, in der Region anerkannten Trägern, Volkshochschulen und Hochschulen in diese Ausschüsse der kommunalen Selbstverwaltung berufen werden.

IV.7 Personal im Schulwesen

IV.7.1 Berufssituation und berufliches Leitbild

Wenn sich die heutige Schule zur teilautonomen Schule wandelt, verändern sich in einem längeren Entwicklungsprozeß die Rollen der an Schulen Tätigen. Deren Selbständigkeit vergrößert sich, daß Maß ihrer Unabhängigkeit wächst, Art und Umfang der Verantwortung werden deutlicher, die Zusammenarbeit verdichtet sich, es wird über die eigene Person hinaus für jeden sinnvoll, sich und anderen Rechenschaft zu legen über Absichten, Vorhaben, Methoden, Ziele, Erfolge und Mißerfolge.

Es genügt nicht, diese Verhaltensänderungen als reife Frucht der teilautonomen Schule zu erwarten. Sie müssen begünstigt und aktiv unterstützt werden. Dazu gehört es auch, Personalstruktur sowie Haushalts- und Personalrecht entsprechend den Bedürfnissen einer sich weitgehend selbst regulierenden Schule zu gestalten. Nicht Rechtsänderungen stehen dabei im Vordergrund, oft wird es genügen, das gegebene Recht aus einem anderen Geiste heraus zu lesen und anzuwenden.

Ausgangslage

Lehrerinnen und Lehrer haben großen Anteil daran, daß Schulen alles in allem mit Erfolg ihren Teil zur kulturellen und zivilisatorischen Entwicklung der Gesellschaft beitragen. Viele Lehrerinnen und Lehrer sind fachlich sehr gut ausgebildet und für den Umgang mit Kindern und Jugendlichen motiviert.

Hohe Anforderungen

Der Lehrerberuf hat sich unter dem Einfluß der Anforderungen, die an Erziehung und Unterricht in der Schule gestellt werden, in den letzten Jahrzehnten zu einer Tätigkeit entwickelt, die durch eine zunehmende Komplexität der Aufgaben, durch hohe Anforderungen an die fachlichen, sozialen und personalen Kompetenzen sowie durch einen deutlichen Wandel in den Rahmenbedingungen des Schulehaltens gekennzeichnet ist.

Elementare Aufgaben

Lehrerinnen und Lehrer erfahren in ihrer Alltagstätigkeit die gesellschaftlichen und kulturellen Veränderungen ganz unmittelbar: Viele der inhaltlichen, methodischen und kommunikativen Sicherheiten, von denen die Arbeit in der Schule in früheren Jahrzehnten ausgehen konnte, sind nicht mehr gegeben. Lehrerinnen und Lehrer stehen deshalb – fast täglich – vor dem Problem, neue Methoden und Verhaltensformen zu praktizieren, um die elementaren Aufgaben der Schule,

- das beispielgebende, verständige Umgehen mit Kindern und Jugendlichen,
- die Entfaltung von Können und Wissen,
- das orientierende Führen der Kinder und Jugendlichen zu individueller Persönlichkeitsentwicklung, Selbstbehauptung und sozialer Verantwortung

anzunehmen und zu erfüllen.

Veränderungen der Berufssituation

Die Grundspannung, in welcher Lehrerinnen und Lehrer sich in ihrem Beruf befinden, verstärkt sich: Sie sind einerseits der individuellen Förderung und Entwicklung ihrer Schülerinnen und Schüler verpflichtet, zugleich handeln sie im Auftrag der Gesellschaft, die von der Schule Vermittlung und Sicherung gemeinsamer kultureller Inhalte und verläßlicher Qualifikationen, die Integration des einzelnen in die Gemeinschaft und die Selektion nach überindividuellen Leistungskriterien verlangt.

Das Zusammenwirken von Schule, Familie und anderen erziehenden Institutionen ist zudem schwieriger geworden. Lernprobleme in der Schule müssen immer mehr im Zusammenhang der Lebensprobleme, welche die Schülerinnen und Schüler in die Schule mitbringen, gesehen werden. Erfolgreiches Unterrichten setzt voraus, daß Erziehungsaufgaben wahrgenommen und angenommen werden.

Die Arbeit in der Schule muß sich weit stärker als früher auf Schülerinnen und Schüler mit unterschiedlichen individuellen Voraussetzungen, Bedürfnissen und Fähigkeiten einstellen. Der Vielfalt der Lernvoraussetzungen und Einstellungen, die Kinder und Jugendliche in die Schule mitbringen, entsprechen die sehr unterschiedlichen Erwartungen der Elternhäuser an die Schule.

Erwartungen und Erfahrungen

Die Erwartungen von Lehrerinnen und Lehrern an ihre Berufsausübung haben sich ebenfalls geändert. Die Selbstständigkeit des Handelns hat sich vergrößert, das Maß der Unabhängigkeit wächst, der Anspruch auf verantwortliche Gestaltung des Berufsalltags gehört zum Selbstverständnis.

Unsicherheiten über die Qualität der eigenen Arbeit, Ungewißheit über die Wirkung des eigenen Engagements, über dessen Erfolg oder Versagen belasten Lehrerinnen und Lehrer häufig. Vielfalt und Komplexität der beruflichen Aufgaben machen es zudem schwer, Kriterien für eine erfolgreiche Berufstätigkeit zu definieren. Für Beratung und gezielte Förderung sind im System kaum Vorkehrungen getroffen. Lehrerinnen und Lehrer sind den Veränderungen in ihrem Berufsalltag gegenwärtig in der Regel unvermittelt ausgesetzt. Dazu trägt die »Kultur der Vereinzelung« in den Schulen wesentlich bei. Lehrerinnen und Lehrer erfahren die veränderten, als erhöhte Anforderungen wahrgenommenen Belastungen als einzelne. Sie glauben, ihnen oft nicht genügen zu können, weil ihre Ausbildung sie nicht darauf vorbereitet hat und ihre Professionalität zur Anpassung an neue Arbeitssituationen oft zu wenig entwickelt ist. Manche stellen die Legitimität der neuen Anforderungen infrage. Andererseits hat aber das Bewußtsein für ein verändertes Berufsverständnis und für die Notwendigkeit einer veränderten Professionalität zugenommen.

Die berufliche Situation von Lehrerinnen und Lehrern kann und soll nur umrißhaft und mit Blick auf wichtige Aspekte des Wandels der Arbeits- und Berufssituation wiedergegeben werden. In gleicher Weise erhebt das folgende Leitbild keinen Anspruch darauf, die in Zukunft erforderlichen Einstellungen und Qualifikationen vollständig und bereichsspezifisch ausdifferenziert zu erfassen. Es hebt im ersten Teil die Elemente von Handlungskompetenz hervor, die notwendig sind, damit Lehrerinnen und Lehrer zu aktiven Mitgestaltern einer Schule werden können, die nur als Einheit – getragen von einem professionell arbeitenden, das heißt kooperierenden und die unterschiedlich ausgeprägten Kompetenzen nutzenden Kollegium – in der Lage sein wird, den zukünftigen Anforderungen zu entsprechen. Im zweiten Teil des Leitbildes werden die Basisqualifikationen benannt, die unabhängig von schulstufen- und bildungsgangbezogenen Akzentuierungen und speziellen Qualifikationen zu den professionellen Grundbefähigungen zu zählen sind. Auch die daran anschließenden Empfehlungen zur Lehrerbildung (→ Kapitel IV.7.2) beziehen sich hierauf. Dabei ist vorausgesetzt, daß daneben besondere Qualifikationen, zum Beispiel im Bereich der sonderpädagogischen Förderung und der beruflichen Bildung, erforderlich sind. Ob diese, wie bisher, im Rahmen von voneinander abgegrenzten »Lehrämtern« und darauf ausgerichteten speziellen Studiengängen erworben werden sollen, erscheint, zumindest in Teilbereichen, zweifelhaft und muß vor dem Hintergrund vorgängiger Entscheidungen in anderen Bereichen, zum Beispiel in bezug auf die empfohlene Einrichtung einer sechsjährigen Grundschule (→ Kapitel IV.3.2), überprüft werden. Allerdings geht die Kommission von der prinzipiellen Gleichwertigkeit der Lehrertätigkeit in den unterschiedlichen Bildungsgängen aus. Auch deshalb werden in dem folgenden Leitbild die auf die pädagogische Aufgabe bezogenen Gemeinsamkeiten betont.

Die Entwicklung eines beruflichen Leitbildes und die Orientierung an ihm gehören zu einem modernen, professionellen Berufsverständnis.

Berufliches Leitbild

Verändertes berufliches Leitbild

Ein verändertes Leitbild für die Tätigkeit von Lehrerinnen und Lehrern steht in unmittelbarem Zusammenhang mit der Idee einer Schule der Zukunft, die als lernende Organisation auf Entwicklung, Selbststeuerung und Kooperation angelegt ist. Die Teilautonomie der Einzelschule ist kein Selbstzweck. Sie soll helfen, die überlieferten und dauerhaften Aufgaben von Schulunterricht und Schulerziehung unter veränderten und sich stetig weiter wandelnden Bedingungen und Erwartungen besser zu erfüllen. Diese neuartigen Bedingungen gestatten es der Schule immer weniger, darauf mit dem Abwarten zentraler Regelungen und dem Befolgen staatlicher Weisungen zu reagieren.

Viele Lehrerinnen und Lehrer und andere Pädagogen, die in oder für Schulen arbeiten, praktizieren daher in Unterricht und Erziehung häufig seit Jahren eine nicht ausdrücklich, aber oft geduldete, eher bruchstückartige Teilautonomie. Es gilt, sie aus dieser »Schattenwirtschaft« zu befreien und ihre engagierte Erfahrung beispielgebend zu nutzen. Die Schule der Zukunft verlangt nach einer Schulkultur, die allen dort Tätigen Raum gibt zur persönlichen Entfaltung und zu partnerschaftlicher Teamarbeit.

Partnerschaftliche Schulkultur

- In der »Schule der Zukunft« soll eine partnerschaftliche Schulkultur bewirken, daß Schülerinnen und Schüler sowie Lehrerinnen und Lehrer sich wohlfühlen, daß sinnvoll und effektiv gelehrt und gelernt wird, daß fachliche, soziale und personale Kompetenzen sich als gleich wertvoll entfalten können.

Selbstverantwortung

- Lehrerinnen und Lehrer wollen ihr Handeln nicht vorrangig über Vorschriften und externe Kontrolle gesteuert und gesichert sehen, sondern durch Selbststeuerung und Selbstverantwortung.

Pädagogische Grundeinstellungen

- Unabhängig von den Anforderungen, die an die wissenschaftliche und die schulpraktische Ausbildung zu stellen sind, werden für die erfolgreiche Tätigkeit am »Arbeitsplatz Schule« nach wie vor pädagogische Grundeinstellungen und soziales Verhalten entscheidend sein.

Kreativität

- Auf den gesellschaftlichen und kulturellen Wandel wird die Schule am besten reagieren können, wenn Lehrerinnen und Lehrer ihre Tätigkeit innovativ verstehen, wenn sie Lern- und Erziehungsprozesse kreativ planen und arrangieren.

Schulverantwortung

– Schulen werden sich künftig als lernende Organisation verstehen müssen. Lehrerinnen und Lehrer sollen sich nicht nur für ihre speziellen Aufgaben innerhalb der Schule einsetzen, sondern sich ihrer Schule insgesamt verpflichtet fühlen und sich für deren Gesamtentwicklung engagieren.

Kommunikative Fähigkeiten

– Eine sich selbst entwickelnde, zugleich dem Umfeld gegenüber offene Schule setzt bei Lehrerinnen und Lehrern kommunikative Fähigkeiten voraus, die es ihnen ermöglichen, mit den Beteiligten und den Partnern der Schule Ziele und Verfahren auszuhandeln, deren Wirksamkeit zu erproben und auch Konflikte konstruktiv auszutragen.

Befähigungen

Die erweiterten Aufgaben und die veränderten Schwerpunkte der Erziehungs- und Unterrichtsziele fordern von Lehrerinnen und Lehrern besonderes Engagement und spezifische Kompetenzen. Als Basiskomponenten des beruflichen Leitbildes, die in der Ausbildung mit unterschiedlicher Schwerpunktsetzung vertreten sein müssen, sollen gelten

Fachliche und didaktische Kompetenz

– Fachlich-didaktische Kompetenz

dazu gehören

- Fachliches Wissen und Können und curriculare Kompetenz,
- die Fähigkeit, Phänomene und Probleme fachbezogen und fachübergreifend aufzuschließen und zu bearbeiten,
- die Fähigkeit, Lernen in bezug auf größere curriculare Zusammenhänge hin zu organisieren
- Fähigkeiten zur Gestaltung eines koedukativen Unterrichts, der beiden Geschlechtern gerecht wird.

Methodische Kompetenz

– Methodische Kompetenz

dazu gehören die Verfügbarkeit

- einer Methodenvielfalt für die Unterrichtsgestaltung,
- von Lehr- und Lernstrategien,
- von Methoden zur Gestaltung interaktiver Lehr-Lern-Umgebungen,
- von Kenntnissen sonderpädagogischer Arbeit.

Menschenführung

– Kompetenz zur Leitung von Lerngruppen

dazu gehören Fähigkeiten

- zur Organisation und Gestaltung der Lernumwelt,
- zur Entwicklung und Nutzung von Materialien, die selbstgesteuertes Lernen fördern,
- zur Kommunikation und Menschenführung,
- zum Erkennen und Gestalten von Gruppenprozessen.

Diagnostische Kompetenz

- Diagnostische Kompetenz

  dazu gehören Fähigkeiten

  - zum Erkennen von Lernpotentialen, spezifischen Lernvoraussetzungen, Lernhindernissen sowie Prozessen und Reaktionen der Lernenden,
  - zur Beobachtung und Beurteilung,
  - zum Erfassen von Möglichkeiten und Beschränkungen beim Erreichen pädagogischer Ziele,
  - zur Analyse der eigenen Professionalität, der Bewältigung der Arbeitssituation und der beruflichen Entwicklungsmöglichkeiten,
  - zur Evaluation.

Beratungskompetenz

- Beratungskompetenz

  dazu gehören die Fähigkeiten

  - zur Anleitung für das Selbstmanagement von Lernen,
  - zur Einbringung prozeßorientierter Lernhilfen,
  - der Anleitung zur Selbstevaluation.

Metakognitive Kompetenz

- Metakognitive Kompetenz

  dazu gehören

  - vertiefte Kenntnisse über den Ablauf von Lernprozessen und den Erwerb von Wissen
  - Beobachtung und Reflexion eigener Denkprozesse und Handlungen als Voraussetzung für Strategieentscheidungen
  - Wahrnehmungsfähigkeit für geschlechtsspezifische Verhaltensweisen bei sich selbst und anderen.

Medienkompetenz

- Medienkompetenz

  dazu gehören

  - Sensibilität für die Bedeutung der Medien im Leben von Kindern und Jugendlichen,
  - Vertrautheit mit dem Einsatz und der Nutzung neuer Medien als interaktive Lernsysteme für den Aufbau und die Übung von Sachwissen und Handlungswissen,
  - Urteilsfähigkeit gegenüber den »Botschaften« der Medien,
  - Fähigkeiten zur Erschließung der Bildungs- und Gestaltungsmöglichkeiten, die mit Medien gegeben sind.

Kooperations- und Teamfähigkeit

- Teamfähigkeit

  dazu gehören

  - Kompetenzen zur kollegialen und interprofessionellen Zusammenarbeit,

- Fähigkeiten zur Selbststeuerung in sozialen Kontexten und zur Konfliktbewältigung,
- Motivation zur teamorientierten Gestaltung von Unterricht und Erziehung.

IV.7.2 Lehrerbildung

Das im deutschen Schulsystem erreichte fachliche Niveau ist zu einem wesentlichen Teil auf den guten Stand von Ausbildung und Fortbildung der Lehrerinnen und Lehrer zurückzuführen. Ein anspruchsvolles System der Lehrerbildung ist Kernelement eines auf Qualitätssicherung und Qualitätsverbesserung ausgerichteten Schulwesens. Um die Schule der Zukunft gestalten zu können, ist eine Reform der Inhalte und der Organisation der Lehrerbildung erforderlich. Hierfür bietet der gegenwärtige Ausbaustand des Lehrerbildungssystems in Nordrhein-Westfalen gute Voraussetzungen.

Ausgangslage

Situation der Lehrerausbildung in Nordrhein-Westfalen

Gemäß Artikel 15 der Verfassung für das Land Nordrhein-Westfalens findet die Ausbildung der Lehrerinnen und Lehrer in der Regel an wissenschaftlichen Hochschulen statt. Das Ausbildungsangebot an 13 Universitäten bzw. Gesamthochschulen wird ergänzt durch Studienmöglichkeiten an kirchlichen Hochschulen, Musikhochschulen und Kunstakademien. Das nordrhein-westfälische Lehrerausbildungsgesetz sieht eine Regelstudiendauer von mindestens 6 Semestern (Primarstufe, Sekundarstufe I) bzw. 8 Semestern (Sekundarstufe II, Sonderpädagogik) vor. Das Studium wird mit der Ersten Staatsprüfung abgeschlossen. Vorgeschrieben sind das fachwissenschaftliche Studium von zwei (Sekundarstufe I, Sekundarstufe II) bzw. drei Unterrichtsfächern (Primarstufe) bzw. neben dem Studium der Sondererziehung und Rehabilitation ein oder zwei Fächern. Für alle Lehrämter sind fachdidaktische und erziehungswissenschaftliche Studienanteile (einschließlich der gesellschaftswissenschaftlichen Bezugswissenschaften) und die Durchführung von schulpraktischen Studien vorgesehen. Die Anteile der Studien und die erforderlichen Nachweise über Studienleistungen sind staatlich vorgegeben und detailliert geregelt. Lehrerinnen und Lehrer an Berufsbildenden Schulen müssen zusätzlich eine einjährige fachpraktische Ausbildung in Betrieben bei Eintritt in den Vorbereitungsdienst nachweisen.

Nach der Ersten Staatsprüfung schließt sich für alle Lehrämter ein zweijähriger Vorbereitungsdienst an, der mit der Zweiten Staatsprüfung endet. Während des Vorbereitungsdienstes sind die »Lehramtsanwärter« Beamte auf Widerruf. Ausbildungsbehörden sind die Bezirksregierungen, die die Bewerber im Rahmen eines Einstellungsverfahrens lehramtsbezogenen Studienseminaren (derzeit über 70 im Land Nordrhein-Westfalen) zuweisen. Die Ausbildung erfolgt an den Studienseminaren und an zugeordneten Ausbildungsschulen. Für die Ausbildung in den Studienseminaren werden hauptamtliche Seminarleitungen sowie insbesondere Fachleiter berufen, die als Lehrerinnen und Lehrer neben ihrer Ausbildungstätigkeit weiterhin an den Schulen unterrichten.

Situation der Lehrerfortbildung

Das Land Nordrhein-Westfalen stellt für die Lehrerinnen und Lehrer ein Fortbildungsangebot bereit, das in den letzten 15 Jahren kontinuierlich ausgebaut wurde. Das Lehrerausbildungsgesetz enthält eine allgemeine Verpflichtung zur Fortbildung, die Teilnahme an den Veranstaltungen erfolgt aber in der Regel freiwillig und auf Initiative des Einzelnen. Im Landeshaushalt werden Stellen und Geldmittel zum Ausgleich für die teilweise Freistellung von Unterrichtsverpflichtungen zur Verfügung gestellt. Eine Besonderheit des nordrhein-westfälischen Lehrerfortbildungssystems sind die landesweiten Schwerpunktmaßnahmen. In diesen dezentral durchgeführten Langzeitmaßnahmen (in der Mehrzahl 1/2 oder ein Jahr mit regelmäßigem Fortbildungstag) werden Themen von bildungs-/gesellschaftspolitischer Priorität oder zur Begleitung von schulischen Innovationen bearbeitet. Zum Angebot gehören u.a. auch Zertifikatskurse für fachfremd unterrichtende Lehrkräfte und Angebote im Bereich Schulleitung und Schulentwicklung. Studienkurse, die an Hochschulen durchgeführt werden, bereiten auf den Erwerb zusätzlicher Lehrbefähigungen (Erweiterungsprüfung) vor. Neben diesen landesweiten Maßnahmen bieten Bezirksregierungen und Schulämter eigene Fortbildungsprogramme zu fachdidaktischen und erzieherischen Fragen und für bestimmte Funktionen in den Schulen an. Schulinterne Fortbildungsformen gewinnen in jüngster Zeit an Bedeutung. Die Lehrerinnen und Lehrer können auch an Fortbildungsveranstaltungen der Kirchen und weiterer Träger (zum Beispiel Hochschulen, Gewerkschaften, Verbände) teilnehmen.

Defizite und Entwicklungsbedarf

Vor dem Hintergrund der veränderten Tätigkeitsanforderungen ergeben sich gegenüber der Praxis der Lehrerbildung Entwicklungsnotwendigkeiten:

Dominanz von Fachwissenschaften und Unterrichtslehre

– Kennzeichnend für die Lehrerausbildung ist eine Dominanz von Fachwissenschaft in der ersten Phase und von fachbezogener Unterrichtslehre in der zweiten Phase. So wird ein Berufsverständnis begünstigt, das primär durch die Fähigkeit bestimmt ist, Fachwissen im Unterricht weiterzugeben.

Geringe schulpraktische Akzentuierung des Studiums

– Trotz der Vorgaben in Lehrerausbildungsgesetz und Prüfungsordnung ist es bisher nicht hinreichend gelungen, während der ersten Phase den Anforderungen des Lehrerberufs entsprechende pädagogische und fachdidaktische Studien zu gewährleisten. Die Ausbildung erfolgt überwiegend als unverbundenes Nebeneinander von Einzelveranstaltungen in Fachwissenschaft, Fachdidaktik und Erziehungswissenschaften. Die Nachwuchslage in den Fachdidaktiken ist schwierig; es stehen hier und in den Erziehungswissenschaften immer weniger Lehrende zur Verfügung, die neben einer wissenschaftlichen Qualifikation auch über Erfahrungen in der Schulpraxis verfügen. Die vorgesehenen schulpraktischen Studien können an Universitäten nicht angemessen realisiert werden.

– Die berufspraktische Ausbildung während der zweiten Phase konzentriert sich bisher auf die Unterrichtslehre, und in diesem Rahmen vor allem auf die Ausbildung der Fähigkeit, Unterrichtsstunden zu gestalten. Die Ausbildung psychologisch-diagnostischer, sozialer und erzieherischer Kompetenzen wird vernachlässigt. Dem Beitrag und Urteil der Ausbildungslehrer in den Schulen wird ein zu geringes Gewicht beigemessen. Die Ausbildung leidet unter einer engen Verklammerung von Ausbildung und Prüfung. Insgesamt wird eher Anpassung begünstigt als selbständige Entwicklung und Innovationsbereitschaft gefördert.

– Die theoretische wie die berufspraktische Ausbildung orientieren sich an einem abstrakten Bild des Schülers, das unbewußt männlich geprägt ist. Eine Vorbereitung auf Koedukation mit ihren Chancen und tatsächlichen Problemen im Schulalltag findet nur ausnahmsweise statt.

Isolation der Ausbildungsphasen

– Die notwendige Verknüpfung der beiden Phasen der Lehrerausbildung ist bisher nicht realisiert. Die Fortbildung ist vom Ausbildungssystem weitgehend isoliert. Für die ersten Berufsjahre fehlen zielgerichtete Hilfen und Fortbildungsangebote. Es mangelt an Kontinuität, fließenden Übergängen und der dazu erforderlichen Kooperation der Institutionen, die Wege in den Lehrerberuf sind zu unflexibel.

Unterbewertung der Fortbildung

– Die derzeitige Lehrerbildung folgt noch zu sehr einem Verständnis, nach dem die Ausbildung zum Abschluß der zweiten

Phase »berufsfertig« qualifizierte Lehrerinnen und Lehrer in die Schulen entläßt. Die Fortbildung spielt noch eine nachgeordnete Rolle, die der Notwendigkeit lebenslangen Lernens nicht gerecht wird. Die Einzelschule wird bisher auch von Lehrerinnen und Lehrern zu wenig als Lernort begriffen und gestaltet.

- Das Berufseintrittsalter der Lehrerinnen und Lehrer lag im Jahr 1992 bei durchschnittlich 35 Jahren. Bereits bei Eintritt in den Vorbereitungsdienst waren sie im Durchschnitt über 27 bzw. 30 Jahre alt. Ursächlich für den späten Berufseintritt sind neben den materiellen Studienbedingungen und veränderten Studiengewohnheiten, überfrachtete Prüfungsanforderungen und überlange Prüfungszeiten, die Wartezeiten zwischen den Phasen sowie die erheblich schwankenden Einstellungszahlen.

Berufseintrittsalter

Leitvorstellungen

Die beschriebene Situation und die veränderten Anforderungen an Lehrkräfte zwingen dazu, die Lehrerbildung an der Konzeption der Schule der Zukunft und ihrem Berufsleitbild auszurichten und sie inhaltlich und organisatorisch umzugestalten.

Konsequente Ausrichtung am beruflichen Leitbild

Die Schule soll darüber hinaus für Beschäftigte mit anderen Qualifikationen geöffnet werden. Die Bedingungen der Lehrerbildung müssen entsprechend gestaltet werden.

Die Reform der Lehrerbildung als Beitrag zur Schule der Zukunft soll vor dem Hintergrund der folgenden Leitvorstellungen ausgestaltet werden:

- Die Inhalte und Angebote der Lehreraus- und -fortbildung sollen stufenweise auf das veränderte Berufsleitbild und das neue Konzept von Schule ausgerichtet werden.

Orientierung am Berufsleitbild

- Erstausbildung und Fortbildung sollen stärker im Zusammenhang gesehen und verbunden werden. Die für den Beruf erforderlichen Befähigungen einer gleichermaßen wissenschaftlichen wie praxisorientierten Ausbildung lassen sich im Rahmen der Erstausbildung nur unvollkommen und graduell unterschiedlich vermitteln. Insbesondere die unterschiedlichen Arbeitszusammenhänge, in denen sich die Kompetenzen einer Lehrkraft entwickeln und bewähren, können im Rahmen der Erstausbildung nicht oder nur in begrenztem Maße erfahrbar gemacht worden. Daher ist es notwendig, die Berufstätigkeit selbst als Bildungsphase zu begreifen. Dabei kommt der Berufseingangsphase besondere Bedeutung zu.

Zusammenhang von Ausbildung und Fortbildung

Systematische Kooperation der Institutionen

– Ein bewegliches und zugleich vernetztes System der Lehrerbildung setzt eine systematische Kooperation aller beteiligten Einrichtungen voraus. Einzelschulen, Universitäten, Zentren für Lehrerbildung und andere Institutionen sollen zwar bestimmte Aufgaben arbeitsteilig wahrnehmen, sie sollen aber nicht mehr scharf voneinander abgesetzte Phasen der Ausbildung repräsentieren.

Bedeutung der Schulen

– Die Lehrerbildung soll in Zusammenarbeit mit Universitäten und Zentren für Lehrerbildung künftig ein wichtiges Element der Arbeit der einzelnen Schulen sein. Die Funktion der einzelnen Schule als Ort der Lehrerbildung soll deshalb deutlich gestärkt werden.

Klare Definition von Zielen und Angeboten

– Jedem Ausbildungsabschnitt soll ein Ausbildungskonzept mit klar definierten Zielvorgaben und Ausbildungsangeboten zugrundeliegen. Die Verantwortung der Universität für den ersten Ausbildungsabschnitt und dessen Abschluß soll verstärkt werden. In der Verantwortung der neu zu schaffenden staatlichen Zentren für Lehrerbildung liegen der zweite Ausbildungsabschnitt und die Berufseingangsphase.

Mindeststandards der Angebote

– Ein Lehrerbildungskonzept, das von einem veränderten Berufsleitbild der in der Schule Tätigen ausgeht, soll von der Erstausbildung das fordern, was an Mindeststandards gesichert werden muß. Dies sollte über Rahmenprüfungsordnungen gesichert werden. Auf ihrer Grundlage sind die beteiligten Institutionen verpflichtet, eigenverantwortlich Studiengänge und Ausbildungsangebote mit klar definierten Elementen auszuweisen. Über ein modularisiertes Angebot sollen individuelle und differenzierte Ausbildungswege eröffnet werden.

Flexible Prüfungen

– Die Abschlußprüfungen, die auf vielfältig kombinierbaren Ausbildungselementen beruhen müssen, sollen durch flexible Regelungen neu gestaltet werden.

Verantwortung der Hochschule für den ersten Ausbildungsabschnitt

– Die Hochschulen sollen das Recht erhalten, den ersten Abschnitt der Ausbildung im vorgegebenen Rahmen selbstverantwortlich zu gestalten und die entsprechenden Prüfungen am Ende des Studiums abzunehmen. Ihnen wird zugleich die Verpflichtung auferlegt, Studienangebote und Studienergebnisse zu evaluieren und darüber gegenüber der Öffentlichkeit Bericht zu erstatten.

Kombinierbare Ausbildungselemente

– Eine von der Vielfalt der beruflichen Tätigkeit her konzipierte Lehrerbildung soll zugleich eine Öffnung des Zugangs zum Lehrerberuf und eine Erweiterung der Qualifikation während der Berufstätigkeit ermöglichen.

Die Bedeutung der Abschlußprüfung verändert sich in diesem Zusammenhang. Ein vollständiger Nachweis aller Elemente ist nicht in jedem Fall Voraussetzung zum Eintritt in die nachfolgenden Abschnitte der Ausbildung. Durch flexibel kombinierbare Ausbildungselemente sollen Möglichkeiten geschaffen werden, fehlende Elemente zu ergänzen.

Empfehlungen

Bedeutung des Fortbildungsbereichs für den Reformprozeß

Der folgende Empfehlungsteil ist von seinem Aufbau her »traditionell« gegliedert, das heißt er beginnt mit der Lehrerausbildung und schließt sodann den Bereich der Fortbildung an. Die Leitvorstellungen und die Notwendigkeiten einer Schulreform bei laufendem Betrieb legen eigentlich eine Umkehr dieser gewohnten Abfolge nahe. Hierdurch würde die Bedeutung, die die Kommission der bisher im System der Lehrerbildung zu gering gewichteten berufsbegleitenden Fortbildung beimißt, deutlicher hervorgehoben. Die Entwicklung der Schule der Zukunft bedarf einer Reform der Lehrerausbildung, sie kann aber nicht zurückgestellt werden, bis diese erfolgt und langfristig wirksam ist. Die Schulreform kann nur gelingen, wenn sie in den Schulen selbst begonnen und wesentlich getragen wird von den derzeit beschäftigten Lehrerinnen und Lehrern, deren berufliche Erfahrungen für den Prozeß genutzt und deren Wissen und Können im Prozeß und durch dessen Mitgestaltung weiterentwickelt werden müssen. Hierzu bedarf es einer zielgerichteten Unterstützung durch eine entsprechend gestaltete Fortbildung. Eine mit der konkreten Schulentwicklung eng verbundene schulbezogene Fortbildung trägt zugleich dazu bei, daß in den Schulen die erforderlichen günstigen Voraussetzungen für die neue Gestalt zukünftiger Lehrerbildung aufgebaut werden.

Institutionen

- Die Lehrerbildung wird getragen von Universitäten, von Zentren für Lehrerbildung, von Schulen und von Einrichtungen der Fort- und Weiterbildung. Die Lehrerbildung soll nach Ausbildungsabschnitten mit stärker wissenschaftlichen und praxisorientierten Schwerpunkten gegliedert sein.

Modularisierung der Ausbildung
Offenheit der Zugänge

- Die Ausbildungsabschnitte der Lehrerbildung sollen in Module gegliedert werden. Dadurch werden sie für Interessenten anderer Studiengänge bzw. adäquater Ausbildungen, die sich den Eintritt in den Lehrberuf offenhalten wollen, leichter zugänglich.

Erster Abschnitt: Studium an einer Universität

– Zulassung

Voraussetzungen für die Aufnahme des Lehramtsstudiums sind:

Obligatorische Beratung
Berufliche Tätigkeit

- eine Hochschulzugangsberechtigung,
- eine obligatorische Studienberatung durch eine Hochschule, die Lehrkräfte ausbildet,
- ein halbjähriges Praktikum oder eine adäquate berufliche Tätigkeit in Wirtschaft, Verwaltung, sozialen und außerschulischen pädagogischen Einrichtungen. Das Praktikum sollte in der Regel vor Aufnahme des Studiums absolviert werden. Es soll vor allem dazu dienen, vor Studienbeginn Tätigkeitserfahrungen außerhalb der Schule zu gewinnen. Die Einführung dieses Praktikums soll erprobt werden. Die Absolventinnen und Absolventen können einen Bonus für die Zulassung zum Studium erhalten.

– Bereiche der Ausbildung

Den Universitäten obliegt die Ausgestaltung des Studiums, das auf das veränderte Berufsleitbild ausgerichtet werden muß.

Studienbereiche

Das Studium soll folgende Teilbereiche umfassen:

- einen fachwissenschaftlichen Teil,
- einen berufsfeldbezogenen/berufswissenschaftlichen Teil.

Die Universitäten müssen im Rahmen der Lehreraus- und -fortbildung in Zusammenarbeit mit Einzelschulen und Zentren für Lehrerbildung weitere für die Lehrertätigkeit wichtige Studienangebote anbieten:

- fachdidaktische Studien der einzelnen Fächer,
- berufsfeldorientierte praktische Studien, vor allem schulbezogene Praktika.

– Dauer und Abschluß

Zwischenprüfung

Universitätsabschluß des ersten Abschnitts

Der erste Ausbildungsabschnitt (Studium) wird in der Regel nach vier Semestern durch eine Zwischenprüfung in Grund- und Hauptstudium gegliedert und schließt nach mindestens acht Semestern mit einem Universitätsabschluß ab. Dieser Abschluß ist auch zu einem früheren Zeitpunkt möglich, sofern entsprechende Leistungen vorliegen. Durch die Universitätsprüfung wird den Absolventinnen und Absolventen auch eine Berufsperspektive über den Lehrerberuf hinaus eröffnet.

Zweiter Ausbildungsabschnitt: berufsfeldbezogene Ausbildung an einem Zentrum für Lehrerbildung

Zweiter Abschnitt

- Der zweite Ausbildungsabschnitt dient der berufsfeldbezogenen und schulpraktischen Ausbildung. Er wird in staatlicher Verantwortung an Zentren für Lehrerbildung in Kooperation mit Ausbildungsschulen und Universitäten durchgeführt.
- Zulassung

  Für diesen Ausbildungsabschnitt können sich nicht nur Absolventinnen und Absolventen eines erfolgreich abgeschlossenen Lehrerstudiums bewerben, sondern auch am Lehrerberuf Interessierte mit einem anderen Universitätsabschluß bzw. einer äquivalente Qualifikation.

  Bewertung und Auswahlverfahren

  Die Zulassung findet auf der Grundlage eines Auswahlverfahrens statt. Die Ausbildungsanforderungen im zweiten Ausbildungsabschnitt berücksichtigen die vorausgehenden Ausbildungselemente bzw. -nachweise und sollen zu je individuell ausgestalteten Ausbildungsverpflichtungen führen. Die angehenden Lehrkräfte erhalten für den zweiten Ausbildungsabschnitt einen Arbeitsvertrag.
- Bereiche der Ausbildung

  Die Ausbildung im zweiten Abschnitt umfaßt schwerpunktmäßig

  Inhaltliche Schwerpunkte

  • praxisbezogene schulpädagogische, allgemeindidaktische sowie fach- und bereichsdidaktische Elemente,
  • eine berufsfeldbezogene Einarbeitung und Befähigung zur individuellen und kooperativen Planung, Durchführung, Reflexion und Evaluation der unterrichtlichen und außerunterrichtlichen Tätigkeit in der Schule,
  • ggfs. in Zusammenarbeit mit Hochschulen ergänzende Studienelemente zur Vertiefung fachwissenschaftlicher Kenntnisse.
- Dauer und Abschluß

  Die Dauer der Ausbildung beträgt ein bis drei Jahre entsprechend den jeweiligen Ausbildungsverpflichtungen unter Berücksichtigung der individuellen Befähigungen und Schwerpunktsetzungen. Die Ausbildung endet mit dem Staatsexamen, das die Voraussetzung für die Einstellung in den Schuldienst ist.

  Abschluß des zweiten Ausbildungsabschnitts mit Staatsexamen

Struktur der Lehrerbildung

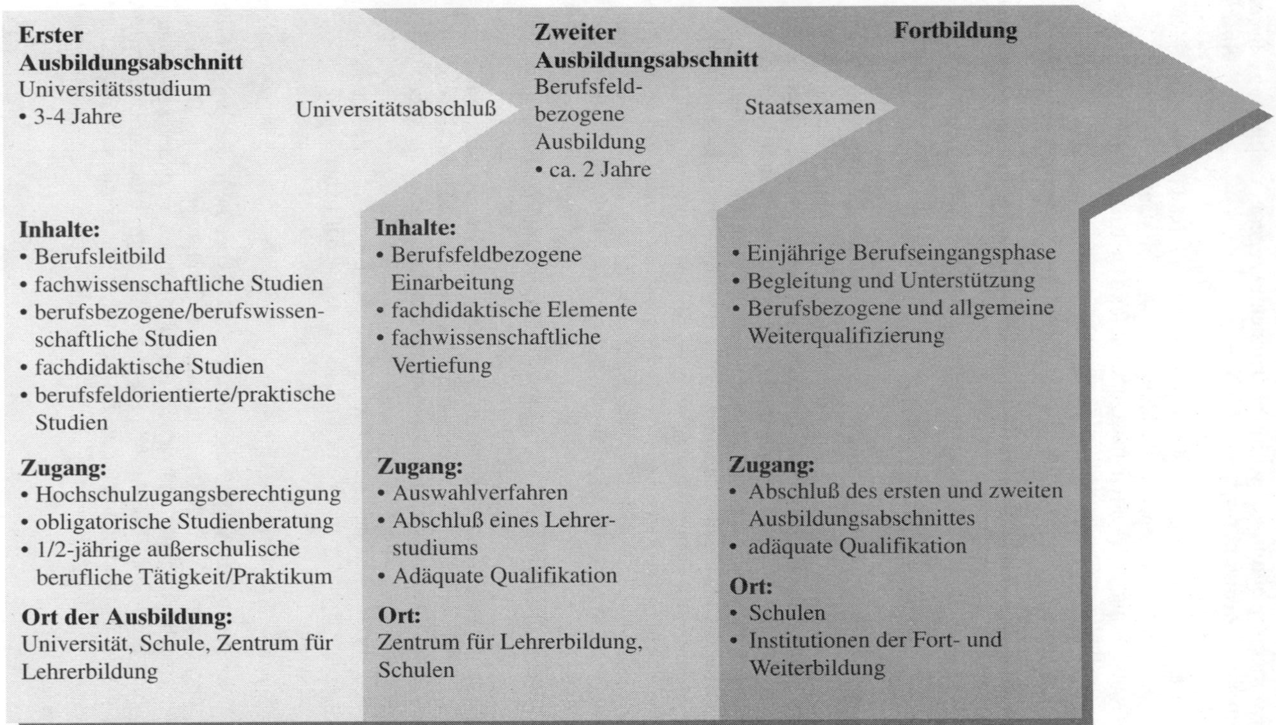

– Zentren für Lehrerbildung

Aufgaben der Zentren für Lehrerbildung

Es werden Zentren für Lehrerbildung als staatliche Einrichtungen möglichst an Hochschulstandorten eingerichtet. In diesen gehen die bisherigen Studienseminare und Prüfungsämter auf. Die Aufgaben der Zentren für Lehrerbildung bestehen vorrangig darin,

- die Verantwortung für den zweiten Ausbildungsabschnitt zu tragen, die Ausbildungsinhalte festzulegen und an deren Weiterentwicklung mitzuwirken,
- das Auswahlverfahren für die Zulassung zum zweiten Ausbildungsabschnitt durchzuführen,
- die Betreuung und Koordination der berufsfeldbezogenen Ausbildung in den Schulen zu gewährleisten und die berufsfeldbezogene Professionalisierung in der Berufseinstiegsphase zu unterstützen,
- Staatsprüfungen abzunehmen,
- die fachliche und personelle Kooperation der in der Lehrerausbildung und Fortbildung tätigen Institutionen und den Nachwuchs für die Lehrerbildung zu fördern,
- Anregungen und Vorschläge für die Fortbildung zu entwikkeln, ggfs. entsprechende Angebote selbst zu machen.
- Einzelschulen insbesondere in Angelegenheiten der Fortbildung zu beraten.

Berufseingangsphase und Lehrerfortbildung

Die neugestaltete Berufseingangsphase und die Lehrerfortbildung sind Teil einer systematischen berufsbegleitenden Weiterqualifizierung.

– Berufseingangsphase

Für alle Berufsanfänger soll eine Berufseingangsphase eingerichtet werden.

Voraussetzung für die Einstellung auf Probe sind die erfolgreichen Abschlüsse des ersten und zweiten Ausbildungsabschnittes bzw. adäquate Qualifikationen sowie ein Auswahlverfahren.

Bedeutung und Gestaltung

Die Berufseingangsphase dient der Begleitung und Unterstützung der Berufsanfänger in der ersten Phase ihrer selbständigen Tätigkeit. Sie fördert insbesondere professionelle Reflexion, Selbstkontrolle und das kooperative Arbeiten in der Schule; Erfahrungen des Berufseinstiegs – vor allem bezogen auf die spezifische Arbeitssituation der jeweiligen Schule und ihres Umfeldes – sollen aufgearbeitet und vertieft werden. Dabei soll in unterschiedlichen Arbeitsformen, zum Beispiel Qualitätszirkeln, auch erprobt werden, wie die Beteiligten die für sie notwendige Fortbildung selbst organisieren und gestalten können. Die Schulen sind verpflichtet, in Zusammenarbeit mit den Zentren für Lehrerbildung entsprechende Möglichkeiten zu schaffen. Es sollen auch Angebote der Fortbildung berücksichtigt werden, zum Beispiel Qualifizierungsangebote für spezielle Aufgabenbereiche, die von anderen Trägern angeboten werden.

Die Dauer der Berufseingangsphase, für die ein Arbeitsvertrag geschlossen wird, beträgt mindestens ein Jahr. Während der Berufseinstiegsphase soll den Berufsanfängern eine 10%ige Entlastung bei den Unterrichtsverpflichtungen eingeräumt werden.

Einstellung in den Schuldienst

Die erfolgreiche Beendigung der Eingangsphase ist Voraussetzung für die Übernahme in den Schuldienst.

– Fortbildung

Größeres Gewicht der Fortbildung

Der Fortbildung der Lehrerinnen und Lehrer soll größeres Gewicht eingeräumt werden als bisher. Die Fortbildungsbereitschaft der Beschäftigten soll in der Ausbildung geweckt und in den ersten Berufsjahren systematisch gefördert werden, so daß Fortbildung selbstverständlicher Bestandteil der Berufsausübung wird.

Lernen voneinander

- Vorrangig ist es hierzu erforderlich, die Arbeitsorganisation der Schulen so zu gestalten, daß »Lernen voneinander« bei der Lösung konkreter Praxisprobleme systematisch gefördert wird. Deshalb muß ein effektives System der Lehrerfortbildung auf der Einzelschule als lernender Organisation aufbauen, Lernprozesse zwischen den Einzelschulen anregen und so die Basis dafür schaffen, daß extern organisierte Fortbildung besser wirksam werden kann.

Überwindung der Vereinzelung

- Es sind alle Prozesse zu unterstützen, die Vereinzelung abbauen und Kooperation, Teamarbeit, kollegiale Beratung und gegenseitige Hospitation begünstigen. Die Bildung von Supervisionsgruppen in den Schulen bzw. von Lehrerinnen und Lehrern verschiedener Schulen soll gefördert werden.

Schulinterne Fortbildung

- Eine schulinterne Fortbildung, die sich auf die Entwicklung der Schule als Einheit bezieht, soll verstärkt werden. Die Entwicklung von schulspezifischen pädagogischen Konzepten und Schulprogrammen, die Erarbeitung von Formen und Verfahren der Selbstevaluation sowie weitere Schulentwicklungsvorhaben, die sich aus dem Konzept der teilautonomen Einzelschule ergeben, sollen dabei im Vordergrund stehen.

- Die Schulen sollen im Rahmen ihres Budgets (→ Kapitel IV.2.6) selbst entscheiden, welche Fortbildungsvorhaben sie intern durchführen bzw. welche externen Angebote wahrgenommen werden. Die Schulen sind verpflichtet, ein schulbezogenes Fortbildungskonzept entwickeln, das den Fortbildungsbedarf der Schule insgesamt im Hinblick auf die Realisierung des Schulprogramms ebenso berücksichtigt wie die Fortbildungsabsichten der einzelnen.

Bedeutung der persönlichen Initiative

- In der Regel sollen die einzelnen Lehrerinnen und Lehrer wie bisher im Rahmen der allgemeinen gesetzlichen Fortbildungsverpflichtung selbst über Art und Umfang ihrer persönlichen Fortbildung entscheiden. Durch Planung der individuellen Fortbildung und ihren Bezug zum Schulentwicklungskonzept gewinnt sie jedoch an Zielorientierung und an Verbindlichkeit für alle Beteiligten.

- Von allen Lehrerinnen und Lehrern soll erwartet werden, daß sie sich im Laufe der Berufstätigkeit ergänzend zu ihren Unterrichtsfächern in mindestens einem schul- bzw. unterrichtsrelevanten Tätigkeitsfeld vertiefend qualifizieren. Die rechtlichen Möglichkeiten hierzu sind zu eröffnen. Der Zeitaufwand bei Teilnahme an Intensivmaßnahmen sollte auf die Regelarbeitszeit angerechnet werden können.

Verpflichtende Fortbildung

- Die Teilnahme an externen Fortbildungsveranstaltungen soll primär über Beratung und Anreize gesteuert werden. In bestimmten Fällen soll die Teilnahme an Fortbildungsmaßnahmen verpflichtend sein, u.a. als Voraussetzung für eine Bewerbung um Schulleitungspositionen und vor Aufnahme einer Tätigkeit im Pädagogischen Dienst (→ Kapitel IV.7.3). Die Schulleitung soll außerdem die Möglichkeit erhalten, Lehrerinnen und Lehrer, zum Beispiel bei Leistungsdefiziten, zur Teilnahme an entsprechender Fortbildung zu verpflichten.

Zertifikate, »Fortbildungspaß«

- Den Fortbildungszertifikaten soll ein größeres Gewicht bei der beruflichen Entwicklung zugemessen werden als bisher. Sie müssen auch bei Personalauswahlentscheidungen stärker gewichtet werden.
  Erprobt werden soll, die Ausstellung vereinzelter Zertifikate durch einen »Fortbildungspaß« zu ersetzen, in dem die Forbildungsbemühungen dokumentiert werden, so daß sie als zusammenhängenden Prozeß einer planvollen Förderung der beruflichen Weiterentwicklung deutlich werden.

Sabbatjahr

- Den Beschäftigten soll die Möglichkeit gegeben werden, in Rahmen eines »Sabbatjahres« ihr schultheoretisches, didakti-

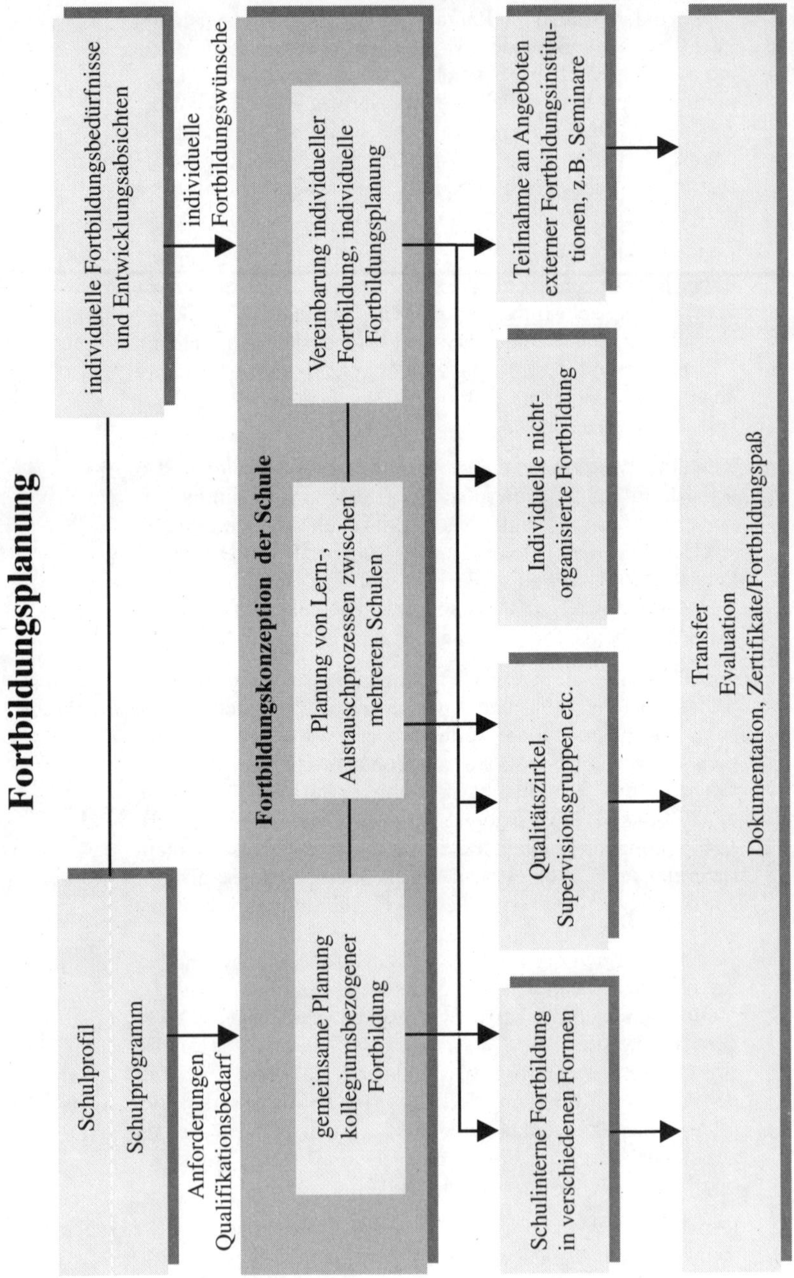
Fortbildungsplanung
Schulprofil
Schulprogramm
individuelle Fortbildungsbedürfnisse und Entwicklungsabsichten
Anforderungen Qualifikationsbedarf
individuelle Fortbildungswünsche
Fortbildungskonzeption der Schule
gemeinsame Planung kollegiumsbezogener Fortbildung
Planung von Lern-, Austauschprozessen zwischen mehreren Schulen
Vereinbarung individueller Fortbildung, individuelle Fortbildungsplanung
Schulinterne Fortbildung in verschiedenen Formen
Qualitätszirkel, Supervisionsgruppen etc.
Individuelle nicht-organisierte Fortbildung
Teilnahme an Angeboten externer Fortbildungsinstitutionen, z.B. Seminare
Transfer
Evaluation
Dokumentation, Zertifikate/Fortbildungspaß

sches oder fachliches Wissen und Können durch Studien an Hochschulen zu aktualisieren, ihre Erfahrungen durch Tätigkeit in anderen Praxisfeldern (zum Beispiel Betrieben, sozialen Diensten) zu erweitern oder durch Auslandsaufenthalte fremdsprachliche und landeskundliche Kenntnisse zu erwerben bzw. zu vertiefen. Für das Sabbatjahr sollen verschiedene Finanzierungskonzepte, zum Beispiel ein »Ansparmodell«, entwickelt werden. Auch Beurlaubungen ohne Gehaltsfortzahlung sollen aus Fortbildungsgründen möglich sein.

- *Sicherung der Vielfalt der Anbieter*
  Die Vielfalt der Anbieter im staatlichen und nichtstaatlichen Bereich und die Teilnahmemöglichkeit an Veranstaltungen nichtstaatlicher Träger muß gesichert bleiben. Innovative Angebote dieser Träger bzw. solche Veranstaltungen, die ein zu geringes oder fehlendes staatliches Angebot ergänzen bzw. ersetzen, sollen gefördert werden.

- *Dezentralisierung*
  Eine je nach Thema und Adressatenkreis größtmögliche Dezentralität in der Durchführung von externen Veranstaltungen soll weiterhin Kennzeichen der Fortbildung sein. Die gegenwärtigen Ansätze, ortsnahe Fortbildungsstrukturen zu schaffen, sollen weiterentwickelt werden. Zukünftig sollen die Schulträger stärker einbezogen werden (→ Kapitel IV.2.3). Die Zentren für Lehrerbildung sollen die Kooperation der Institutionen fördern.

- *Langzeitmaßnahmen*
  Die Langzeitmaßnahmen der Lehrerfortbildung sowie die als Zertifikatskurse oder als Studienkurse an den Hochschulen bereitgestellten Maßnahmen zur Qualifikationserweiterung sollen als Strukturelement des nordrhein-westfälischen Lehrerfortbildungssystems gesichert werden, das die Möglichkeit eröffnet, in intensiver Weise berufsbegleitend fachliche oder pädagogische Kompetenzen vertiefend oder ergänzend zur Erstausbildung zu erwerben oder sich auf spezielle Aufgaben im Schulbereich vorzubereiten.
  Sie sollen zudem vom Land dazu genutzt werden, schulische Innovationen zielgerichtet zu unterstützen und so bildungspolitische Akzente zu setzen (→ Kapitel IV.2.4). Die bei den Studienkursen erprobten Kooperationsformen zwischen Hochschulen und Fortbildungsinstitutionen sollen beispielgebend genutzt werden.

- *Schwerpunktthemen*
  Innerhalb des erforderlichen breiten Spektrums an Fortbildungsthemen sollen solche vorrangig angeboten werden, die sich auf Veränderungen im Berufsfeld beziehen. Hierzu gehören u.a. Veranstaltungen, die sich konzentrieren auf die Bearbeitung von Erziehungsfragen und -problemen, die Er-

weiterung von Kenntnissen in den pädagogischen Bezugswissenschaften, die Vertiefung der Fähigkeiten, diffenzierende und individuell fördende Lernprozesse zu gestalten, die Fähigkeit zu Diagnostik und Evaluation. Notwendig sind auch Themen, die die zunehmende Bedeutung der Medien und die sich aus der Internationalierung von Gesellschaft und Bildung ergebenden Anforderungen aufarbeiten.

Blockfortbildungen

- Es sollen flexible, unterschiedliche Organisationsformen erprobt werden, u.a. Blockfortbildungen von zwei bis drei Monaten Dauer mit spezifischem Programm und Zertifizierung.

Offenheit für andere Personen

- Die Teilnahme soll zunehmend nicht nur für das Lehrerpersonal offenstehen, sondern auch für Personen, zum Beispiel Eltern und Bürgervertreter, die in den Gremien bzw. Organen des neuen Steuerungssystem mitwirken (→ Kapitel IV.2).

IV.7.3 Personalentwicklung und Personalführung

Die Schule der Zukunft lebt daraus, daß die in ihr tätigen Mitarbeiterinnen und Mitarbeiter Arbeitsbedingungen vorfinden, die pädagogisches Engagement, professionelles Handeln und dabei eine verantwortungsbewußte Unterrichts- und Erziehungsarbeit fördern. Diese Rahmenbedingungen müssen eine initiativreiche Tätigkeit ebenso stützen und honorieren wie eine Überprüfung und Weiterentwicklung der eigenen Professionalität ermöglichen.

Ausgangslage

Verständnis von Personalentwicklung

Personalentwicklung umfaßt im gegenwärtigen Schulsystem in der Regel Überlegungen zur quantitativen Entwicklung des Personalbestandes (→ Kapitel IV.2.6). Erst in jüngster Zeit werden vor dem Hintergrund der aktuellen und der zukünftigen Alterszusammensetzung der Lehrerschaft auch die qualitativen Aspekte der Personalentwicklung diskutiert.

Die Entwicklung der Schulen hin zur Schule der Zukunft muß überwiegend von dem vorhandenen Personal geleistet werden. Dies sind in der Mehrzahl erfahrene Lehrerinnen und Lehrer. Sie müssen motiviert werden, sich der veränderten Arbeitssituation zu öffnen und ihre Erfahrungen im Zusammenwirken mit Jüngeren für den Reformprozeß einzusetzen.

Gegenwärtig wird im Schulwesen zu wenig berücksichtigt, daß qualifizierte Mitarbeiter in der Regel Entwicklungsansprüche an ihre Berufstätigkeit stellen. Gespräche über berufliche Perspektiven und darauf aufbauende Planungen zwischen Schulleitung und Lehrerinnen und Lehrern sind selten. Das Schulsystem scheint von einem sich von selbst erneuernden Berufsethos auszugehen, das auch ohne Leistungsanreize und Entwicklungschancen das Berufsleben hindurch erhalten bleibt.

Laufbahnsystem und Personalentwicklung im Schulbereich

Im öffentlichen Dienst realisiert sich berufliche Entwicklung in Laufbahnen. Lehrerinnen und Lehrer werden abhängig von ihrem lehramtsbezogenen Ausbildungsabschluß »auf Lebenszeit« in die Hierarchie des Laufbahnsystems einbezogen. Für die Mehrzahl der Lehrerinnen und Lehrer bedeutet dies allerdings, am Anfang ihrer Laufbahn bereits deren Ende erreicht zu haben. Sieht man von Schulleitungspositionen ab, so haben Lehrkräfte an Grundschulen und Sonderschulen keine Möglichkeit, befördert zu werden. Für Lehrerinnen und Lehrer der Sekundarstufen gibt es zwar mehr Möglichkeiten, aber das höhere Gehalt ist faktisch oft nicht mit einer Änderung von Tätigkeit und Funktion verbunden.

Es kann dahingestellt bleiben, ob das Laufbahnsystem für die öffentliche Verwaltung ein zukunftsfähiges Instrument effektiven und persönlich befriedigenden Personaleinsatzes ist, für die Personalentwicklung in der Schule taugt es jedenfalls nicht. Es läßt keine leistungsbezogene Honorierung oder eine andere Art der Rückkoppelung zu. Kontinuierliches Engagement wird so nicht gefördert. Das Beförderungssystem ist zu undifferenziert, um Leistungen unterschiedlicher Art anzuerkennen, es bindet zudem die vorhandenen Ressourcen auf Lebenszeit an bestimmte Personen. Es wirkt für die Mehrzahl der Beschäftigten selbst in den Schulformen mit Beförderungsmöglichkeit eher demotivierend. Erkennbar ist auch, daß Frauen nach wie vor seltener auf Beförderungsstellen gelangen als Männer.

Personalbeurteilung

Eine perspektivische Personalbeurteilung ist gegenwärtig am Ende der Probezeit, vor der Anstellung auf Lebenszeit und bei Bewerbung um Beförderungsstellen vorgesehen, aber das angewandte Verfahren dient mehr der juristischen Absicherung als der Personalentwicklung. In seinem Mittelpunkt steht der Unterrichtsbesuch eines Schulaufsichtsbeamten bei dem zu Beurteilenden.

Die Schulleitung ist nur durch einen Leistungsbericht an der Vorbereitung der Beurteilung beteiligt. Das entlastet sie zwar, entzieht ihr aber einen wesentlichen Teil der Personalführung und damit der Verantwortung für das Geschehen an der Schule. Es hängt derzeit vom persönlichen Geschick der jeweiligen Schulleitung ab, ob und wie sie ihren Einfluß auf Personalmaßnahmen geltend macht.

Wenig Anreiz für persönliches Engagement

Über den Unterricht hinausgehendes Engagement und besondere Qualifikationen sind derzeit für die berufliche Entwicklung von Lehrerinnen und Lehrern in vielen Fällen nur nachrangig von Bedeutung. Zusätzliche Aufgaben werden zu wenig auf die Fähigkeiten des einzelnen bezogen und deshalb oft weniger als Bereicherung denn als Belastung empfunden. Erfahrungen und Befähigungen können häufig nicht so genutzt werden, wie es aufgrund der Möglichkeiten der Mitarbeiter und für die pädagogische Arbeit sinnvoll wäre. Läßt beispielsweise die Berufsfähigkeit für das Unterrichten altersbedingt oder aus anderen Gründen stark nach, so kommt gegenwärtig fast nur der vorzeitige Ruhestand als Lösung in Frage, da andere Aufgaben alternativ oder ergänzend zum Unterrichten in der Klasse nicht angeboten werden.

Befähigung zur Personalführung

Schulleitungsmitglieder werden zur Zeit systematisch weder auf ihre Personalführungsaufgabe noch auf die sonstigen Anforderungen ihrer zukünftigen Tätigkeit vorbereitet. Das Land hat im letzten Jahrzehnt ein gutes Fortbildungsangebot für amtierende Schulleitungsmitglieder aufgebaut und auch mit der Fortbildung von Schulaufsichtsbeamten begonnen. Allerdings reicht das Angebot quantitativ nicht aus; es kann den strukturellen Mangel einer fehlenden Ausbildung vor Amtsantritt nur teilweise ausgleichen. Das gegenwärtig praktizierte Verfahren zur Bestellung von Schulleiterinnen und Schulleitern engt außerdem durch das Laufbahn- und Beförderungssystem den Entscheidungsspielraum – insbesondere der Schulträger – stark ein. Es trägt auch nicht dazu bei, daß Frauen entsprechend ihrem großen Anteil an der Zahl der Lehrerinnen und Lehrer in Leitungspositionen gelangen.

Der geringe Grad an Professionalisierung bei der Personalgewinnung für Leitungs- und Aufsichtsfunktionen steht im deutlichen Widerspruch dazu, daß diese Positionen gegenwärtig auf Lebenszeit vergeben werden. Mögliche Fehlentscheidungen lassen sich im derzeitigen System kaum korrigieren und wirken sich nachteilig auf das Schulklima der betroffenen Schulen aus, zumal klare Grundsätze der Personalführung nicht vorhanden sind.

Leitvorstellungen

Aufgabe der Schulleitung

- Personalentwicklung und Personalführung sollen zentrale Aufgaben für die Leitung der Schule der Zukunft sein.

- Tarifverträge und das sonstige Personalrecht müssen so gestaltet sein, daß sie der Einzelschule Spielraum für spezifische und differenzierende Regelungen lassen (→ Kapitel IV.7.4, IV.2.2). *Gestaltungsspielraum*

- Für die an Schulen Beschäftigten soll nicht das Laufbahnrecht des öffentlichen Dienstes gelten. Entscheidend für die individuellen Entwicklungsmöglichkeiten soll nicht der bei Berufseintritt vorliegende (Universitäts-)Abschluß sein. Die Anforderungen der Aufgabe, die erbrachte Leistung – auch im außerunterrichtlichen Bereich – sowie die im Laufe des Berufslebens erworbenen zusätzlichen Qualifikationen sollen wesentliche Grundlagen beruflicher Karrieren sein. *Leistungsbezogene Karrieren*

- Besondere Funktionen sollen in der Regel nur befristet übertragen werden. Die erfolgreiche Tätigkeit in solchen Funktionen soll Perspektiven für die weitere berufliche Entwicklung bieten. *Befristete Übertragung von Funktionen*

- Die Schule der Zukunft benötigt eine Schulleitung mit erweiterten Kompetenzen (→ Kapitel IV.2.2, IV.7.4). Die Schulleitung soll so führen, daß alle Beteiligten ihre größeren Handlungsspielräume erkennen und nutzen. Ihr gesamtes Verhalten soll dazu beitragen, den Grundgedanken gemeinsamer Verantwortung für die Realisierung der eigenen und der öffentlich gesetzten Ziele zu stärken und die Identifikation aller Mitarbeiterinnen und Mitarbeiter mit ihrer Schule zu fördern. *Erweiterte Kompetenz der Schulleitung, Ziele der Personalführung*

- Eine entwicklungsorientierte Personalführung setzt klare Führungsgrundsätze und einen entsprechenden Führungsstil voraus. Personalführung soll von einer Grundhaltung des Vertrauens bestimmt sein. Sie soll von Teamarbeit, nicht von Hierarchie und Weisung gekennzeichnet sein. Persönlichkeitsentwicklung, Identifikation mit Aufgabe und Rolle, Motivation, Eigeninitiative und Zusammenarbeit der Mitarbeiterinnen und Mitarbeiter sollen gefördert werden. Ein interaktiver, kooperativer Führungsstil soll sowohl delegieren und beteiligen als auch zu Entscheidungen führen. *Entwicklungs-oriente Personalführung, kooperativer Führungsstil*

- Personalführung soll auf Dialog, Vereinbarung und Rückmeldungen basieren. Zielvereinbarungen mit den Mitarbeiterinnen und Mitarbeitern und ein systematischer Aufbau von feedback-Strukturen sollen für alle Beteiligten zu anerkennenden und auch kritischen Rückmeldungen führen, die von der Sache ausgehen und eine aufgaben- und personenbezogene Entwicklung fördern. *Elemente der Personalführung, feedback-Strukturen*

Empfehlungen

Personalplanung, Personaleinsatz, Personalführung

Personalentwicklungsplanung jeder Schule

– Ausgehend von ihrem Schulprogramm soll jede Einzelschule eine Personalentwicklungsplanung erstellen. Sie muß die Personalstruktur und den Personaleinsatz beschreiben, die Fortbildungsmaßnahmen darlegen, die Wahrnehmung spezieller Aufgaben und der Leitungsfunktionen vorausschauend bedenken und absehbare Veränderungen des Mitarbeiterkreises aufführen. Aufgabe der Schulleitung soll es sein, den personellen Entwicklungsbedarf der Schule insgesamt im Hinblick auf die vorgegebenen und die selbstgesteckten Ziele zum Ausgleich zu bringen mit den Entwicklungsbedürfnissen der einzelnen Mitarbeiter (→ Kapitel IV.7.2). Der Förderung der Geschlechterparität in Funktionen und Fächern soll besondere Aufmerksamkeit gewidmet werden.

Differenzierter Personaleinsatz

– Die Planung des Personaleinsatzes soll unterschiedliche Belastungen, die individuelle Belastbarkeit sowie Erhalt und Pflege der individuellen Arbeitsfähigkeit berücksichtigen. Sie soll so angelegt sein, daß sie zu Veränderungen und Erweiterungen der Tätigkeitsbereiche führt und eine Bewährung in Koordinierungs- und Führungsaufgaben ermöglicht.

– Die tariflichen Rahmenregelungen sollen so gestaltet werden, daß in der Einzelschule ein aufgaben- und mitarbeiterbezogener Personaleinsatz durch eine flexible Festlegung individueller Arbeitszeiten möglich wird (→ Kapitel IV.7.4).

Mobilität und befristeter »Ausstieg«

– Berufliche Mobilität soll durch Schulleitung und Träger und von den Rahmenbedingungen her gefördert werden. Eine Tätigkeit an anderen Schulen soll als Chance zur beruflichen und persönlichen Entwicklung der einzelnen Beschäftigten, insbesondere nach längerer Berufstätigkeit, begriffen und zugleich als Mittel des Erfahrungstransfers zwischen den Schulen genutzt werden.
Ermöglicht werden soll auch ein zeitlich befristeter »Ausstieg« aus der Schule, der dazu dienen kann, Erfahrungen in anderen Berufsbereichen zu sammeln und in die anschließende Lehrertätigkeit einfließen zu lassen

Mitarbeitergespräche

– In regelmäßigen Mitarbeitergesprächen zwischen der Schulleitung und den einzelnen Mitarbeiterinnen und Mitarbeitern sollen der Personaleinsatz besprochen, Ziele vereinbart und die Aufgabenerledigung erörtert werden.

- Die Mitarbeitergespräche dienen auch der Planung der weiteren beruflichen Entwicklung. Insbesondere sollen vor dem Hintergrund des Schulprogramms einerseits und des individuellen Qualifikationsbedarfs andererseits Möglichkeiten und Notwendigkeiten der Fortbildung besprochen, gegebenenfalls eine individuelle Fortbildungsplanung vereinbart und ihre Realisierung ausgewertet werden (→ Kapitel IV.7.2, Grafik »Fortbildungsplanung«). Mit interessierten und geeigneten Lehrerinnen und Lehrern soll eine auf die Übernahme von Leitungsfunktionen zielende Planung des beruflichen Werdegangs erfolgen.
- Mitarbeitergespräche sollen auch die Funktion haben, der Schulleitung Rückmeldungen zum eigenen Führungsverhalten zu verschaffen, und es ihr erleichtern, die Schulwirklichkeit aus der Sicht der Mitarbeiterinnen und Mitarbeiter zu sehen.
- Besondere Personalentscheidungen – zum Beispiel vor Ende der Berufseingangsphase, beim Wechsel des Einsatzortes oder bei Gewährung leistungsorientierter finanzieller Zulagen – sollen Anlässe für Mitarbeitergespräche sein, die zu einer schriftlichen Bewertung der Leistung und des Verhaltens von Mitarbeiterinnen und Mitarbeitern führen. Dies ist für die Schulleitung eine schwierige Aufgabe, auf die sie entsprechend vorbereitet werden muß.

Schulleitungspersonal

Ausbildung für Schulleitungsaufgaben und tätigkeitsbegleitende

- Angesichts der neuen Anforderungen an die Leitung einer teilautonomen Schule, insbesondere der zusätzlichen Personalführungs- und Managementaufgaben, ist eine Ausbildung für diese Funktion unverzichtbar. Künftig soll entweder eine erfolgreiche Teilnahme an einer Schulleitungsausbildung oder eine äquivalente Leitungserfahrung als Voraussetzung für die Bestellung zum Mitglied einer Schulleitung nachgewiesen sein. Sofern eine Ausbildung vor Amtsantritt nicht erfolgt ist, soll sie innerhalb der ersten zwei Jahre der Leitungstätigkeit nachgeholt werden. Zusätzlich soll eine die Tätigkeit begleitende Fortbildung vorgesehen werden.
- Vor der Übernahme von Schulleitungsaufgaben soll eine Tätigkeit an anderen Schulen, gegebenenfalls auch in schulbezogenen Unterstützungssystemen – zum Beispiel Pädagogischer Dienst, Zentren für Lehrerbildung, Schulverwaltung – der Regelfall sein.

Offenheit für Bewerber aus anderen Berufen

- Schulleitungsfunktionen und die entsprechende Ausbildung sollen nicht nur Lehrerinnen und Lehrern, sondern auch Angehörigen anderer Berufe mit möglichst vielfältiger Berufserfahrung offenstehen. Die Kriterien für eine Bewerbung müssen entwickelt und die Verfahren der Bestellung erprobt werden.

Schulleitung als Kollegialorgan und als Teilzeitbeschäftigung

- Schulleitung soll auch als Kollegialorgan praktiziert werden können. Die jeweilige Leitungsstruktur ist in einem Organisationsstatut zu regeln (→ Kapitel IV.2.2, IV.2.3). Die Aufgaben als Mitglied der Schulleitung und andere Managementfunktionen an der Schule sollen bei Zustimmung von Mitwirkungsgremien und Schulbeirat auch als Teilzeitbeschäftigung wahrgenommen werden können.

Bestellung auf Zeit

- Schulleitungsmitglieder sollen künftig auf Zeit (5–8 Jahre) bestellt werden. Eine – auch mehrmalige – Wiederbestellung soll möglich sein.

Bestellungsverfahren

- Für das Verfahren zur Bestellung von Schulleitungsmitgliedern soll gelten:
  - Landesweite Ausschreibung, gegebenenfalls auch in überregionalen Zeitungen und Zeitschriften,
  - Erarbeitung eines gemeinsamen Dreiervorschlages durch Mitwirkungsgremien und Schulbeirat der Einzelschule (→ Kapitel IV.2.2),
  - Auswahl und Bestellung durch den an den Dreiervorschlag gebundenen Schulträger (→ Kapitel IV.2.3).

Personal im Pädagogischen Dienst

Die gegenüber der derzeitigen Schulaufsicht wesentlich geänderte Rolle und die neuen Aufgaben des Pädagogischen Dienstes erfordern ein neues Konzept für die Zusammensetzung und Qualifizierung des hier tätigen Personals.

Berufung durch die Landesregierung

- Die Mitarbeiterinnen und Mitarbeiter des Pädagogischen Dienstes sollen durch die Landesregierung berufen werden.

Fester Mitarbeiterstamm

- Dem Pädagogischen Dienst sollen Mitarbeiterinnen und Mitarbeiter angehören, die auf Zeit, zum Beispiel für fünf bis acht Jahre, berufen werden. Sie sollten aus verschiedenen Berufsfeldern kommen können, über Praxiserfahrungen mit Schulen verfügen und mit Bewertungsvorgängen (Evaluation) vertraut sein.

Weitere Mitarbeiterinnen und Mitarbeiter

- Zusätzlich sollen Personen berufen werden, die in zeitlich befristeten Projektgruppen (Teams für Evaluation) – auch als Teilzeitbeschäftigte oder freie Mitarbeiter – im Pädagogischen Dienst mitarbeiten. Dabei soll es sich nicht nur um Lehrerinnen und Lehrer oder Angehörige anderer Berufe des Bildungswesens handeln, sondern insbesondere auch um Menschen mit Erfahrungen in der Bewertungspraxis von Wirtschaft oder Verwaltung.

- Für die Mitarbeiterinnen und Mitarbeiter des Pädagogischen Dienstes sollen vorbereitende und begleitende Fortbildungen organisiert werden. Gegenstände der Aus- und Fortbildung sollen insbesondere sein: Methoden der Evaluation, Diagnose, Urteilsverhalten, Techniken für Rückkoppelung und Beratung. *Vorbereitung und Fortbildung*

IV.7.4 Einstellung, Beschäftigung, Personalvertretung

Die Mitarbeiterinnen und Mitarbeiter in der Schule der Zukunft sollen das pädagogische Programm ihrer Schule aktiv und selbstverantwortlich gestalten. Dies kann am besten gelingen, wenn die Beschäftigten auch ihre Arbeitsbedingungen in größerem Umfang als bisher mitgestalten können: in Form von Tarifverhandlungen und -verträgen und in Form von Regelungen und Vereinbarungen vor Ort, insbesondere in den Schulen selbst. Die Beschäftigungsbedingungen werden deshalb auf der Grundlage eines Vertrauens in die Kompetenz und das Verantwortungsbewußtsein der Beteiligten als ausgestaltungsfähige Rahmenvorgaben angelegt. Sie ermöglichen Personalentscheidungen vor Ort und tragen dazu bei, Leistung anzuerkennen und zu honorieren.

Ausgangslage

Beamtenstatus und Tätigkeit in der Schule

Lehrerinnen und Lehrer an öffentlichen Schulen sind in den alten Ländern der Bundesrepublik überwiegend Beamte, obwohl ihre Tätigkeit kaum »hoheitliche« Aufgaben umfaßt. Zwar lassen sich zum Beispiel Entscheidungen über die Versetzung in eine höhere Klassenstufe oder die Zuerkennung von Berechtigungen so einschätzen, aber sie werden mit gleicher Rechtskraft auch von im Angestelltenverhältnis tätigen Lehrerinnen und Lehrern und auch an staatlich anerkannten privaten Schulen ausgesprochen.

Die aus obrigkeitsstaatlichen Traditionen stammende Tendenz, das Schulehalten und damit die Berufsaufgaben der beamteten Lehrerinnen und Lehrer im Sinne des Vollzugs staatlicher Weisungen zu verstehen, ist bis heute keineswegs generell überwunden. Die Entwicklung eines demokratischen Beamtenverständnisses – als

Wahrnehmung eines mit Eigenverantwortung und Gestaltungsspielräumen verbundenen öffentlichen Amtes, das kooperativ, im Zusammenwirken mit den Beteiligten und unter öffentlicher Rechenschaftspflicht wahrgenommen werden muß – hat sich noch nicht allgemein durchgesetzt.

Personaleinstellung

Die Formen, in denen bisher meistens Personaleinstellungen vorgenommen werden, sind zu unflexibel. Sie erschweren oder verhindern es zum einen, Personen mit anderen als den bisher verbindlichen Qualifikationen als Lehrkräfte einzustellen. Zum anderen entsprechen sie auch hinsichtlich der größten Gruppe der in der Schule Beschäftigten, der ausgebildeten Lehrerinnen und Lehrer, nicht den Erfordernissen einer flexiblen, auf die Bedürfnisse einzelner Schulen bezogenen Personalentwicklung.

Dies wird beim derzeit in Nordrhein-Westfalen praktizierten Verfahren der Lehrereinstellung deutlich. Während das Verwaltungspersonal der Schulen ortsnah durch den Schulträger eingestellt wird, sind für die Einstellung des pädagogischen Personals die Bezirksregierungen zuständig. Die Auswahl erfolgt im wesentlichen in Form einer spezifischen Ausgestaltung des beamtenrechtlichen Prinzips der Bestenauslese, das sich aus Artikel 33 des Grundgesetzes herleitet. Es werden dabei auf Bezirksebene Ranglisten auf der Grundlage der Noten des Ersten und des Zweiten Staatsexamens erstellt und die Bewerber entsprechend ihrem Rangplatz eingestellt. Das derzeitige Verfahren zielt insbesondere auf eine möglichst gleichmäßige Versorgung aller Landesteile im Hinblick auf den fachspezifischen Bedarf ab, bei Gewährleistung eines hohen Maßes an Nachprüfbarkeit und Rechtssicherheit. Die unmittelbar Betroffenen, die Bewerber und die Einzelschulen, haben gegenwärtig auf die behördlichen Entscheidungen nur geringen Einfluß. Schulspezifische Anforderungen im Hinblick auf das jeweilige Schulprogramm, insbesondere solche, die über den Gesichtspunkt des fachunterrichtlichen Bedarfs hinausgehen, werden oft genausowenig berücksichtigt wie individuelle Eignungen der Bewerber.

Arbeitsbedingungen

Die Arbeitsbedingungen sind in hohem Maße rechtlich so starr reguliert, daß sie dem einzelnen und den Schulleitungen wenig Ausgestaltungsspielraum lassen. Dies gilt insbesondere für die Regelungen zur Arbeitszeit für Lehrerinnen und Lehrer. Diese beziehen sich fast nur auf die zu erteilenden Unterrichtsstunden, wobei die Vorgaben für die einzelnen Schulformen unterschiedlich sind.

Fachspezifische Unterschiede, spezielle Arbeitsbedingungen in bestimmten Klassen, der Zeitaufwand für Kooperation und für die Beratung von Eltern und Schülern können in diesem System kaum berücksichtigt werden. Sonstige Belastungen und die Wahrnehmung zusätzlicher Aufgaben sind vor Ort nur im kleineren Rahmen partiell ausgleichbar. Die Schulleitung kann über die Arbeitszeit der Lehrerinnen und Lehrer, die über die zu erteilenden Unterrichtsstunden hinaus zu erbringen sind, nicht disponierend verfügen. Die gegenwärtigen Arbeitszeitregelungen werden auch von den Beschäftigten selbst wegen der schulformspezifischen Unterschiede und wegen der mangelnden Binnenflexibilität in bezug auf die unterschiedlichen tatsächlichen Belastungen als ungerecht angesehen.

Personalvertretung

Die Personalvertretungen werden nach Maßgabe des Personalvertretungsgesetzes an personellen Maßnahmen beteiligt. Die schulformbezogenen Personalräte sind bei den Schulaufsichtsbehörden angesiedelt. Für die einzelne Schule gibt es keinen Personalrat, sondern nur einen Lehrerrat mit geringen Kompetenzen. Diese Struktur entspricht der derzeit entscheidenden Rolle der Schulaufsicht und der nachrangigen Rolle der Einzelschulen und ihrer Schulleitung bei Personalmaßnahmen.

Besoldung

Das Gehalt der Lehrerinnen und Lehrer enthält gegenwärtig keine leistungsbezogenen Anteile. Die Lehrkräfte werden je nach ihrer schulstufenbezogenen Ausbildung in eine Gruppe der Besoldungsordnung für Beamte (A 12 oder A 13) bzw. in eine vergleichbare Vergütungsgruppe des Gehaltstarifs für Angestellte des öffentlichen Dienstes (BAT) eingewiesen. Die Besoldungs- bzw. Gehaltshöhe ergibt sich aus diesem Grundbetrag und einem von Familienstand und Kinderzahl abhängigen Ortszuschlag. Ein flexibles Zulagensystem ist nicht vorhanden; allerdings erhalten bestimmte Schulleitungsmitglieder, bei denen eine Beförderung wegen Funktion oder Schulgröße nicht vorgesehen ist, eine Gehaltszulage. Die Besoldungsstruktur des Öffentlichen Dienstes sieht darüber hinaus (Dienst)-Altersstufen vor, die zu einem automatischen Gehaltsanstieg im Zweijahresabstand führen.

Leitvorstellungen

Tarifverträge als Regelfall

- Da Lehrerinnen und Lehrern kaum hoheitliche Aufgaben obliegen, sind ihre Beschäftigungsbedingungen und ihr Arbeitsentgelt tarifvertraglich zu regeln. Dies soll auch für Mitglieder der Schulleitung und in der Regel auch für Angehörige des Pädagogisches Dienstes gelten.

Spielräume für die Schulen

- Die zwischen dem Land als Arbeitgeber und den tariffähigen Organisationen abzuschließenden Tarifverträge müssen für die

Einzelschule – unter Beteiligung des Personalrates – Spielräume für aufgaben- und leistungsbezogene Differenzierungen vorsehen.

Personalmittel in den Schulbudgets

- In ihrem Jahresbudget sollen die Einzelschulen ihre Personalmittel gesondert ausweisen, wobei die Schule selbst verbindliche Regelungen für die gegenseitige Deckungsfähigkeit von Sach- und Personalmitteln treffen muß (→ Kapitel IV.2.6). Im Rahmen dieses Budgets sollen die Einzelschulen ihre Personalentscheidungen selbst treffen und finanzieren. Sie bedürfen aber der personalverwaltenden Unterstützung durch den Schulträger (→ Kapitel IV.2.2, IV.2.3).

Personalauswahl durch die Schulen

- Die derzeitige ortsferne Steuerung der Personalzuweisung an die Schulen soll so geändert werden, daß eine Personalauswahl möglich wird, die auf das Programm und Profil der jeweiligen Schule abgestimmt ist.

Landesweite Mindeststandards

- Während Personalführung, -bewirtschaftung und -verwaltung vor Ort stattfindet, soll das Land Mindeststandards für die Personalausstattung der Schulen festlegen, die zugleich Bestandteil einer landesweiten Rahmenplanung für die Entwicklung des Schulwesens in Nordrhein-Westfalen sind (→ Kapitel IV.2.6).

Empfehlungen

Landesbedienstete und kommunales Personal

- Wie derzeit sollen die in der Schule Tätigen in der Mehrzahl Landesbedienstete sein, das heißt es soll sich überwiegend um staatliches Personal handeln. Die Anstellung von kommunalem Personal mit Verwaltungsfunktionen erfolgt beim Träger im Rahmen des Budgets der Einzelschule, gegebenenfalls auch im Auftrag des Trägers durch die Einzelschule.

Personalentscheidungen der Einzelschule

- Über Personalmaßnahmen in den Schulen, zum Beispiel Personalauswahl, Arbeitseinsatz, Übertragung von Aufgaben und Funktionen (mit Ausnahme von Schulleitungsfunktionen → Kapitel IV.7.3), sollen die Einzelschulen nach ihren schuleigenen Verfahren entscheiden. Dabei sind die im folgenden genannten Bedingungen und Bindungen sowie weitere gesetzliche und tarifliche Rahmenvorgaben zu beachten.

Einstellung, Versetzung, förmliche Personalmaßnahmen

Stellenpläne der Schulen

- Jede Schule soll einen Stellenplan haben, der von der Schulleitung im Rahmen des Budgets und unter Berücksichtigung der schulinternen Beteiligungsnotwendigkeiten aufgestellt und dem Schulbeirat zur Entscheidung vorgelegt wird. (→ Kapitel IV.2.2)

- *Personalauswahl* Das Personal soll durch die jeweilige Schulleitung – unter Beachtung der Rechte der Personalrates – ausgewählt und dem Schulträger zur Einstellung benannt werden. Grundlage für das Handeln der Schulleitung ist dabei auch die Personalplanung der Schule (→ Kapitel IV.7.3). Das Lehrereinstellungsverfahren soll so gestaltet werden, daß eine Personalauswahl durch die Schulleitung und eine einzelschulbezogene Bewerbung möglich werden.
- *Honorarverträge* Die Einzelschule kann entscheiden, ob sie im Rahmen ihres Budgets Aufgaben mit festangestellten Lehrkräften bewältigen will oder ob bestimmte Aufgaben auch durch Personal mit Honorarverträgen, Zeitverträgen wahrgenommen werden sollen.
- *Rolle der Schulträger* Alle förmlichen Personalmaßnahmen für die an Einzelschulen Beschäftigten werden vom Schulträger im Auftrage des Landes und auf Verlangen der Einzelschule oder im Einvernehmen mit ihr getroffen (→ Kapitel IV.2.3). Aufgabe des Schulträgers ist es auch zu prüfen, ob die rechtlichen Voraussetzungen für die geplanten Maßnahmen vorliegen, zum Beispiel Staatsprüfung, Beteiligung des Personalrats.
- *Versetzungen* Versetzungen von Schulpersonal werden grundsätzlich zwischen den Leitungen von Einzelschulen geregelt. Der Schulträger soll nur eingreifen, wenn eine Einzelschule dies fordert, weil sie in direkter Zusammenarbeit der Schulen keine Lösung findet. Dies gilt auch, wenn es einer Einzelschule nicht möglich ist, aus dem eigenen Bewerberkreis oder im Zusammenwirken mit anderen Schulen ihren Personalbedarf zu decken (→ Kapitel IV.2.3). In solchen Fällen soll der Schulträger – vom Rechtsweg abgesehen – endgültiges Weisungsrecht besitzen.
- *Rolle der Aufsichtsbehörden* Bleiben sonstige Personalmaßnahmen zwischen der Einzelschule und dem Schulträger streitig, so entscheidet das Ministerium bzw. in seinem Auftrage die Bezirksregierung. Den Bezirksregierungen obliegt die Rechtsaufsicht, und sie sind Beschwerdeinstanz in dienstrechtlichen Angelegenheiten (→ Kapitel IV.2.5).

Regelungen zu Arbeitszeit und Vergütung

- *Rahmenregelungen zur Arbeitszeit* Die Rahmenregelungen zur Arbeitszeit sollen auf einer tarifvertraglich festzulegenden regelmäßigen Jahresarbeitszeit als Grundgröße basieren. Sie sollen neben den Unterrichtsverpflichtungen und den unterrichtsbegleitenden Arbeitsanteilen auch die Wahr-

Zuständigkeit für das lehrende Personal an Schulen

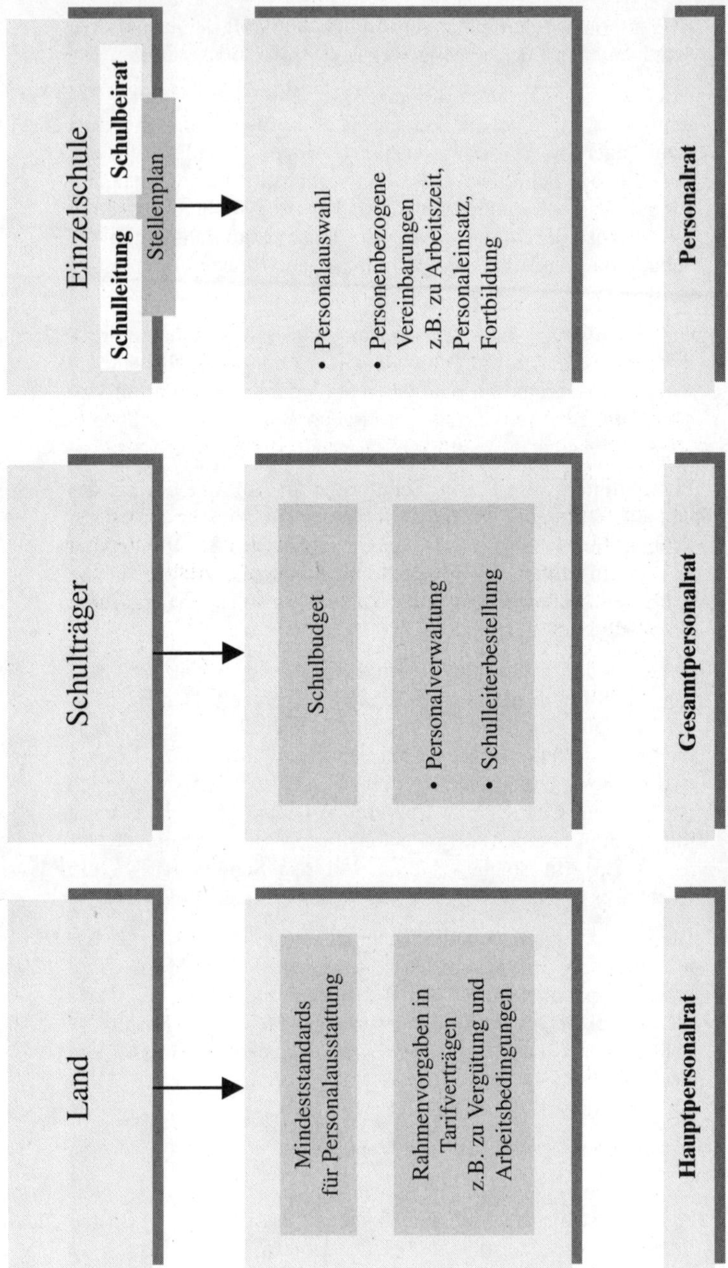

nehmung anderer schulbezogener Arbeiten, einschließlich Anteile für Fortbildung, berücksichtigen. Innerhalb der Jahresarbeitszeit soll die Schulleitung die Arbeitszeit im Einzelfall nach Abklärung mit dem Betroffenen und mit Zustimmung des Personalrats der Schule flexibel festlegen können.

- Die Rahmenregelungen zur Arbeitszeit sollen variable Teilzeitarbeit vorsehen und auch im Bereich der Lebensarbeitszeit mehr Flexibilität zulassen, zum Beispiel durch längerfristig angelegte Arbeitszeitkonten und die Ermöglichung eines gleitenden Übergangs in den Ruhestand. *Flexible Arbeitszeitregelungen*

- Die Höhe des Entgeltes soll sich in der Bandbreite für vergleichbare Tätigkeiten in anderen Sektoren des Öffentlichen Dienstes und der Wirtschaft bewegen. Eine schematische Einstufung des lehrenden Personals der verschiedenen Schulformen in verschiedene Laufbahnen mit unterschiedlicher Besoldung soll es nicht mehr geben. *Vergütung*

- Die zukünftige Grundstruktur der Vergütung soll aus einem am Schwierigkeitsgrad der Aufgabe zu bemessenden Grundgehalt und einer leistungsbezogenen Komponente bestehen. Das Grundgehalt kann leistungsabhängige Aufstiegsmöglichkeiten vorsehen. Überwiegend soll aber mit leistungs- und aufgabenbezogenen Zulagen gearbeitet werden. Die Zulagen bei der – zeitlich befristeten (→ Kapitel IV.7.3) – Übernahme zusätzlicher Aufgaben sollen befristet, das heißt für die Dauer der Wahrnehmung der Aufgabe, gewährt werden.

Personalvertretung

- Das Personalvertretungsgesetz für das Land Nordrhein-Westfalen soll einen Abschnitt »Schule« enthalten.

- An jeder Einzelschule ist ein Personalrat zu wählen. Mitglieder der Schulleitung sollen kein Wahlrecht besitzen. Der Personalrat vertritt alle anderen Beschäftigten und ersetzt den Lehrerrat. *Personalrat an jeder Schule*

- Ein Gesamtpersonalrat beim Schulträger und ein Hauptpersonalrat beim Ministerium soll nach den allgemein gültigen Vorschriften des Landes gebildet werden. *Gesamt- und Hauptpersonalrat*

- Die Beteiligungsrechte der Schulpersonalräte sollen denen der Personalräte für die anderen Beschäftigten des Landes entsprechen.

V. Schulreform als Entwicklungsprozeß: Grundsätze und Empfehlungen

Die Kommission ist davon überzeugt, daß in der Gesellschaft ein breiter Konsens darüber besteht, daß für die Arbeit in den Schulen neue Rahmenbedingungen geschaffen werden müssen, wenn diese den Herausforderungen der Zukunft gerecht werden wollen.

Die Denkschrift der Kommission soll nicht als ein Text verstanden werden, der auf alle Fragen der Schulentwicklung verbindliche Antworten gibt. Er soll als ein offenes Angebot gelten, das auf einen offensichtlichen Entwicklungsbedarf mit plausiblen Vorschlägen und gangbaren Lösungswegen zu reagieren versucht. Die Kommission geht dabei von der Auffassung aus, daß Schule und Schulverwaltung keine unbeweglichen Systeme sind. Sie haben sich in den letzten Jahrzehnten weiterentwickelt und können sich auch weitergehenden Reformen gegenüber öffnen.

Anknüpfen bei den bisherigen Reformen

Die Kommission würdigt ausdrücklich die Arbeitsbelastung der Mitarbeiterinnen und Mitarbeiter in den Schulen und in der Schulverwaltung. Sie vertraut auf die in Schulen und Schulverwaltung erkennbaren Innovationsimpulse und die bisher schon aus eigener Kraft eingeleiteten Reformen zur Verbesserung der Unterrichts- und Erziehungssituation.

Die Kommission hat keinen Zweifel daran, daß Schule und Schulverwaltung in der Vergangenheit innerhalb der bestehenden Rahmenbedingungen mit großem Einsatz und mit guten Ergebnissen gearbeitet haben. Es ist jedoch notwendig, auf die zukünftigen Anforderungen in sich verändernden gesellschaftlichen Verhältnissen vorauszublicken und die eigene Rolle selbstkritisch und mit ausreichender Distanz in die Betrachtungen einzubeziehen.

Offener gesellschaftlicher Dialog

Die Denkschrift soll nach den Vorstellungen der Kommission der Auftakt eines offenen gesellschaftlichen Dialogs über Bildung und Schule der Zukunft sein. Am Ende dieses Dialogs sollten politische Entscheidungen stehen, die die Frage beantworten, wie Nordrhein-Westfalen den Bereich schulischer Bildung, einen der wichtigsten für das Gemeinwohl, auf die Herausforderungen der Zukunft vorbereiten wird.

Kein geschlossenes Umsetzungskonzept

Schwerpunkte der Denkschrift bilden in diesem Zusammenhang die Vorschläge, das System von Steuerung und Verantwortung im Schulwesen und die Gestaltung des Unterrichts grundlegend zu verändern. Die gesellschaftliche und politische Akzeptanz dieser und anderer Empfehlungen ist nicht vorherzusehen. Ein auf Vollständigkeit zielendes Konzept der Umsetzung würde die noch ausstehenden Diskussionen vorwegnehmen.

Reform als langfristiger Entwicklungsprozeß

Die Überlegungen der Kommission zur Verwirklichung ihrer Leitvorstellungen und Vorschläge orientieren sich an dem Leitgedanken, daß Reformen im Schulwesen als langfristige Entwicklungsprozesse verstanden werden müssen. Dies wird durch die Erfahrungen in der ersten Reformphase der 70er und 80er Jahre in Deutschland und entsprechende Entwicklungsvorhaben in vergleichbaren Industriestaaten bestätigt.

Situationsgerechte Entwicklungen

Leitvorstellungen, die auf tiefgreifende Veränderungen angelegt sind, können nicht als Umsetzung eines vorgegebenen Modells realisiert werden. Die Frage nach den jeweils richtigen Gestaltungsformen muß vor dem Hintergrund einer landesweiten Meinungsbildung in örtlichen und regionalen Entscheidungsprozessen beantwortet werden.

Das Vorgehen auf der Grundlage von geschlossenen und fertigen Konzeptionen, Systemen und Globalplanungen soll zurücktreten zugunsten eines Denkens in Orientierungen und Gestaltungsprinzipien, die vor Ort zu einer situationsgerechten, konkreten Entwicklung führen können.

Notwendig dafür ist auf staatlicher Seite eine Politik der Ermöglichung, auf der Seite der Schulen eine grundsätzliche Sensibilität und Offenheit gegenüber notwendigen Entwicklungen.

Zusammenhänge wahren

Die Kommission geht davon aus, daß ihre Leitvorstellungen und Empfehlungen im Zusammenhang gewürdigt werden: Nur wenn die Änderungen des Steuerungs- und Verantwortungssystems, die schulorganisatorischen Gestaltungsmöglichkeiten, die Zielsetzungen für die innere Gestaltung der Schulen und das Bewirtschaftungskonzept insgesamt auf den Weg der Verwirklichung gebracht werden, dürften sich die Wirkungen einstellen, die die Kommission im Bild der »Schule der Zukunft« zusammengefaßt hat. Die Herausnahme von Einzelvorschlägen und ihre isolierte Verwirklichung würde nur geringe Wirkungen haben. Dies schließt nicht aus, daß in den Schulen, auf der Ebene der Regionen und landesweit die Entwicklung stufenweise und von bestehenden Schwerpunkten her eingeleitet und vorangetrieben wird. Die Zielsetzungen und Planungen jedoch, die in den Einzelschulen, Regionen und landesweit erfolgen, müssen den Gesamtzusammenhang wahren und die Entwicklung in den verschiedenen Bereichen gleichermaßen im Auge behalten. Die Reformen der vergangenen Jahrzehnte haben gezeigt, daß isolierte Schulorganisationsreformen genauso wenig wirken wie einzelne Gestaltungsänderungen in Unterricht und Erziehung.

Die Regionen in Nordrhein-Westfalen besitzen ein ausgeprägtes Bewußtsein ihrer Eigenart, ihrer Entwicklungsmöglichkeiten und Entwicklungsnotwendigkeiten. Deshalb fällt den öffentlichen Schulträgern, die dort, wo es notwendig ist, in regionaler Verantwortung zusammenarbeiten sollen, bei der Verwirklichung der Leitvorstellungen und Empfehlungen der Kommission eine besondere Rolle zu.

Regionales Selbstbewußtsein

Grundsätze

Die Kommission fühlt sich in dieser Situation verpflichtet, eine Reihe von Aspekten der Implementierung zu erörtern, weil jeder, der weitreichende Veränderungen von Bildung und Schule empfiehlt, zumindest im Grundsatz angeben sollte, wie derartig weitgehende und tiefgreifende Veränderungen auf den Weg gebracht werden können.

Interesse und Verpflichtung der Beteiligten

Die Kommission meint von den Beteiligten verlangen zu können, bei der Meinungsbildung über die Denkschrift nicht nur die direkten Auswirkungen auf die eigene Situation zu bedenken, sondern den Gesamtzusammenhang der Vorschläge zu sehen.

Zentrale Veränderungen, insbesondere in sozialen Systemen wie Schulen es sind, sind nicht für jeden Beteiligten leicht anzunehmen. Die Kommission gibt aber zu bedenken,

- daß nach ihren Erfahrungen die Bereitschaft zur Veränderung unter den im Bildungswesen Beschäftigten größer ist als allgemein angenommen wird. Gerade bei Lehrerinnen und Lehrern mit langer Berufserfahrung ist das Bestreben anzutreffen, die Arbeit anders zu organisieren;
- daß in der Denkschrift der persönliche pädagogische Gestaltungsfreiraum von Lehrerinnen und Lehrern als Grundprinzip eher gestärkt wird. Bildung ist so sehr verbunden mit individuellen pädagogisch-didaktischen Grundsätzen, daß die persönliche Verantwortung von Lehrerinnen und Lehrern auch im Rahmen einer verstärkten Kooperation und einer besseren Arbeitssystematik aufrechterhalten bleiben muß.

Allen Leitvorstellungen und Empfehlungen liegt der Gedanke einer stufenweisen Entwicklung zugrunde. Es soll nicht ein neues Schulmodell eingeführt werden, wie das bei früheren Reformen manchmal versucht worden ist. Die Veränderungen in Bildung und Schule werden nicht auf einmal erreicht, sondern sollen Resultat einer langjährigen Entwicklung sein, in der auch unter-

Stufenweise Entwicklung – kein Modell

schiedliche Entwicklungsziele und Entwicklungsphasen in Schulen und Gemeinden möglich sind.

Politische Kontinuität

Nach Auffassung der Kommission ist es das erste Ziel und die erste Aufgabe in einem solchen Entwicklungsprozeß, daß die politisch Verantwortlichen, welche die Entwicklung durch grundlegende Entscheidungen in Gang setzen und freigeben müssen, in längeren Entwicklungszeiträumen denken und für diese Entwicklungszeiträume gegenüber den Schulen Freiräume und Stabilität garantieren. Innovationen, die zu schnell, ohne den langen Atem eines Rückhalts durch Politik und Administration den Beteiligten abverlangt werden, bergen das Risiko eines stärkeren Rückfalles in überholte Haltungen und Praktiken in sich.

Während der Übergangsphase wird die Politik häufig mit Ad-hoc-Problemen konfrontiert werden, die in der Öffentlichkeit eine unverhältnismäßig hohe Aufmerksamkeit erhalten. Viele dieser Probleme sind zeitlich begrenzte Phänomene. In vielen Fällen sind diese Probleme Reflexe des Widerstands gegen Veränderungen. Nur wenn der politische Wille besteht, an den Zielsetzungen der Reform festzuhalten, wird der Prozeß der Implementierung abgeschlossen werden können, ohne in eine Situation zu geraten, in der Kompromisse, die untereinander nicht abgestimmt sind, die zentralen Reformziele gefährden.

Entwicklungsgesetzgebung

Die Kommission ist der Meinung, daß die rechtlichen Grundlagen für den Reformprozeß durch eine Entwicklungsgesetzgebung geschaffen werden sollen. Dafür gibt es zahlreiche internationale Beispiele. Ein Entwicklungsgesetz weist drei spezifische Merkmale auf:

- In ihm sind die zentralen Zielsetzungen und Ausgangspunkte vorgegeben. Sie stellen die Rahmenbedingungen für den Reformprozeß vor Ort dar. Die zentralen Zielsetzungen werden relativ global beschrieben; sie ermöglichen den Schulen individuelle und spezifische Ausformungen, geben andererseits die verbindlichen Kriterien für eine Bewertung der Bildungsqualität in den Schulen an.
- Das Entwicklungsgesetz soll eine Experimentierklausel enthalten, die es Schulen und Schulverwaltungen erlaubt, innerhalb eines näher zu bestimmenden Rahmens von bestehenden Gesetzen und Verordnungen abzuweichen. Dies ermöglicht es, bestimmte gesellschaftliche Entwicklungen in der Schulpraxis aufzugreifen; interessierte Schulen haben so die Möglichkeit, in ihrer Arbeit bestimmte Entwicklungsakzente zu setzen, die den Leitvorstellungen und Empfehlungen der Kommission entsprechen.

- Ein Entwicklungsgesetz soll Vorschriften enthalten, die Geltung für die bestehende Situation haben, und solche, die vorausblikken auf die angestrebte neue Situation. In der Übergangsperiode von der einen zu der anderen Gesetzgebung können ab einem gewissen Zeitpunkt bestimmte Vorschriften außer Kraft gesetzt – für das gesamte Schulwesen oder für Gruppen von Schulen – und durch andere ersetzt werden. Der gleiche Effekt kann auch durch ein »Übergangsgesetz« erzielt werden.

Kein Sparkonzept

Initiativen des Staates, den Schulen eine größere Selbständigkeit zu geben, geraten schnell in den Verdacht, in Wahrheit Maßnahmen zur Reduktion der finanziellen Aufwendungen im Schulwesen zu sein. Für den Erfolg des Reformprozesses ist es Voraussetzung, daß während seiner Dauer keine Verschlechterungen in der Finanzierung des Bildungswesens stattfinden.
Obwohl eine andere Systematik der Finanzierung zu einer Umverteilung innerhalb des Bildungswesens führen kann, hängt die Glaubwürdigkeit der Reform entscheidend davon ab, daß der Bildungsetat als Ganzes wenigstens nicht geschwächt wird.

System der Evaluation sichern

Die Einführung einer größeren Autonomie der Schulen muß von Anfang an ein intelligentes System der öffentlichen Qualitätssorge gekoppelt werden. Nach Auffassung der Kommission ist die Entwicklung von Selbst- und Fremdevaluation und damit der Aufbau des Pädagogischen Dienstes ein grundlegender Bestandteil ihres Konzepts der interaktiven Steuerung im Bildungswesen.

Projektmanagement

Es sind bei grundlegenden Reformen mit hohem Beratungsbedarf international gute Erfahrungen mit der Installierung eines Projektmanagements gemacht worden. Ein solches Projektmanagement umfaßt Experten aus dem Bildungswesen und Personen, die aus anderen, für das Schulwesen wichtigen Bereichen (zum Beispiel der Finanzen und der Organisation) kommen. Für den Erfolg des Projektmanagements ist es wichtig, ohne Weisungsbindung mit den Behörden zu kooperieren und in der Sache unabhängig von Schulverwaltungen und von Schulen zu arbeiten.

Die das Projektmanagement tragende Projektgruppe ist der zentrale Konzentrationspunkt für Beratung: sie kann die Schulen und Schulträger beraten, weil sie mit den Problemen der Implementierung und unterschiedlichen Lösungsmöglichkeiten vertraut ist; während des Reformprozesses ist sie ein Bindeglied zwischen Behörden, Kommunen und Schulen. Ihre Unabhängigkeit fördert die offene Kommunikation zwischen den Teilnehmern und gibt der Projektgruppe eine Verantwortung, die mit der eines Ombudsmannes vergleichbar ist. Die Projektgruppe kann zugleich eine große Stütze sein für den pädagogischen Dienst, der bei der Implementierung der Reform eine bedeutende Rolle spielen soll. Das Projektmanagement trägt keine operative Verantwortung. Es ist eine Einrichtung auf Zeit und löst sich bei Fortgang der Reform auf.

Empfehlungen

Maßnahmen

Folgende Maßnahmen sollten den Entwicklungsprozeß bestimmen:

- Eine Diskussion der in der Denkschrift dargelegten Reformziele auf breiter Ebene und während eines begrenzten Zeitraumes,
- Entscheidungen der Landespolitik über Ziele und Schwerpunkte der künftigen Entwicklung, in welche die Empfehlungen der Durchschrift und Resultate der öffentlichen Diskussion einbezogen sind,
- die Vorbereitung eines Entwicklungsgesetzes für das Bildungswesen in Nordrhein-Westfalen, in dem neben den Voraussetzungen für die Entwicklung, zum Beispiel im Personalbereich, für die erste Phase des Reformprozesses zwei Aspekte im Mittelpunkt stehen sollen:
  - Die Verpflichtung der Schulen, ihre jeweiligen und spezifischen Entwicklungsziele festzulegen,
  - die Verpflichtung der Schulen, ein System der internen Bewertung zu entwickeln, das zugleich Grundlage sein kann für die periodischen Berichte der Schulen,
- die Entwicklung eines Konzepts der Implementierung, das den Beteiligten Klarheit darüber schafft, auf welche Weise und mit welchen Zeitvorstellungen bestimmte Aspekte der Reform verwirklicht werden sollen,
- die Umwandlung der bestehenden Schulaufsicht in einen Pädagogischen Dienst, der während des Entwicklungsprozesses eine begleitende Rolle übernehmen soll,
- die Schaffung eines Projektmanagements durch Bildung einer unabhängigen Projektgruppe, die als Koordinationsstelle zumindest während einer Teilperiode des Entwicklungsprozesses dient.

Selbstentwicklung auf verschiedenen Wegen

Leitprinzip für die Entwicklung soll die Teilnahme auf Schulebene bzw. auf der Ebene der Schulträger und Regionen sein. Ziel ist es, Selbstentwicklung zu stimulieren, zu ermöglichen und durch Angebote der Beratung zu stützen.

Schulinitiativen

Träger des Veränderungsprozesses sollen in erster Linie die einzelnen Schulen sein: Schulen, die begründete und vor dem Hintergrund der Kommissionsempfehlungen plausible Entwicklungsplanungen vorlegen, sollen diese auf den Weg bringen können.

Kontraktschulen

Notwendig ist darüber hinaus die modellhafte Erprobung besonders schwieriger und fundamentaler »Bausteine« der Reform, zum Beispiel der Aufbau eines Planungs- und Berichtswesens, die Verfahren der Selbstevaluation, die Umstellung der Gestaltung des Unterrichts und der schulischen Binnenorganisation: Für solche Erprobungen sollen »Kontraktschulen« in allen Landesteilen gewonnen werden, die in kooperativen Verbünden an der Verwirklichung der Reform arbeiten.

Regionale Entwicklungsmodelle

Neben der Förderung der schulbezogenen Entwicklungen ist es notwendig, die Leitvorstellungen und Empfehlungen der Kommission im Zusammenhang zu realisierten und zu überprüfen. Dazu sollen lokale und regionale Entwicklungsmodelle aufgebaut werden, in denen möglichst viele der Reformaspekte unter Einbeziehung möglichst vieler Schulen am Ort oder in der Region mit Hilfe eines neu eingerichteten Pädagogischen Dienstes und begleitet durch eine systematische Evaluation verwirklicht werden.

Vertrauen, Selbstwirksamkeit und Förderung

Die Kommission geht davon aus, daß ohne eine vertrauensvolle und offene Haltung in Schulen, bei Schülern, Lehrern und Eltern, im Kreis der politisch Verantwortlichen in Kommunen, Regionen und Land wenig zu bewirken ist. Es geht deshalb vor allen Dingen darum, die Sorge vor unüberschaubaren Entwicklungen zu nehmen, durch eine offene Analyse der jetzigen Situation, durch Aufweisen der Entwicklungsnotwendigkeiten und durch sorgsame Absicherung der Entwicklungsschritte. Gleichzeitig muß das Vertrauen der Beteiligten – vor allem in den Schulen – in ihre »Selbstwirksamkeit« gestärkt werden.

Freiheit und Verantwortung hängen unabdingbar zusammen. Wechselseitiges Vertrauen zwischen denen, die Vorschläge machen, denen, die in politischer Verantwortung deren Realisierung ermöglichen, und denen, die diese Vorschläge aufnehmen und zu ihrer Sache machen, sind notwendig. So könnten die Überlegungen und Vorschläge der Kommission dazu führen, daß die Schule in Nordrhein-Westfalen als Schule der Zukunft ein »Haus des Lernens und des Zusammenlebens« wird.

Stichwortverzeichnis

A

Abschlüsse 18, 35, 49, 85, 124, 127, 225f., 228, 231ff., 237, 239, 241, 243, 245f., 261f., 270ff., 276, 289, 315
- Abitur 150, 200, 221, 224, 229, 242
- mittlerer Bildungsabschluß 15, 236, 238, 241, 289
- studienbezogene 231, 245
- Teilvoraussetzungen 222, 223
- zeitliche Flexibilisierung 222, 234

Allgemeinbildung 18, 53, 96, 104, 110, 111, 144, 225, 230, 236, 260
Arbeitsformen 40, 83, 93, 95, 219, 223
Arbeitslosigkeit 44, 48, 49, 113
Arbeitsmarkt 43, 48, 49, 118, 119, 127, 232, 246, 257, 258, 264, 270
Arbeitswelt 32, 42, 46f., 50f., 53, 54, 110, 229, 256, 257, 262, 267
Ästhetische Bildung **108ff.**, 291
Aufwachsen 11, 19, 32, **34ff.**, 130f
- Jugend 4, 19, 24, **34ff.**, 56, 59, 73, 120, **233f.**, 245, **250f.**, 267, 270f., 279, 291, 297, 301, 305
- Kindheiten 4, 19, 24, 34, **36ff.**, 59, 120, 301, 305
- Lebenswelten, Lebensbedingungen **24f.**, **34ff.**, 37, 39f., **80**, 104, 107, 120f., 145, 266
- schulische Veränderungen **4**, 24f., 34, **39ff.**, **71f.**, **139f.**
- soziale Erfahrungen 36, 24f., 39f., 71f., 82, 139f

Außerunterrichtliche Angebote 19f., 39ff., 80, 223

B

Beamtenstatus 327f
Beispielschulen 134, 139
Berichtswesen 66, 152, 155, 164, 175, 179, 182, 194, **196**, 198, 199, 200, **202f.**, 215, 278, 280, **294**, **295**
Berufliche Bildung 4, **35**, 49, 59, **230**, **256ff.**, 259, 267, 271, **286f.**, 291, **295f.**, 302
Beruflichkeit 53, 110, **230f.**, 233
Berufsbildungszentren **243ff.**, 283, 298
Beschäftigungssystem 35, 46, 52, 53f., 57, 221, 224, 230, 232, 257, 260, 261, 269, 274
Betreuung 16, 40, 43, 52, **80f.**, 248, 314
- Betreuungsmöglichkeiten 16, **19f.**, 37, **39ff.**, **80**
- Betreuungszeiten 73,80, 162, 213, 218, 223
- ganztägige Betreuung 16, **39**, 40, 162, 218, 222, 293

Beziehungen, soziale 16, 24, **32f.**, 33, **34ff.**, 56, 71f., 82, 84, **108**, 130, 303
Bildungsausgaben 86, 99, **204ff.**
Bildungsbegriff 31, 234

Bildungsgänge 15, 60, 145, 162, 175, 182, 185, 189, 223f., 224, **226ff.,** 231f., 233, 237, 238, 239, 241, 243, 245, 246, 260, 268, 276, 279, 280, 281, 282, 283, 284, 285, 289, 297
Bildungskommissionen, regionale 175, 177, 179, 180, **181f.,** 200, 203, 293f., 295, 299
Bildungslandschaften 284ff., **289ff.**
Bildungsprozeß 49, **57ff.,** 86
Bildungswege 11, 15, 16, 225, 226f., 239, 246, 254, 261, 262, 270
Bildungszeit 88, 95, **216ff.**
Bildungsziele 19, 70, 81, 106, 229

C
Chancengleichheit, Bildungschancen 117, 188, 225, 228, 237, 279, 286, 289, 296
Curriculum 104, **144f.,** 161, 266
– modularer Aufbau 95

D
Demographische Entwicklung 28f., 34f., 42, 48, 119, 207
Demokratisches Verhalten 112, 122
Differenzierung 13, 15, 77, 91, 95, 125, 149, 225, 227, 232, 236, 241f., 245f., 258, 268, 270
Dimensionen des Lernens **106ff.,** 115f.
Duales System 233, 270, **286**
Durchlässigkeit 4, 18, 225, 228, 233, 236, 242, 243, 245, 274, 279, 283, 296

E
Eigeninitiative 66, 67, 153, 157, 158, 323
Eigenverantwortung **61**, 64, **66ff.,** 151, 155, 157, 170, 183, 211, 277
Eltern 13ff., **35ff.,** 70, 77, 81, 85, 100, **116**, 119f., 151f., 164f., **170**, 183f., 197, 199, 218, 220, 226ff., 249ff., 276f., 285, 293, 320
Entwicklungsfonds, regionaler 163, 182, 190, 213, **214**, **294f.**
Entwicklungsgesetz, Experimentierklausel 146, 188, **340f.**
Erprobungsstufe 227
Erwerbsarbeit 35, 37, 47, 49, **50ff.,** 131, 133
Erziehung 17, 294, 32, 338, 53, 62, 64, 70, 73, 117, 122, 123, 124, 130, 184, 216, 217, 218
– Erziehungsaufgaben 71f., 300f., 303
– Erziehungsziele 36, 61f., 77, 81, 94, 111, 116, 124, 183, 304
Ethik 105, 112
Europa 18f., 28, 29, 118, 123
– Europäische Dimension 126, 272
Evaluation **66f.,** 97, 145, 152, 155ff., 160, **164**, 166, 168, **175f.,** 179, 182, **189**, 190, 191ff., 193, **194ff.,** 278, 281, **294**, 305, 313, 320, 326f., **341**, 343
– externe, Fremdevaluation 66, 97, 145, 164, 194, **195**, **198ff.,** 280, 294, 341
– interne, Selbstevaluation 67, **97f.,** 145, 164, 175, 179, 182, 195, **196ff.,** **294**

– Mindestanforderungen, Rahmenvorgaben 145, 164, 189, 190, **197**, **294**

F

Fächer
– Fächerkanon 16, 103f., 229f.
– Lernbereiche 16, 101, **115f.,** 144, 145, 149, 190, 241, 243
– Schulfächer 88, 101, 102f., **106**, 107, 115, 116, 118, 128, 138, 144, 145, 219, 242, 297, 312
Fächerübergreifender Unterricht 116, 140f., 230
Familie **24f., 35ff.,** 47, 49, 52, 87, 120, 131, 272, 301
– Familientätigkeit 46f., **131**, 264, 272
Feedback 86, 97f., 158, 323, 325
Finanzierung 17, **203ff., 211f.,** 214f., 265, 267, 271, **341**
– Bewirtschaftung aus einer Hand 174, 211
– Budgetflexibilität/ Haushalt 211
– Budgetrecht, staatliches 211f
– Erschließung privater Mittel, Sponsoring 163, 214f
– Grundfinanzierung 190, 212
– Haushaltskonsolidierung 207, 208
– Jährlichkeitsprinzip 163, 213
– kommunale Verantwortung 173f., 174f., 177, 182, 213f., 290, 294f
– Kostenbewußtsein 210, 212, 214
– Pauschalfinanzierungskonzept 211, 212f
– Ressourcenwirksamkeit 206, 212
– Substituierung 163, 210, 213
Flexibilisierung 281, 288
– Bildungswege 59f., 242, 281
– zeitliche 95, 150, 221, 241
Föderalismus 11, 14, 183
Fortbildung 59, 80, 97, 134, 138f., 162, 193, 214, **264**, **306ff.,** 322f., 332
– Fortbildungsplanung 166, 325
Frauen 36, 51, 73, **81**, **127ff.,** **197**, 258f., 265, 271f., **321f.**
– Frauenerwerbstätigkeit 47f., 51, 218, **256ff.,** 260
Freizeit 24, 37, 51, 80
Fremdsprachen 45, 110, 272
– Fremdsprachenunterricht 93, 110, 118, 124

G

Ganztagsangebote 4, **39**, **80**, 162, 218, 222, 293
Gemeinden 4, 5, 170f., 174, **176**, 182, 183, 189, 205, 249, 276, 277, **278**, 279, 280, 282, 284f., 287, 288, **289f.,** 293f., 340
Gesamtverantwortung, staatliche 65f., **183ff.,** 187f
Geschlechter 36, 81, 113, 127, 129, **130ff.,** 258f
– Geschlechterrollen **36f.,** **126ff.,** 130
– Geschlechterverhältnis 40, 108, **126ff.,** 130ff., 133

– Geschlechtsidentität 126f., 130, 132f.
– Geschlechtsstereotype 40, **127f.,** 131f.
– Unterricht 40, 81, 126ff., 131ff.
Gesellschaft 3f., 12f., 18, **21ff., 34ff.,** 49, 53, 56f., 70, 77, 79, 82ff., 101, 107f., 112, 117, **120ff.,** 277, 282, 300f., 320
– gesellschaftlicher Dialog 337, 342
Gesundheit 33, 37, 40f., 108, 113
Gleichstellung von Frau und Mann **126ff.,** 130, **162**, 197
Gleichwertigkeit 4, 16 102, 116, 147, 188, 225, 228, 236, 238, 245, 268, 270, 276, 278, 279, 281, 289, 292, 302
– allgemeine und berufliche Bildung 4, 231, 233, 236, 261, 268, 270, 279
– Bildungsgänge, schulische Angebote 16, 188, 198f., 225, 228, 238, 245, 276, 278, 281, 292, 302
– Fächer und Lernbereiche 102, 116, 147
– Lebensverhältnisse 289
Grundgesetz 105, 126, 151, 170, 183, 184f., 328

H

Hochschulen 59, 64, 181, 205, 230, 245, 247, 248, 262, 264, 265
– Hochschulzugang 225, 229, 234, 235, 245f.
– Lehrerbildung 306f., 310, 313, 319
– Studieneingangsphase 247f
– Weiterbildung 264f., 269, 271,273f., 299

I

Identität **36f.,** 58, 80, 83, 108, 111, 121ff., **131f.**
Implementation, Implementierung 146, 188, 284, **337ff.,** 339, 340, 341, 342
Individualisierung 13, **24**, 26, **34**, 136, **221**, **223**
Informations- und Kommunikationstechnologien 26, 29, 32, 44, 110, 112, 125, 254
Innovation 19, 43f., 53, 54, 146, 152, 188, 214, 272, 337, 340
Integration 96, 259
– behinderter Schülerinnen und Schüler 81, 250, 252, 254
– Bildungswege 14, 266
– curriculare 103, 231
– interkulturelle 147
– soziale 32, 263, 281, 301
– Zugewanderter 120, 125
Interkulturelle Erziehung 117, 122f., 125f.
Internationalisierung 29, 30, 32, 42, 110, 124
– der Bildung 81, **117ff.**

J

Jugendarbeit 40, 147

K

Kinder und Jugendliche 16, 24, **34ff.,** 78, 94, 99, 107, 111f., **119f.,** 135, **249f., 279**, 301
Kirchen, Religionsgemeinschaften 109, 113, 171, 307
Klassen 117, 207, 209, 240
Koedukation 25, **36f.,** 40, 81, **126ff.,** 142, 308

- Befähigung 14, 31, 39, 41, 84, 128, **133**, **303f.**
- Koedukationspädagogik 81, **126ff.**, 134, **303f.**
- reflexive 81, **126ff.**, 130f., 134

Kompetenzen 19, 26ff., 44, 70, 77, 88, **101**, 110f., **133**, 149, 159f., 173f., 192f., 238f., 242f., 277, 286, 287, **300ff.**, 319, 323, 329

Konfliktfähigkeit 34ff., 123, 133

Kontraktschulen 343

Koordinierung, regionale 174, 175, 176, 179, **180ff.**, 253, 285, 288f., 293ff.

Kreativität 50, 109, 303

Kreise, kreisfreie Städte 170, 174, 176, **180ff.**, 213, 249, 287, **288ff.**, **293ff.**

Kultur 5, 67, 72, 79, 98, 105, **108ff.**, 117, 122ff., 291, 302

Kulturtechniken 26, 107, 108, **115**

Kultusministerkonferenz 12, 102, 104, 183, 204, 225, 232, 282

L

Land 116, 144, 146, 147, 155, **156**, 159, 164, 171, 174, **176**, 182 **183ff.**, **189f.**, 191ff., **195**, 197, **198ff.**, 207f., 210, **211f.**, 213, 214, **215**, 255, 282, 293, 294, 324, 326, 329, **330**, 331f., 340f., 342
- Landesgesetzgeber 146, 164, 165, 166f., 173, 175, **176**, 184, 185, **186ff.**, **189f.**, 196, 211f., 265, 278ff., 294, 333, **340f.**
- Landesregierung 184, 185, **186ff.**, 189f., 193, 195, 200, 202, 208, 215, 278f., 280, 326, 329f
- Landesverfassung 61, 64, 105, 170, **183f.**, 185, 188, 191, 306

Lebenslanges Lernen 43, **56ff.**, 85, 91, 256, 267
- berufsbegleitendes Lernen **57**, 247, 256, 267, **319**
- Bildungsbereitschaft, Bildungsmotivation 54,56f., **60**, 85, 91, **233**, 267, 316
- Bildungskonzept **56ff.**, **91f.**, 97, 310

Lehr- und Lernmittel 88, 99, 100, 126, 142

Lehreraus- und -fortbildung 116, 133, 139, 271, **306ff.**
- Fort- und Weiterbildung 133, 306ff., **316ff.**
- Kompetenzen, Qualifikationen 39, 78, 247, 253, 302ff., **304f.**, 308f., 312f., 315ff., 322f., 327f.
- Struktur der Lehrerbildung 306f., **311ff.**, 316

Lehrerinnen und Lehrer
- Arbeitszeit 150, 218, 324, 328f., **331ff.**
- Berufsleitbild 85, 133, 300, 302, **303ff.**, 309, 310, 312
- Vergütung 163, 209, 329f., **333**

Lehrpläne 123, 128, 141, 157, 185, 283
- Basislehrpläne **144f.**, 145, 147, 149, 190
- schulbezogene **143ff.**, 149, 161, 164, 297

Leistungsbeurteilung, Leistungsbewertung 16, 87, **97ff.**, 99, 142, **149f.**, 190

Lernen 17ff., 32f., 43, 53-60, 70f., 80f., 83, 85-95, 97-102,

104-108, 112-116, 125, 134, 136-139, 141, 143, 147, 149, 217, 219, 223, 230, 240, 242, 257, 266f., 279, 305, 316
- fächerübergreifendes 33, 93, 104, 106, 143, 147, 149
- fachliches 33, 80, 82, 93, 101f., 104, 106, 147
- Lernarrangements 83, 88, **93ff.,** 139
- Lernaufgaben 88, 91, 93, 120, 256
- Lernbegriff 71, 82, 87, 99
- Lerneffizienz 92f.
- Lernkompetenz 56, 71, 72, 83, 87, 88, 89, 90, 93, 95, 99, 101, 106, 232, 249, 256
- Lernkultur 81f., 90
- Lernpläne 95
- Lernziele 149, 161, 222
- selbständiges 56, 230, 242
- situationsbezogenes 17, 40, 91, 93, 116
- soziales 33, 80
- tutoriell gestütztes, Tutorensystem 95, 99, 141

Lerngruppen 85, 92, 105, 118, 141, 147, 162, 185, 240, 242, 247, 283, 297, 304

Lernprozesse 14, 32, 40, 53, 58, 62, 69, 81ff., 88, 90, 92ff., 96f., 218, 240
- individuelle 93, 106, 113, 136, 147, 320
- selbstgesteuerte 82, 85, **90**, 92f., 95, 100, 103, 106, 149, 267
- vollständige 83, 88

Lernsysteme, interaktive 93

Lernzeit 88, 95, 162, 305

M

Medien 13, **24ff., 34ff.,** 42, **83f.,** 100, 108f., 118, 125, **134ff.,** 213, 223, 251, 273, 305, 320
- Medienkompetenz **136ff.,** 305
- Medienpädagogik 116, **137ff.,** 240

Migration, Zuwanderung 28f., 118f., 125, 48

Minderheiten 113, 117, 120ff., 283

Mitteleinsatz 19, 86, 99, 165, 167, 171, 173f., 174f., 177, 182, 190, 204ff., **210ff.,** 289, 291, 341

Mitwirkung 13, 64, 67, 70, 79, 94, 143, 153, 158f., **160**, 162, **165ff.,** 173, 175, 177, 179, 184, 189, 283, 326

Modularisierung 59, 95f., 223, 237, 243, 272, 311

Multikulturalität 29, **117f.,** 120, 123

O

Oberstufe 14, 104, 141, 226, 227, 228, 229, 230, 231, 233, 238, 242, 243, 245, 246, 247, 281, 283, 296
- berufliche 242, 245, 247, 281, 283, 296
- gymnasiale 229ff., 233, 241f., 245, 281, 283

Öffentlichkeit 71, 77, 79, 151, 165, 169, 194f., 199f., 202f., 217, 310, 340

Öffnung der Schule 17, 40, 116

Ökologie 27, 37, 100, 112

Organisationsstatut **160**, **162**, 165, 167, 177, 326

P

Pädagogische Freiheit **62**, 142, 152, 159, **160**, 187, 339
Pädagogischer Dienst 156, 176, 179, 181, 182, 195, 196, **199ff.**, 201, 203, 294, **326f.**, 341, 342, 343
Partizipation 17, 54, 63, **67**, **111f.**, 147, 155, 160, 164, 165, 173, 186
Personal 39, 155, 159, 160, **162f.**, 177, **190**, 201, 202, 208, 210, 211, 214, 215, 265, 271, **300ff.**
- Auswahl und Einstellung 162f., 177, 190, 313, 315, 316, 328, **330f.**
- Personalbedarf 162, 208f., 324, 331
- Personaleinsatz 158, 162, 179, 330f., **324**
- Personalentwicklung 63, 162, 166, 179, 215, 269, 271, 274, 320f., **322ff.**, 328
- Personalführung 63, 162, 192, 193, 196, 202, 321, **322f.**, **324f.**
- Rahmenplanung auf Landesebene 215, 330
- Tarifverträge 190, 214, 323, 324, 327, **329f.**
- Verwaltungspersonal 171, 210, 328, **330**

Personalvertretung 177, 190, 329, 332, **333**
- Gesamtpersonalrat, Hauptpersonalrat 332, 333
- Personalrat an jeder Schule 165, 330, 331, 332, 333

Persönlichkeitsbildung, Persönlichkeitsentwicklung 41, 57, **80f.**, 99, 108, 301, 323
Pluralisierung 24ff., 29, 32, 34, 51, 105, 119
Privatschulen 184, 187, 212
Profilbildung 80, 142, 155, 161, 214, 230, 241f., 291, 293, 294, 330
- Schulprofil 77, 142, **144**, **146f.**, 161, 165, 202f., 242, 293

Projektarbeit, Projektunterricht 96, 103, 113, 141, 149f.
Projektmanagement 341f.

Q

Qualifikationen 18, 31, 40, 50, 56, 58, 59, 60, 69f., 101, 111, 183, 229, 231ff., 243, 261f., 264, 265, 301f., 309, 315, 322, 323, 328
- und Arbeitswelt 19, 32, 35, 43ff., 48f., 110f., 231, 256, 261f., 264f.

Qualitätssicherung 16, 19f., 60, 66, 97, 152, 155f., 164, 188, 189, **191ff.**, 194f., 196, 198, 264, 266, **272**, 273, 287, 298, **306**
Qualitätsverbesserung 63, 66, 144, 153, 155, 158, 188, **194f.**, 198, 271, 306
Qualitätswettbewerb 152, 155, 196

R

Rechenschaftslegung 66, 154, 155, 158, 160, **169**, 175, 189, **196**, 197, 202, **215**, 300
Reformprozeß 11ff., 78, 311, **337ff.**, 340
- Zielsetzungen, gesetzliche Rahmenbedingungen 342

Region 19, 78, 80, 174f., 177, 180ff., 189, 213, 253, 272f., 282, 284ff., **288ff.**, **294ff.**, 339, 342f.

– Bildungslandschaften, regional gestaltete 280, 284ff., **289ff**
– Netzwerke, regionale 39f., 288, 299
– Schullandschaften 174, 203, 280, **289**, **291**, 292ff.
Religionsunterricht 105, 109, 184
Richtlinien 61, 88, 104, 123, **141-145**, 157, 185

S
Schlüsselprobleme 33, 107, **112f.**
Schlüsselqualifikationen 52, 55, 107, 113, 232, 238, 266, 268
Schulaufsicht 65, **66**, 67, 68, 142, 146, 152, 154, 157, 158, 159, 162, 171, **183f.**, 189, 190, **191ff.**, **195f.**, 199, 201f., 249, 326, 329, **342**
– allgemeine, Rechtsaufsicht 191, 196, 201, **202**, **331**
– Beratung 156, 157, 171, 191, 192, 193, **195**, 198ff., **201**, 281, 282, 327, 342
– Bezirksregierungen 191, 193, 196, **202**, 307, 328, **331**
– Fachaufsicht 66, 190, 191f., **194**, **195**, 199
– Ministerium für Schule und Weiterbildung 141, 185, 191, 196, 199, 200, 331, 333
– Schulhoheit, staatliche 184
– Schulinspektionen 198, 200
Schulausschüsse, kommunale 171, 179, 294
Schulbeirat **160**, 162, 164, 165, **166ff.**, 177, 179, 196, 198, 202, 214, 326, 331
Schule
– Einzelschule 65, 80, 116, 140, 142f., **144ff.**, 152, **154**, 156, **157ff.**, 172, 173f., 175, 176, 177, 179, 189, 191, 196, 202, 211, 213, 214, 303, 309, 316, 323, 324, 326, 330, 331, 332, 333, **342f**
– Schulverständnis, Schulbegriff **61**, **64**, 157, 302, 304
– als Haus des Lernens 33, 61, 71, 77f., 85, **86ff.**, **89ff.**
– als Lern- und Lebensraum 39ff., 61, **77ff.**, **80f.**, **84**
– als lernende Organisation 62, 73, 78, 303, 304
– gesellschaftliche Rolle 18f., **32**, 38ff., 77ff.
– Neutralität der öffentlichen Schulen 187
– Schulinitiativen 157, 162, 342f
– Schulkultur **79ff.**, 143, 147, 195, 198, 303
– teilautonome Schule 62f., **64ff.**, 144ff., **159f.**, 161ff., 303, 325
Schulentwicklung als Prozeß 339f.
Schulentwicklungsplanung
– der Einzelschulen 146ff., 160, 161, 162, **163**, 164, 318, 324
– der Schulträger 171, 172, 174, 177, 182, 278, 285, **289ff.**, **292f.**, 294, 296
Schülerzahl 208f., 210, 212, 215

Schulformen 13-17, 77, 119, 123, 138f., 141, 143, 145f., 171, 175, 177, 182, 185, 192, 211, 220, 226ff., 231, 237, 241ff., 249ff., 252ff., 263, 271, 275ff., 281ff., 292f., 296, 321, 328, 333
Schulkommissionen 167, 170, 175, **178ff.,** 200, 293f.
Schulkonferenz 159, 169, 171, 172
Schulleitung, Schulleiterinnen und Schulleiter 159, 162, 163, **164f.,** 166, 167, 168, 189, 202, 214, 283, 321, 322, **323**, 324, **325f.,** 330f., 332, 333
- Bestellung, Befristung 163, 166, **167**, 171f., 179, 322, 323, **326**
- Mitarbeitergespräche 321, 324f
- Qualifizierung 322, 325f
Schulmitwirkungsgesetz 64, 157, 165, 171, 185
Schulprogramm 116, **143-147**, 157, 161, 163ff., 177, 197ff., 202, 324f., 328
Schulreform 5, **11ff.,** **62**, **69ff.,** 277, 311, **335ff.**
Schulstruktur 14ff., 182, 189, 226ff., 275ff., 278f., **279ff.,** **281ff.,** 292
- Gestaltungsprinzipien, regionale Entwicklung 189, 278ff., 289ff., **292f.,** 294, 343
- Primarstufe 226f., **237**, **239f.,** 251, 252, 253, 254, 275f., 279, **281f.,** 302, 306
- Sekundarstufe I 15, 88, 104, 226, 227f., 231, **237f.,** 239, 240, **241**, 250, 253, 254, 275, 276f., **281**, **282f.,** 285, **293**, 295, 306
- Sekundarstufe II 14, 59, 104, 224, 226, 228ff., **237**, **238f.,** **241ff,** 275, 276, **279**, **281**, **283**, **293**, 295, **296**, 306
- sonderpädagogische Förderung 15, 171, 237, 249ff., **252ff.,** 275, 276, 277, 279, 281, 284, 289f., 302, 306
Schulträger 65, 100, 143, 146, 152, 156, 160, 162, 163, 165, 166ff., **170ff.,** **173ff.,** **176ff.,** 182, 191, 192, 196, 200, 202, 203, 210, **211f.,** **213**, **253f.,** 255, 278f., **280**, 282ff., 285, 289, **292ff.,** 319, 322, **326**, 328, 330, **331**, 332, 333, 339, 341, 342
Schulverbünde, Verbundschulen 15, 160, 162, 244, **254**, **282f.**
Schulzeit 55,73, 85, 189, **216-224**, 293
Selbstgestaltung 61ff., **64-67**, 104, 142f., 157f., 183, 189, 191, 192, 204
Selbstkoordination 291, 292, 293, 299
Selbstorganisation 52, 67, 154, 316
Selbststeuerung 32, 39, **62f.,** 82, 85, **90**, 92f., 95, 100, 103, 106, 136, 149, 151, 155, 267, 303, 306
Selbstverantwortung 54, **65ff.,** 78, 80, **90f.,** 144, 147, 152, 153, 191, 204, 216, 268, 303
Selbstverwaltung 63, 64, 65, 167, 170, 191, 267, 294, 299
Selbstwirksamkeit 90f., 113, 343
Soziale Verantwortung **35ff.,**

54, 61, 81, 300f.
Stadtbezirke 176, 182
Städte, kreisfreie 170f., 174, 176, 181, 213, 285, 288, 293, 296, 298f
Strukturwandel 26, 32, 42, 55, 256, 291
Studierfähigkeit 102, 144, 229f., 232, 238f.
Stundentafeln 116, 140f., 143ff., 147, 158, 161, 165, 190, 207, 209, 219, 221
Subsidiarität 63, 65, 154, 175

T

Team, Teamarbeit, Teamfähigkeit 54, **84f.,** 92, 113, **301ff., 305, 316, 323**
Übergangschancen, Übergangsentscheidungen 224ff., 227f., 234f., 237-241, 245, 276, 280
Unterricht 17, 33, 40, 61f., 70f., 79, 84, 94f., 105f., 110f., 113, 122, 125f., 129, 130, 131, 133, 136f., 140f., 143, 149, 157f., 191, 198, 202, 217f., 220, 222f., 240, 249ff., 265, 277, 294, 300, 303, 306, 308, 322, 338

V

Vergleich, interschulischer und interkommunaler 196, 215
Vernetzung, Verzahnung 45, 52, **59**, 135, **245**, 268, 269, 273, 274, **284**, 288, 291, 295f., **298f.**, **310**
– mit dem örtlichen Umfeld **39f.**, 155, **167ff.,** 172, 175, 177, 293
Vertrauenskultur 67, 323, 343

W

Weiterbildung 3, 43, 55ff., **180**, 235f., 243f., **256ff.,** 273, 284ff., **298f.,** 311
– allgemeine 265ff., 268f., 292
– berufliche 226, **245**, **256ff.,** 263ff., 268, 269f., 273, 274, 287
Werte, Wertewandel **29ff.,** 42, 50, 56, 71, 104, 120, 126, 224
Wettbewerb 18, 43, 118, 152, **155**, 214
Wissen 26f., 31, 33, 45, 53f., 58, 71f., 79, 82, 87, 89f., 94, 96, 98, 100-104, 107, 111, 115, 139f., 257, 301, 304, 311, 319
Wochenplanarbeit 88, 149

Z

Zeit 24f., 29, 47, 50, 52, 63, 70, 86, 92, 94, 116f., 119, 128, 142, 145, 147, 150, 162, 192, 201, 204f., 209, **216-222**, 240, 250f., 262, 279, 282, 295, 307, 320, 322, 326, 342
– Zeitmanagement, Zeitplanung, Zeitgestaltung 91, 92, 140, 163, 197, 216, 222, 224
– Zeitsignaturen **23ff.**, 32, 69, 112
– Zeitverwendung, Zeittakt, Zeitbudget 59, 103, 140, 145, 147, 159, 190, 218f., 223
Zielvereinbarungen, Vereinbarungen 68, 102, **149**, **161**, **175**, 183, 186, 195, **200**, 201, **224**, 225, 232, **242**, 288, 298, **323**, 324f., 327